BRIAN JOHNSON

DIE LEBEN DES BRIAN

BRIAN JOHNSON

DIE LEBEN DES BRIAN

Die Autobiografie

Aus dem Englischen von Daniel Müller und Sven Scheer

HEYNE <

Die Originalausgabe erschien 2022 unter dem Titel *The Lives of Brian*
bei Michael Joseph, an imprint of Penguin.
Penguin is part of the Penguin Random House group of companies.

MIX
Papier aus verantwortungsvollen Quellen
FSC® C014496

Penguin Random House Verlagsgruppe FSC® N001967

4. Auflage
Deutsche Erstausgabe 2022

Redaktion: Lars Zwickies
Umschlaggestaltung: Hauptmann & Kompanie, Zürich,
unter Verwendung eines Fotos von
Doug Griffin/Toronto Star via Getty Images
Satz: Satzwerk Huber, Germering
Druck und Bindung: GGP Media GmbH, Pößneck
Printed in Germany
ISBN: 978-3-453-21837-6

www.heyne.de

Für meine Ururenkel, die ich nie kennenlernen werde.
Es ist schön, zu wissen, dass wir auf diese Weise miteinander verbunden sind. Ich wünsche euch das Allerbeste im Leben, wer auch immer ihr seid.

In Liebe, euer Ururgroßvater
Brian Johnson

Inhalt

TEIL DREI

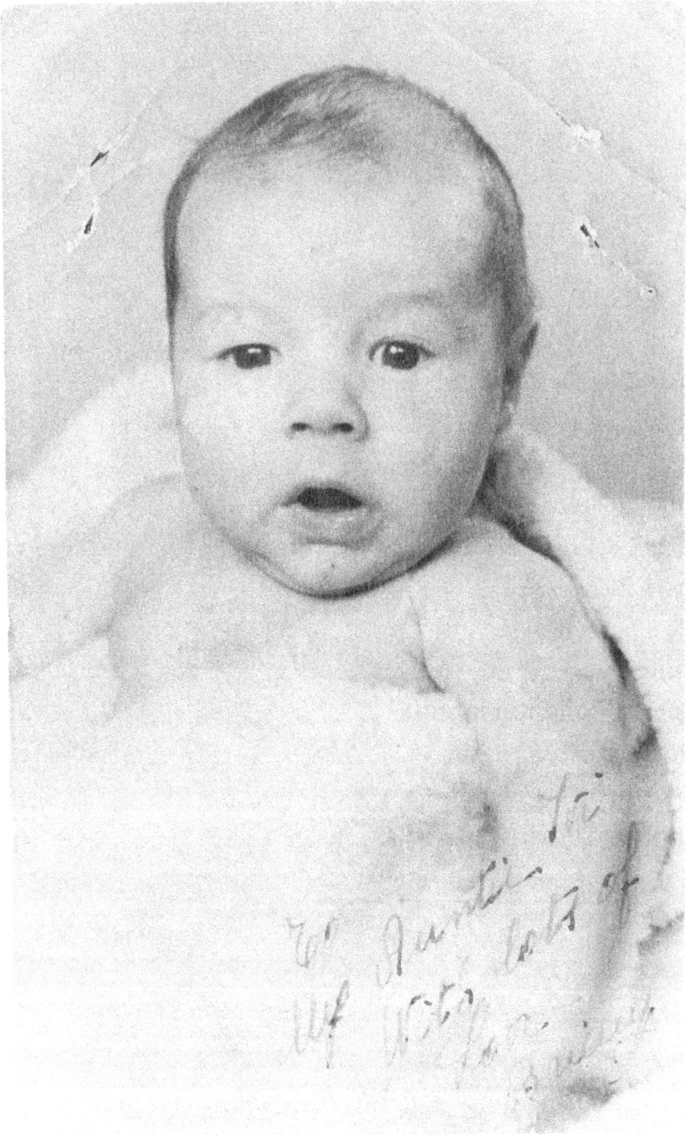

Vorwort

Erfahrung ist das, was man kriegt, wenn man nicht das bekommt, was man eigentlich will.

In diesem Buch schildere ich, was passierte, als ich nicht das bekam, was ich wollte, aber trotzdem unbeirrt an meinen Traum glaubte und nie aufgab. Natürlich spielte auch Glück eine Rolle – dennoch bin ich felsenfest davon überzeugt, dass man so ziemlich alles erreichen kann, wenn man es nur wirklich will und nicht bloß rumsitzt und wartet.

Manch einer wird die Ereignisse, von denen ich auf den folgenden Seiten berichte, anders in Erinnerung haben. Immerhin sind seit der Entstehung von *Back in Black* mehr als vierzig Jahre vergangen – und ein halbes Jahrhundert seit den glorreichen Tagen meiner ersten Band Geordie. Dies ist lediglich *meine* Version der Geschichte.

Ich möchte Angus, Malcolm, Cliff und Phil dafür danken, dass sie das Risiko eingegangen sind und mir in der schwierigsten Situation, in die eine Band geraten kann, eine zweite Chance auf eine Karriere als Musiker eröffnet haben. Malcolm, mein Freund, falls es so etwas wie ein Jenseits gibt, werde ich dir und Bon ein Bier ausgeben, wenn wir uns dort wiedersehen.

B. J. – London, 2022

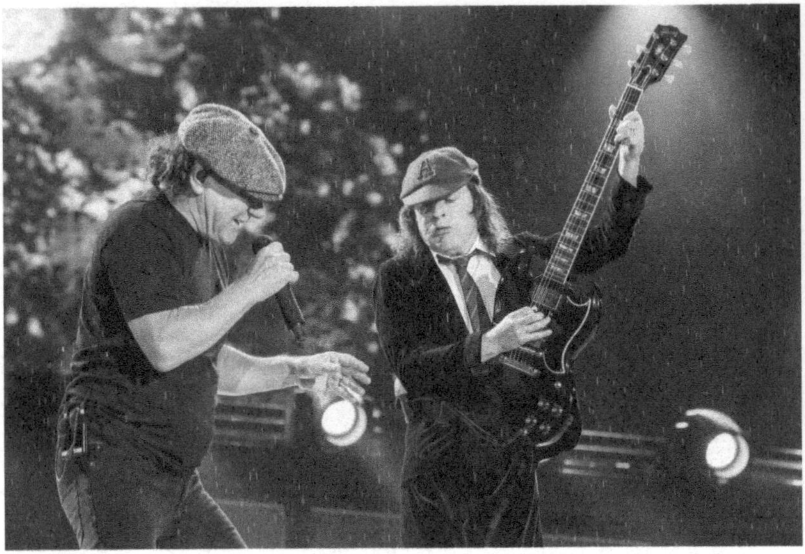

Prolog

Ich hatte in meinem Leben schon einige harte Schläge eingesteckt. Aber dieses Mal war es anders.

Ohne ein handfestes Wunder, das spürte ich, würde ich mich nicht wieder berappeln und zurück auf die Beine kommen.

Die ersten Hinweise darauf, dass ich in Schwierigkeiten steckte, gab es in Edmonton, Kanada.

Ende September 2015 waren wir mit AC/DC bei der Halbzeit unserer *Rock or Bust World Tour* angekommen und spielten im Commonwealth Stadium, der größten Open-Air-Arena des Landes, die mit mehr als sechzigtausend Menschen bis auf den letzten Platz gefüllt war. Es war bitterkalt, und vor der Bühne schüttete es wie aus Kübeln.

Angus plagte bereits heftiges Fieber, und ich spürte, dass es mich ebenfalls erwischt hatte.

Den Leuten machte das Wetter anscheinend nicht das Geringste aus. Kanadier eben. Aber gut, sie waren auch in diese Klamotten eingepackt, die man nur nördlich der US-Grenze kriegt und die einen vor tosenden Schneestürmen genauso schützen wie vor schlecht gelaunten Eisbären.

Wir dagegen hatten nur unsere übliche Bühnenkluft an. Ich ein schwarzes T-Shirt und Jeans. Angus seine Schuluniform, bestehend aus einem dünnen weißen Hemd und kurzen Hosen. Immerhin war es auf der Bühne trocken, und die Scheinwerfer spendeten ein wenig Wärme, aber um den Fans nahe zu sein, trieb es Angus und mich wie immer raus auf den Laufsteg. Den größten Teil der Show verbrachten wir dort draußen. Nach ein paar Songs waren wir von dem vielen Rumrennen derart ins Schwitzen gekommen, dass es uns einen Dreck scherte, ob wir bei Temperaturen um den Gefrierpunkt bis auf die Knochen nass wurden.

Zwei Stunden, neunzehn Songs und einige Zugaben später verließen wir die Bühne. Ein super Gig. Der Sound auf der Bühne war perfekt gewesen. Die Fans hatten geschrien, gejubelt, mitgesungen. Angus hatte wie ein Besessener gespielt. Doch uns blieb keine Zeit, das alles noch ein wenig zu genießen – das nächste Konzert wartete schon. Also verabschiedeten wir uns und stiegen in die Kleinbusse, die uns direkt zum Flughafen brachten.

Als wir in den Jet nach Vancouver kletterten, verflüchtigte sich das Adrenalin vom Konzert allmählich, und der Körper begann seinen Tribut zu fordern.

Ich zitterte ununterbrochen.

Mir kam der Gedanke, dass es für jemanden, der in einer Woche seinen achtundsechzigsten Geburtstag feiern würde, vielleicht nicht die beste Idee gewesen war, so viel Zeit im eiskalten Regen zu verbringen.

Andererseits ging es Angus auch nicht viel besser, dabei war er noch ein junger Hüpfer von gerade mal sechzig Lenzen.

Eine Tournee ist immer anstrengend, beruhigte ich mich, unabhängig vom Alter. Ein gelegentlicher grippaler Infekt zwischen den Konzerten gehört einfach dazu.

Ich bestellte ein großes Glas Whisky, und der Alkohol tat seine Dienste, während Angus sich wie üblich einen Becher heißen Tee genehmigte. Ehe wir uns versahen, waren wir in Vancouver gelandet und auf dem Weg ins Hotel.

Aber irgendetwas stimmte nicht.

Mit meinen Ohren.

Sie waren nicht wieder aufgeploppt.

Ich probierte die bewährten Tricks, gähnte, schluckte, schnäuzte mich bei zugehaltener Nase. Nichts half. Schließlich gab ich auf. Sie würden über Nacht schon wieder von allein aufgehen.

Doch als ich am nächsten Morgen aufwachte ... Verdammte Scheiße. Ich fühlte mich, als würde mein Kopf in einer Bärenfellmütze stecken.

Ich konnte sogar noch schlechter hören als am Abend zuvor.

Beim Frühstück brachte ich es nicht über mich, den anderen davon zu erzählen. Wenn du der Sänger einer Band bist, verlassen sich Musiker, Crew, Management, Techniker, Stagehands, Plattenfirma und insbesondere Hunderttausende Fans darauf, dass du auf die Bühne gehst und deinen Job machst.

Irgendwann würden meine Ohren schon wieder aufgehen, beschwichtigte ich mich abermals.

Das hatten sie schließlich immer getan.

Als wir am Abend die Bühne des BC Place betraten – diesmal ein überdachtes Stadion –, hatte Angus anscheinend das Schlimmste überstanden. Ich dagegen schlug mich immer noch mit meinem Leiden herum.

Und so kam es zur Katastrophe.

Nach ungefähr zwei Dritteln des Auftritts konnte ich die Gitarren nicht mehr klar hören und hatte Probleme, die richtigen Töne zu treffen. Ich kam mir vor, als wäre ich mit dem Auto in eine Nebelwand gefahren – von einem Moment auf den anderen waren alle Orientierungspunkte weg. Es war das Furchtbarste, was ich als Sänger je erlebt hatte. Noch beängstigender wurde es durch die Tatsache, dass noch einige Songs vor uns lagen – und das vor Zehntausenden zahlenden Fans. Aber irgendwie schaffte ich es bis zum Ende, und falls irgendwem etwas aufgefallen war, verkniff er sich eine Bemerkung.

Auf dieser Etappe der Tour standen nur noch zwei Konzerte an – im AT&T Park in San Francisco und im Dodger Stadium in Los Angeles –, also redete ich mir ein, dass ich durchhalten könne. Und dass meine Ohren irgendwann wieder funktionieren würden. Alles andere erschien mir schlicht unvorstellbar.

Aber bei beiden Konzerten passierte es wieder. Nach zwei Dritteln der Show fing ich an zu schwimmen und fand die Tonart der Songs nicht mehr. Doch fast noch schlimmer: Nach den Konzerten konnte ich den Gesprächen in der Garderobe und später im Restaurant nicht folgen. Ich lächelte, nickte hin und wieder und tat einfach so, als wäre alles in Ordnung.

Doch insgeheim erfasste mich Panik.

Seit Angus mit seinem Bruder Malcolm im Jahr 1973 AC/DC gegründet hatte – zunächst mit Dave Evans als Sänger, dann mit dem großen Bon Scott und schließlich mit meiner Wenigkeit –, kannte die Band immer nur ein Motto: alles oder nichts.

Man denke etwa an unsere riesigen Lautsprechertürme. Viele Bands verwenden Attrappen, um diesen aggressiven, Furcht einflößenden Look zu erzielen. Nicht AC/DC. Bei AC/DC hörst du, was du siehst – und was du hörst, ist die lauteste Band der Welt.

Dann ist da Angus.

Die Intensität, die dieser Kerl auf die Bühne bringt, die unbändige Energie, mit der er mehr als zwei Stunden lang über die Bretter tobt, ist fast schon beängstigend. Er kann nicht eine Sekunde lang auch nur einen Gang runterschalten. Wenn er nach einem Konzert in die Garderobe kommt, ist er völlig ausgelaugt und muss erst mal ein paar Züge aus der Sauerstoffflasche nehmen.

Abseits der Bühne ist Angus ein netter, sanftmütiger Kerl von knapp einem Meter sechzig. Aber bei einem Konzert geht etwas mit ihm vor. Er wird ein anderer. Wenn er vor der Show pinkeln geht, ist er noch Angus. Doch wenn er dann zurück ist und am Bühnenrand wartet, ist er nicht mehr ansprechbar. Ihm in die Augen schauen und kurz noch eine gute Show wünschen? Vergiss es!

Es gibt ihn dann einfach nicht mehr. Dr. Jekyll hat sich in Mr. Hyde verwandelt.

Und dann legt er los, in seiner Schuljungenkluft, mit der Gibson um den Hals, streckt der Menge die Faust entgegen, und fünfzig-, sechzig- oder sogar hunderttausend Fans drehen komplett durch. Ohne dass er auch nur eine Note gespielt hätte. Nur wegen der Pose. Und seines wilden Blicks. Wer sonst kann das? Vielleicht früher mal Elvis Presley oder Freddie Mercury. Doch jetzt schafft das nur noch Angus. Und wie der Kerl sich bewegt! Die Hüften. Die Beine. Einfach alles. Mit seinem Chuck-Berry-Move macht er sogar Chuck Berry Konkurrenz. Wenn man das auf der Bühne aus nächster Nähe miterlebt, haut es einen aus den Socken.

Natürlich hatte Angus fast während der gesamten Geschichte von AC/DC einen kongenialen Widerpart in der Band – Malcolm. Sämtliche Young-Kinder – die in Glasgow zur Welt kamen, doch zu Beginn der 1960er-Jahre mit ihren Eltern nach Sydney in Australien auswanderten – waren musikalisch. Ein weiterer Bruder, George, war als Mitglied von The Easybeats einer der bekanntesten australischen Popstars und schrieb mit »Friday on My Mind« sogar einen der größten Songs aller Zeiten.

Malcolm konnte es in puncto Intensität locker mit seinem jüngeren Bruder aufnehmen. Allerdings suchte er nie das Rampenlicht. Er stürmte immer nur kurz zum Mikrofon, um seinen Gesangspart abzuliefern, danach zog er sich wieder zu seinem Boxenturm zurück und blieb im Hintergrund. Aber man sollte sich nicht täuschen – Malcolm war das Herz der Band.

In den unzähligen gemeinsamen Jahren auf Tour mit Malcolm habe ich miterlebt, dass irgendwann so ziemlich jeder große Gitarrist zu ihm kam und wissen wollte, wie er den dicken Saiten auf seiner abgewetzten Gretsch mit den zwei ausgebauten Pickups diesen Sound entlockte.

»Ich hau einfach fest drauf«, erklärte er mit einem Achselzucken, als wäre das keine große Sache.

Malcolm verfügte außerdem über die unheimliche Fähigkeit, gleichzeitig die Bewegungen aller Bandmitglieder im Blick zu behalten, ihrem Spiel zu lauschen und die Reaktion des Publikums zu studieren, um nach der Show die Art von Feedback zu liefern, die man vielleicht nicht unbedingt gern hörte, die aber dem Konzert am nächsten Abend zugutekam. Ich habe nie einen anderen Musiker kennengelernt, der einen solchen Respekt bei Bandkollegen und Crew genossen hätte.

Aber selbst eine Alles-oder-nichts-Band wie AC/DC muss sich manchmal den Rückschlägen und Tragödien beugen, die das Leben on the road unvermeidlich mit sich bringt.

Ein Jahr vor der *Rock or Bust World Tour* musste Malcolm die Band verlassen, um sich wegen Demenz behandeln zu lassen. Er hatte schon seit der *Black Ice Tour* 2010 unter Gedächtnis- und Konzentrationsproblemen gelitten. Also zog er sich zurück, und sein Neffe Stevie übernahm für ihn.

Es war der größte Schock für die Band seit dem Tod von Bon fünfunddreißig Jahre zuvor.

Aber es sollte nicht der einzige Schock bleiben. Der Meister am Bass, Cliff Williams – bei AC/DC als Junge aus Essex das Gegenstück zu mir als Geordie-Boy[1] und seit 1977 Mitglied der Band – gab bekannt, dass *Rock or Bust* seine letzte Tournee sein würde. Außerdem musste Phil Rudd aussteigen, weil er in Neuseeland mit dem Gesetz in Konflikt geraten war, sodass Chris Slade – der bereits auf *The Razors Edge* gespielt hatte – die Drums übernahm.

Und dann – nun, da war noch ich.

Es ist seltsam, etwas zu meiner eigenen Rolle bei AC/DC zu sagen – geschweige denn zu meiner eigenen Stimme. Man muss schon ein entfesseltes Tier sein, um diese Noten in »Back in Black«, »Thunderstruck« und »For Those About to Rock« zu treffen. Vor einer Show fühle ich mich, als würde ich bei den Olympischen Spielen im Startblock zum 100-Meter-Sprint hocken. Ich weiß in diesem Moment, dass ich alles geben muss, um diese Art von Kraft, Wut und Energie in meinen Gesang zu legen und in jedem einzelnen Song aufrechtzuerhalten. Es ist, als würde man mit aufgesetztem Bajonett singen.

Aber ohne etwas zu hören?

Ich wurde das Gefühl nicht los, dass nach fünfunddreißig Jahren in der Band vielleicht auch mein Ende nahte.

Im Anschluss an die drei Gigs, bei denen ich die Gitarren nicht hatte hören können, lag ein freier Oktober vor uns. Ich hoffte, dass das reichen würde, um Körper und Ohren eine Pause zu gönnen und sie wieder auf Vordermann zu bringen.

---

1 Anm. d. Ü.: Als Geordies werden die Bewohner von Newcastle und Umgebung bezeichnet.

Aber zurück im heimischen Sarasota, Florida, wurde mir immer klarer, dass etwas nicht stimmte, und zwar ganz und gar nicht. Meine Ohren waren bereits seit sechs Wochen dicht.

Ich musste mir Hilfe suchen.

Der Startschuss zur nächsten Tour-Etappe sollte in Sydney fallen. Zufällig wusste ich, dass dort einer der besten HNO-Ärzte der Welt praktizierte: Dr. Chang. Ich beriet mich mit unserem Tourmanager Tim Brockman und beschloss, zehn Tage früher loszufliegen, um meine Ohren gründlich durchchecken zu lassen. Zudem wusste ich, dass Malcolm wegen seiner Demenz in der Nähe behandelt wurde, und hoffte, ihn besuchen zu können.

Es war eine riesengroße Erleichterung, Dr. Chang zu treffen und endlich jemandem erzählen zu können, was los war. Aber dieses Gefühl währte nicht lange. Nach der Untersuchung und einigen Tests wurde er todernst und erklärte, er müsse mich operieren.

»Nach der Tour?«, fragte ich.

»Nein, jetzt sofort«, erwiderte er.

Dr. Chang erklärte mir, dass sich bei der fiebrigen Erkältung in Edmonton Flüssigkeit in meinen Ohren angesammelt habe. Durch den Flug nach Vancouver sei es dann zu einer Schwellung gekommen, sodass die Flüssigkeit eingeschlossen worden sei. Deshalb seien meine Ohren nicht aufgegangen. Und weil ich die Tour fortgesetzt hatte, statt mich behandeln zu lassen, war die Flüssigkeit kristallisiert und würde nun immer größeren Schaden anrichten, je länger sie im Ohr blieb. Sie musste sofort entfernt werden.

»Wird nach der Operation alles wieder gut?«, fragte ich.

»Das weiß ich nicht«, antwortete Dr. Chang. »Aber auf jeden Fall sollten wir es versuchen, damit es nicht noch schlimmer wird.«

»Aber in zehn Tagen habe ich einen Gig …«

»Wir werden alles tun, damit es Ihnen bis dahin besser geht.«

»Noch etwas, Dr. Chang«, sagte ich, mittlerweile ziemlich nervös. »Wie holen Sie die Kristalle heraus?«

»Sind Sie sicher, dass Sie das wissen wollen?«

»Ähm, ja …?«

»Mit einem Meißel.«

Er machte nicht den Eindruck, als würde er scherzen.

TEIL EINS

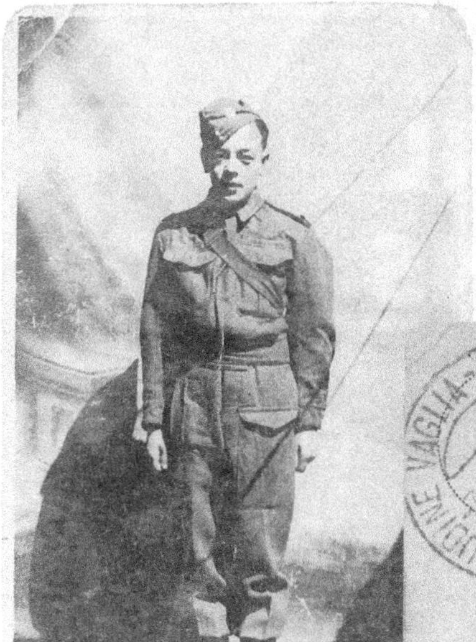

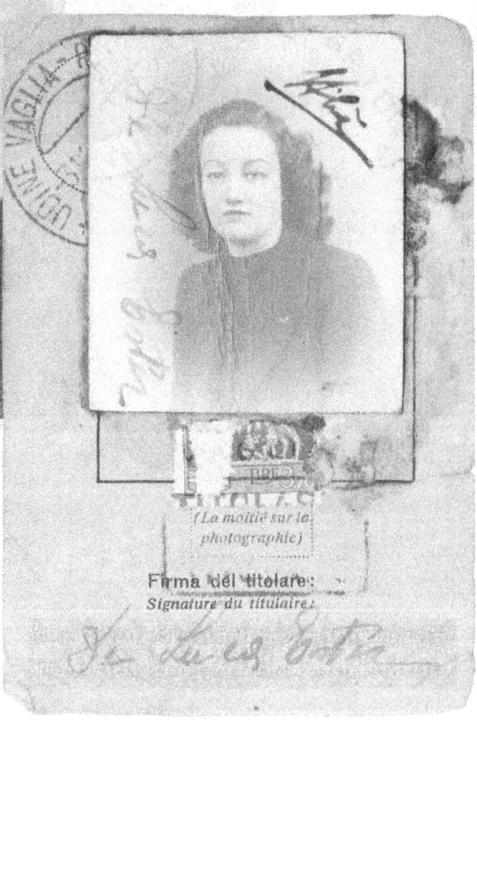
UDINE VAGLIA
(La moitié sur la
photographie)
Firma del titolare:
Signature du titulaire:

1

Alan und Esther

Der Soundtrack meiner frühen Kindheit bestand aus dem Rattern der Nähmaschine meiner Mutter und dem anschließenden dumpfen Schluchzen, wenn sie sich Nacht für Nacht in den Schlaf weinte.

Meine Mama war Italienerin – ihr Mädchenname lautete Esther Maria Victoria Octavia De Luca. Nach dem Krieg war sie meinem Vater in den Nordosten Englands gefolgt, ohne eine Vorstellung davon zu haben, dass es dort vollkommen anders sein würde als in ihrer Heimatstadt Frascati vor den Toren Roms.

Ich kann nur ahnen, wie schwer ums Herz der Ärmsten geworden sein muss, als sie zum ersten Mal nach Gateshead kam, auf der Südseite des Flusses Tyne gegenüber von Newcastle gelegen. Genauer: nach Dunston, den Stadtteil, aus dem mein Vater stammte. Die Fabriken und Kohlegruben. Die Reihenhauszeilen an den steilen Hängen der Scotswood Road. Die rußgeschwärzten Männer, die von der Arbeit nach Hause trotteten. All die zerbombten Häuser. Der ständige Wind und Regen.

Als wäre das alles nicht schon schlimm genug gewesen, blieben Lebensmittel noch volle neun Jahre, nachdem wir den Krieg »gewonnen« hatten, rationiert. Die britische Angewohnheit, das Essen so lange zu kochen, bis auch das letzte Atom zerfallen war und nur ein grauer Schleim übrig blieb, machte es außerdem völlig ungenießbar.

Aber Hut ab vor meinem Vater – er hatte in der Durham Light Infantry gedient, zuerst in Nordafrika und dann in Italien, wo er meiner Mutter über den Weg gelaufen war –, dass er überhaupt so eine wunderschöne junge Frau aus gutem Hause überzeugen konnte, ihn in seine Heimat zu begleiten.

Noch beeindruckender war dieser Coup deswegen, weil meine Mutter damals mit einem stattlichen, gut aussehenden italienischen Zahnarzt verlobt war, der wahrscheinlich auf einen klangvollen Namen wie Alessandro oder Giovanni hörte, während mein Vater ein einfacher Geordie-Sergeant namens Alan von nicht mal einem Meter sechzig war. Doch die geheime Trumpfkarte meines alten Herrn war seine Stimme. Volltönend und gebieterisch brachte sie einen noch aus tausend Metern Entfernung dazu, strammzustehen und sich dabei vor Angst in die Hosen zu machen. Selbst wenn er nur irgendetwas brummte, was er oft tat, brachte er es irgendwie fertig, dass die Worte laut und furchterregend klangen. Das Geheimnis seines Erfolgs bei meiner Mutter: Er lernte ihre Heimatsprache und versprach ihr, auch in England Italienisch mit ihr zu reden. Dieses Versprechen hielt er tatsächlich für den Rest seines Lebens. Wir Kinder lauschten ihnen und verstanden nicht, warum sonst niemand so redete. Dass in der Schule Englisch gesprochen wurde, war für uns verwirrend.

Mein Vater hatte sich 1939, kurz vor der allgemeinen Mobilmachung, zum Militär gemeldet, um der Maloche in den Kohlegruben zu entkommen. Doch dann marschierte Hitler in Polen ein, Großbritannien erklärte Deutschland den Krieg, und ehe er sich versah, wurde der damalige Gefreite Johnson nach Nordafrika verlegt, um als Angehöriger der Wüstenratten zu kämpfen.

Wie jeder Geschichtsinteressierte wissen dürfte, war das Deutsche Afrikakorps in Hinblick auf die Kampfkraft zu Kriegsbeginn den Briten weit überlegen. Insofern grenzt es an ein Wunder, dass mein alter Herr zwei blutige Jahre in der tunesischen Wüste überlebte. Aber er hat nicht einfach nur überlebt, sondern stieg sogar zum Sergeant auf. Zugegeben, große Konkurrenz gab es bei den Beförderungen nicht, da die meisten Anwärter bereits vorher fielen.

Auch mein Vater wäre beinahe nicht heil zurückgekehrt.

Am brenzligsten wurde es für ihn, als er in einem Lastwagen saß, der vor die 20-mm-Fliegerabwehrkanone eines deutschen Halbkettenfahrzeugs fuhr. Rund zwei Sekunden nach Sichtkontakt wurden der Lastwagen und alle, die sich noch darin befanden, zu Staub und Asche verwandelt. Mein Vater und ein paar seiner Kameraden hatten es aber vorher gerade noch geschafft, rauszuspringen und sich in einer nahen Höhle in Sicherheit zu bringen. Die Deutschen richteten ihre Kanone auf das Versteck und feuerten weiter, bis ihnen langweilig wurde. Als der Beschuss endlich aufhörte, hatte mein Vater als Einziger in dem Unterschlupf überlebt. Als er wieder rauskroch, war er überzeugt, dass die Deutschen ihn beobachteten. Doch sie ließen ihn laufen. Wahrscheinlich hatten sie einfach keine Lust, sich mit einem traumatisierten Kriegsgefangenen abzuplagen, der sich kaum auf den Beinen halten konnte.

Das hieß allerdings nicht, dass er in Sicherheit war. Mühselig schlug er sich mehrere Kilometer bis zur nächsten alliierten Stellung durch, wo der britische Wachposten in Panik geriet und das Feuer eröffnete. Doch glücklicherweise verfügte mein Vater über eine noch durchschlagendere Waffe: seine Stimme. »Ich bin britischer Sergeant, du Idiot!«, brüllte er. »Und du musst mich nach der Losung fragen!«

Eine verlegene Pause entstand, gefolgt von einem Hüsteln. »Äh … Entschuldigung, Sarge. Wie lautet die Losung?«

»Weiß ich nicht mehr! Lass mich einfach rein!«

Schließlich gelangten mein Vater und seine Einheit nach Sizilien – was ihnen eine Einladung zur knapp fünfmonatigen Schlacht von Anzio eintrug. Es war ein Riesenschlamassel, bei dem Zehntausende Männer getötet oder verwundet wurden und das Zögern des US-Befehlshabers Major General John Lucas dazu führte, dass mein Vater und seine Kameraden am Strand von Nettuno festsaßen, nachdem sie mit den britischen Truppen nur wenige Kilometer entfernt gelandet waren.[2] Aber auch dies überlebte Sergeant Johnson, um später davon zu berichten.

Als alles vorbei war, hatte mein Vater so viel Blutvergießen und Elend gesehen, dass er zum eingefleischten Atheisten wurde. Allerdings behielt er das für sich, als er nach Rom kam und ihm aufging, dass die Stadt voller wunderschöner junger katholischer Frauen war, die nur darauf warteten, im Sturm erobert zu werden.

Die Leben meiner Eltern vor dem Krieg hätten unterschiedlicher nicht sein können.

Die De Lucas waren wohlhabend und besaßen ausgezeichnete Verbindungen. Auf Fotos aus den 1930er-Jahren sehen sie so sorglos, glücklich und braun gebrannt aus wie Filmstars. Im Nordosten von England gab es Menschen wie sie einfach nicht.

Von meiner Mutter und ihren Schwestern wurde erwartet, dass sie eine gute Partie landeten, und genau das taten sie auch. Eine

---

2 Winston Churchill sagte im Nachhinein über die Landung: »Ich hatte gehofft, wir würden eine Wildkatze ans Ufer schleudern, aber wir bekamen nur einen gestrandeten Walfisch.«

meiner italienischen Tanten ehelichte den Besitzer einer Fliesenfabrik. Eine andere heiratete in eine Familie ein, die bis heute eine Pharmazie- und Drogeriehandelskette besitzt. Und einer meiner Cousins auf der De-Luca-Seite, Giacomo Christofanelli, gehörte lange dem italienischen Parlament an.

»Liebe auf den ersten Blick«, so beschrieb meine Mutter die Begegnung mit meinem Vater im Nachkriegs-Rom. Er habe ausgesehen wie der US-amerikanische Filmstar George Raft, der in den 1930er-Jahren im ersten *Scarface*-Film und später dann in *Manche mögen's heiß* mitgespielt hatte. Sicher, Sergeant Johnson gehörte zu den eher klein geratenen Vertretern seiner Spezies, aber da sie selbst von eher zierlicher Gestalt war, störte sie das nicht.

Manchmal wünsche ich mir, ich hätte die Version meines Vaters kennenlernen dürfen, in die sich meine Mutter verliebte – ein freundlicher, witziger Mann, für den alles wie geschmiert lief. Der Krieg war nicht nur vorbei, sondern *gewonnen*, und in Dunston erwartete ihn ein »home for heroes«. Doch diese Seite von ihm haben wir Kinder nie zu sehen bekommen.

Als Rom an die Alliierten fiel, war es für das britische Militär eine Horrorvorstellung, dass die Soldaten weiblichen Feindkontakt haben könnten, vor allem mit Katholikinnen. Die Armeeführung unternahm alles, um Liebeleien zu unterbinden. Die siegreichen britischen Soldaten sollten den Mädchen in der Heimat vorbehalten bleiben. Aber mein Vater war ein gewitztes Kerlchen. Ihm war klar, dass man ihm keine Steine in den Weg legen konnte, wenn er selbst zum Katholizismus übertrat. Zudem ging er davon aus, dass er damit seine Chancen bei der Familie meiner Mutter verbessern könnte, die außer sich war über die Auflösung ihrer Verlobung mit dem gut aussehenden Zahnarzt.

Doch kaum hatte mein Vater den Kater nach der Feier seiner Heimkehr überstanden, musste er erkennen, dass es für Sergeant Johnson keine Verwendung mehr gab. Ich meine, er hatte nicht viel mehr drauf, als Deutsche abzuknallen – und von denen gab es nach dem Krieg in Dunston nicht gerade viele. Die Amerikaner warfen zwar für den Wiederaufbau Europas die Gelddruckmaschinen an, doch Großbritannien quetschten sie wegen seiner Schulden aus. Für die heimkehrenden Soldaten wie meinen Vater – der eine Ehrenmedaille per Post bekam und aus dem Dienst entlassen wurde – fühlte es sich eher so an, als hätten wir den Krieg verloren, nicht gewonnen. Alles war zerbombt und kaputt. Es gab kein Geld für gar nichts. Der erste britische Autobahnabschnitt wurde nicht vor 1958 eröffnet und damit später als in fast allen anderen europäischen Ländern. Die einzige Arbeit, die mein Vater fand, war eine Stelle in der Gießerei Smith Patterson in Blaydon in der Grafschaft Durham, wo alle möglichen Metallgussteile hergestellt wurden, von Kanaldeckeln bis zu Eisenbahnschienen. Seine Aufgabe war es, die Öfen von innen zu reinigen – eine derart widerliche Arbeit, dass er sich manchmal wünschte, er wäre wieder in der Wüste und würde von Nazis beschossen.

Die Gießerei stellte ihm noch nicht mal einen Overall, Handschuhe oder eine Schutzbrille. Wie alle anderen Arbeiter trug er einfach seine normale Straßenkleidung und band sich ein Taschentuch vors Gesicht. Für den armen Kerl muss das eine Qual gewesen sein, denn als ehemaliger Sergeant legte er großen Wert auf eine tadellose Erscheinung.

Meine Ma war bereits bei ihrer Abfahrt aus Italien schwanger mit mir. Am 5. Oktober 1947 schließlich machte meine Geburt die beiden zu Mutter und Vater. Ein Jahr darauf kam mein Bruder Maurice zur Welt, ein weiteres Jahr später mein jüngster Bruder

Victor. Als letztes der Johnson-Kinder wurde fünf Jahre nach mir meine kleine Schwester Julie geboren.

Einen Kredit aufzunehmen, kam für meinen Vater wegen seines mickrigen Lohns nicht infrage, und die Wartezeit für eine Sozialwohnung betrug zehn Jahre. Daher mussten er und meine Mutter bei seinen Eltern in der Oak Avenue 1 in Dunston einziehen, wo bereits diverse andere Familienmitglieder lebten. Eins davon war mein unverheirateter Onkel Norman, ein Widerling, der so breit wie hoch war und sich gern beim Abendessen mit der Gabel in verschiedenen Körperöffnungen herumkratzte. Daneben gehörten auch meine Tante Ethel und ihre Tochter Annette zum Haushalt, beide so zäh wie ausgelatschte Lederstiefel, außerdem Tante Ethels reizender Ehemann, ein schottischer Bergmann, den ich als »Onkel Shughie« kennenlernte. Selbstverständlich hieß er nicht wirklich Shughie – es klang nur so aus Tante Ethels Mund. Dann war da noch mein Onkel Billy mit seinem Menjoubärtchen, der penibel auf seine Kleidung achtete und einen Vorkriegs-Vauxhall fuhr.

Nach der Geburt von mir und meinen drei Geschwistern war es ein siebzehnköpfiger Haushalt – oder wie es die Nachbarn ausdrückten: »Eine verdammte Schande!«

Meine Mutter konnte damals so gut wie kein Englisch, aber selbst als sie immer mehr Brocken aufschnappte, sprach sie es zu Hause beinahe nie. Das Italienisch meines Vaters wiederum wurde durch einen schweren Geordie-Akzent verunstaltet. Wenn meine Mutter ihn nicht verstand, wiederholte er das Gesagte einfach noch mal, nur lauter. Beides stieß bei den anderen Johnsons im Haus nicht gerade auf Gegenliebe, nicht zuletzt, weil sie eben noch im Krieg mit Italien gewesen waren und Ausländer hassten. Sogar mein seliger Großvater bezeichnete seine eigenen Enkelkinder insgeheim als »italienische Schweine«.

Man darf nicht vergessen: Das war das Dunston der 1940er-Jahre. Abgesehen von den französischen Zwiebelverkäufern mit ihren Baskenmützen und Gauloises gab es kaum Ausländer. Soweit ich mich erinnern kann, habe ich als kleines Kind nicht einen einzigen Schwarzen oder Asiaten zu Gesicht bekommen – und da es sich um eine solch geschlossene Gesellschaft handelte, schlug Außenseitern ziemliches Misstrauen entgegen. Selbst Leute aus Sunderland wurden beschimpft. Schotten galten de facto als Außerirdische. Wahrscheinlich weigerte ich mich deshalb, als Kind Italienisch zu lernen. Ich wollte nicht auffallen, sondern einfach nur dazugehören.

Am schlimmsten hackte Tante Ethel auf uns »Ausländern« herum. Eine meiner frühesten Kindheitserinnerungen dreht sich um den Tag, an dem Tante Ethel mich im Alter von vier Jahren zur Post mitnahm, ein Fußmarsch von gut einem Kilometer. Obwohl es Winter war und schneite, hatte sie mir weder Socken noch Schuhe angezogen. »Ihr Scheißausländer braucht das nicht«, schnaubte sie.

Als wir bei der Post ankamen, glich ich einem Eiswürfel in Kindergestalt. Die ältere Dame hinter dem Schalter bekam beinahe einen Herzinfarkt, als ihr Blick auf mich fiel. »Was denken Sie sich eigentlich?!«, schrie sie Tante Ethel an. Aber die erklärte nur: »Das ist schon in Ordnung so, ist ja praktisch ein Ausländer, der Kleine.« Die ältere Dame schnappte sich ein Handtuch und wickelte es mir um die Füße, während ihr Mann im Laden nebenan einen Lutscher für mich holte. Ich weiß nicht mehr, wie ich nach Hause kam. Ich weiß nur noch, dass die Dame vom Postamt Tante Ethel anschnauzte: »Sie sind ein dummes, *dummes* Weibsstück – der Kleine wird sich noch den Tod holen!«

Die Vorstellung, wie allein sich meine Mutter nach dem Krieg gefühlt haben muss, lässt mich noch heute erschaudern. Die Frauen aus unserer Straße – die mir als Kind uralt vorkamen, auch wenn sie vermutlich erst in ihren Zwanzigern oder Dreißigern waren – trafen sich jeden Tag an der Ecke, mit ihren Kopftüchern und Einkaufstaschen, und tratschten dort stundenlang. Doch meine Mutter verstand kaum Englisch und noch weniger den breiten Geordie-Akzent. Im Lauf der Jahre erkannten die Nachbarn jedoch, welch liebenswertes, freundliches und großzügiges Wesen sie hatte. Sie war stets fröhlich und lächelte immer, verschenkte selbst gekochtes Essen und besserte die Kleidung der Leute aus. Und die Herzlichkeit, mit der sie ihnen »Allo!« zurief, wirkte einfach ansteckend.

Doch in den ersten Jahren bewahrte nur die Nähmaschine meine Mutter davor, durchzudrehen. Zuerst hatte sie ein fußbetriebenes Tischgerät, dann eine kleine elektrische Singer. Sie saß den ganzen Tag bis tief in die Nacht daran – und sie war wirklich eine unglaubliche Schneiderin. Schließlich baute sie sich sogar ein kleines Geschäft auf, indem sie für sämtliche Bräute der Gegend Hochzeitskleider nähte. Ganz zu schweigen von den Bühnenoutfits für einen gewissen jungen Kerl, als dieser eine Karriere als Sänger einschlug …

Meine Mutter liebte es außerdem zu stricken. Sie strickte einfach *alles*. Schlupfmützen. Fäustlinge. Teewärmer. Pullover. Einmal kamen die Johnsons auf die Idee, einen Tag am Meer zu verbringen – wobei es sich bei dem Meer um die Nordsee handelte, die nur ein winziges bisschen wärmer ist als die Arktische See. Aus dem Anlass strickte sie für mich und meine Brüder Badehosen, weil wir uns keine richtigen leisten konnten. Sie waren dunkelblau und wurden von alten Schlüpfergummis oben gehalten. Ich sollte wohl hinzufügen, dass wir noch nie einen Fuß ins Meer gesetzt hatten und keiner von uns schwimmen konnte – trotzdem wünschten wir uns nichts sehnlicher, als die neuen Hosen überzustreifen und herumzuplanschen.

Unsere Vorfreude auf das Meer verflog allerdings schnell, als wir uns dem Wasser näherten. »Rein mit euch, Jungs!«, brüllte mein Vater und gab uns einen Schubs. Das Wasser war so kalt, dass uns fast das Herz stehen blieb.

Nach höchstens fünfzehn Minuten erklärte mein Vater uns zu hoffnungslosen Fällen und machte sich von dannen. In eben jenem Moment wurde uns klar, warum man niemals jemanden in Strickbadekleidung sah. Wolle kann ein Vielfaches ihres eigenen Gewichts an Wasser aufnehmen, wie ein Schwamm, und wird dann bleischwer.[3] Die Folge: Mit einem Mal konnten alle unsere kleinen Pimmel sehen. Mit puterroten Köpfen rannten wir zurück an den Strand, Hände vor den Kronjuwelen, Hinterteil entblößt, während die vollgesogenen Badehosen uns in den Kniekehlen hingen.

Das Gateshead meiner frühen Kindheit war grau und schmuddelig. Im Krieg konnte man im deutschen Propagandaradio hören, wie sich »Lord Haw-Haw«, so der verächtliche Spitzname der Briten für den Sprecher, über uns lustig machte: »Wir sollten über Gateshead keine Bomben abwerfen, sondern Seife!« Natürlich machte das alle so wütend, dass die Arbeiter in der Vickers-Fabrik die Panzer in doppelter Geschwindigkeit zusammenschraubten.

3 Nach dieser Erkenntnis ging ich davon aus, dass meine Mutter die Badehosen wegwerfen würde. Doch nein, in unserem Haus wurde nie etwas weggeworfen. Vielmehr beglückte sie uns im Winter mit verdächtig vertraut aussehenden dunkelblauen Wollmützen, die nach Salzwasser dufteten.

Aber die traurige Wahrheit war, dass bei jedem in Gateshead eine »Hochwassermarke« auf der Haut den Kragenrand markierte.

Das Essen trug nicht gerade dazu bei, das Leben erträglicher zu machen. Besonders für meine arme Mutter war es eine Qual, da sie an frische Melonen, geräuchertes Fleisch, knuspriges Brot, Olivenöl und Parmesan gewöhnt war. Alles wurde stundenlang gekocht, außer Leber – diese wurde gebraten, bis sie steinhart war und als Wurfgeschoss Straßenlaternen und Fensterscheiben zertrümmern konnte. Meistens saß meine Mutter nur am Tisch und schluchzte: »Ich kann das nicht essen!« Und sie konnte ja auch nicht einfach selbst irgendwelche italienischen Gerichte zaubern. Für eine Flasche Olivenöl musste man im Dunston der Nachkriegszeit in die Apotheke gehen. Die einzige Tomatensoße, die es gab, war Ketchup. Knoblauch war vermutlich illegal. Selbst Speck – ein italienisches Grundnahrungsmittel – war auf acht Scheiben pro Woche und vier pro Einkauf rationiert.

Was dem Appetit meiner Mutter auch nicht gerade auf die Sprünge half, war die Tatsache, dass mein Großvater regelmäßig mit Pfeife im Mund am Tisch hockte und über die verdammten Itaker in seinem Haus schimpfte, während er die Zeitung vom Vortag in Streifen schnitt, damit wir sie als Klopapier benutzen konnten.

Als wäre das alles nicht schon genug gewesen, stellten sich bei meinem Vater Spätfolgen seiner Soldatenzeit ein. In jener Höhle in Tunesien hatte er neben Unmengen an Staub und Rauch auch toxische Dämpfe und winzige Granatsplitter eingeatmet. Im Grunde war er vergiftet worden und plagte sich nun mit chronischen Magenschmerzen herum. Äußerlich ging es ihm gut – die einzige sichtbare Verletzung war eine Narbe am Daumen. Aber seinem Magen ging es immer schlechter, bis er schließlich keine

Nahrung mehr bei sich behielt. An diesem Punkt konnte selbst ein halsstarriger Mann wie er nicht mehr so tun, als sei alles in Ordnung.

Ich erfuhr von der Sache erst, als ich eines Morgens aufstand und er nicht da war. »Brian, Junge, dein Vater … Er musste in die Ospitale«, erklärte mir meine Mutter mit bebender Stimme.

Einige Tage darauf besuchten wir ihn in einem Sanatorium, das in einem wunderschönen alten Herrenhaus unweit von Ryton, gleich neben dem Tyneside Golf Club, untergebracht war. Einen solch prachtvollen Ort hatte ich noch nie gesehen. Bei unserer Ankunft saß mein Vater in einem Sessel und vertrieb sich die Zeit mit Handarbeiten, da er sich vor Schmerzen nicht bewegen konnte. Ich dachte: Wow, das ist also jetzt sein Zuhause? Er hat es echt zu was gebracht …

Dann ließ ich den Blick schweifen und sah Männer mit Kopfverbänden, Glasaugen und fehlenden Gliedmaßen. Einige humpelten auf Beinprothesen des nationalen Gesundheitsdienstes NHS herum, die seinerzeit noch aus Holz waren und schrecklich knarzten. Ich begriff, dass es sich um eine Art Krankenhaus handelte, aber ich brachte es nicht mit dem Krieg in Verbindung. Wir waren damals vollkommen ahnungslos. In der Schule riefen wir »Unser war der Sieg, 1944 im Krieg!«, zu Hause verschlangen wir *Eagle*-Comics über gut aussehende britische Soldaten mit dicken Muskeln und Namen wie »Schläger Smith«, die Nazis abknallten. Für meinen kindlichen Verstand gab es also keinerlei Veranlassung, den Krieg mit diesen stinknormalen Männern in Verbindung zu bringen, die sich auf irgendeine Weise schreckliche Verletzungen zugezogen hatten.

Mein Vater kehrte mehrmals für längere Aufenthalte in das Sanatorium zurück, immer wenn er wieder mal am Magen operiert worden war. Meine Mutter besuchte ihn dann täglich mit dem Bus, was bedeutete, dass Tante Ethel auf uns aufpassen musste. Sie behandelte uns wie Kriegsgefangene – was wir in ihren Augen auch waren. Irgendwann begannen sich bei uns zu Hause die wunderschön bestickten Tischdecken zu stapeln, die mein Vater angefertigt hatte. Zu einer anderen Zeit und an einem anderen Ort hätten er und meine Mutter zusammen einen Laden aufmachen und sich eine goldene Nase verdienen können. Aber nicht zu jener Zeit. Jedes Mal, wenn mein Vater aus dem prächtigen Sanatorium entlassen wurde, kehrte er sofort wieder zu seinem Job zurück.

Eine Zeit lang arbeitete er in London. Er fuhr mit dem Zug hin, blieb eine ganze Woche dort und kam nur am Wochenende nach Hause. Einmal durften mein Bruder Maurice und ich ihn begleiten. Es war die aufregendste Reise unseres jungen Lebens – dabei führte mein Vater gar kein besonders spannendes Leben in London. Ich weiß noch, wie wir in King's Cross aus dem Zug stiegen und auf einen Taxistand zusteuerten. Mein Herz schlug wie verrückt bei der Vorstellung, mit einem der schwarzen Taxis zu fahren. Aber als wir bei dem Stand ankamen, trottete mein Vater einfach weiter … zur Bushaltestelle auf der anderen Straßenseite.

Für meine Mutter war es nicht leicht, den Kontakt mit ihrer Familie in Frascati aufrechtzuerhalten. Doch als sie ihrer Nichte auf einer Postkarte schilderte, wie hart das Leben im Nordosten war, schrieben ihre Schwestern zurück und erkundigten sich nach ihrer Telefonnummer. Alle De Lucas hatten einen Telefonanschluss zu Hause. Meine Mutter hingegen musste ihnen die Nummer der Telefonzelle in unserer Straße schicken und ihnen erklären, dass sie dort an einem bestimmten Tag zu einer bestimmten Zeit anrufen sollten. Für das Gespräch versammelten sich dann alle ihre Schwestern um einen Apparat. Sie waren so froh, einander endlich wiederzuhören – viele Tränen und »ti voglio bene« –, dass dem ersten Anruf noch viele weitere folgten, von denen jedoch keiner länger als exakt drei Minuten dauerte, damals das Maximum für Auslandsgespräche in einer Telefonzelle.

Als meinen Tanten in Italien klar wurde, wie schwierig die Situation meiner Mutter tatsächlich war, wollten sie ihr unbedingt helfen. Genau wie meine Mutter hatten sie sich ausgemalt, dass ein britischer Sergeant in einem Landhaus wie aus einem viktorianischen Liebesroman leben würde – sorgfältig getrimmter Rasen und üppiger Blumengarten inklusive –, nicht in einer Sozialwohnung in Dunston.

Und so schickten sie uns alles, was wir ihrer Ansicht nach brauchen könnten. Ein wundervolles neues Topf- und Pfannenset. Einen Nerzmantel, der einer Großtante gehört hatte. Schals und Blusen. In ihren Oberschichtsköpfen waren das alles lebensnotwendige Dinge. Doch mit ihren Päckchen machten sie alles oft nur noch schlimmer.

Die Hälfte davon wurde vom britischen Zoll aufgerissen, wobei der Großteil des Inhalts »verloren« ging. Und was es bis nach Dunston schaffte, wurde zumeist von Onkel Norman oder Onkel Colin abgefangen und zum Pfandleiher getragen. So wie die beiden es sahen, hatte meine Ma nichts von dem Zeug *gekauft*, und sie brauchten das Geld ohnehin dringender als meine Mutter die teuren Geschenke aus Italien. Eigentlich gab es also keinen Grund für sie, sich zu beklagen.

Jedes Mal, wenn das passierte, wollte meine Mutter gar nicht mehr aufhören zu weinen. Aber es ging immer weiter so, Woche für Woche, Monat für Monat.

Und es stürmte ununterbrochen, und der Regen fiel und fiel.

Und das Essen wurde nicht besser.

Und es war immer bitterkalt.

Und mein Vater verdiente kaum genug, um seinen Anteil an der Miete aufzubringen. Von einer eigenen Wohnung ganz zu schweigen.

Eines Tages dann reichte es meiner Mutter.

Ich hockte im Wohnzimmer und spielte mit meinen Holzklötzen, als ich mitbekam, wie meine Eltern sich im anderen Zimmer wegen irgendetwas stritten. Ein bisschen lauter als sonst, aber immer noch im gewohnten Rahmen. Plötzlich packte mich meine Mutter, zog mir einen Mantel über und schob mich aus dem Zimmer.

»Wohin willst du?!«, brüllte mein Vater sie in seinem Geordie-Italienisch an. Ich verstand die Worte zwar nicht, aber das war bei meinem Vater auch nicht nötig. Die Lautstärke genügte.

»Hier ist es *schrecklich*!«, schrie sie unter Tränen zurück. »Ich gehe nach Hause. Deine Familie ist …«

Ihr fiel kein Wort ein, dass schlimm genug war.

»Komm schon, Esther«, schnaubte mein Vater. »Du gehst nirgendwo hin.«

»Ich gehe!«

»Nein, machst du nicht.«

»Es ist schrecklich hier. *Schrecklich!* Ich gehe zurück nach Hause!«

Und das war's. Sie stürmte auf die Straße und zerrte mich hinter sich her. Ich glaube nicht, dass sie es geplant hatte. Es geschah vollkommen spontan. Immerhin hatte sie genug Geld bei sich, für den Fall der Fälle musste sie also irgendwo ein Geheimversteck gehabt haben.

Bevor mein Vater uns einholen konnte, waren wir in einem Bus verschwunden, der kurz darauf am Hauptbahnhof von Newcastle hielt. Die dramatische Atmosphäre dieses Ortes war für mich als Kind schlicht überwältigend. Damals fuhren noch ausschließlich

Dampfzüge, die so laut schnauften, pafften und pfiffen, dass ich mir die Ohren zuhalten musste. Dazu kamen die hallenden Lautsprecherdurchsagen, die Ausrufe des *Evening Chronicle*-Verkäufers, die Menschenmassen auf den Bahnsteigen und die uniformierten Gepäckträger, die voll beladene Rollwagen hinter sich herzogen und lauthals fluchten, wenn ein Koffer runterfiel und sich der Inhalt auf den Boden ergoss.

Dazwischen irrte meine arme Mutter umher und zerrte mich in alle möglichen Richtungen, während ich sie immer wieder fragte, was eigentlich los war. Langsam bekam ich Angst. Mit tränenüberströmtem Gesicht studierte sie den riesigen Aushang mit den Abfahrtszeiten – der etwa zwei Meter hoch und so breit wie ein Doppeldeckerbus war – und suchte nach einer Verbindung zur Victoria Station in London. Von dort ging der Zug zur Fähre, mit Verbindung zum Pariser Gare du Nord auf französischer Seite. Dort wollte sie dann in einen Zug nach Rom umsteigen.

Schließlich wurde sie fündig und stürmte mit mir im Schlepptau los. Doch genau in dem Moment ertönte hinter uns dieses unverkennbare Brüllen, gegen das selbst die Lokomotive des Flying Scotsman unter Volldampf nichts hätte ausrichten können. Alle blieben wie angewurzelt stehen und starrten verdattert in unsere Richtung.

»Esther!!!«

Mein Vater stand wie ein Häufchen Elend auf dem Bahnsteig.

Er wusste, was er verbrochen hatte. Was er seiner wunderschönen italienischen Frau versprochen und nicht gehalten hatte.

Gewiss bemerkte meine Mutter den Kummer und den Schmerz in seinen Augen. Und gewiss wusste sie, dass er alles tat, um uns ein besseres Leben zu ermöglichen, und sich dabei zu Tode schuftete.

»Bitte, Esther«, sagte er sanft, und sie begann zu schluchzen, wie ich noch nie jemanden schluchzen gesehen hatte. »Du darfst nicht gehen. Wir werden eine Wohnung nur für uns finden. Ich rufe bei der Stadtverwaltung an. Alles wird besser werden.«

Ich glaube nicht, dass sie es ihm abkaufte.

Aber es genügte, damit sie zurückkehrte.

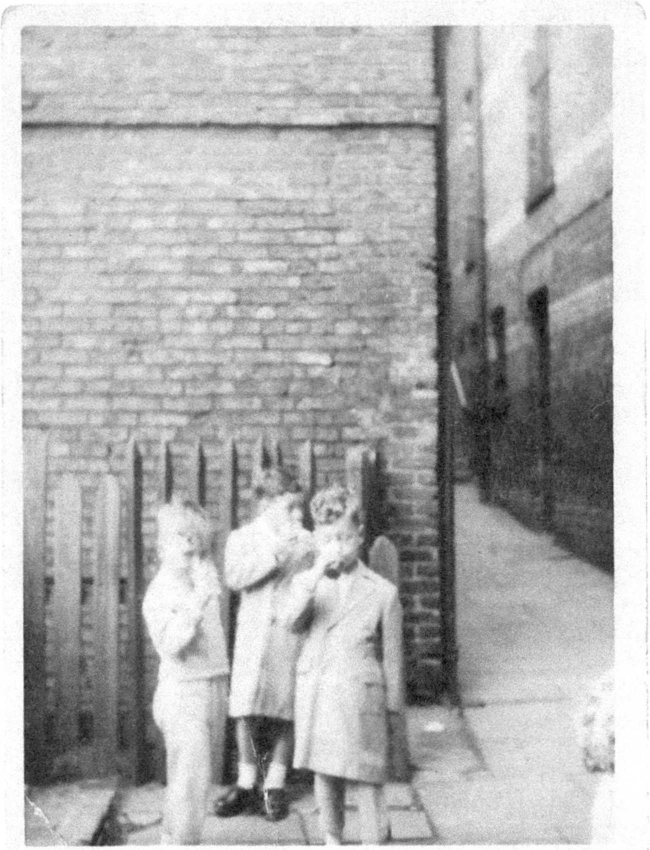

2

Brianuk

»Verrätst du mir deinen Namen?«

»Brrrraaaagghhhhn.«

»Wie war das, Honey?«

»Brrrraaaaaaaaagghhhhhhhn.«

»Du heißt also Brian?«

»Jhhrrr … rragghggh.«

»Okay, Brian, mein armer Spatz, anscheinend geht es dir gar nicht gut. Verrätst du mir, wo du wohnst?«

»B-b-b-buh-eeee … d-d-d …«

»Beech Drive? Ah, dann bist du einer von Esther Johnsons Jungs?«

»Jhhrrr … rragghggh.«

»Okay, Brian, ich werde jetzt versuchen, dir hochzuhelfen, denn du musst unbedingt nach Hause zu deiner Mutter.«

Diese Szene ereignete sich an einem Wintertag Mitte der 1950er-Jahre in Dunston, ein paar Jahre nach dem Fluchtversuch meiner Mutter. Inzwischen lebten wir im Beech Drive in einer gemeindeeigenen Doppelhaushälfte, nur zehn Minuten zu Fuß vom Haus meiner Großeltern in der Oak Avenue entfernt. Zunächst hatten wir in der Nummer 106 gewohnt, einem Haus mit drei Zimmern. Doch schließlich hatte mein Vater sein Versprechen gegenüber meiner

Mutter vollständig eingelöst und die Stadtverwaltung davon überzeugt, uns die Nummer 1 mit einem zusätzlichen Zimmer nach hinten raus zu geben. Für eine sechsköpfige Familie war das immer noch viel zu klein. Meine beiden Brüder und ich mussten uns sogar eine Doppelmatratze teilen. Aber mit elf Johnsons weniger als bei meinen Großeltern kam es mir vor wie der Buckingham Palace.

Wir waren kaum eingezogen, da erkrankte ich so heftig, dass ich von Glück sprechen konnte, mich davon wieder zu erholen. Zu allem Überfluss war ich auch noch selbst schuld.

Alles begann mit einem Film namens *Nanuk, der Eskimo*, den ich auf unserem brandneuen Schwarz-Weiß-Fernseher gesehen hatte. Im Internet kann man diese Stummfilmdokumentation aus den 1920er-Jahren nach wie vor finden. Damals muss er in der BBC gelaufen sein, denn mit unserer Dachantenne konnten wir keine anderen Sender empfangen. (Im Nordosten von England gab es erst sechs Jahre nach dem Krieg überhaupt Fernsehen.)

Normalerweise war ich nicht scharf auf die Glotze, denn das Programm bestand ausschließlich aus Gartensendungen, Kirchenorgelkonzerten und, wenn man Glück hatte, Wiederholungen von irgendwelchen Gregory-Peck-Filmen und Micky-Maus-Cartoons. Langweiliger, furchtbarer Kram, den ich mir für kein Geld der Welt angesehen hätte, wenn ich genauso gut draußen mit meinen Freunden spielen konnte. Aber *Nanuk, der Eskimo* war anders. Der Film war *packend*. Der Hauptdarsteller war ein Inuk namens Nanuk, der in der kanadischen Arktis lebte. Man sah, wie er ein Iglu baute, Robben jagte, ihren Speck aß und mit einem Eisbären kämpfte – und all das tat er bei minus zwanzig Grad, während ein Schneesturm tobte und das Eis unter seinen Füßen Risse bekam. Er trug die ganze Zeit ein großes Jagdmesser bei sich und hatte eine kleine Familie: eine wundervolle Inuk-Frau und ein süßes Inuk-Baby mit winziger Pelzmütze auf dem Kopf.

Da in Dunston gerade Winter war und Schnee lag, ging meine Fantasie mit mir durch.

Nach dem Film rannte ich nach draußen in den Schnee. Ich wollte ein Iglu bauen und zwar genauso eins wie das von Nanuk. Gesagt, getan. Die Schneehütte war fantastisch. Rund eineinhalb Meter im Durchmesser und genauso hoch, mit einer kleinen Öffnung vorne zum Rein- und Rauskrabbeln.

Nur gibt es leider ein Problem, wenn man als Kind spätnachmittags etwas so Aufregendes macht: Wenn man schließlich im Bett liegt, ist man hellwach, da man immer nur an das tolle Abenteuer denken kann. Auch noch lange nachdem alle anderen eingeschlafen sind. Genau so erging es mir – und daher beschloss ich mitten in der Nacht, dass es nicht schaden könnte, draußen im Dunkeln mein Werk noch einmal kurz zu bewundern. Ich streifte mir einen Pullover über den Schlafanzug, holte die Taschenlampe meines Vaters und schlich mich durch die Hintertür raus. Als ich in meinen Iglu kroch, war ich nicht länger Brian Johnson im Garten unseres Hauses in Dunston, sondern der Brianuk des Nordostens, der sich bei einem Festmahl mit Speck-Pie von einem anstrengenden Tag auf der Robbenjagd erholte. Schließlich gähnte ich, wie Nanuk gegähnt hätte, ein Riesenfehler, denn plötzlich merkte ich, wie erschöpft ich war. Mir fielen die Augen zu.

Als mein Vater einige Stunden später aufstand, um zur Arbeit zu gehen – normalerweise verließ er das Haus morgens um halb sieben –, merkte er sofort, dass etwas nicht stimmte. Im Haus war es kalt wie am Nordpol, die Hintertür stand offen, und Schnee wehte herein. Er warf einen Blick in das Zimmer von uns Jungs und bemerkte, dass ein Junior fehlte.

Glücklicherweise hatten mich die Geräusche aus dem Haus im Iglu aufgeweckt, und ich schlüpfte nach drinnen, während mein Vater gerade die Treppe herunterkam. Er dachte, ich sei einfach früh aufgestanden, und hatte keine Ahnung, dass ich fast die ganze Nacht draußen gewesen war.

»Du Dummkopf, du holst dir noch den Tod!«, brummte er. »Und jetzt zieh dich an.«

Damit war mein kleines Abenteuer anscheinend beendet.

Doch als ich mich später in der Schule mit meinen Schreibübungen abmühte, geschah etwas Schreckliches. Ich begann zu tropfen wie ein schmelzender Eisblock. Die Flüssigkeit lief aufs Arbeitsblatt und ins Tintenfass, bis meine Lehrerin Mrs. Patterson zu mir kam und schimpfte: »Brian Johnson! Was ist das für ein Geschmiere? Du fängst sofort noch mal von vorne an!«

Mir war so schwummerig zumute, dass ich keine Antwort herausbrachte.

»Aufwachen!«, blaffte sie und zwickte mich ins Ohr. »Du hast das Blatt versaut! Was ist los mit dir? Du gehst jetzt sofort nach Hause. Ist deine Mutter da?«

Ich presste ein Ja hervor, was ihr genügte, um mich in Wind und Schnee hinauszujagen.

Von der Lehrerin nach Hause geschickt zu werden, würde mir eine kräftige Tracht Prügel mit dem Gürtel einbringen, das ahnte ich. Aber ich fühlte mich so elend, dass ich in diesem Moment nicht einmal daran denken konnte. Auf meinem Weg von der Schule zurück zum Beech Drive wurde ich immer langsamer und langsamer … bis meine Beine schließlich ganz ihren Dienst einstellten. Ich hatte keine Ahnung, was da vor sich ging. Normalerweise rannte ich überall hin, aber jetzt konnte ich mich kaum noch auf den Beinen halten. Schließlich hockte ich mich einfach auf den Bürgersteig und rollte mich zusammen. Der Brianuk des Nordostens war bereit, vor seinen Schöpfer zu treten.

Dann vernahm ich plötzlich die freundliche Stimme einer älteren Dame.

»Verrätst du mir deinen Namen?«
»Brrrraaaagghhhhn.«
»Wie war das, Honey?«
»Brrrraaaaaaaaagghhhhhhhn.«
»Du heißt also Brian?«

Zu jener Zeit hatten wir noch immer kein Telefon, ganz zu schweigen von einem Auto. Nachdem die barmherzige Samariterin von Dunston mich zu Hause abgeliefert hatte, musste meine Mutter mich allein am Ofen zurücklassen, um zur nächsten Telefonzelle zu eilen und unseren Hausarzt anzurufen, den guten alten Dr. Fairbairn. Er sagte, dass er umgehend käme, er müsse nur erst noch zu Mittag essen und sich dann um die Patienten in seiner Praxis kümmern. Aber in spätestens fünf Stunden wäre er dann so weit.

Nachmittags gegen fünf tauchte er schließlich auf. Inzwischen war ich schweißgebadet, während mir zugleich eiskalt war und ich kaum noch Luft bekam. Dr. Fairbairns Diagnose lautete, dass ich »ernsthaft krank« sei. Er drehte mich auf den Bauch und gab mir eine Spritze in den Po, die meinen Zustand stabilisieren sollte. Er blieb bis weit nach Mitternacht bei mir, was im ganzen Ort noch nie vorgekommen war. Ich erinnere mich, dass er sagte: »Du musst jetzt ein tapferer Soldat sein, okay, Brian?« Dann gab er mir eine weitere Spritze. Anschließend fragte er mich, ob ich Autos mochte.

Nun, ich *mochte* Autos nicht einfach nur. Ich war ein waschechter Autonarr, wie mein Vater immer wieder sagte. Dabei waren die damals eher rar gesät. In unserer Straße stand nur ein einziges, ein Morris Minor, der dem Chef meines Vaters gehörte. Ich konnte den Wagen stundenlang anschauen und träumte oft davon, mit ihm herumzufahren. Irgendwann hatte mein Vater es satt, dass ich ständig nach neuen Objekten der Bewunderung suchte, also erkundigte er sich in der Werkstatt um die Ecke nach einem Lenkrad. Die einzige Bedingung war, dass es nicht von einem deutschen Auto stammen durfte. Er bekam eins für einen Sixpence, der mir vom Taschengeld abgezogen wurde, nahm einen langen Stock, schob ihn durch den Kopfteil unseres Betts, befestigte das Lenkrad daran und arrangierte die Kissen zu einem Fahrersitz. Ich habe bestimmt fünfzigtausend Kilometer in diesem Bett zurückgelegt.

»Ja, ich mag Autos«, gestand ich Dr. Fairbairn mit zittriger Stimme.

»Freut mich zu hören«, erwiderte er strahlend. »Denn weißt du, ich habe mir gerade einen neuen Rover gekauft. Und wenn du stark bleibst und wieder gesund wirst, nehme ich dich mal mit auf eine Spritztour.«

Hinter ihm standen meine Eltern. Sie schauten mich an und hielten sich an den Händen – was mir eine Heidenangst einjagte, weil sie das sonst nie taten. Insbesondere den Gesichtsausdruck meines Vaters hatte ich noch nie bei ihm gesehen. Er zeigte, nun … vermutlich Liebe. Und Angst. Zwei Gefühlsregungen, die ein Kerl wie er für gewöhnlich nicht offenbarte. Außerdem entdeckte ich eine merkwürdige Form von Resignation in seinem Blick. Für die Generation meines Vaters war es nichts Ungewöhnliches, ein oder zwei Kinder durch Grippe oder Tuberkulose zu verlieren – manchmal sogar durch eine simple Rachenentzündung. Es war, als würde er denken: »Okay, da geht also der Erste dahin.«

Allerdings hätte meinem Vater klar sein müssen, dass ein Rover zu jener Zeit nicht weit von einem Rolls-Royce entfernt war. Er hatte verchromte Anzeigen, ein hölzernes Armaturenbrett und sogar ein eingebautes Radio. Außerdem hatte er so viel Power, dass er in weniger als zwanzig Sekunden von null auf hundert beschleunigte – und es bis zu einer Höchstgeschwindigkeit von über hundertdreißig Sachen brachte!

Es verstand sich also von selbst, dass ich nicht einfach sterben und mir eine solche Gelegenheit entgehen lassen würde.

Abgesehen von meiner Nahtoderfahrung im Iglu stellte das Leben im Beech Drive eine enorme Verbesserung gegenüber der Oak Avenue dar. Ich weiß noch, wie ich wenige Tage nach unserem Umzug in die Nummer 106 nach dem Aufstehen überall Fahnen sah. Auf den Straßen standen Tische und Stühle mit jeder Menge Essen und Getränken, und alle feierten eine riesige Party, weil wir eine neue Königin hatten. Selbstverständlich pisste es beinahe den ganzen Tag, aber davon ließ sich niemand stören. Sogar ein Schwein wurde geschlachtet und im Dunston Park gegrillt. Und als Krönung des Ganzen bekam jeder einen Becher geschenkt. Es lässt sich nicht in Worte fassen, was für ein unglaubliches Gefühl das in einer Zeit des rationierten Specks war. Ich dachte nur: Große Güte, wenn jeder in der Straße einen Becher geschenkt bekommt, dann ist hier buchstäblich *alles* möglich!

Ich sollte wohl anmerken, dass die Siedlung am Beech Drive damals gerade erst fertiggestellt worden war, als Kirsche auf der Torte des sozialen Wohnungsbaus im Nordosten. Alles war neu und modern, vom frischen roten Asphalt bis zu den farbenfrohen Haustüren. Die Leute dort waren unglaublich stolz, besonders die Mütter und Ehefrauen. Jeder Hauseingang war picobello in Schuss. Jede Gardine porentief rein. Und in jedem Wohnzimmer gab es eine Anrichte, einen Sekretär und einen Kamin, der so blitzblank war, dass man daraus hätte essen können. Viele Mütter schützten sogar ihre Sofas mit Plastikschonern.

Allerdings wurde die Straße noch von Gaslaternen beleuchtet, die jeden Abend von einem Mann mit einer langen Stange angezündet wurden. Und es gab nach wie vor einen Lumpensammler, dessen kleiner Wagen von einem traurigen Gaul mit Luftballons am Zaumzeug gezogen wurde. Ich werde nie den Tag vergessen, an dem ich erfuhr, dass man einen Penny oder einen Luftballon bekam, wenn man dem Lumpensammler einen alten Pullover oder ein Bettlaken brachte. Ich dachte nur: Warum hat mir das bis jetzt niemand gesagt? Aber dann bekam meine Mutter Wind von meinem Treiben und jagte dem Lumpensammler hinterher, um ein Paar alte Socken meines Vaters zurückzuholen.

Wir hatten unglaublich viel Spaß damals. Ohne Autos, ohne Verkehr und ohne Bildschirme oder Videospiele, nach denen wir süchtig werden konnten, genossen wir eine Art von Freiheit, die man sich heute gar nicht mehr vorstellen kann. Jeder hatte ein Auge auf den Nachwuchs der anderen. Wegen der winzigen Häuser lebten wir als Kinder praktisch im Freien, erfanden unsere eigenen Spiele und bildeten kleine Banden. Im Beech Drive gab es die Top Gang und die Bottom Gang, je nachdem, in welchem Teil der Siedlung man wohnte. Innerhalb der Top Gang gab es die Großen (mich und meine Freunde) und die Kleinen (unsere jüngeren Brüder). Maurice gehörte lustigerweise zu den Kleinen, obwohl er größer war als ich.

Auch die Schule – erst die Dunston-Hill-Vorschule, dann die Grundschule – war im Grunde gar nicht so übel.

Die Großen nahmen die Kleinen jeden Tag mit hin und wieder zurück. Wir alle trugen kurze Hosen, egal ob es regnete, nieselte, hagelte, graupelte oder schneite. Ich würde noch hinzufügen »oder die Sonne schien«, aber die Tage, an denen ich als Kind in Dunston die Sonne sah, kann ich an einer Hand abzählen.

Einer der Gründe, weshalb ich so gern zur Vorschule ging, war das Klassenzimmer, das mit Wippe und kleinem Karussell ausgestattet war. Früher oder später musste sich immer jemand übergeben, sodass Mr. Graham, der Hausmeister, die ganze Zeit mit Wischmopp und Eimer auf seinen Einsatz wartete.

Wenn die Zeit zum Spielen vorbei war, händigte Mrs. Patterson jedem von uns eine kleine Tafel und ein Stück Kreide aus, damit wir das ABC üben konnten. Wir hatten auch Musikunterricht, die Mädchen bekamen Blockflöten, die Jungs Triangeln oder Tamburine.

Damit begann meine lebenslange Liebe zur Musik. Für mich gab es einfach nichts Schöneres, als meine Triangel zu bearbeiten. Ich hätte das stundenlang machen können. Außerdem sangen wir, von Mrs. Patterson am Klavier begleitet, schreckliches Zeug wie »Underneath the Spreading Chestnut Tree«. Aber das war mir egal. Solange ich meine Triangel anschlagen durfte, sang ich alles, was Mrs. Patterson von mir verlangte.

Am besten war ich in Englisch. Ich liebte es zu schreiben und bekam für meine Geschichten und Aufsätze immer Bestnoten – und wenn ich mit einem goldenen Stern ausgezeichnet wurde, nahm ich das Heft mit nach Hause, um es meiner Mutter und meinem Vater zu zeigen.

Aber das eigentliche Leben begann erst nach Schulschluss.

Jeden Abend, es mochte noch so sehr schütten, legten wir vier Pullover als Torpfosten auf die Straße und spielten mitten auf der Fahrbahn Fußball. Wenn es schneite, verwandelte sich die Straße in eine Kriegszone, in der wir uns stundenlange Schneeballschlachten lieferten.

Allerdings hatte ich dabei ein Riesenhandicap: die Strickfäustlinge meiner Mutter. Damit ich sie nicht verlor, befestigte sie an einem der Handschuhe ein Gummiband, das sie dann durch den Jackenärmel hinauf und den anderen Ärmel hinab zum zweiten Handschuh führte. Das Problem war nur, dass jedes Mal, wenn ich zum Wurf ausholte, meine andere Hand vom Gummiband in die Höhe gerissen wurde und ich mir selbst ins Gesicht schlug.

In der Aufregung vergaß ich das immer wieder, egal wie viele geschwollene Lippen ich mir selbst verpasste. Wenn mir das Blut das Kinn hinunterlief und ich nach meiner Mama schrie, riefen die anderen Kinder immer: »Brian Johnson hat sich schon wieder in die Fresse geschlagen. Los, Brian, mach's noch mal!«

Damals entdeckte ich Fußball und Musik erstmals *ernsthaft* für mich.

Zu meinem ersten Fußballspiel nahm mich mein Vater mit. Allerdings nicht zu einem Spiel von Newcastle United, denn die Eintrittskarten kosteten ein Vermögen, außerdem dauerte es bis zum St. James's Park mindestens dreißig Minuten mit dem Bus. Stattdessen gingen wir zu Fuß zum nahe gelegenen Redheugh Park, wo der Gateshead AFC seine Heimspiele austrug, der arme Verwandte von United, der nur zwei Pence Eintritt verlangte und an einem guten Tag zweitausend Zuschauer anzog. Mein Vater nahm einen »Cracket« mit – einen kleinen Holzhocker mit Korbgeflecht –, den er hinter der Mauer am Spielfeldrand platzierte, damit ich mich draufstellen und hinübersehen konnte.

Am meisten Eindruck machten die verblassten und abblätternden alten Werbeanzeigen aus den 1930er-Jahren auf mich, die immer noch an der Mauer hingen. Mit Slogans wie *Sei klug und nimm Bovril, als Schutz vor Lungenentzündung und Erkältung!* Einige von ihnen waren auf Metallschilder gemalt worden, und im Lauf der Jahre war die Farbe abgeplatzt, sodass der Rost durchschimmerte. Aber sie waren die einzigen Farbtupfer in unserer ansonsten grauen Welt. Genau deswegen faszinierten sie mich.

Hinter der Tribüne ragten die fünf Gasometer der Redheugh Gas Works[4] – das Gas wurde damals durch Erhitzen von Kohle in

4 Viele Jahre später versuchte die IRA, die Anlage in die Luft zu sprengen.

einem versiegelten Ofen produziert – und die Getreidemühle von Dunston in den Himmel.

Was auf dem Rasen passierte, verstand ich nicht wirklich, und es interessierte mich auch nicht besonders. Schließlich wurde dort nicht gerade Weltklassefußball geboten. Die Spieler von Gateshead waren noch nicht mal besonders fit. Und selbstverständlich zogen sie in der Halbzeitpause eine Zigarette durch, während sie sich mit Orangenspalten stärkten.

Wie die meisten Jungs war ich einfach nur froh, überhaupt etwas gemeinsam mit meinem Vater zu unternehmen.

Das galt jedoch nicht, wenn es darum ging, der Schallplattensammlung unserer Familie zu lauschen, die uns ein älteres Ehepaar, Mr. und Mrs. Adams, vermacht hatte. Die beiden lebten in einem der Häuser in der Straße, die ausschließlich an Senioren vermietet wurden.

Wir besaßen damals eines dieser alten Grammophone mit Stahlnadel, die man mit einer Kurbel aufzog. Ab und zu bekam mein Vater einen Rappel und legte eine der alten 78er auf. Dabei interessierte er sich, ehrlich gesagt, überhaupt nicht für Musik. Die einzige Platte, an die ich mich erinnern kann, ist »A Bird in a Gilded Cage« von Harry Anthony, der mit seiner lächerlich trällernden Tenorstimme klang, als würde man ihn gerade erwürgen – auch wenn man bei all dem Rauschen nicht gerade viel mitbekam. Einfach unerträglich. Schließlich nahmen meine Brüder und ich die Platten und warfen sie eine nach der anderen über unseren Gartenzaun, was viel mehr Spaß machte, als man vielleicht vermuten sollte. Denn wenn man sie aus dem Handgelenk warf, rotierten die 78er und segelten durch die Luft, um schließlich sanft zu landen. Man kann also sagen, dass wir Harry Anthony in eine Frisbee-Scheibe verwandelten – nicht schlecht, wenn man bedenkt, dass die Frisbee-Scheibe noch nicht mal erfunden worden war.

Mein persönlicher Musikgeschmack war komplett von der BBC-Radiosendung *Children's Favourites* geprägt, die von einem stocksteifen Kerl namens »Onkel Mac« moderiert wurde. Er schien direkt aus der viktorianischen Zeit zu kommen und begrüßte seine Zuhörer zu Beginn jeder Sendung mit dem Spruch: »Hallo, liebe Kinder, wo auch immer ihr seid.« Darauf folgte eine der besten BBC-Titelmelodien aller Zeiten, »Puffin' Billy«, gespielt vom Melodi Light Orchestra.

Jeden Samstagmorgen ab zehn nach neun spielte Onkel Mac Songs wie »The Laughing Policeman« oder »I Taut I Taw a Puddy Tat« von Mel Blanc, der auch den meisten Looney-Tunes-Figuren seine Stimme lieh, und hin und wieder mal etwas von Bing Crosby und Max Bygraves. Wenn man sehr viel Glück hatte und Onkel Mac sich richtig was traute, konnte man sogar einen der zahmeren Hits von Frank Sinatra oder Doris Day hören.

Diese Sendung war das Highlight meiner Woche.

Zu den lebhaftesten und bezauberndsten Erinnerungen an meine Kindheit in Dunston gehören die an unsere Weihnachtsfeste, auch wenn wir uns anfangs keinen Truthahn leisten konnten, ganz zu schweigen von richtigen Geschenken.

Jedes Jahr stiefelte mein lieber Papa in den Wald, um einen Baum für uns zu holen. Da er ohne Strom aufgewachsen war und Traditionen schätzte, bestückte er ihn dann mit Kerzen – den echten, mit echten Flammen. Er wurde nicht müde zu betonen, dass das absolut sicher war, schließlich würden die Johnsons das schon seit Generationen so machen, und kein Einziger von ihnen sei jemals bei einem Hausbrand ums Leben gekommen.

Dann kam der Heilige Abend – der längste Abend im Leben eines Kindes. Jedes Jahr aufs Neue legte mein Vater einen Keks für den Weihnachtsmann hin und stellte ein Glas Milch dazu, und sobald wir alle im Bett lagen, biss er von dem Keks ab und trank die Milch aus, sorgsam darauf bedacht, überall rußige Fingerabdrücke von der Kohle im Ofen zu hinterlassen. Damit will ich nur sagen, dass Sergeant Johnson bei all seiner Härte tief im Herzen schrecklich sentimental war. Meine Brüder und ich lagen eine gefühlte Ewigkeit lang wach und riefen ungefähr ab drei Uhr morgens im Viertelstundentakt: »Dad?! War er schon da?«

»Schlaft jetzt!«, kam es gedämpft zurück, bis mein Vater schließlich nachgab und uns in aller Herrgottsfrühe die Treppe hinunterführte.

Zu den Geschenken gehörte immer eine in Alufolie eingewickelte Orange (ganz unten im Strumpf, damit er schön weihnachtlich prall aussah), außerdem eine Tafel Fry's Five Boys Milchschokolade oder, wenn wir viel Glück hatten, eine Geschenkschachtel voller Schokolade von Cadbury, die schön eingepackt wahnsinnig aufregend aussah, einfach wegen ihrer schieren Größe.

Der Trick bestand darin, sich die Schokolade so einzuteilen, dass man möglichst lange etwas davon hatte. Was in meinem Fall nie länger war als der Mittag des nächsten Tages. Mein kleiner Bruder Victor hingegen kam mit seiner Schokolade monatelang über die Runden, eine Meisterleistung in Selbstdisziplin, die mir beinahe übermenschlich vorkam.

Aber nicht alles war so wundervoll. Irgendwo zwischen den Geschenken war stets der »Weihnachtsfluch« versteckt, eine Holzkiste mit verschrumpelten Feigen, die wie Kamelhoden aussahen, dazu ein kleiner Plastiklöffel, um sie zu essen. Jedes Jahr erwischte ein Unglücklicher von uns dieses abscheuliche Geschenk. Wenn man dabei ertappt wurde, wie man den Löffel wegwarf und die Feigen an die Spatzen verfütterte, bezog man eine ordentliche Tracht Prügel, auch wenn alle die Feigen hassten – insbesondere meine Mutter, die wusste, wie echte Feigen schmeckten.

Im Lauf der Jahre wurden die Geschenke immer besser. So bekam ich einmal ein großartiges, ziemlich erwachsenes Fahrrad der Marke Raleigh. In einem Jahr schließlich brachte der Weihnachtsmann ein »Familiengeschenk«, das mein Leben verändern sollte – ein Elizabethan-Tonbandgerät mit einem kleinen Mikrofon, das man daran befestigen konnte.

Dieses Tonbandgerät veränderte alles. Auf einmal konnte ich mit dem Mikrofon am Radio *Children's Favourites* aufnehmen und mir anschließend die Songs anhören, wann immer ich wollte. Aber wie üblich gab es ein Problem und zwar in Gestalt unseres Wellensittichs, der entweder Bobby oder Peter hieß, ich weiß es nicht mehr. Damals hatten alle einen Wellensittich, und sie hießen immer Bobby oder Peter. Die Leute liebten sie, weil man ihnen Sprüche wie »Bravo-bravo« und »Bobby lieb!« beibringen konnte. Außerdem begnügten die Tiere sich mit Samen, wodurch sie eine der preiswertesten Formen des Zeitvertreibs waren.[5]

Wie auch immer, unser Wellensittich hatte die Angewohnheit, loszuträllern, sobald das Radio angeschaltet wurde. Er liebte *Children's Favourite* beinahe so sehr wie ich. Und er war wirklich sehr, sehr laut.

Dazu kam noch, dass das kleine Mikrofon nur hohe Töne aufnahm, bei Bässen dagegen vollkommen versagte. Als ich mir also meinen ersten Mitschnitt von Onkel Macs Show anhörte, klang James Basketts »Zip-a-Dee-Doo-Dah« dumpf und weit entfernt, zudem wurde es beinahe vollständig von diesem schrecklich hohen Zwitschern übertönt.

---

5 Nicht, dass unser Wellensittich sprechen konnte – denn keiner von uns hat je mit ihm gesprochen. Wenn er aus seinem Käfig herausgelassen wurde, warf er einfach nur alles um und kackte aufs Sofa.

Es brachte auch nichts, den Käfig mit dem Wellensittich in ein anderes Zimmer zu stellen, denn dann regte der kleine Kerl sich nur auf – und wenn er sich aufregte, kreischte er doppelt so laut.

Nach einiger Zeit kapitulierte ich und fing einfach an, selbst ins Mikrofon zu singen, was den Wellensittich aus irgendeinem Grund weniger störte. Allerdings bestand mein Repertoire zunächst nur aus den kitschigen Liedern, die wir in der Schule gesungen hatten. Trotzdem brachte es mir so viel Spaß, mich selbst aufzunehmen, dass ich gar nicht mehr damit aufhören konnte. Noch besser wurde es, als ich irgendwann herausfand, dass ich das Band langsamer oder schneller abspielen konnte und dann wie ein alter Mann mit tiefer Stimme oder wie Alvin, das Streifenhörnchen, klang.

Gleich an jenem Weihnachtsfest, als wir das Gerät bekamen, verließ ich kaum das Zimmer, das ich mir mit meinen Brüdern teilte. Ich sang ins Mikrofon und beobachtete dabei die rotierenden Tonbandspulen, nur um dann zurückzuspulen, das Band erneut abzuspielen und so weiter. Irgendwann dürfte mein Vater bereut haben, dass er das verdammte Ding überhaupt gekauft hatte. Schließlich schnaubte er: »Du hörst dich wohl selbst sehr gern, was?«

Ich wurde knallrot und murmelte irgendetwas. Aber die richtige Antwort, die mir natürlich viel zu peinlich war, wäre gewesen: *Ja, das tue ich.* Ich verfiel dem Effekt des Neuen, dem Gefühl, etwas Eigenes zu erschaffen und der Erste zu sein, der es hörte.

Davon habe ich nie genug bekommen.

Bis heute nicht.

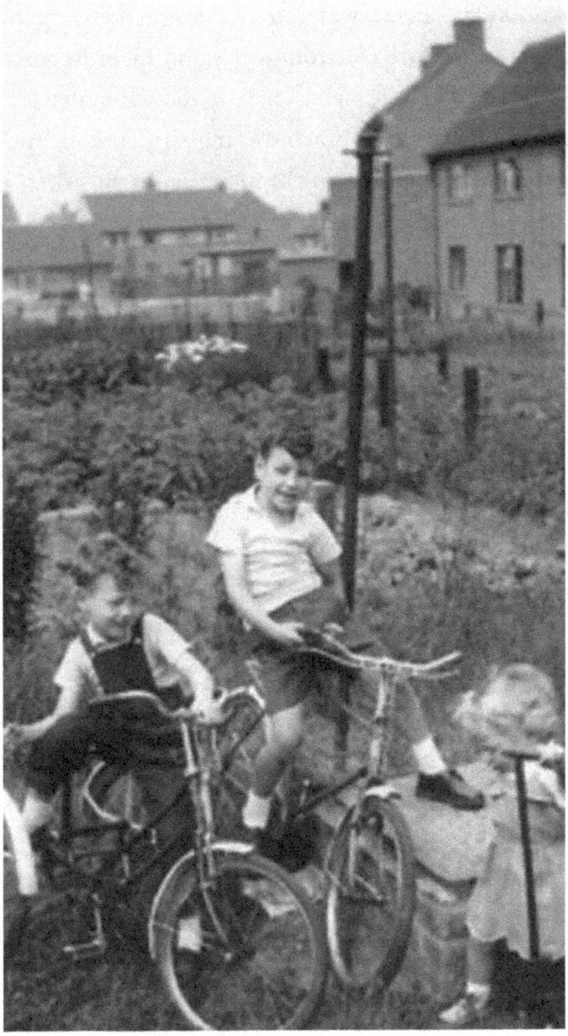

3

A-Wop Bop A-Loo Bop

Nach einigen Jahren in Beech Drive Nummer 1 ließ das Heimweh meiner Mutter endlich nach. Vielleicht lag es daran, dass sie eine Medizin dagegen gefunden hatte – einen Glasgower Importhandel für italienische Lebensmittel, dessen Chef Pietro Fazzi wie seine Brüder im Krieg von den Briten inhaftiert und erst nach Kriegsende wieder freigelassen worden war.

Das Unternehmen hatte in den 1920er-Jahren als Eisdiele mit Café begonnen, bis einer der Söhne des ersten Mr. Fazzi erkannte, dass sich mit dem Direktverkauf von Lebensmitteln an Restaurants und heimwehkranke Italiener in ganz Schottland und Nordostengland mehr Geld verdienen ließ. (Nicht wenige italienische Kriegsgefangene hatten in Großbritannien geheiratet und waren nie wieder in ihre Heimat zurückgekehrt.) Wir sprechen hier von solchen Sachen wie Mennucci-Pasta, Bertolli-Olivenöl, echter Salami, XXL-Tomatendosen, Parmigiano Reggiano und Mehl Typ 00 für knusprigen Pizzateig.

Was immer das Herz begehrte – sofern es aus Italien kam und einem das Wasser im Mund zusammenlaufen ließ, konnte Mr. Fazzi es besorgen.

In dem Moment, als meine Mutter von der Existenz dieses Mannes erfuhr, begann für sie ein neues Leben.

Jeden Freitagnachmittag gab sie aus der Telefonzelle in unserer Straße ihre Bestellung durch, und ich hörte ihr dabei zu, wie sie auf Italienisch mit Mr. Fazzi palaverte. Einige Tage darauf klingelte dann ein Mann mit der Lieferung bei uns an der Tür – und meine Mutter freute sich wie ein Kind an Weihnachten.

Ihr zuzuschauen, wie sie die Speisen zubereitete, war das Schönste überhaupt. Insbesondere mein Bruder Maurice, der später Koch werden sollte, konnte sich gar nicht sattsehen. Trotz des schrecklichen Rufs, den die britische Küche in den Fünfzigerjahren genoss, waren die Geordies zu Recht stolz auf ihre Suppen, Scones, Lammkoteletts, englischen Würstchen, Bacon-Sandwiches und Sonntagsbraten – einfache Hausmannskost, die ich mir noch heute selbst zubereite. Aber was meine Mutter in der Küche zauberte, spielte in einer anderen Liga. Sie verwendete Gewürze, deren Aroma uns vollkommen unbekannt war, und bereitete frische Pastasorten zu, die wir noch nie gesehen hatten. Kochen war für sie ein Ausdruck ihrer Gefühle und eine Möglichkeit, sich an das Leben zu erinnern, das sie in Italien zurückgelassen hatte.

Ich werde nie vergessen, wie sie an einem Sonntagnachmittag das erste Mal ihre italienischen Krapfen machte, die ihren Namen Bomboloni der Tatsache verdanken, dass sie wie kleine Bomben aussehen. Die Familie hatte sich vollständig um den Ofen versammelt, um dem sorgfältig mit einem feuchten Tuch bedeckten Teig beim Aufgehen zuzuschauen – als wäre es ein Hollywoodfilm. Anschließend knetete meine Mutter ihn durch, schnitt ihn in kleine Ringe, verteilte diese sorgfältig auf Pergamentpapier und frittierte sie vorsichtig in dem allerbesten Öl, das Mr. Fazzi besorgen konnte. Wenn die Krapfen schließlich herausgehoben wurden, waren sie warm und weich und sahen unglaublich verführerisch aus. Als besonderen Leckerbissen für uns Kinder schnitt meine Mutter die Mittelteile aus, wälzte sie in Zucker, und *ohhhhhhhhh*, sie schmeckten einfach wunderbar! Meine Geschwister und ich hätten tausend davon essen können.

Irgendwann stieg der Duft der Bomboloni auch den Nachbarn in der Straße in die Nase, und da sie noch nie etwas Vergleichbares gerochen hatten, kamen sie alle angerannt. Inzwischen war meine Mutter bereits bei der dritten oder vierten Ladung, also fing sie an, die Krapfen in alte Zeitungen zu wickeln und zu verteilen. Am nächsten Tag nahm ich sogar welche in die Schule mit, für Mrs. Patterson und Mr. Graham, den Hausmeister. Anschließend lästerte niemand mehr hinter unserem Rücken über unsere italienischen Wurzeln.

Von da an machte es mir nichts mehr aus, dass wir anders waren. Tatsächlich begann ich sogar, stolz darauf zu sein.

Jeden Morgen machte meine Mutter echten italienischen Kaffee, wenn mein Vater zur Arbeit gegangen war. Die Bohnen kamen von Mr. Fazzi, und sie mahlte sie selbst in einer dieser Holzkisten mit Kurbel. Der Duft war so verführerisch, dass man am liebsten seine Nase in dem Zeug vergraben hätte. Anschließend kochte sie den Kaffee in einer echten italienischen Espressokanne, die man auf den Herd setzt, schenkte jedem von uns eine kleine Schale ein und fügte einen Spritzer Milch und einige Toastbrocken hinzu. Das waren unsere Frühstücksflocken. Ob es wohl noch andere Kinder im Nordosten gab, die so in den Schultag starteten?

Aye, sie war eine wunderbare Frau, meine Ma. Sie hatte stets eine Überraschung parat und machte uns glücklich und zufrieden mit ihren Rezepten, die sie alle auswendig konnte. Sobald sie uns Kinder um sich hatte, lächelte sie und war bester Laune. Sie wünschte sich für uns, dass wir all die Dinge sehen und tun konnten, die ihr verwehrt geblieben waren.

Doch hin und wieder wurde sie vom alten Schmerz überwältigt. Etwa, als ich mal mit einem Besenstiel Soldat spielte und den rosafarbenen Kronleuchter im Wohnzimmer kaputtschlug – eines der wenigen Kleinode aus ihrer italienischen Heimat, die nicht entwendet oder verpfändet worden waren. Es war das erste und letzte Mal, dass ich Angst vor meiner Mutter hatte. Sie war nicht einfach wütend, sie war außer sich.

Aber kaum war die Wut verflogen, brach sich all ihre Trauer Bahn, sie nahm mich in die Arme und weinte.

Ich muss etwa sieben oder acht gewesen sein, da brach meine Mutter ein zweites Mal mit mir nach Italien auf. Diesmal jedoch mit Ankündigung und in den Schulferien.

Was die eigentliche Reise angeht, so erinnere ich mich nur noch an zwei Dinge: Wie ich im Zug auf die Toilette ging, die ihren Inhalt direkt auf die Gleise leerte und von mir deshalb »die lauteste Toilette der Welt« getauft wurde. Und wie ich vor Angst beinahe gelähmt war, weil wir in Dover unsere Koffer über schmale, schwankende Planken auf die Kanalfähre tragen mussten. Ich war felsenfest überzeugt, dass wir in den Tod stürzen würden. Keine Ahnung, wie meine Mutter mich schließlich an Bord lockte.

Doch Italien war eine Offenbarung.

Der Bahnhof, an dem wir ankamen – Roma Termini –, war brandneu, ein Meisterwerk der Moderne mit riesiger Empfangshalle und einem auskragenden Dach. So etwas hatte ich noch nie gesehen. Noch mehr verblüfften mich jedoch die italienischen Züge, die nicht mit Dampf, sondern mit Dieselkraftstoff betrieben wurden und in wundervollen Rot-, Orange- und Grüntönen lackiert waren. Als wir aus dem Zug stiegen, duftete es im Bahnhof nach Kaffee und frischem Brot. Hier wehte kein Müll durch die Gegend – wie auch, ohne eine steife Nordseebrise. Es pisste auch nicht. Und im Gesicht spürte ich etwas, das ich noch nie gespürt hatte.

Wärme.

Von der Sonne.

Ich kam mir vor wie im Paradies.

Kaum hatten wir den Zug verlassen – ich trug wie immer Shorts und Sandalen –, stürmten die Schwestern meiner Mutter und ihre Nichte Giuliana auf uns zu. Die nächsten zehn Minuten waren ein einziges Geheule. Ich hatte noch nie nettere und freundlichere Menschen kennengelernt. Und sie waren so wunderschön, dass ich meinen Blick nicht von ihnen losreißen konnte. Nicht eine von ihnen trug Nylonstrümpfe, da ihre Beine von der Sonne gebräunt waren. Sie hatten gerade, blendend weiße Zähne, und ihr Make-up war so dezent, dass man ihren Lippenstift kaum bemerkte. Eine von ihnen hatte sogar ein Auto und fuhr es selbst. Ich konnte es nicht fassen. Autos an sich waren in Dunston schon eine Seltenheit. Doch eine Frau am Steuer? Ich war geschockt. Meine italienischen Tanten und Cousine Giuliana wirkten einfach so frei, so stilvoll … so glücklich.

Wir brachen nach Frascati auf, das etwa fünfundvierzig Minuten entfernt in den Bergen lag. Unterwegs kamen wir an unzähligen ausgebrannten deutschen Panzern und Artilleriegeschützen vorbei. Die Fahrt verging wie im Flug. Schließlich hielten wir vor einem noblen Wohnblock, in dem, wie sich herausstellte, meine Tante Maria das gesamte obere Stockwerk für sich allein hatte.

Die Einrichtung verschlug mir die Sprache. Ich erinnere mich noch genau an die hellblauen und goldfarbenen Seidenvorhänge und an die Küche mit dem langen Tisch, an dem all die frischen und farbenfrohen Speisen zubereitet wurden. Auf dem Balkon schlängelten sich sogar Weinreben über die Ränder der Terrakottatöpfe hinaus und rankten sich an einem Holzgitter empor, sodass ein Schatten spendender Baldachin entstand.

Am Abend wurden wir mit dem köstlichsten Mahl verwöhnt, das ich je genossen hatte – Pasta, Fisch, Fleisch und Käse. Ich saß mit Giuliana und meinen anderen italienischen Cousinen und Cousins an einem speziellen Kindertisch und bekam sogar ein kleines Glas Rotwein. Zum ersten Mal wurde mir tatsächlich bewusst, wie viel meine Mutter für meinen Vater – für uns alle – aufgegeben hatte.

Wenn meine Mutter die Seele der Familie war, dann war mein Vater ihr Rückgrat. Der Versuch, ihm auch nur das geringste Gefühl zu entlocken, war in etwa so, als wolle man Blut aus einem Stein quetschen. Er grummelte, er knurrte, und manchmal brüllte er. Doch meistens sagte er gar nichts. Und wenn doch, dann höchstens so etwas wie: »Hey, du da! Lass das!« Oder: »Hey, du da! Komm sofort her!«

Jahrelang dachte ich, mein Name sei »Duda«.

Es war nicht so, dass er keine Gefühle gehabt hätte. Er wollte nur nicht, dass man ihn für einen Weichling hielt. Und das hatte nichts mit Macho-Gehabe zu tun. Für einen Sergeant ist Disziplin alles. Wenn er seine Männer nicht im Griff hat, wird früher oder später einer von ihnen draufgehen.

Eine erste Ahnung davon, was mein Vater im Krieg durchgemacht hatte, bekam ich eines Samstagnachmittags, als ich etwa zehn Jahre alt war. Damals liebte ich es, Airfix-Modellflugzeuge zusammenzubauen. An jenem Tag gab ich gerade einem US-amerikanischen zweimotorigen Jagdbomber vom Typ P-38 Lightning (von den Deutschen »Gabelschwanzteufel« genannt) den letzten Schliff. Mein Vater hatte sich noch nie sonderlich für meine Kreationen interessiert, aber als er aus seinem Club zurückkam und sein Blick auf die P-38 fiel, hielt er inne und sagte lächelnd: »Das schönste Flugzeug der Welt.«

Das rührte mich irgendwie, denn normalerweise sagte er nie irgendetwas.

»Warum, Dad?«

»Das Ding da hat uns das Leben gerettet.«

Damit war die Sache für ihn erledigt. Ich erwartete irgendeine Geschichte, aber vom Krieg zu erzählen, war einfach nicht cool. Es sollte weitere zwanzig Jahre dauern, bis ich endlich eine Erklärung bekam.

Es geschah, als mein Bruder Maurice und ich mit Ma und Pa unsere Verwandten in Frascati besuchten. Eines Nachmittags sagte mein Vater: »Ich würde gerne nach Nettuno.« An diesem Ort sowie im benachbarten Anzio errichteten die Alliierten am 22. Januar 1944 Brückenköpfe mitten in dem von den Deutschen kontrollierten Gebiet. Die Amerikaner in Anzio, die Briten in Nettuno; dort war seinerzeit auch mein Vater gelandet.

Also brachen Maurice und ich mit ihm nach Nettuno auf, das rund eine Stunde Fahrt von Frascati entfernt lag. Für dieselbe Strecke in umgekehrter Richtung hatten die Alliierten im Krieg rund fünf Monate gebraucht. Bei unserer Ankunft wurden wir von Mitgliedern der ausgedehnten Verwandtschaft meiner Mutter empfangen, die in einer Wohnung direkt am Strand lebten. Sie hießen uns willkommen, führten uns oben auf den Balkon und bewirteten uns mit herrlichen Speisen. Es gab verschiedene Salamisorten, Käse, Brot und Wein. Perfekt. Wir schauten auf den Strand, tranken Wein und genossen das Leben, als mein Vater aus heiterem Himmel sagte: »Seht ihr den Felsen dort?«

Etwa achthundert Meter entfernt erhob sich am Strand, direkt am Wasser, ein riesiger Felsbrocken.

Wir alle schauten dorthin und nickten.

»Dahinter sind wir in Deckung gegangen, als wir aus unserem Landungsboot sprangen«, erzählte er. »Überall waren Leichen. Im

Wasser. Am Strand. Die Männer fielen wie die Fliegen. Ich gab meinen Jungs den Befehl, direkt zu dem Felsen zu rennen und unterwegs nicht anzuhalten, komme, was wolle. Ich weiß nicht, wie, aber wir haben es geschafft … nun, zumindest *manche* von uns.«

Maurice und ich waren erschüttert. Das war das erste Mal, dass wir unseren alten Herrn vom Krieg erzählen hörten.

»Dann kamen plötzlich die P-38 Lightnings im Sturzflug angerauscht und beschossen und bombardierten die Deutschen«, fuhr mein Vater fort. »Diese Flieger waren das Schönste, was ich je gesehen hatte.«

An diesem Tag, Jahre nach jenem Samstagmorgen zu Hause, begriff ich auf einmal, was er damals gemeint hatte.

Anschließend gingen wir noch zum Soldatenfriedhof der alliierten Streitkräfte. Der Anblick von Abertausenden Kreuzen, unter die sich hier und da ein paar Davidsterne mischten, machte uns sprachlos. Ich hatte noch nie etwas gesehen, das so traurig und so schön zugleich war. Die Blumen, der allgegenwärtige Tod – diese jungen Kerle hatten alles geopfert, und zwei Generationen später wusste niemand mehr, wo Nettuno und Anzio überhaupt lagen.

Ich schämte mich bei dem Gedanken daran, was ich mir in ihrem Alter gewünscht hatte. Eine neue PA-Anlage. Ein Motorrad. Diese Jungs hatten nie eine Chance gehabt.

Als wir den Friedhof betraten, straffte mein Vater instinktiv die Schultern. Dann marschierte er zielstrebig auf eine Gräberreihe zu, an die er sich offensichtlich noch von der Beerdigung der Toten vor all den Jahren erinnerte. Maurice und ich trotteten hinter ihm her, während er auf verschiedene Grabsteine deutete. »Ach, Tommy, das war ein guter Junge, und da, Eric, ein lustiger Kerl – ich bin mit ihm zur Schule gegangen, wisst ihr – und dort Mickey, er hat es nicht mal fünf Meter weit geschafft.«

Wir sahen, dass keiner von ihnen seinen einundzwanzigsten Geburtstag erlebt hatte.

»Gebt uns ein paar Minuten, Jungs«, bat mein Vater. Also ließen wir ihn mit seinen gefallenen Kameraden allein und beobachteten aus einiger Distanz, wie er stumm Zwiesprache mit ihnen hielt, wie er ab und zu lächelte und nickte. Nach all den Jahren waren die jungen Kerle von damals wiedervereinigt. Ich hoffe, dass er heute da oben wieder mit ihnen zusammen ist. Er hatte Tränen in den Augen, uns steckte ein Kloß im Hals. Schließlich richtete er sich zu voller Größe auf und verabschiedete sich mit dem Salut eines Sergeants, stramm und eindringlich. Keine Trompeten. Kein letzter Zapfenstreich.

Er ließ den Arm sinken, vollführte einen makellosen Rechtsschwenk und trat zu uns.

»Ich bin fertig«, sagte er, und wir verließen gemeinsam den Friedhof wieder. Von da an sahen wir unseren Vater in einem anderen Licht.[6]

---

6 Im Jahr 1989 zog ich nach Sarasota, Florida, wo ich einen meiner allerbesten Freunde kennenlernte: William Kelley, einen Künstler von Weltrang, zu dessen größten Fans die verstorbene BBC-Historikerin Sister Wendy zählte. Als mein Vater mich einmal besuchte, verstand er sich blendend mit Billy, einem trinkfesten, lebenslustigen irischstämmigen Bostoner. Ich werde nie vergessen, wie mein alter Herr uns beiden beim Golf zusah und rief: »Ihr seid eine Schande für diesen Sport!« Dabei hatte er in seinem ganzen Leben noch nie ein einziges Loch gespielt. (Als er es später versuchte, spielte er dann auch wie einer, der noch nie in seinem Leben ein einziges Loch gespielt hatte.) Wie dem auch sei, im Laufe des Besuchs stellten wir bei einem Bier fest, dass Billys Vater am selben Tag in Anzio gelandet war wie mein Vater in Nettuno. So wurden die Sons of Anzio geboren. Bis heute sind nicht nur Billy und ich, sondern auch meine Brüder Maurice und Victor sowie einige unserer Nachkommen stolze Mitglieder.

Bei aller Knurrigkeit meines Vaters habe ich ihn nur wenige Male wirklich ausrasten gesehen. Und wenn ich das Ziel seines Zorns war, hatte ich es ehrlich gesagt auch verdient.

Eines Nachmittags kam ich von der Schule heim und bemerkte eine riesige schwarze Rauchwolke über den Häusern. Ich dachte: Was zum Teufel ist das? Mit ein paar der größeren Jungs rannte ich los, um die Ursache herauszufinden. Es dauerte nicht lange, bis wir zu der Bahnlinie gelangten, die unmittelbar hinter unserer Straße verlief und nur durch einen niedrigen Zaun von den Gärten getrennt war. Das brachte uns auf die Idee für ein wahnsinnig amüsantes neues Spiel, an dem sich bald auch die Kleinen eifrig beteiligten. Das Spiel hieß *Wer hat Angst vorm Zug?* Wie man sich denken kann, ging es darum, sich auf die Gleise zu stellen, auf den nächsten Zug zu warten und zu sehen, wer am längsten die Nerven behielt, bevor er aus dem Weg sprang – während der Lokführer das Warnsignal gab und uns wüst beschimpfte.

Anders gesagt: je näher man einem grausamen, gewaltsamen Tod kam, umso größer war die Chance, bei dem Spiel zu gewinnen. Uns als Kindern erschien das als ein absolut vertretbarer Spieleinsatz.

Wie auch immer, wir konnten wochenlang nicht genug von diesem Spiel bekommen. Bis eines Tages mein Vater aus dem Schlafzimmerfenster schaute und uns dabei entdeckte.

Sagen wir einfach, dass er nicht gerade mit väterlichem Stolz reagierte. Er öffnete nicht etwa das Fenster und rief: »Brian, Liebling! Da hast du dir aber ein spannendes Spiel ausgedacht. Große Klasse!«

Stattdessen kam er aus dem Haus gestürmt – in seinen Augen lag vermutlich derselbe Ausdruck, mit dem er in Tunesien die Deutschen abgemurkst hatte – und rannte zu uns. Er deutete nacheinander auf jeden Einzelnen aus der Gruppe und brüllte:

»Du! Du! Du! AN DEN ZAUN. *Sofort!*« Dann riss er einen Zweig von einem Baum und prügelte uns damit windelweich. »Wenn ich euch noch ein einziges Mal dabei erwische«, KLATSCH!, »rufe ich die Polizei«, KLATSCH!, »und die steckt euch in den Knast, verstanden?!« KLATSCH!

»Aye, Sir«, jammerten wir. Tränen liefen uns übers Gesicht, unsere Hinterteile brannten.

Noch am selben Abend kam der Vater eines meiner Freunde zu uns. Aufgebracht wollte er wissen, warum sein Sohn mit einer Rute verprügelt worden war. Mein Vater erzählte ihm, dass er uns bei unserem Zugspiel erwischt hatte. Der andere Mann wurde ganz kleinlaut und erklärte: »Tut mir leid, Alan, dass ich dir nicht vertraut habe. Wenn du das wieder mitkriegen solltest, kannst du ihm gleich auch noch von mir eine Tracht Prügel geben.«

Salat

Im Dunston der Fünfzigerjahre musste man stets mit der Sturheit der typischen Arbeiterklasse-Dads rechnen. Eine echte Gefahr. Im Grunde war es unmöglich, ihnen irgendetwas recht zu machen. Ein mustergültiges Beispiel dafür ist die Geschichte, wie mein Vater mich einmal bat, für meine Mutter einen Salatkopf aus dem Kleingarten seines Freundes Billy zu holen.

Damals gab es in jedem britischen Arbeiterviertel Kleingärten. Sie waren ein Relikt aus Kriegszeiten, als sie dazu gedient hatten, sich selbst mit Lebensmitteln zu versorgen. Und meistens reichte der Platz auch noch für einen Taubenschlag.

In der Nähe des Beech Drive gab es buchstäblich Hunderte Kleingärten. Das Standardmaß betrug ungefähr vierzig mal fünfundzwanzig Meter, plus/minus eine Rübe. Sie wurden von der

Gemeindeverwaltung verpachtet, waren allesamt von einem Wellblechzaun umgeben, und die Pächter hüteten sie wie ihren Augapfel. Insbesondere wenn darin ein rekordverdächtiger Lauch wuchs, mit dem der Gärtner bei einem Wettbewerb abräumen wollte.

Einer dieser Kleingärten gehörte dem Kumpel meines Vaters, und an einem schönen sonnigen Frühlingstag schickte er mich dorthin: »Hol für deine Mutter bei Billy im Garten einen Salat.« Damals aß man nur im Frühling Salat, denn anders als heute gab es ihn nicht das ganze Jahr über zu kaufen.

Mein Dad drückte mir ein Zwei-Pence-Stück in die Hand, und ich stürmte los. Beim Garten angekommen, klopfte ich an das Wellblechtor. Der Zaun war zu hoch, um darüber zu klettern, also rief ich nach Billy. Er öffnete mir und sagte: »Immer rein mit dir, Kleiner, ich habe einen schönen Salatkopf für deine Mutter.« Der Salat war in eine Zeitung eingewickelt, und ich sagte: »Hier sind die zwei Pence von Papa.«

»Was? Nicht nötig, ich habe genug von den Dingern. Und jetzt hau ab.«

Ich kehrte nach Hause zurück und verkündete stolz, dass ich den Salat umsonst bekommen habe. Doch mein Vater meinte nur: »Du bringst ihm sofort das Geld und sagst ihm, dass ich immer bezahle.«

Ein wenig verwirrt lief ich zurück zu Billys Garten und sagte ihm: »Papa will den Salat nicht umsonst, hier haben Sie die zwei Pence.«

Billy lachte und sagte, mein Dad solle sich bitte nicht so bescheuert anstellen. »Ich brauche die zwei Pence nicht, und jetzt zieh Leine!«

Also zog ich Leine. Mir wurde klar, dass ich nur eine Figur in einem politischen Spiel war. Was zum Teufel würde mein Vater sagen?

An dieser Stelle sollte ich wohl darauf hinweisen, wie streng die Väter damals in Nordostengland waren. Sie waren es schlicht nicht gewohnt, dass man ihnen nicht gehorchte.

Also machte ich noch einmal kehrt, um Billy anzuflehen, die verdammten zwei Pence zu nehmen. Doch zu spät. Er war nicht mehr da. Mich erfasste Panik. Behalten konnte ich das Geld nicht, sonst hätte man mich des Diebstahls bezichtigt. Doch genauso wenig konnte ich noch einmal damit zurückkommen, sonst wäre dieser Kreislauf ewig weitergegangen. Außerdem war es ein Samstag, und die Nachmittagsmatinee im Kino begann bald.

Es galt, eine Entscheidung zu treffen. Allzu viel Erfahrung hatte ich damit nicht, außer vielleicht im Süßwarenladen bei der Wahl zwischen Gummibärchen und kandierten Ananaswürfeln.

Das mit der Entscheidung gefiel mir überhaupt nicht – es war verwirrend und beängstigend. Ich überlegte lange und gründlich, was ich tun sollte. Nach rund fünf Minuten hatte ich die Lösung: Ich warf die Münze in einen Gully.

Die nächsten Tage waren der blanke Horror, denn ich fürchtete, Billy könnte mit meinem Vater sprechen und die Wahrheit würde herauskommen. Doch nichts dergleichen. Vermutlich waren beide zu stolz, um ein Wort über die Sache zu verlieren. Damals wurde mir klar, dass es gar nicht so einfach war, ehrlich zu sein.

Zutaten eines englischen Salats ca. 1950–1965

2 Salatblätter
½ gekochtes Ei
2 eingelegte Zwiebeln
½ Tomate
1 Scheibe Fleisch, Schinken, Spam oder Zunge (pro Kind)
2 Scheiben davon (pro Erwachsenem)

Dazu gab es reichlich Brot, bestrichen mit Margarine oder Bratfett oder der unvermeidlichen Heinz Salatcreme (die Mittelschicht verwendete Butter).

Dann verschwand der Salat wieder ein Jahr vom Speiseplan, aber die Zeit blieb nicht stehen, und die Hydrokultur veränderte die Welt des Gemüseanbaus. Salate werden heute ebenso gezüchtet wie Käfighühner, und weder das eine noch das andere schmeckt wie das Original. Sondern einfach nur nach Wasser.

Im Jahr 1958 sollte sich mein Leben grundlegend ändern. Schuld daran waren zwei Ereignisse; das eine war schrecklich, das andere großartig.

Das schreckliche war der Eleven-Plus, ein verdammt harter Intelligenztest, in dem außerdem alles abgefragt wurde, was man bis dahin in der Schule gelernt hatte.

Man kann ohne Übertreibung sagen, dass das Abschneiden in dieser einen Prüfung – im biblischen Alter von elf Jahren – im Großbritannien der damaligen Zeit über den Rest des Lebens entschied. Die Besten wechselten auf irgendeine vornehme Grammar School, wo sie aufs Studium vorbereitet wurden. Der Rest kam auf eine Secondary Modern School, wo der Schwerpunkt auf praktischen Fertigkeiten wie Holz- und Metallarbeiten lag und die Schüler später eher zum Mond flogen, als dass sie eine Universität besuchten.

Anschließend begannen die meisten eine Lehre in irgendeinem Betrieb, auch wenn es ein paar »technische Schulen« gab, die eine Berufsausbildung anboten.

Der Test dauerte zwischen fünfundvierzig und sechzig Minuten, und man durfte ihn nicht wiederholen. Der Druck war also grauenhaft. Und er wurde nicht gerade geringer durch die Tatsache, dass nach dem Krieg nicht genügend neue Grammar Schools gebaut wurden, um dem Babyboom gerecht zu werden. Denn darum machte man die Fragen mit jedem Jahr einfach schwieriger.

Für meinen Vater war Angst die einzige Form der Ermutigung, die er kannte. Er konnte eben nicht aus seiner Haut. Also bläute er mir ein: »Hey, du! Streng dich bloß an, damit du die Prüfung bestehst! Sonst endest du als Straßenkehrer.« In seinen Augen war Straßenkehrer der schlimmste Job überhaupt. Ich dagegen fürchtete am meisten ein Schicksal als Bergmann.

Mein Vater hätte eigentlich wissen müssen, dass man niemanden mit Angst zu Höchstleistungen treibt – vor allem dann nicht, wenn es auf die richtige Vorbereitung und einen kühlen Kopf ankommt, zusätzlich zur angeborenen Intelligenz natürlich. Doch ich bereitete mich kein bisschen auf die Eleven-Plus-Prüfung vor – so wie die meisten Arbeiterkinder. Ihre Eltern hatten schlicht keine Ahnung, dass man ohne diesen Test keine Chance hatte. Aber zur Wahrheit gehört auch, dass ich damals meinen Freunden entwicklungsmäßig ein wenig hinterherhinkte. Ich steckte immer noch in der Cowboy-und-Indianer-Phase fest. Außerdem hatte ich schreckliche Prüfungsangst, an der sich bis heute nichts geändert hat.

Die ganze Sache war eine einzige Schmach. Als die Prüfungsunterlagen vor mir lagen, war ich wie gelähmt. Aus lauter Nervosität streikte mein Gehirn. Ich konnte keinen klaren Gedanken mehr fassen. Genauso gut hätten die Fragen auf Schwedisch sein können. Das war eine der schlimmsten Stunden meines Lebens. Noch schmerzlicher wurde es dadurch, dass ich eigentlich ein guter Schüler gewesen war und immer goldene Sterne und Bestnoten bekommen hatte.

Die Ergebnisse wurden uns rund eine Woche später verkündet. Was für ein Tag! Plötzlich wurden wir in Gruppen aufgeteilt. Eine davon bestand aus den zukünftigen Lenkern der Welt, den Ärzten und Anwälten. Unter den Besten waren auch Freunde von mir, die im Unterricht immer schlechter gewesen waren als ich – aber sie hatten sich offensichtlich auf die Prüfung vorbereitet und ihre Nerven im Griff, als es darauf ankam. Schließlich wurde mein Name aufgerufen. Ich wurde zu den Kindern geschickt, die sonst immer viel schlechter als ich abgeschnitten hatten. Ich fühlte mich schrecklich. Es war offenkundig, dass ich versagt hatte. Ich würde auf die Secondary Modern gehen. Nicht dass das am Ende irgendeinen Unterschied gemacht hätte. Egal, was für einen harten Schlag dir das Leben versetzt – du kannst ihn überwinden, indem du dein Blatt ausreizt, statt Trübsal zu blasen und dich selbst zu bemitleiden. Aber ich will nicht lügen: Als die zukünftigen Grammar-School-Kids in die eine Richtung gingen und ich in die andere, hätte ich mich nicht leerer fühlen können.

Doch einige Wochen darauf ereignete sich dann etwas Großartiges.

Ich war an dem Tag nicht in der Schule, weil es mir nicht gut ging oder ich einen Zahnarzttermin hatte oder sonst was. Auf jeden Fall langweilte ich mich zu Tode. Also schaltete ich den Fernseher ein und schaute auf BBC eine Sendung mit dem vielversprechenden Titel *Farming*. Einfach nur *Farming*. Später verlieh man ihr ein wenig mehr Pfiff, indem man sie in *Farming Today* umbenannte, was bei der BBC zweifellos einen kleinen Skandal ausgelöst haben muss. Wie auch immer, die Sendung bestand schlicht und einfach aus einem Typen in Anzug und Krawatte, der in die Kamera sprach. In dieser Folge referierte er über den Unterschied zwischen Mulch und Mist.

Man könnte sich natürlich fragen: Warum hat der kleine Hosenscheißer nicht einfach umgeschaltet? Nun, damals gab es nur die BBC, erst ein Jahr darauf ging Tyne Tees Television an den Start. Ich hatte also die Wahl: Entweder ertrug ich eine Folge von *Farming* – in Schwarz-Weiß, um den Nervenkitzel zu erhöhen –, oder ich starrte die Wand an. Und die für einen elfjährigen Jungen ertragbare Dosis an Wand-Anstarren hatte ich bereits hinter mir.

Ich saß also da und ließ mich von diesem sterbenslangweiligen Unterhaltungsprogramm berieseln. Meine Augen waren glasig, und der Sabber lief mir aus dem Mund, als unvermittelt der Abspann begann und ein BBC-Sprecher mit vornehmer Stimme verkündete: »Und als Pausenfüller bis zur nächsten Sendung …«

Mit Sicherheit habe ich an dem Punkt aufgestöhnt. Denn die »Pausenfüller« der BBC waren noch schlimmer als die Sendungen selbst. »Und nun ein kurzer Film über Fische in einem Teich« oder »Und nun eine schottische Seniorin, die einen Übertopf bemalt« oder »Und nun ein Kirchenchor mit einem *sehr getragenen* Choral«.

Doch an diesem Tag gab es nichts dergleichen. O nein. An diesem Tag hatten die Götter des Rock'n'Roll beschlossen, dem kleinen Brian Johnson in Beech Drive Nummer 1 einen ganzen Schwarm Hummeln in den Hintern zu setzen.

Anstatt bei einem Kurzfilm über Fische wegzudösen, starrte ich fassungslos auf einen Schwarzen mit bleistiftdünnem Schnurrbart und wildem Haarschopf. Nicht zu vergessen die Halskette, das Make-up und das paillettenbesetzte Hemd mit dünner Krawatte. Alles an ihm war dermaßen offensichtlich, wild und fabelhaft *gay*, aber natürlich bedeutete das für mich damals einfach nur fröhlich und heiter, und so sollte es auch noch viele Jahre bleiben.

Der Ansager stellte ihn vor: »Dieser junge Amerikaner nennt sich Little Richard.« In seiner Stimme blitzte ein wenig Schalk auf, als sei ihm bewusst, dass das Kommende für die BBC viel zu gewagt war. »Und hier nun sein bekanntester Song, mit dem er jenseits des Atlantiks Riesenerfolge feiert!«

Und schon riss Little Richard den Mund auf und stieß einen Laut aus, der zugleich pure Freude, Sex und Befreiung war: »A-WOP BOP A-LOO BOP, A WOP BAM BOOM!!«

Viele haben »Tutti Frutti« als Geburtsstunde des Rock'n'Roll bezeichnet – und zumindest für mich stimmt das ohne Frage. Denn in dem Moment nahm mein Traum, Sänger zu werden, Gestalt an.

Ich fühlte mich, als hätte mir jemand einen Stromschlag verpasst. Alles an mir stellte sich auf, von den Haaren über die Brustwarzen bis zu einem Körperteil südlich des Bauchnabels, von dem ich noch keine Ahnung hatte, wozu es eigentlich gut war. Etwas Vergleichbares hatte ich noch nie zuvor gesehen, gehört oder gefühlt. Es haute mich vollkommen um.

Doch wie bei jedem Hochgefühl folgte auch bei »Tutti Frutti« beinahe umgehend ein grauenhaftes Tief. Ich wollte – nein, ich *musste* – diese herausgeschrienen Textzeilen, diese irren »Wooooos«, diese aufgeputschte Rhythmusgruppe noch einmal hören. Sofort. Aber ich war nur ein elfjähriger Junge in Dunston, zu jung, um in einen Plattenladen zu marschieren. Außerdem besaß ich nicht einen Penny. Und selbst wenn die Single einfach so vom Himmel gefallen wäre, hätte ich sie nicht abspielen können. Unser altes Aufziehgrammophon lief nur mit achtundsiebzig Umdrehungen pro Minute.

Ich litt Höllenqualen!

Doch als ich einige Tage darauf von der Schule nach Hause kam, tönte dieses unverwechselbar ekstatische R'n'R-Gekreische durch unsere Straße. Ich rannte aufgescheucht umher und suchte nach der Quelle. Endlich fand ich heraus, dass die Musik aus einem Fenster im Erdgeschoss eines Nachbarhauses kam. Ich sprang über den Zaun, blieb wie angewurzelt im Vorgarten stehen und lauschte.

Die Musik verstummte, und bis heute kann ich kaum glauben, was ich als Nächstes tat: Ich klopfte an die Haustür.

Eine Frau mit Lockenwicklern im Haar öffnete. Ich weiß noch, dass sie mir viel zu alt für »meine« Musik vorkam, dabei war sie wahrscheinlich erst neunzehn oder zwanzig. »Entschuldigen Sie die Störung, Missus«, sagte ich und spürte, wie meine Wangen knallrot wurden. »Aber würden Sie das … das noch einmal abspielen?«

Die Frau schaute mich an, als traue sie ihren Ohren nicht.

»Klar, wenn du möchtest«, sagte sie mit einem kleinen Lächeln und verschwand nach drinnen. Ich vernahm das Knistern und Zischen einer Nadel auf einer Schallplatte, und dann, *ja, ja, ja, ja …*

»A-WOP BOP A-LOO BOP, A-WOP BAM BOOM!!!«

Ehe ich mich versah, war die Frau wieder zurück bei mir vorm Haus und zeigte mir den Hand Jive. Das hat mich umgehauen. So etwas Cooles hatte ich noch nie gesehen. Ich machte es ihr nach. Es muss ein irrer Anblick gewesen sein: Mitten in einer verregneten Wohnsiedlung in Dunston strahlten ein kleiner Junge, der gerade durch die Eleven-Plus gerasselt war, und eine junge Frau gemeinsam bis über beide Ohren wegen dieser fremdartigen, aber unglaublich aufregenden neuen Musik. Keine Frage, das war der beste Dienstagnachmittag meines Lebens.

»Wie heißt du, Kleiner?«, fragte die Fremde mich atemlos, als der Song zum zweiten Mal vorbei war.

Ich nannte ihr meinen Namen.

»Sehr schön, Brian, es hat mich gefreut, dich kennenzulernen«, sagte sie. »Ich heiße Annette.«

Annette, wenn du das hier liest, vielen Dank dafür, dass du mein Leben in die richtigen Bahnen gelenkt hast.

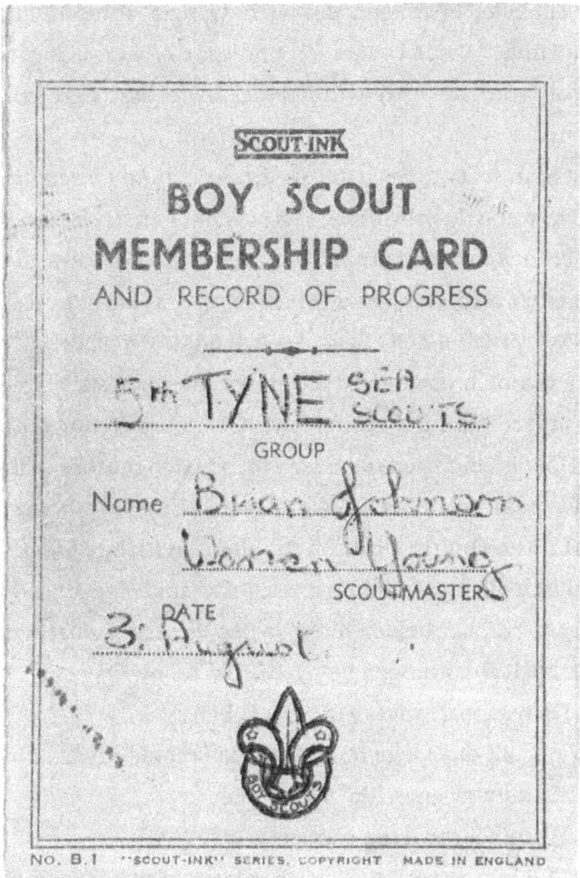

SCOUT-INK

BOY SCOUT
MEMBERSHIP CARD
AND RECORD OF PROGRESS

5th TYNE SEA SCOUTS
GROUP

Name Brian Johnson

Warren Young
SCOUTMASTER

DATE
3: August

No. B.1 "SCOUT-INK" SERIES. COPYRIGHT MADE IN ENGLAND

4

Klein, aber gemein

Mein größtes Problem als Heranwachsender war, dass ich nicht wirklich *wuchs*. Ich war ein Knirps. Eine halbe Portion. Vertikal gehandicapt, wie man das heute möglicherweise nennt. Ich war immer schon einer der Kleinsten in meiner Klasse gewesen, sogar mein »kleiner« Bruder Maurice war mir stets einige Zentimeter voraus. Aber als ich auf die Dunston Hill Secondary Modern kam, maßen die meisten meiner Freunde bereits mehr als einen Meter fünfzig, und ein Ende war nicht in Sicht, während ich bei einem Meter vierzig hängen blieb. Sogar Victor war an mir vorbeigeschossen, und so wie die Dinge standen, fürchtete ich, dass auch meine kleine Schwester Julie mich bald einholen würde.

Mit jeder Woche und jedem Monat, in dem ich nicht einen einzigen Millimeter zu wachsen schien, nahm meine Verzweiflung zu.

Eines Tages dann blätterte ich durch die hinteren Seiten einer Jungszeitschrift und stieß auf eine Anzeige für ein »Handbuch«, das mir wie die Antwort auf all meine Gebete erschien. Der Titel lautete *The Morley Method of Scientific Height Development* (*Die Morley-Methode für wissenschaftliches Körperwachstum*), verfasst von einer weltberühmten Autorität für kindliches Wachstum namens

John Morley. Natürlich eilte ich sofort zum Postamt, kaufte eine Postanweisung in Höhe des Buchpreises und schickte sie an die Adresse aus der Anzeige.

Eine Woche darauf wartete das Buch auf der Fußmatte auf mich, als ich von der Schule nach Hause kam. Auf der Umschlaginnenseite stand: *Herzlichen Glückwunsch, in deinen Händen hältst du die berühmte Morley-Methode, mit der du in nur zwölf Tagen größer werden kannst!*

Vor Erleichterung wäre ich beinahe in Tränen ausgebrochen.

Das Buch erwies sich als noch hilfreicher, als ich erwartet hatte. Schon nach wenigen Kapiteln hatte ich gelernt, dass die beste Methode, um zu wachsen, darin bestand, die »Magnetkräfte der Natur« zu nutzen und mit dem Kopf nach Norden, den Füßen nach Süden zu schlafen. Warum hatte mir das bis dahin noch niemand gesagt? Also durchforstete ich das Haus nach dem Kompass meines Vaters, und als es Zeit zum Schlafengehen war, richtete ich mich entsprechend aus. Allerdings konnte ich leider nicht ganz genau die korrekte Position einnehmen, denn ich teilte mir das Bett mit zwei anderen Johnsons, die mit jedem Tag mehr Platz zu beanspruchen schienen. Vielleicht funktioniert es deshalb nicht, dachte ich, als der zwölfte Tag kam und ging.

Bald waren erneut zwölf Tage rum.

Und noch einmal.

Und was war?

Ich maß immer noch gerade mal einen Meter vierzig.

Wie man sich denken kann, kamen mir langsam Zweifel, ob John Morley tatsächlich eine weltberühmte Autorität für kindliches Wachstum war. Als ich hinten im Buch nachschaute, welche Werke er sonst noch so verfasst hatte, entdeckte ich, dass er auch eine weltberühmte Autorität gegen Haarausfall und Schüchternheit war, außerdem für gesunde Füße, magnetische Superkräfte, lukrativen Briefmarkenhandel, Gewichtszunahme, Jiu-Jitsu, eine starke Brustmuskulatur, ein gutes Sehvermögen (ohne Brille) und »wissenschaftliches Boxen«. Ihm zufolge war die häufigste Ursache von Kleinwüchsigkeit die »gebeugte Haltung«, was selbst mich mit meinem leichtgläubigen vorpubertären Verstand auf die Palme brachte … Wie bitte? Ob man sich nach vorne gebeugt hält oder nicht, ändert doch nichts an der tatsächlichen Körpergröße. Schließlich fiel mir auf, dass alle Lobpreisungen auf der Rückseite von Kindern stammten. Sie alle erklärten, nach der Lektüre des Buches um mehrere Zentimeter gewachsen zu sein. Ich musste nur einen Moment lang darüber nachdenken, dann ging mir auf, dass genau das ohnehin geschehen wäre – dank des natürlichen Wachstums.

Trotzdem weigerte ich mich, mir einzugestehen, dass ich Opfer eines Betrugs geworden war. Also ging ich die einzelnen Kapitel immer wieder durch, studierte das Werk jeden Abend ein wenig länger und suchte nach einem übersehenen Ratschlag, einem versteckten Hinweis, irgendetwas … bis mein Vater schließlich merkte, was vor sich ging, und mich zum Gespräch bat.

»Mein Sohn«, brummte er. »Du warst schon immer ein kleiner Hosenscheißer und wirst auch immer ein kleiner Hosenscheißer bleiben.« (Eigentlich fluchte mein Vater nie, aber das war ja auch nicht wirklich ein Fluch.) »Jetzt schmeiß um Himmels willen dieses dumme Buch weg und mach das Beste aus dem, was dir gegeben wurde.«

Der Fairness halber muss ich sagen, dass mein alter Herr mir durchaus ein paar nützliche Ratschläge wegen meiner Körpergröße gab – in erster Linie aus Sorge, dass einem Kind von meiner Statur in einer Stadt mit jeder Menge harten prügelfreudigen Kerlen ständige Gefahr drohte. Auch mein Vater war ziemlich klein geraten, aber er war ein Pitbull, und so hatte er es geschafft, den allgegenwärtigen Tod und die Zerstörungen des Zweiten Weltkriegs zu überleben.

Was dagegen meine kämpferischen Fähigkeiten betraf, gab er sich keinerlei Illusionen hin. »Du bist einfach nicht groß genug, Sohn«, sagte er. »Wenn du also in Schwierigkeiten gerätst, dann mach dich einfach vom Acker. Und sollte das nicht möglich sein, haust du ihnen auf die Nase, so fest du kannst … und dann nimmst du die Beine in die Hand.« Laut meinem Vater nannte man diese bewährte Taktik den »Newcastle-Kuss«.

Seine Sorgen sollten sich als berechtigt erweisen, denn schon kurz darauf musste ich mich zur Wehr setzen.

Damals hatte ich einen Nebenjob als Milchjunge, was bedeutete: um fünf Uhr morgens aufstehen, den Hügel zu Youens' Dairy hinaufrennen, einen kleinen Austin A50-Van beladen (daneben gab es auch noch ein Pferdegespann), mich unterwegs hinten festklammern und immer wieder abspringen, um die Milchflaschen auszuliefern. Der Job hatte so seine Tücken, da es viele unterschiedliche Sorten Milch gab, erkennbar an dem silbernen, roten, grünen, goldenen oder braunen Verschluss. Die braune Milch war die teuerste, da sie von Jersey-Rindern stammte. Sie ging ausschließlich an Ärzte und Schulleiter. Man musste also konzentriert bei der Sache sein und zugleich auf der Hut, um nicht hinten vom Wagen zu purzeln, während es meistens regnete, graupelte oder schneite und einem ständig eine steife Nordseebrise ins Gesicht blies.

Sobald ich mit der Milchrunde durch war, musste ich zum Kiosk rennen, um meine Zeitungstour zu beginnen. Wenn ich schließlich in die Schule kam, hatte ich bereits mehr als zwei Stunden geschuftet. Aber ich liebte die Arbeit. Vor allem samstags, wenn Lettie, die Fahrerin des Milchwagens, mich nach unserer

Runde zum Bäcker mitnahm und ich eine Scheibe Hackbraten direkt aus dem Ofen bekam. Zwar verbrannte ich mir daran regelmäßig Mund und Zunge, aber das war nicht weiter schlimm, weil ich direkt einen halben Liter Vollmilch hinterherkippte. Anschließend erhielt ich meinen Lohn und kaufte mir ein Modellflugzeug.

Ach, einfach großartig.

Doch dann gab es Ärger, auf der letzten Milchtour vor Weihnachten, wenn die Leute immer aus dem Haus kamen, um mir ein Trinkgeld zu geben. An diesem Morgen kamen zwei Pfund zusammen. Damit wollte ich Weihnachtsgeschenke für meine Mutter und meinen Vater kaufen.

In der Molkerei arbeitete dieser tyrannische, fiese Junge, dessen Namen ich hier nicht preisgeben will. Offensichtlich hatte er von meinen Trinkgeldern gehört, denn nach der Schicht folgte er mir nach draußen, drängte mich gegen eine Ladentür und verlangte das Geld. Ohne jeden Grund. Er dachte einfach, dass er damit durchkäme.

Nein.

Also richtete er sich zu seiner vollen Größe auf, zog mich am Kragen hoch, bis er mir direkt ins Gesicht schauen konnte, und drohte: »Ich sag's dir noch einmal, du kleiner Scheißer … *Her mit der Kohle.*«

Das Einzige, woran ich denken konnte, war der Ratschlag meines Vaters, mich vom Acker zu machen. Aber ich stand mit dem Rücken zur Tür, ohne jede Fluchtmöglichkeit. Dennoch wollte ich dem Typen schon aus Prinzip nicht einen Penny geben. Pure, animalische Wut packte mich, und ohne zu überlegen, schlug ich ihm mit solcher Wucht zwischen die Augen, dass ich ihm Nase *und* Jochbein brach. Er stieß einen markerschütternden Schrei aus. Sogar ich war geschockt. Dann fing er an zu heulen. Alles war voller Blut. Trotzdem hatte ich kein Mitleid mit ihm. Nur weil ich ein Winzling war, wollte er mich ausrauben! Wie mein Vater gesagt hätte: Er hatte es verdient. Also ließ ich ihn stehen und marschierte nach Hause, wobei ich mich sicherheitshalber immer wieder umschaute, falls er auf die Idee kommen sollte, mir zu folgen.

Niemand alarmierte die Polizei. Doch als ich nach Weihnachten wieder zur Arbeit kam, beschimpfte mich Letties Schwester wüst. »Du mieser kleiner Itaker«, fauchte sie. »Du solltest dich schämen, zu kämpfen wie ein dreckiger Ausländer.«

Lettie wies sie darauf hin, dass der ältere Junge angefangen hatte, weil er mich ausrauben wollte. Und dass der Kerl schon immer faul und unverschämt gewesen sei. Außerdem klaue er Milch aus dem Lieferwagen.

»Aye, aber ihn können wir nicht rausschmeißen«, sagte die Schwester. »Er ist Engländer.«

Letztlich behielt ich meinen Job. Doch mein Newcastle-Kuss sprach sich herum, und ob man es glaubt oder nicht, danach hat nie wieder irgendjemand versucht, meine Körpergröße auszunutzen.

Das größte Leuchtfeuer meiner späten Kindheit und frühen Jugend waren die Fifth Tyne Sea Scouts. Für alle, die mit den verschiedenen Pfadfindersparten nicht vertraut sind: Die Sea Scouts sind im Grunde normale Pfadfinder, jedoch mit einem Schwerpunkt auf Boote und Gewässer im Allgemeinen – und davon gibt es natürlich jede Menge im Raum Tyneside, früher neben Glasgow und Belfast eins der international bedeutendsten Schiffbauzentren. Aber der eigentliche Zweck der kleinen Truppe, der ich mich anschloss, lag eher darin, Arbeiterkindern wie mir eine Welt jenseits unseres grauen, dreckigen und zunehmend heruntergekommenen industriellen Umfelds zu eröffnen. Und genau diesen Zweck hat sie erfüllt.

Ich bin mir ziemlich sicher, dass mein Leben ohne die Sea Scouts anders verlaufen wäre.

Entscheidenden Anteil daran hatte unser Gruppenleiter, mein erster Mentor, ein junger Kerl namens Warren Young. Anscheinend hatten sich bei meiner Geburt die Wolken geteilt, ein Lichtstrahl war zur Erde gesandt worden, und Gott hatte mit volltönender Stimme verkündet: »UND SEHET, JEDE PERSON, DIE FÜR DAS LEBEN DIESES KINDES BEDEUTSAM WERDEN WIRD, SOLL AUF DEN NAMEN YOUNG HÖREN.«

Zugegeben, Warren Young war ein wenig kauzig, ein Junggeselle, der immer noch bei seiner Mutter in einem großen alten Haus in Gateshead lebte. Aber einen solch liebenswerten, freundlichen und rücksichtsvollen Mann wie ihn hatte ich noch nie kennengelernt. Er hat dich nicht angebrüllt, wenn du einen Fehler gemacht hast. Er hat sich immer angehört, was du zu sagen hattest. Und er hat dir immer geholfen, sofern es in seiner Macht stand.

Um zu begreifen, was für eine Ausnahme er darstellte, muss man verstehen, dass Autoritätspersonen damals mit Kindern auf eine Weise umgingen, für die sie heute hinter Gitter wandern würden. Das wurde sogar von ihnen erwartet. Beispiel gefällig? In der Grundschule musste ich einmal etwas vor der Klasse vorlesen. Als Witzbold, der ich war, verstellte ich meine Stimme, um die anderen zum Lachen zu bringen. Unser Lehrer trat hinter mich und schlug mir so fest gegen den Kopf, dass ich zu Boden stürzte und mich nicht wieder aufrappeln konnte.

Es war ein harter, absolut krimineller Schlag. Zudem schrie er mich die ganze Zeit an, ich solle aufstehen. Aber ich konnte nicht. Also musste er schließlich einen meiner Klassenkameraden losschicken, um die Schulkrankenschwester zu holen. Ich war mir sicher, dass er Ärger bekommen würde, aber Pustekuchen. Schon tags darauf misshandelte er die nächsten Kinder.

Damit will ich nur sagen, dass Warren Young mit seiner Geduld und freundlichen Art beinahe ein Heiliger war. Deswegen respektierten wir ihn nur umso mehr. Außerdem mochten wir ihn, weil er sich immer wieder neue Spiele und Beschäftigungen für uns ausdachte. Beim »British Bulldog« etwa durften wir uns eine halbe Stunde lang im Pfadfinderheim hemmungslos prügeln, auch wenn am Ende fast immer einer der Kleineren die Hälfte seiner Zähne in einer Papiertüte nach Hause trug.

Doch es waren keineswegs die Spiele, die mir am meisten Spaß bei den Sea Scouts machten. Nicht im Entferntesten. Am meisten liebte ich das gemeinsame Singen. Denn das war nicht so eine langweilige und dröge Angelegenheit wie in der Schule oder der Kirche. Bei den Scouts saßen wir am Lagerfeuer und brüllten jede Strophe so laut in die Nacht, dass wir hinterher heiser waren. Das war jene Art von Gesang, bei der man Gänsehaut bekommt und breit grinsen muss, egal, in welcher Stimmung man gerade ist.

Und auch aus einem anderen Grund bereitete mir das Singen so viel Spaß: Ich merkte mit der Zeit, dass ich gut darin war.

Im Rückblick kommt es mir merkwürdig vor, dass ich die Lieder so laut rausschmettern konnte, obwohl ich noch nicht mal den Stimmbruch hinter mir hatte und körperlich unterentwickelt war. Vermutlich habe ich von meinem Vater das »Riesenlungen-Gen« geerbt. Allerdings habe ich keine Ahnung, woher ich mein musikalisches Gehör habe. Mein alter Herr hätte um nichts in der Welt einen Ton halten können. Und meine liebe Frau Mama war in dieser Hinsicht ein noch hoffnungsloserer Fall.

Unter der Woche, und manchmal sogar am Wochenende, fand man mich stets im Pfadfinderheim, mit meinem kleinen Halstuch, die Knie und Arme übersät von blauen Flecken und Schürfwunden, die ich mir beim British Bulldog zugezogen hatte. Ich sang mir die Seele aus dem Leib und stellte mir vor, ich sei irgendwo in den weiten Steppen Afrikas. Ich genoss jede Sekunde. Eines Tages nahm mich Warren Young zur Seite. Was er mir sagte, sollte mein Leben für immer verändern.

»Brian, mein Junge«, sagte er. »Es wäre schön, wenn du am Dienstagnachmittag herkommen könntest, für eine Audition.«

»Eine Audition?«, sagte ich und verzog das Gesicht. Ich wusste nicht, ob das was Gutes war, oder ob ich für irgendetwas bestraft werden sollte. »Was heißt das, Audition …?«

»Nun, wir Gruppenleiter haben uns getroffen und beschlossen, dass wir endlich mal wieder ein Revueprogramm auf die Beine stellen sollten, eine traditionelle Gang Show«, erklärte er. »Und bei deiner Stimme musst du da einfach mitmachen.«

Ich brachte kein Wort über die Lippen, und meine Beine wurden ganz weich.

Das klang beängstigend.

Und aufregend. Am liebsten wäre ich auf der Stelle nach Hause gerannt, um meinen Eltern und allen anderen in unserer Straße davon zu erzählen.

Man muss wissen, dass die damaligen Gang Shows ziemlich furchtbare Veranstaltungen waren – wie Schultheater, nur noch schlimmer. Doch Anfang der Sechzigerjahre war Unterhaltung ein rares Gut, und so strömten alle ins Pfadfinderheim, um uns Jungs zwei Stunden lang dabei zuzuschauen, wie wir Witze rissen, tanzten und Lieder zum Besten gaben, bei denen jeder mitsingen konnte.

Die Gang Shows waren dreißig Jahre zuvor von dem Songschreiber und Produzenten Ralph Reader aus der Taufe gehoben worden, dem Verfasser des Songs »We're Riding Along on the Crest of a Wave«.

Die Möglichkeit, Teil dieser großen britischen Tradition zu sein, war also eine große Ehre – und eine Chance, die mein Leben verändern konnte. Aber zuerst musste ich das Vorsingen beim »musikalischen Leiter« der Show überstehen, einem etwas älteren Herrn namens Tedd Potts, der sein Haar mit Pomade nach hinten striegelte und ausgesprochen affektiert auftrat.

Ich war so nervös, dass ich tagelang kaum essen oder schlafen konnte.

Aber meine Sorgen waren unbegründet, denn es handelte sich um eine Massen-Audition von Pfadfindern aus der gesamten Region – und wir mussten nichts anderes tun, als im Kreis zu hüpfen, während ein Mann Klavier spielte und Mr. Tedd Potts jede unserer Bewegungen auf eine leicht unheimliche Weise verfolgte. Anschließend wurde mir mitgeteilt, dass ich mit Bravour bestanden hatte und vier Lieder singen dürfte. Die Gelegenheit, zum ersten Mal vor Publikum zu singen.

Als Nächstes wurde uns grob gezeigt, wie wir tanzen sollten. Obwohl, Tanzen konnte man das eigentlich nicht nennen. Wir sind eher marschiert und haben dabei mit den Händen gewedelt. Außer mir waren noch George, Raymond und Carl dabei, Freunde aus dem Beech Drive und Mitglieder meiner Pfadfindergruppe. Der Stimmbruch ließ bei mir immer noch auf sich warten, und auch wenn mein Organ nicht weltbewegend war, traf ich immerhin die richtigen Töne. Die meisten sangen schief, ich dagegen konnte offenbar ganz instinktiv den Ton halten. Zu den Songs gehörten »Stay After School«, »The Morning of My Life« und »Sisters«.

Die erste Kostümprobe mit Klavierbegleitung und Bühnenbeleuchtung fand im Gemeindesaal statt. Wir trugen unsere volle Montur, und auch ohne Zuschauer war es eine ziemlich nervenaufreibende Angelegenheit. Zum Kostümwechsel mussten wir die Treppe hinab in einen Raum rennen, in dem ein riesiges Durcheinander herrschte. Unsere Mütter halfen uns beim

Schminken, aber wegen des schlechten Lichts war das Ergebnis furchtbar. Wir sollten rote Wangen haben, tatsächlich sahen wir aber aus wie Schaufensterpuppen. Doch die Aufregung war wunderbar. Etwas Ähnliches hatte ich noch nie erlebt, und ich fühlte mich, als wäre ich Teil von etwas ganz Großem. Ständig stolperten wir, fielen von der Bühne, liefen in Requisiten hinein und bekamen dann und wann auch mal etwas hinter die Löffel. Es fühlte sich einfach fantastisch an. Genau so ein Leben wünschte ich mir.

Ein wenig nervös machte mich, dass einer der Songs, »Stay After School«, ziemlich rockig war. Ich sollte Jeans tragen, aber ich besaß damals keine, also bekam ich die Hose und ein T-Shirt geliehen. Als wir für die Nummer auf die Bühne kamen, schrien die Mädchen. Wir liebten es. Unsere Haare waren zurückgekämmt, und wir trugen Turnschuhe. Ich ging so sehr in der Show auf, dass ich überhaupt nicht mehr an die Eltern im Publikum dachte. Aber meine Mutter fand uns hinreißend. Mir kam es so vor, als wären Tausende von Menschen in dem Gemeindesaal.

Leider hatten wir nur zwei Aufführungen, eine am Freitagabend, eine am Samstagabend. Dann war alles vorbei. Die nächste Zeit wusste ich nichts mit mir anzufangen, denn vor den Shows hatten wir zweimal wöchentlich geprobt, und nun plötzlich – nichts.

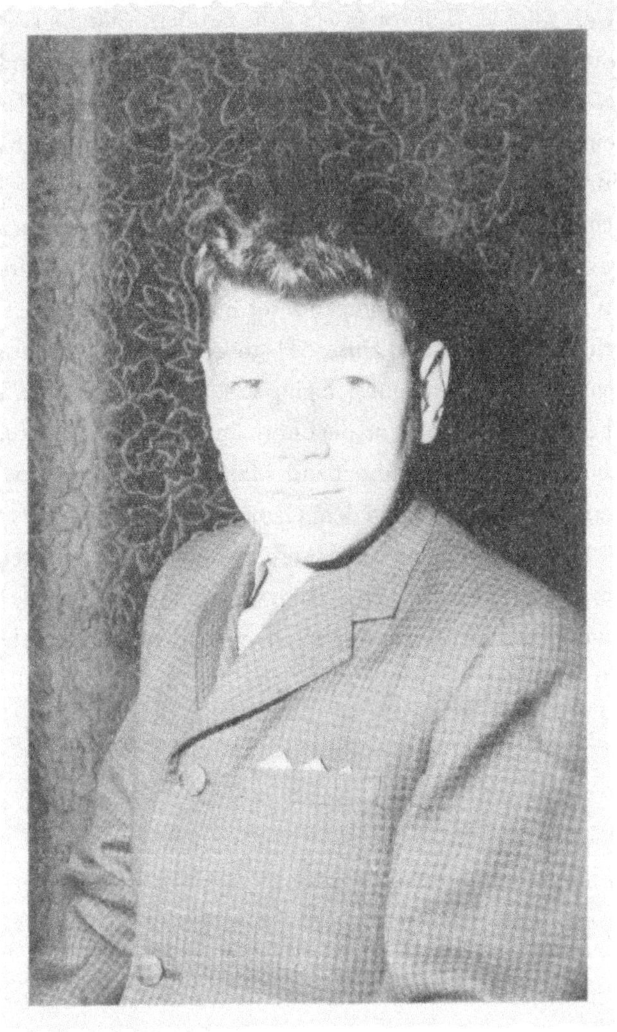

5

Ein hartes Geschäft

Ich war von Haus aus Katholik und gehörte einer gemischt anglikanischen und katholischen Pfadfindergruppe an. Bei Warren Young war es dasselbe. Leute wie uns nannte man im Nordosten »Linksfüßer«.

Bei den Dunston Scout Gang Shows hatte ihn meine Stimme überzeugt, und so fragte er mich, ob ich im Kirchenchor von St. Joseph's mitsingen wolle. Zunächst hatte ich kein Interesse, doch dann erwähnte er, dass ich dafür wöchentlich einen Shilling und sechs Pence bekommen würde.

Also sagte ich: »Sehr gerne.«

Mit Gott hatte das nichts zu tun. Hier ging es einzig und allein um den schnöden Mammon.

Er nahm mich zur Chorprobe am Mittwochabend mit, an der vielleicht sechzehn Jugendliche und rund zwanzig Erwachsene teilnahmen.

Er forderte mich auf, etwas vorzusingen, und reichte mir ein Blatt mit dem Text. Ich warf einen Blick auf die Zeilen und stellte fest, dass sie auf Latein waren. Innerlich verabschiedete ich mich von meinem zusätzlichen Taschengeld.

Ich sagte ihm, dass ich kein Wort verstand, doch er lächelte nur und erwiderte: »Die anderen auch nicht.«

Dann gab er mir ein Exemplar in Lautschrift. Schon besser.

Dominus Vobiscum und so weiter – damit klang man gleich selbst wie ein Heiliger. Nur Eliteschüler und Priester beherrschten diese Sprache.

Meine erste Lateinlektion war jedoch kein Kirchenlied, sondern ein Spruch, den mir einer der älteren Jungs beibrachte: Nil carborundum illegitimi.

Grob übersetzt bedeutet das: Lass dich von den Mistkerlen nicht kleinkriegen. Eine äußerst wichtige Lektion für mein späteres Leben.

Auf Latein oder Italienisch klingt alles würdevoll und elegant. Zum Beispiel der Ferrari Testarossa, was übersetzt nichts anderes als »roter Kopf« bedeutet – nur dass man einen Ferrari niemals so nennen könnte. Oder die Bezeichnung Quattroporte. Ein wunderschöner Name für ein Auto, aber er steht einfach nur für einen Viertürer. Ich denke, es dürfte klar sein, worauf ich hinauswill.

Doch zurück zur Chorprobe: Ich sang »Oh Come All Ye Faithful«, was den Chorleiter offenbar beeindruckte, denn er reichte mir einen Taler oder Talar oder wie der Fummel eben heißt, irgendetwas, das einen gleich noch mehr wie einen Heiligen aussehen lässt. Fehlten nur noch die Flügel.

Nachdem ich rund zwei Wochen bei den Proben mein Bestes gegeben hatte, war ich bereit für meinen ersten Auftritt: die einstündige Sonntagsmesse um elf Uhr.

Eine kompliziertere Form der Anbetung einer Gottheit als die katholische Messe konnte ich mir nicht vorstellen. Der Priester murmelte irgendetwas, und das Publikum antwortete in monotonem Tonfall. Keinerlei Freude, niemand wirkte fröhlich. Andererseits ist das mit Gott ja auch nicht wirklich eine lustige Sache!

Dann waren da noch die Ministranten, die auf der Bühne – sorry, im Altarraum – herumliefen, um das Kruzifix abzustauben oder irgendetwas zu polieren. Der Priester holte dieses komische Gefäß hervor und schwenkte es an einer silbernen Kette hin und her, wobei ein übel riechender Rauch herausströmte. Auf mich wirkte das wie Voodoo, aber hey, Geld regiert die Welt, und Bullshit ist der König. Anschließend haben wir etwas gesungen, was eine willkommene Abwechslung darstellte, sozusagen wie eine Werbepause. Doch wenn man sich dann gerade in Sicherheit wähnte, sammelte der Priester seine Leute aus dem Altarraum zusammen, schritt den Mittelgang entlang und bespritzte alle mit Weihwasser. Ich habe einmal versucht, mit Weihwasser einen Essensfleck von meinem Talar zu entfernen, aber ohne Erfolg. So viel dazu.

Schließlich kehrten sie auf die Bühne zurück, und der Meister holte die Schachtel mit den Crackern heraus. Ich dachte: Toll, eine Teepause. Doch leider hob er sie in Richtung Himmel, murmelte etwas außerordentlich Heiliges und zerbrach die Cracker in kleine Stücke. Jeder aus dem Publikum holte sich eins ab, und während die Leute aßen, sangen wir. Das zog sich ein Weilchen hin, aber immerhin verging so ein wenig Zeit. Die ganze Sache schien gar kein Ende nehmen zu wollen. Mir wurde ganz dösig vor Langeweile, doch irgendwann musste es ja mal enden. Ich weiß nicht mehr, wie oft die Leute aufstanden und sich wieder hinsetzten, wie oft sie sich hinknieten und wieder hochkamen. Verdammt anstrengend, die Sache.

Irgendwann kletterte Meister Gunning auf die Kanzel und ermahnte uns, brav zu sein und nicht der Versuchung zu erliegen, an einem Freitag Fleisch zu essen, bis auf Spam, denn das sei kein richtiges Fleisch. Er erzählte uns von Gottes Zorn, der sich über uns entladen würde, und dass man sehr lange an diesem

Ort namens Fegefeuer verweilen müsse, ehe man in den Himmel komme, wenn man auf Erden ein schlechter Mensch gewesen sei. Zum Schluss sagte er noch, dass Gott uns alle liebe. Den Heiligen Geist erwähnte er nicht, vermutlich, weil es nichts Besonderes ist, dort oben ein Geist zu sein. Dann schritt er zurück zum Altar, schenkte Wein in ein Glas und leerte es selbst. Ich war beeindruckt – er hatte bereits die Messen um acht und um neun Uhr hinter sich und hielt sich immer noch tadellos.

Damit war die Messe vorbei, und während wir inbrünstig sangen, verließ der Meister mit seiner Truppe die Bühne. Niemand spendete ihnen Applaus, was in meinen Augen ein wenig unfair war. Ich fand ihn ziemlich gut.

Meine Mutter saß im Publikum, und sie war mächtig stolz. Sie sagte, ich hätte von allen am besten gesungen. Was Mütter eben so sagen. Wie auch immer, bei der Probe zwei Wochen danach ernannte mich der Chorleiter vor der ganzen Truppe zum Ersten Chorknaben und überreichte mir eine goldene Schärpe, die ich mir über die Schultern legen sollte.

Ich dachte: Scheiße, das ist eine ganz schöne Verantwortung für jemanden, der keinen Schimmer hat, wie so eine Messe eigentlich abläuft. Bis dahin hatte ich einfach gemacht, was die anderen machten, und nun sollte ich sogar hin und wieder solo singen. Dafür war ich nicht bereit, wie ich selbst wusste.

Wie man mir sagte, bekam der Erste Chorknabe zwei Shilling und sechs Pence. Wow, eine Beförderung und eine Gehaltserhöhung, alles im Namen Gottes. Aber so ganz umsonst gab es das nicht. Nach der Probe passte mich der abgesetzte Erste Chorknabe, ein ziemlich kräftiger Typ, vor der Kirche ab. Ich kann nur sagen, es gibt nichts Schlimmeres als einen Ersten Chorknaben, der nach dem Stimmbruch nur noch ein ehemaliger Erster Chorknabe ist. Kaum war ich aus der Tür, da stürzte er sich auf mich und begann mir systematisch die Scheiße aus dem Leib zu prügeln. Doch zum Glück kam der Chorleiter raus, versetzte ihm einen Tritt in den Arsch und zerrte ihn weg. Dann machte er ihm klar, dass man auf heiligem Boden niemandem eine Abreibung verpasst (was jemand mal den Kreuzrittern hätte sagen sollen).

Mein schönstes Erlebnis als Chorknabe war die Mitternachtsmesse zu Weihnachten 1960. Ich sang solo »Stille Nacht«. In der Kirche wurden sämtliche Lichter ausgeschaltet, sodass sie nur noch vom Schein der Kerzen beleuchtet wurde. Es war wunderschön. Auch meine Mutter war wieder vor Ort. Ihr kamen die Tränen. Eine magische Stimmung. Natürlich applaudierte niemand, aber viele seufzten und stöhnten vor Rührung.[7]

Doch nicht alle Ideen von Warren Young hatten derart positive Ergebnisse.

Vor allem ein Beispiel kommt mir sofort in den Sinn, da es ein absolutes Desaster war: das von ihm organisierte Box-Turnier unserer Truppe gegen eine Einheit der Sea Cadets. Unser Haufen setzte sich aus Schuljungen im Alter von zehn bis vierzehn Jahren zusammen, wogegen die Sea Cadets als Reservetruppe der Marine sechzehn- bis achtzehnjährige Kerle mit Bizeps und Tattoos aufboten. Noch dazu kamen sie aus Scotswood am anderen Ufer des Flusses, wohin es die Jugendlichen aus Dunston höchstens am Freitag- oder Samstagabend zog – sofern sie eine gewisse Todessehnsucht verspürten. Scotswood war das härteste Viertel von Newcastle, wenn nicht sogar von ganz Nordengland, die Heimat

---

7 Bei den Proben sagte der Chorleiter immer wieder: »Nein, nein, nein, da singt jemand durch die Nase.« Jedem von uns war klar, dass er dieser Jemand war, aber niemand traute sich, es ihm zu sagen.

der furchterregenden Tams Family und weiterer Gangs à la *Peaky Blinders*. Mit anderen Worten: Es war der schiere Wahnsinn, mit diesen Jungs in einen Boxring zu steigen.

Aber ich war inzwischen ein Teenager, der vor nichts zurückschreckte, und offensichtlich gefiel Warren Young genau das an mir. Außerdem hielt ich mich wohl selbst für so etwas wie einen harten Kerl, nachdem ich den Möchtegerndieb in der Molkerei niedergestreckt hatte. Daher war ich einer der wenigen Idioten, die sich freiwillig für unser Team meldeten, und das, obwohl ich noch nie im Leben Boxhandschuhe angehabt hatte.

Es folgte ein strenges Trainingsprogramm, das aus genau *einer* Runde Sparring bestand. Ach ja, und außerdem hatte unsere Truppe genau zwei Paar Boxhandschuhe. Ich bekam die ab, die größer waren als mein Kopf. Ich musste sie mit Zeitungspapier ausstopfen, damit sie nicht wegflogen, sobald ich zuschlug. Aber selbst ausgestopft fühlten sie sich noch locker und wabbelig an. Am Ende der Trainingsrunde hatte ich nicht einen einzigen Treffer gelandet. Aber da war es schon zu spät für einen Rückzieher.

Als der große Abend endlich gekommen war, drängelten sich im Pfadfinderheim die Zuschauer, praktisch nur Väter, darunter auch ein gewisser Sergeant Johnson, selbst ein ehemaliger Boxer und Kenner des Sports. Er saß mit finsterem Blick und verschränkten Armen in der ersten Reihe. Sofort als ich in die Umkleidekabine kam und diese Marinejungs sah, ging mir auf, dass ich tief in der Scheiße steckte. Und zwar knietief. Jeder einzelne von ihnen hatte diesen kalten, erbarmungslosen Blick eines Kneipenschlägers, der dir einen Platz im Leichenschauhaus besorgt, nur weil du ihn schief angeguckt hast. Im Vergleich zu ihnen war ich so schmächtig und zart, dass vermutlich niemand auf die Idee kam, ich könnte einer ihrer Gegner sein.

Nach einigen Minuten kam der Ringrichter zu uns in die Kabine, ein Offiziersanwärter in weißem Navy-T-Shirt. Jeder von uns erhielt eine Nummer und den Namen des Burschen, gegen den er kämpfen würde.

Als ich an der Reihe war, in den Ring zu steigen, konnte ich meine Beine kaum bewegen, so sehr schüchterte mich das ganze Spektakel ein. Die Seile. Die Glocke. Das Licht der Scheinwerfer, das durch den Zigarettenqualm wie trüber Mondschein wirkte. Der Sanitäter, der, wofür auch immer, einen Eimer bei sich hatte. Ein wahres Höllenpanorama.

Dann fiel mein Blick auf meinen Gegner.

Er war vier Jahre älter als ich, gut einen Meter fünfundsiebzig groß und sah aus, als wäre er nur für den Abend auf Freigang aus dem Gefängnis rausgelassen worden. Und natürlich hatte er die richtige Ausrüstung, bestehend aus schwarzen Shorts, Boxschuhen und passenden Handschuhen. Ich dagegen hatte nur meine schwarze Schulturnhose, meine gewöhnlichen Turnschuhe und die mit Zeitungspapier ausgestopften Boxhandschuhe. Ich dachte: Was soll's, ich hatte ein schönes Leben. Und immerhin werde ich im Kampf fallen.

»Bitte, Ringrichter – das ist doch bescheuert«, knurrte der Sea Cadet, als er mich sah. »Ich werde diesen Bubi killen.«

Der Ringrichter musterte mich und zögerte. Gott sei Dank, dachte ich, ein vernünftiger Mann, er wird das hier verhindern. Doch er zuckte nur mit den Schultern und erklärte: »Ach was, der hält schon durch.«

»Hör zu, Kleiner«, sagte der ältere Junge und beugte sich zu mir hinab. »Ich werde dir einen Treffer verpassen, und dann bleibst du verdammt noch mal am Boden.«

Ich nickte, aber insgeheim dachte ich: Eine Runde muss ich mindestens überstehen. Ich kann nicht beim ersten Schlag zu Boden gehen. Mein alter Herr würde mir nie wieder in die Augen sehen.

Also schlagen wir uns mit den Handschuhen ab, und gleich darauf ertönt die Glocke. Ich lege los, tänzele herum wie Mohammed Ali, tauche weg, nutze meine Geschwindigkeit und meine Federgewichtler-Größe aus. Und ich beginne zu glauben, dass ich mich eigentlich gar nicht so schlecht schlage. Dass ich vielleicht ein bisschen Zeit gewinnen kann, die Uhr runterticken lassen, den Kerl mürbe machen.

Der Sea Cadet bewegte sich jedoch nicht sonderlich viel.

Er stand einfach nur da, offenbar zu Tode gelangweilt, und schien zu überlegen, wann der richtige Zeitpunkt für –

BUMMS.

In der Umkleide kam ich wieder zu mir. Ein Arzt beugte sich über mich und fragte, wie viele Finger er zeige.

»Wie … viele … Runden … habe ich geschafft?«, krächzte ich.

»Runden?«, schnaubte der Arzt. »Kindchen, du hast kaum eine volle Sekunde durchgehalten.«

Als ich am Abend nach Hause kam, fragte meine Mutter aus der Küche, wie es gelaufen sei. Wie die meisten anderen Mütter der Sea Scouts hatte sie sich geweigert mitzukommen. Sie hatte nicht live erleben wollen, wie das Gesicht ihres kleinen Schatzes von einem Matrosen aus Scotswood in neue Formen gepresst wurde. Und nun wagte sie sich nicht aus der Küche, um den Schaden zu begutachten.

»Hätte schlimmer sein können«, sagte ich und klang dabei, als hätte mir eine Wespe in die Zunge gestochen.

Hinter mir kam mein Vater rein und gab mit knurriger Stimme sein eigenes Urteil ab: »Vor dem würde nicht mal ein Wackelpudding zittern.«

Im Rückblick erscheint es mir als unglaublicher Glücksfall, dass ich ausgerechnet im Jahr 1960 zum Teenager wurde – am Beginn des großartigsten Jahrzehnts aller Zeiten. Was für ein Timing! Wäre ich nur ein paar Jahre früher geboren worden, dann hätte ich meine Teenagerzeit mit Music-Hall-Songs wie »Keep Yer Feet Still Geordie Hinny« und »Blaydon Races«, keinem Sex vor der Ehe und bunten Abendshows in der BBC verbracht. Stattdessen erlebte ich die Beatles, Miniröcke, die Frauenbewegung, den Jaguar E-Type und Mondmissionen. Auch wenn ich den Kalten Krieg und die allgegenwärtige nukleare Bedrohung nicht verschweigen möchte.

Schon vor Beginn der Sechzigerjahre konnte man spüren, wie sich die Stimmung im Land veränderte. Auf einmal war die drückende Armut der Nachkriegszeit vorbei, und ein neues, ungewohntes Gefühl breitete sich aus.

Optimismus.

Auch für mich persönlich hielt diese Zeit eine Veränderung bereit. Ich wurde von Tyne Tees Television als Kinderdarsteller engagiert und trat in verschiedenen Beiträgen der wöchentlichen *One O'Clock Show* auf. (Da ich so klein war, konnte ich auch jüngere Kinder spielen. Pro Rolle erhielt ich etwas mehr als fünf Pfund, einfach unfassbar. »Entdeckt« worden war ich, als einer der Produzenten von meinem Auftritt in der Gang Show gelesen hatte.) Die größte Produktion, in der ich mitwirkte, war ein futuristisches Drama mit dem Titel *In the Year 2000*. Ich hatte genau einen Satz zu sagen: »Daddy, was ist eine Erkältung?« Man ging davon aus, dass Erkältungen bis zum Jahr 2000 ausgerottet sein würden. Ja, so naiv und unschuldig waren wir damals.

Doch das neue Jahrzehnt hatte noch gar nicht begonnen, da ließ mein Vater sich zu etwas hinreißen, das noch wenige Jahre zuvor total verwegen erschienen wäre. Eines Samstagmorgens fuhr er mit mir und Maurice ans andere Ende von Newcastle nach Byker, wo er schnurstracks den Gebrauchtwagenhandel *Northern Motors* ansteuerte. Ich war geschockt. Wir bekamen ein Auto. Die Wahl meines Vaters fiel auf einen dunkelgrünen Wolseley 6/90 mit lang gezogener Motorhaube, sechs Zylindern und dem Kennzeichen PBB96. Ein wahres Prachtstück. Der Verkäufer ließ meinen Dad noch nicht mal eine Probefahrt machen – er erklärte sich nur dazu bereit, meinem Vater eine akustische Kostprobe des Motors zu geben. Aber das genügte, um den Kauf für stolze hundertfünfundneunzig Pfund zu besiegeln.

Dabei hatte mein Vater gar keinen richtigen Führerschein, sondern nur einen Armeelappen, mit dem er einen Dreitonner durch die tunesische Wüste hatte lenken dürfen. Tatsächlich hatte er seit dem Krieg nicht mehr hinterm Steuer gesessen, seine Fahrkünste waren also gelinde gesagt ein wenig eingerostet. »Klappe! Ich versuche zu fahren«, schnauzte er uns an, während er mit den Knöpfen und Hebeln, der Fensterkurbel und der Lenkradschaltung (der größten Herausforderung bei der Bedienung des Vehikels) kämpfte.

Nach einer halben Stunde war er schweißgebadet und kreischte aus voller Kehle und mit leicht übergeschnapptem Blick: »Ich habe mich verfahren, ich habe mich verfahren, ich weiß nicht, wo ich bin!« Als wir nach einer weiteren Stunde endlich zu Hause ankamen, taumelte er aus dem Auto, schnappte nach Luft und marschierte auf direktem Weg die zweieinhalb Kilometer zu seinem Club, um sich erst mal ein Bier zu genehmigen.

Aber vor unserem Haus parkte nun ein Auto! Und zwar nicht das des Arztes oder des Mieteintreibers, sondern unser eigenes. Kaum war mein Vater weg, kletterte ich auf den Fahrersitz und blieb dort bis zum Abendessen. Nach dem Essen dann bewunderte ich den Wagen durchs Wohnzimmerfenster. Mein Vater behielt ihn jedoch nur wenige Jahre, denn die Ausgaben für Reparaturen, Versicherung, Steuern und Benzin fraßen ihm die Haare vom Kopf.

Anschließend hieß es erneut: entweder zu Fuß oder mit dem Bus.

Bis an sein Lebensende besaß er nie wieder ein Auto, und auch hinters Steuer setzte er sich nicht mehr.

Kaum hatte ich das Teenageralter erreicht, gingen meine schulischen Leistungen den Bach runter. Jahrelang war ich der Beste in der A-Klasse gewesen. Später wurde eine X-Klasse eingeführt, damit sich die besten A-Kinder nicht langweilten, und auch da stand ich an der Spitze. Aber dann verlor ich plötzlich das Interesse und rutschte von Platz eins auf Platz sechs ab. Von da an war ich in der Schule so etwas wie ein hoffnungsloser Fall. Schuld daran war die Musik.

Nicht gerade förderlich für meine Motivation war, dass die Schule mit achtundvierzig Kindern pro Klasse aus allen Nähten platzte und die Lehrer mehr Zeit damit verbrachten, für Ruhe zu sorgen, als uns etwas beizubringen. Oder dass die Kinder einer Secondary Modern sowieso fast nie auf einer weiterführenden Schule die A-Level-Prüfungen ablegten. Mit fünfzehn war Schluss, und dann musste man sehen, wo man blieb. Es gab schlichtweg keinen Grund, sich ins Zeug zu legen.

In dieser Zeit schaffte ich es sogar, bei den Sea Scouts Ärger zu kriegen, so unglaublich das klingen mag.

Der Anlass war eine sogenannte »Feldprüfung«. Diese musste man ablegen, um den höchsten Rang – die erste Klasse – bei den Sea Scouts zu erlangen. Ein Teil dieser Prüfung bestand darin, dass ich mich gemeinsam mit einem anderen Pfadfinder – meinem besten Freund George Beveridge – zum Zeltplatz Beamish in der Grafschaft Durham aufmachen musste. Dort sollten wir eine Ringeltaube fangen und nach ziemlich speziellen Anweisungen zubereiten – wofür wir von Freitagnachmittag nach der Schule bis Sonntagnachmittag Zeit hatten. Die rund elf Kilometer von Dunston nach Beamish mussten wir marschieren. Wenn man den Bus nahm oder per Anhalter fuhr, wurde man sofort disqualifiziert.

Also machten wir uns bei schönstem Sonnenschein auf den Weg … Kleiner Scherz, es schüttete wie aus Eimern. Als wir endlich ankamen, mühten wir uns eine volle Stunde damit ab, im Dunkeln unser Zelt aufzubauen. Es war furchtbar.

Keiner von uns beiden hatte einen Schlafsack, damals noch ein echtes Luxusprodukt. Stattdessen mussten wir uns mit ein paar Decken begnügen, die von Sicherheitsnadeln zusammengehalten wurden. Es war eisig kalt und nass, außerdem hatten wir nicht genug zu essen dabei. Aber erschöpft, wie wir waren, dämmerten wir trotzdem weg.

Am nächsten Morgen mussten wir unsere Taubenfalle bauen. Im Grunde bestand sie nur aus Blättern, einer Schnur, einigen kleinen Ästen, einer Klappe, die von einem weiteren Ast offen gehalten wurde, und einem Stück Brot als Köder. Die Theorie sah wie folgt aus: Sobald eine hungrige Taube hineinspazierte, um vom Brot zu naschen, zog man das Hölzchen weg, sodass der Vogel in der Falle saß und man ihm den Hals umdrehen konnte. Die Zubereitung des Tiers war dann noch mal eine ganz andere Nummer. Dafür musste man unter anderem an einem Flussufer einen »Lehmofen« errichten.

Aber bevor wir unsere Zeit mit Gedanken an den kulinarischen Teil der Prüfung verschwendeten, mussten wir erst einmal den Vogel fangen.

Also bauten wir die Falle und stellten sie auf. Dann hockten wir uns hin und warteten.

Und warteten.

Und warteten.

Ehe wir uns versahen, war es Nachmittag geworden. Wir begannen uns zu fragen, weshalb sich auch nur eine einzige Ringeltaube, die halbwegs bei Sinnen war, ausgerechnet auf einem Zeltplatz herumtreiben sollte, wo immer wieder hungrige Sea Scouts in kurzen Hosen Taubenfallen aufstellten.

Nachmittags um vier hatten wir immer noch kein Glück gehabt und wurden langsam unruhig. Tags darauf würde um die Mittagszeit ein Prüfer kommen, um unsere Falle zu begutachten und die Ringeltaube zu kosten. Und wir wollten beide unbedingt Sea Scouts erster Klasse werden. Also sagten wir uns: Scheiß drauf, wir brechen jetzt einfach zum nächstgelegenen Außenposten der Zivilisation auf und schauen, ob wir dort Hilfe finden.

So landeten wir in einer alten Zechenstadt namens Stanley. An der Hauptstraße des Ortes gab es tatsächlich einen Metzger für Geflügel und Wildfleisch. Wir gingen rein und fragten den Mann hinterm Tresen, der wie ein Bauer aussah, wie viel eine Ringeltaube kosten würde. Er nannte uns den Preis, wir schauten nach, ob wir genug Geld zusammenkratzen konnten – konnten wir – und beschlossen kurzerhand, eine zu kaufen.

»Wollt ihr sie gerupft haben?«, fragte der Mann. »Das kostet nämlich zwei Pence extra.«

»Nein!«, riefen wir, denn laut Handbuch der Sea Scouts musste der Vogel mit Federn zubereitet werden. Ein gerupfter Vogel hätte uns sofort verraten.

»Seid ihr sicher, Jungs?«, fragte der Geflügelhändler. »Einen Vogel zu rupfen, ist echt kein Vergnügen.«

»Jawohl, Sir, sind wir.«

Daraufhin marschierten wir zurück zum Zeltplatz und legten uns früh schlafen.

Nach einer geruhsamen Nacht machten wir uns an die Zubereitung des Vogels, den wir in der Geflügelhandlung »gefangen« hatten. Dabei hielten wir uns genauestens an die Anweisungen im Handbuch der Sea Scouts.

Zuerst mussten wir der Taube den Kopf abhacken, was nicht gerade vergnügungssteuerpflichtig war. Als Nächstes waren die Beine dran. Anschließend gingen wir zu dem Fluss, der den Zeltplatz durchquerte (dem Beamish Burn) und gruben zwei Löcher in die Böschung, eins über dem anderen. In das untere Loch legten wir einige Äste und etwas Anzündholz; dann machten wir ein Feuer. In das obere Loch kam unsere Ringeltaube. Indem wir das Loch mit Lehm verschlossen, schufen wir eine Art behelfsmäßigen Ofen. Die Garzeit betrug zwei bis drei Stunden. Anschließend holten wir unsere Blechtöpfe, befüllten sie mit Karotten, Kartoffeln und Wasser und stellten sie aufs Feuer. Damit war unser Essen so gut wie fertig.

Endlich kam der Prüfer, um unser Werk zu begutachten.

Das war ein großer Moment. Sollte er den Daumen nach oben strecken, würden wir offiziell zu Sea Scouts erster Klasse werden, der Höhepunkt jeder Pfadfinderlaufbahn.

»Patrouillenführer Johnson«, blaffte er. »Zeig mir eure Taube.«

»Aye, aye, Sir!« Ich präsentierte ihm den gebackenen Lehmklumpen mit dem toten Vogel darin.

»Hmm …«, sagte er und beäugte den Klumpen skeptisch. »Und die Beilagen?«

»Bitte sehr, Sir«, sagte George und bot ihm einen kleinen Blechnapf mit etwas Gemüse an. Wie nicht anders zu erwarten, hatten wir es so lange gekocht, bis auch die letzte Spur von Leben ausgelöscht und nur noch eine gräuliche Pampe übrig geblieben war.

»Sehr schön zubereitet«, erklärte der Prüfer und nickte. Dann nahm er mir den Schlammklumpen ab und knackte ihn mit seinem Feldmesser, so wie man eine Kokosnuss aufbricht. Und siehe da … zum Vorschein kam eine wunderbar gebratene Taubenbrust, rot und an Wildbret erinnernd, beinahe wie Lamm. Dank der Hitze des Ofens trennten sich die Federn ganz von selbst von der Haut, genauso, wie es laut Handbuch sein sollte.

Ich konnte es nicht glauben.

»Wir haben es geschafft«, flüsterte ich George zu. Er nickte und streckte den Daumen nach oben.

Der Prüfer ließ sich also auf einem Holzklotz nieder, schnitt das Fleisch von den Knochen, gab es in den Blechnapf mit dem gekochten Gemüse und machte sich darüber her. Den Geräuschen nach zu urteilen, schmeckte es ihm.

»Habt ihr etwas Salz?«, schmatzte er mit Gemüse und Taubenfleisch im Mund.

»Wie bitte?«, erwiderte George.

»Salz«, sagte er und deutete das Schütteln eines Salzstreuers an.

»Jawohl, Sir! Bitte sehr, Sir!«, sagte George und kam seinen Pflichten als guter Gastgeber nach. Inzwischen hatte der Kerl den Napf fast vollständig geleert. Ich grinste George an, George grinste mich an, als –

KRACKS.

Der Prüfer hielt sich das Gesicht und jaulte vor Schmerz. Er hatte gerade herzhaft auf irgendetwas Hartes gebissen. Er pulte sich im Mund herum, um dieses Etwas herauszuholen. Schließlich spuckte er den ganzen Bissen in den Napf und fing an, mit dem Finger darin herumzustochern, bis er fündig wurde. Er hielt uns das Corpus Delicti entgegen.

George und ich beäugten das kleine schwarze Etwas in seiner Hand und ahnten, dass das ein echtes Problem werden konnte.

Eine Schrotkugel.

»War die Taube schwer zu fangen, Jungs?«, zischte der Prüfer wütend.

»Wie ist das denn da reingekommen?«, stotterte George.

»Der Vogel muss angeschossen worden sein, kurz bevor er in die Falle ging«, erklärte ich. »Ist das zu fassen?!«

»Es reicht!«, brüllte der Mann. »Ihr habt bei der Prüfung geschummelt! Ihr seid eine Schande für eure Gruppe und für das gesamte Pfadfinderwesen! Schämt euch! Ich werde eurem Gruppenleiter empfehlen, euch beide unehrenhaft zu entlassen!«

Mit dieser Drohung war nicht zu spaßen.

Wir kehrten mit einem mulmigen Gefühl nach Dunston zurück. Ich hasste den Gedanken, Warren Young enttäuscht zu haben, nachdem er so viel für mich getan hatte. Und wenn ich mich irgendwann einmal nach einem Job umsehen musste, wollte ich auf keinen Fall eine unehrenhafte Entlassung bei den Sea Scouts in meinem Lebenslauf haben. Ich meine, wer verdammt noch mal fliegt schon bei den Sea Scouts raus? Ich hörte bereits meinen Vater: »Du wirst noch als Straßenkehrer enden!«

Beim nächsten Treffen unserer Schar mussten wir uns vor unserem Commodore rechtfertigen, einem pensionierten Marinekapitän in seinen Siebzigern, der aus unerfindlichen Gründen in einem Zimmer über einem Pub in Birtley hauste.

Doch seltsamerweise schien es ihn nicht weiter zu kratzen. Ebenso wenig wie Warren Young.

»Macht euch nichts draus, Jungs. Seit es diese Prüfung gibt, hat noch nie jemand eine Ringeltaube gefangen«, erklärte er uns. »Ihr seid die Ersten, die wenigstens ein bisschen Initiative gezeigt haben. Wir sagen euch immer, dass ihr auf alles vorbereitet sein sollt. Und das wart ihr. Natürlich hättet ihr dem Prüfer gegenüber ehrlich sein sollen. Auf seinen Zahnarzt wartet jetzt einiges an Arbeit. Aber ich habe ihm höchstpersönlich noch mal klargemacht dass ein Sea Scout auch Fehler machen muss, damit er daraus lernen kann.«

George und ich standen nur da und sagten nichts. So einfach würden wir gewiss nicht davonkommen, oder?

»Ähm, wir werden also nicht unehrenhaft entlassen?«, traute sich George vor.

»Nein, natürlich nicht!«, schnaubte Warren Young. »Allerdings war der Prüfer ziemlich sauer.«

»Dann werden wir also … *ehrenhaft* entlassen?«, fragte ich.

»Nein! Nein, nein, nein!«, erwiderte Warren Young lachend. »Wegen einer so albernen Sache würden wir einen Sea Scout niemals rauswerfen! Und ich denke, ihr habt eure Lektion gelernt, oder, Jungs?«

Wir nickten beide energisch.

»Gut«, sagte Warren Young und wurde wieder ernst. »Denn wir haben beschlossen, erneut eine Gang Show zu organisieren, und da brauche ich euch beide.«

Einige Wochen später erwies mir Warren Young einen letzten Gefallen, seinen größten.

Ich wusste, dass er eine Stelle als technischer Zeichner bei C.A. Parsons & Co. hatte, einer Firma mit Sitz in Heaton, auf der anderen Seite des Flusses. Das riesige Firmengelände in der Shields Road erstreckte sich über vierzig Hektar. Direkt daneben lag ein Güterbahnhof, und die Gleise führten bis in die Fabrikhallen hinein. Um das Ausmaß der Anlage wirklich zu begreifen, muss man sie mit eigenen Augen gesehen haben. Wegen Fabriken wie dieser wurde Großbritannien als »Werkstatt der Welt« bezeichnet.

Ich hatte mir nie Hoffnungen gemacht, dort einen Job zu ergattern. Jährlich wurden nur sechzig Lehrlinge eingestellt, die aus dem gesamten Nordosten kamen. Man musste schon zu den Besten der Besten gehören, um in die heiligen Hallen zu gelangen.

Doch Warren Young bestand darauf, dass ich mich bewarb, und versprach, ein gutes Wort für mich einzulegen.

»Brian«, sagte er, »du magst zwar nicht auf die Grammar School gehen, aber du bist ein kluger Junge. Du sprühst vor Energie, du bist ein harter Arbeiter, und vor allem bist du immer offen für Neues – ob du nun in einen Boxring steigst, eine Ringeltaube fängst oder dich bei der Gang Show als Beverley-Schwester verkleidest. Und keine Sorge, nichts davon werde ich in meinem Referenzschreiben erwähnen.«

Also befolgte ich seinen Rat und bewarb mich, auch wenn ich insgeheim nicht mal mit einer Antwort rechnete. Doch ich wurde zu einem Vorstellungsgespräch eingeladen, und ein paar Wochen darauf kam ein Brief, der meine Mutter zu Tränen rührte.

Ich hatte einen Ausbildungsplatz bei Parsons erhalten. Fünf Jahre lang würde ich eine Mischung aus Fachschule und praktischer Ausbildung durchlaufen, gefolgt von einem gewerkschaftlich geschützten Job auf Lebenszeit, jedenfalls solange ich keinen Mist baute. Sogar mein alter Herr war überglücklich, als ich ihm davon erzählte. Zumindest grunzte er etwas enthusiastischer als üblich.

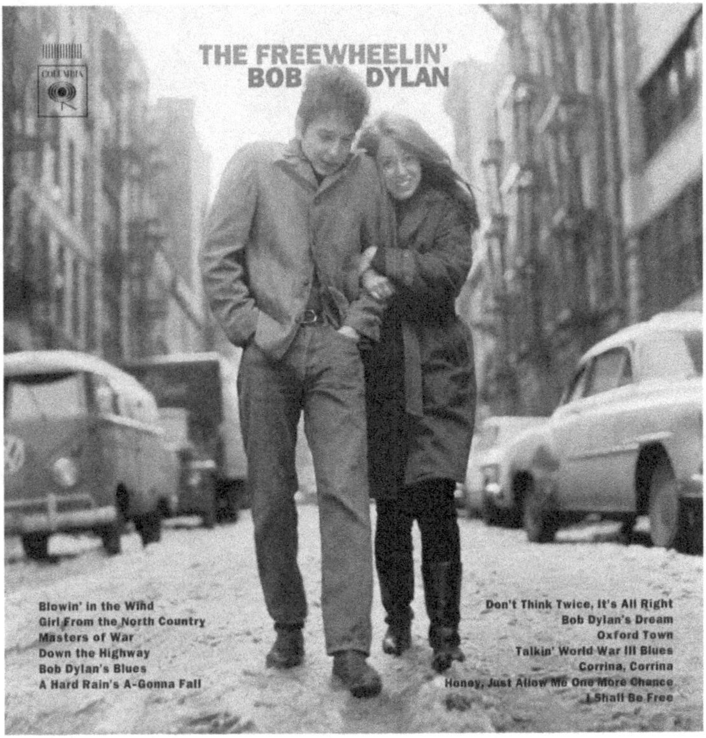
THE FREEWHEELIN'
BOB DYLAN
COLUMBIA
Blowin' in the Wind
Girl From the North Country
Masters of War
Down the Highway
Bob Dylan's Blues
A Hard Rain's A-Gonna Fall
Don't Think Twice, It's All Right
Bob Dylan's Dream
Oxford Town
Talkin' World War III Blues
Corrina, Corrina
Honey, Just Allow Me One More Chance
I Shall Be Free

6

Lehrjahre

Durch das Angebot von Parsons hätte ich für den Rest meines Lebens ausgesorgt haben sollen. Fünf Jahre lang würde ich in den Genuss einer der fortschrittlichsten und strengsten technischen Ausbildungen der Welt kommen. Im Anschluss würde ich als erster Johnson im Hemd zur Arbeit gehen und der Mittelschicht angehören. Und wenn ich dranbleiben und mich ins Zeug legen würde, wäre alles möglich. Ein Auto. Urlaub im Ausland. Ein eigenes Haus. All die Dinge, von denen mein Vater 1945 nur träumen konnte.

Und die Arbeit bei Parsons war keineswegs langweilig.

Als ich in Heaton zum ersten Mal in das größte Gebäude spazierte, die sogenannte Leichtmaschinenhalle, kam ich mir wie ein kleines Kind vor. Auf einer Fläche von zwanzig Fußballfeldern wurden Dampfturbinen für Seestreitkräfte und Kraftwerke überall in der Welt produziert. Werkzeugmacher, Monteure, Dreher, Modellbaumechaniker, Blechschmiede – was diese Jungs dort leisteten, war unglaublich. Für mich waren die Schaufeln, Ventile und Lagergehäuse, die sie herstellten, nicht einfach irgendwelche Maschinenteile, sondern wunderschöne Artefakte.

Der Betrieb wurde inzwischen von Sir Charles Parsons' Neffen Norman Parsons geleitet.

Dieser Mr. Parsons war so etwas wie eine Legende, denn er kannte jede einzelne Schraube und Mutter von jeder einzelnen Maschine und war sich nicht zu fein, sich selbst die Hände schmutzig zu machen.

Außerdem hatte er einen knochentrockenen Sinn für Humor.

Meine Lieblingsanekdote über ihn handelt davon, wie er einigen Oxford-Studenten eine Turbine präsentierte, ein riesiges Ding von der Größe eines Doppeldeckerbusses.

Einer der Studenten deutete auf eine Stahlstange, die aus der Turbine ragte, und wollte wissen, wofür die sei.

»Nun, damit können wir die Turbine zur Not abschalten«, erklärte Mr. Parsons. »Sie dient als eine Art Bremse, falls das Ding einmal zu schnell rotiert. Damit es nicht aus den Halterungen springt.«

»Und wenn das nicht funktioniert?«, fragte der Student. »Was machen Sie dann?«

»Nun, es gibt noch eine zweite Stange«, fuhr Mr. Parsons fort. »Obwohl wir die so gut wie nie brauchen. Und für den äußerst unwahrscheinlichen Fall, dass es auch dann nicht funktioniert, gibt es noch eine dritte Stange – viel, viel größer als die anderen –, die sich in die Welle rammt und die Turbine im Grunde zerstört, aber einen möglicherweise tödlichen Unfall verhindert.«

Eine längere Pause entstand, in welcher der Student sich Notizen machte, bevor er den Blick wieder hob und stirnrunzelnd wissen wollte: »Und welche Schritte werden ergriffen, wenn das nicht klappt?«

»Riesenschritte, mein Junge. Um sich verdammt noch mal in Sicherheit zu bringen.«

Ich könnte lang und breit davon erzählen, wie ich als Mädchen für alles im zentralen Konstruktionsbüro von Parsons anfing, wo die Pläne für die Werkshalle erstellt wurden. Oder von meiner Zeit in der »Lehrlingsschule« auf dem Fabrikgelände und die daran anschließenden Abend- und Tageskurse an der Berufsschule in Gateshead, wo ich schließlich die City-&-Guilds-Prüfung ablegte und das Tech-Three-Zertifikat erwarb. Es folgten Stationen als Kontrolleur in Ausbildung – in braunem Kittel – und Anreißer in Ausbildung, wo ich lernte, Markierungen für die Bohrer einzuzeichnen. Ich könnte auch von meinem ersten Mal an einer Freihanddrehmaschine erzählen, mit der man ein Werkteil in jede beliebige Richtung drehen konnte, um es zu schneiden, zu schleifen, zu rändeln, zu drehen, was immer das Herz begehrte. Man musste nur jedes Maß und jeden Winkel auf die Kommastelle genau einhalten, denn sonst ließen einen die hochqualifizierten Vorarbeiter, die einem bei der Arbeit über die Schulter schauten, noch einmal von vorn beginnen.

Doch eigentlich hatte ich damals nur eins im Kopf – und das waren nicht Dampfturbinen.

Wovon ich tatsächlich besessen war, wovon ich gar nicht genug kriegen konnte, das war die Musik.

Immerhin war das damals der Beginn der Beatlemania und der British Invasion, als sich die Blues- und Rockabilly-Musik der Fünfziger innerhalb kürzester Zeit zu etwas Härterem und Lauterem entwickelte. Eine absolut elektrisierende Zeit. Und eine der aufregendsten Bands in den Charts stammte ausgerechnet aus Newcastle: The Animals. Ihr Bassist, James »Chas« Chandler, hatte einst bei Parsons an genau derselben Drehbank gearbeitet, an der nun ich stand. Ein Leben als Rockstar erschien also durchaus in Reichweite und zwar nicht nur für irgendwelche Typen aus London oder Liverpool. Eine Zeit lang dachte ich sogar, dass die Drehbank womöglich magische Kräfte besäße, die auf mich übergehen würden. Jahre später erzählte ich das meinem guten Freund Jimmy Nail, der ebenfalls eine Lehre bei Parsons absolviert hatte, und der verarbeitete das in den 1990er-Jahren in seiner BBC-Serie *Crocodile Shoes*. Ich war völlig aus dem Häuschen, weil seine Figur in der Serie meinen Namen erwähnte.

Diese neue Art von Musik fühlte sich damals verboten und gefährlich an – genau das machte einen nicht unwesentlichen Teil ihres Reizes aus. Bis zum Start von Radio One weigerte sich die BBC, jegliche Form von Rock'n'Roll zu spielen, aus Angst, die Jugend des Landes zu verderben. Wer diese Musik hören wollte, musste auf den Mittelwellenfrequenzen des elterlichen Radiogeräts nach Piratensendern suchen. Einer dieser Sender war Radio Caroline; die Macher betrieben auf Schiffen in internationalen Gewässern Sendeanlagen, wie sie auch das Militär verwendete.

Allerdings bekam man bei uns hoch oben im Norden nicht allzu viel mit von den Piratensendern.[8] Der Empfang war mehr als bescheiden: Auf zwei Sekunden Musik folgte stets eine Minute Rauschen.

So komisch es sich anhören mag, aber meine erste große musikalische Leidenschaft in den Sechzigern hatte nichts mit Rock'n'Roll zu tun. Vielmehr verfiel ich der Musik eines sensiblen jungen Folksängers von der anderen Seite des Großen Teichs.

Dass ich auf Dylan stieß, war reiner Zufall.

---

8 In Dunston war der Rundfunkempfang insgesamt eine Katastrophe, weil es in einer Senke inmitten von Hügeln liegt. Zu unserem Glück grub irgendwann eine in Hull gegründete Firma namens Rediffusion die Straßen auf und verlegte Kabel, an die wir unsere Radios anschließen konnten.

Ich war damals lose mit einem Mädchen zusammen, dessen Name mir bedauerlicherweise entfallen ist. Auf jeden Fall arbeitete sie in einem Plattenladen in der Clayton Street in Newcastle. Ich schaute regelmäßig samstagmorgens bei ihr vorbei, um Hallo zu sagen. Natürlich durchlitt ich bei jedem Besuch Höllenqualen, weil ich am liebsten den ganzen Laden leer gekauft hätte. Aber Schallplatten überstiegen meine Möglichkeiten bei Weitem. Mein wöchentlicher Lehrlingslohn betrug gerade mal ein Pfund, siebzehn Shilling und sechs Pence, wovon ich rund ein Drittel für Kost und Logis an meine Mutter abführte. Den Rest brauchte ich für Busfahrkarten und die gelegentliche Portion Pommes. Ich hatte nicht mal einen eigenen Plattenspieler. Um mir eine Platte anzuhören, musste ich zu meinem Cousin Stuart gehen.

Jedenfalls flirtete ich eines Tages an der Kasse des Ladens mit dem Mädchen – meine Jungfräulichkeit zu verlieren, stand ziemlich weit oben auf meiner Prioritätenliste –, da deutete sie auf einen Stapel Platten und sagte: »Die sind letzten Monat reingekommen, aber die will niemand. Am Montag gehen sie zurück zur Plattenfirma.«

Und da war es: *The Freewheelin' Bob Dylan*, sein erstes Album mit überwiegend eigenen Songs, noch bevor er mit »The Times They Are a-Changin'« zu einer Ikone aufstieg. Auf dem Cover posierte der Meister höchstpersönlich und verhalten lächelnd im New Yorker Greenwich Village mitten auf einer Straße, die Schultern gegen die Kälte hochgezogen und mit einer attraktiven Langhaarigen in Mantel und Stiefeln am Arm. Etwas Cooleres hatte ich noch nie in meinem Leben gesehen.

»Wer ist Bob Dylan?«, fragte ich.

»Keine Ahnung«, erwiderte meine Freundin achselzuckend. Sie schnappte sich die Platte und stopfte sie mir unter den Pullover, sodass es aussah, als hätte ich zwei sehr spitze, kantige Brustwarzen. »Und nun hau ab. Los!«

Einen Moment lang war ich wie gelähmt. Ich war kein Dieb, und ich hasste jegliche Form des Klauens – das hatte ich von meinem Vater, für den es das Schlimmste überhaupt war. Aber das Mädchen war umwerfend, und ich wollte nichts tun, was dem späteren Knutschen – oder besser noch dem Vögeln – im Wege gestanden hätte. Also sagte ich: »Gut, äh, okay, danke!« Dann machte ich mich aus dem Staub.

Eine oder zwei Stunden später saß ich auf dem Wohnzimmerboden meines Cousins Stuart neben seinem Plattenspieler, bereit, das Album aufzulegen, das mir gerade geschenkt worden war. Stuart war ein seltsamer Bursche, hatte eine Vorliebe für Dusty Springfield, und an seiner Wand hing ein Poster von Marlene Dietrich. (Wie bereits erwähnt, war unser Verständnis von *gay* damals noch sehr beschränkt.) Doch von der ersten Zeile des ersten Liedes an, natürlich »Blowin' in the Wind«, waren wir beide wie hypnotisiert. Jeder einzelne Akkord, jedes Wort, jeder Atemzug fühlte sich unglaublich aufregend und gefährlich an – als ob ein Mann und seine Gitarre tatsächlich die Welt verändern könnten.

Dank meiner Mehr-oder-weniger-Freundin aus der Clayton Street lernte ich bald noch andere Musik kennen. Sie steckte mir nicht nur unverkaufte Platten zu, sondern auch die Promoscheiben, die sie von Vertretern der Plattenfirmen bekamen. Am häufigsten hörte ich das Album der Paul Butterfield Blues Band. Die Platte hatte keinen Titel, nur der Bandname stand vorn auf der Hülle. Auf der Rückseite konnte man den Hinweis lesen: *PLAY AT FULL VOLUME FOR THE BEST EFFECT*.

Die Musik war schlicht sensationell. »I Got My Mojo Working«, »Shake Your Money-Maker«, »Look Over Yonders Wall«, »Born in Chicago«, »Mystery Train«. Klar, größtenteils waren das Coverversionen traditioneller schwarzer Chicago-Blues-Songs. Aber Butterfield und seine Band drehten die Verstärker so weit auf, dass man sich bildlich vorstellen konnte, wie überall in Illinois die Lichter flackerten, sobald sie zu spielen begannen.

Jedes Mal, wenn ich das Album auflegte, grinste ich wie ein Honigkuchenpferd.

Es dauerte nicht lange, bis ich bei Parsons ein paar andere Lehrlinge traf, die auf dieselbe Musik standen wie ich.

Und wie es nun mal so ist, eines führte zum anderen. Ehe ich wusste, wie mir geschah, war ich in meiner ersten Band.

Wir waren zu viert und nannten uns Section 5. Wer das für einen blöden Namen hält, hätte mal einige der anderen Vorschläge hören sollen. Damals hatten alle Bands idiotische Namen. Eine der größten Attraktionen der damaligen Clubszene im Nordosten hörte auf den Namen Mr. Poobah's Chicago Line – und niemand hat deswegen auch nur mit der Wimper gezuckt.

Zugegeben, uns als Band zu bezeichnen, war ein bisschen hoch gegriffen.

Wir hatten keine Auftritte. Wir hatten keine Fans. Und wir konnten keinen einzigen Song. Aber davon einmal abgesehen, waren wir bereit für eine glanzvolle Charts-Karriere.

Der Bassist war ein großartiger junger Kerl namens Steve Chance, der per Ratenkauf einen wunderschönen Rosetti-Bass mit passendem Fünfzig-Watt-Verstärker ergattert hatte. Praktischerweise hatte Steve auch noch einen älteren Bruder, Les, der sich auf einer halbakustischen Hofner Verythin selbst Leadgitarre beigebracht hatte und als Einziger aus der Band nicht bei Parsons in der Lehre war. Am Schlagzeug saß Robert Conlin, eine solide Ergänzung unseres Line-ups, mit einer Einschränkung: Er konnte nicht wirklich spielen. Aber er hatte ein wunderbares, brandneues Rogers-Schlagzeug. Als Einzelkind wurde er von seinen Eltern vorn und hinten verwöhnt. Während seiner kurzen Zugehörigkeit zur Band war Rob offensichtlich der festen Überzeugung, dass es physisch unmöglich sei, mit einem Fuß die Bassdrum zu bedienen, während der andere mit der Hi-Hat beschäftigt war, vor allem, wenn dann auch noch die Hände gefordert waren.

Aber das spielte ohnehin keine Rolle, denn gegen Steves Verstärker kam nichts an.

Was mich betrifft, so liebäugelte ich ebenfalls mit einem Instrument. Insbesondere Paul Butterfields Mundharmonika hatte es mir angetan. Nur zu gern hätte ich so spielen gekonnt wie er. Aber so oft ich es probierte, ich bekam den Dreh einfach nicht heraus.

So ging es mir mit jedem Instrument – mir fehlte schlicht die nötige Konzentration. Ich kriegte noch nicht mal die Basics auf der Gitarre hin, konnte keine zwei zusammenhängenden Akkorde spielen. Meine Finger fühlten sich an wie Würste. Und so blieb ich bei dem, was mir in die Wiege gelegt worden war: meiner Stimme und einer gehörigen Portion Mut.

Da ich mich gegen Steves Verstärker behaupten musste, wurde mir bald klar, dass es nicht reichte, einfach aus voller Kehle zu brüllen. Ich brauchte mein eigenes Equipment. Aber als Lehrling verdiente ich nur einen Hungerlohn, und so blieb mir nichts anderes übrig, als mit eingezogenem Schwanz bei meinem Vater angekrochen zu kommen.

»Dad«, sagte ich und holte tief Luft. »Ich brauche eine PA-Anlage.«

»Eine was?«

»Na ja, ein Mikrofon und Boxen. Mit einem kleinen Verstärker. Für Konzerte. Denn ich habe mich entschlossen, dass ich Sänger werden möchte.«

Damit hatte ich seine Aufmerksamkeit. »Du willst was?!«, stotterte er. Ihm stand die Panik ins Gesicht geschrieben.

»Sänger werden, Dad.«

»Ja, ich hab dich schon verstanden. Und ehrlich gesagt glaube ich, du hast sie nicht mehr alle. Johnny Cash ist ein echter Sänger, und du bist nicht Johnny Cash, also vergiss es.«

»Dad, ich meine es ernst.«

Der Fairness halber muss man sagen, dass sich bis dahin noch nie jemand aus der Johnson-Sippe in der Showbranche versucht hatte. Daher war meinem Dad das alles vollkommen fremd.

Aber irgendwann hatte ich ihn weichgekocht, und er lenkte ein. Also fuhren wir im 66er-Bus – dem guten alten Dunston Circular – über den Marlborough Crescent zu *Millers Music*, das sich in einem Keller bei der Pink Lane in Newcastle befand. Mit all den funkelnagelneuen Gitarren, Verstärkern, Keyboards und Schlagzeugen kam ich mir vor wie im Himmel. Mein Vater unterschrieb den Ratenvertrag, und wir leisteten eine Anzahlung von drei Pfund und zehn Shilling. Die anschließende wöchentliche Rate betrug zehn Shilling und sechs Pence und war vor Ort abzuliefern. Ich verließ das Geschäft mit einem brandneuen Crystal-Handmikrofon und einem Zehn-Watt-Watkins-Verstärker, versehen mit dem Vermerk *Made in England*. Ich hätte nicht glücklicher sein können. Und mein Vater nicht skeptischer.

»Wenn du auch nur *eine* Rate versäumst, mein Sohn«, blaffte er, »geht das Zeug zurück!«

Die Bandproben fanden immer samstagnachmittags im Haus der Chances statt, die in Walker, einem Vorort von Newcastle, lebten.

Aufgeregt, wie ich war, nahm ich den Bus um halb zwölf und kam bereits kurz vor dem Mittagessen dort an.

Ich genoss die Blicke der Leute, wenn ich meine Anlage in den Bus hievte und ihnen klar wurde, dass ich Musiker sein musste. Das war Mitte der Sechzigerjahre in Gateshead ein supercooles Gefühl. Allerdings hielt es nicht lange an, sobald mir wieder einfiel, dass ich diese Anlage von der Bushaltestelle in Walker bis zum Haus der Chances schleppen musste, ein Fußmarsch von fast einem Kilometer.

Die Chances lebten nicht in einer normalen Doppelhaushälfte wie wir, sondern in einem Stahlrahmen-Fertigbungalow, dessen Teile in einer Fabrik hergestellt und per Lkw nach Walker transportiert worden waren. Die gesamte Siedlung bestand aus Fertighäusern. Nach dem Krieg waren wegen der von Blitzkrieg und Babyboom verursachten Wohnungsnot Zehntausende davon entstanden. Mit Ausnahme des Mieteintreibers nahmen alle stets die Hintertür, durch die man direkt in die winzige Küche mit noch winzigerer Speisekammer gelangte. Dahinter lagen das Wohnzimmer und ein schmaler Flur, der zu den beiden kleinen weiteren Zimmern führte. Das Wohnzimmer war Mrs. Chances ganzer Stolz und hatte alles, was so ein Zimmer brauchte: Anrichte, Fernseher und feinstes Porzellan. Abgerundet wurde das Ganze durch das Haustier der Familie, Peter, den Wellensittich.

Der einzige Ort, an dem wir unser Equipment zum Proben aufstellen konnten, war das Zimmer von Steve und Les. Ich stand am Fußende des Bettes, mein kleiner Zehn-Watt-Watkins-Verstärker befand sich auf der Matratze, und Steve und Les nahmen links beziehungsweise rechts vom Bett Aufstellung. Rob wiederum baute seine Drums in der Tür auf, sodass sein Hintern den halben Flur blockierte. Und obwohl das gesamte Haus höchstens die Fläche von drei oder vier Parkstellplätzen hatte, meckerten Steves Eltern nie. Sie hatten ein großes Herz und waren die wundervollsten Menschen, die man sich nur vorstellen konnte. Immer ein Lächeln auf den Lippen und so stolz. Jede Woche nahmen wir das Zimmer in Beschlag und veranstalteten stundenlang den furchtbarsten Krach. Dennoch baten sie uns nicht ein einziges Mal, aufzuhören. Menschen wie sie sind rar gesät – Menschen, die einen in einer Phase des Lebens ermutigen, in der man es am meisten braucht.

Diese Samstage im Fertighaus der Chances gehörten zu den glücklichsten Tagen in meinem Leben – und zu den aufregendsten. Denn wir waren beseelt von dem Gedanken, dass wir alles schaffen könnten, wenn wir nur wollten.

Die ersten Songs, die wir einstudierten, kamen vom ersten Album der Stones. Sachen wie »Route 66«, »Mona«, »I Just Want to Make Love to You« und vor allem »I'm a King Bee«, die Stones-Version des Muddy-Waters-Klassikers. Uns war natürlich klar, dass wir nicht besonders gut waren. Aber mit jedem weiteren Samstag näherten wir uns etwas, von dem wir vorher nicht einmal zu träumen gewagt hatten und das ansonsten in unserem Working-Class-Universum vollkommen außer Reichweite lag. Ein Gefühl von Glamour, Begeisterung, Sex und Abenteuer. Als wir es schließlich zum ersten Mal ohne Unterbrechung durch einen Song schafften, war das die pure Magie.

Andererseits langweilte ich mich auch ziemlich schnell.

»Gut«, sagte ich, sobald ich die letzte Zeile gesungen hatte. »Das hätten wir also. Wie wär's, wenn wir mal was Neues probieren?«

»Nein, nein, nein«, antwortete Steve. »Wir müssen das so lange spielen, bis es sitzt.«

»Aber wir sind es doch schon zweimal durchgegangen.«

»Ja, und es klingt immer noch beschissen. Wir müssen üben, Mann!«

»Ach, scheiß die Wand an!«

Ich würde gern behaupten können, dass ich seitdem geduldiger geworden bin.

Aber das wäre gelogen, also lasse ich es.

Wir hatten noch nicht viele dieser Samstagnachmittagsproben hinter uns, als wir beschlossen, mit einem Bier darauf anzustoßen, dass wir eine neue Stones-Nummer gemeistert hatten. Ich muss so sechzehn oder siebzehn gewesen sein. Und es sollte mein erstes Bier sein. Jedenfalls das erste, das ich in einer Kneipe selbst bestellen würde. Also nahmen wir den Bus zum Pub The Scrogg, einer echten Institution in Walker. Der Name passte sehr gut zu dem Laden, von den Kotzeausdünstungen der Teppiche bis zum Kippenteer, der von der Decke tropfte.[9]

Wenn ich sage, dass wir den Bus nahmen, dann heißt das, dass der Bus direkt vor der Tür des Pubs hielt. Denn im Nordosten von England besagt ein ehernes Gesetz, dass eine Bushaltestelle nie mehr als drei Schritte vom nächsten Pint entfernt sein darf.

Dann war es an der Zeit, tief Luft zu holen und einzutreten, und genau das taten wir auch. Doch schon im nächsten Moment ließ uns die Duftwolke aus Schweiß, Bierdunst, Desinfektionsmitteln und Rauchschwaden förmlich aus den Latschen kippen.

Wir hätten beinahe auf dem Absatz kehrtgemacht. Doch die anderen Gäste atmeten dieselbe Luft, und sie lebten noch. Zumindest soweit man das sagen konnte. Besonders viel bewegte sich hier niemand.

---

9 Den Pub gibt es noch heute in der 125 Scrogg Road, am Walker Park, falls jemanden mal der Übermut packen sollte.

Wir waren offenkundig noch minderjährig, aber im The Scrogg stellte man keine Fragen. Denn eine Frage grenzte hier bereits an eine Unterhaltung, die es unbedingt zu vermeiden galt.

Ich hatte keine Ahnung, was ich bestellen sollte. Ich kannte nur das Wort »Bier«. Aber Les sagte, ich solle stattdessen ein Black Velvet ordern. Das war ein halber Pint Stout, gemischt mit einem halben Pint starkem Apfelwein. Ich dachte nur: Mhm, das schmeckt ja lecker ... Und während ich den Inhalt des Glases runterkippte, schoss mein Selbstvertrauen in die Höhe. Sofort hieß es: »Lasst uns noch eins nehmen.« Das wiederholte sich einige Male, unterbrochen nur von kurzen Ausflügen nach draußen, um eine Mauer zu wässern, Bier in der Hand, Kippe im Mundwinkel. Die Toilette hätte man nämlich nur mit Gasmaske und Sauerstoffflasche überlebt, und beides hatte ich nicht dabei.

Ich muss wohl niemandem erklären, was es mit einem Teenager von einem Meter sechzig anrichtet, wenn er auf nüchternen Magen vier Pints von diesem Gesöff trinkt und obendrein in Sachen Alkohol noch Jungfrau ist. Von einem Moment auf den anderen war ich glorios besoffen. Steve, Les und Rob ging es nicht anders. Nur waren sie ein ganzes Stück größer als ich, sodass bei ihnen zumindest noch ein paar Grundfunktionen erhalten blieben. Etwa die Fähigkeit zu sprechen.

Bei mir dagegen kamen nur noch irgendwelche seltsamen Laute heraus.

»Lasst uns den Buschh nach Hause nehm«, lallte Steve. »Ich weiß, wo mein Dad sein Whiskey versteckt.«

»Super!«, riefen die anderen. Also machten wir uns auf den langen, tückischen Weg nach draußen.

Das Nächste, woran ich mich erinnere, ist, wie wir am Straßenrand auf den Bus warteten, mit einer akkurat gestutzten Ligusterhecke hinter und dem Vollmond über uns. Doch plötzlich fing der Mond an, sich zu bewegen, und zwar nicht nur ein bisschen, sondern einmal quer übers Himmelszelt, bis er vollständig verschwunden war. Wow, das muss eine Mond-Sternschnuppe gewesen sein, dachte ich. Doch dann ging mir auf, dass ich das Gleichgewicht verloren hatte, nach hinten gekippt war und nun mit dem Gesicht nach oben in der Hecke lag, die Hände immer noch in den Taschen. Es fühlte sich merkwürdig an. Als hätte man mir Handschellen angelegt.

Ich hörte Steve, der Les fragte: »Wo is Brian? Eben stand er doch noch genau da …«

Schließlich bemerkte jemand meine Füße, die aus dem Liguster herausragten. Meine Freunde konnten sich vor Lachen nicht mehr halten.

Als der Bus kam, gelang es mir irgendwie, mich aus der Hecke zu befreien und wieder auf die Beine zu kommen. Im Bus kämpfte ich mich aufs Oberdeck hinauf. Wie ich mich zu erinnern glaube, drehten sich die Gespräche vor allem darum, wie besoffen ich war und wie lustig das die anderen fanden. Vielen Dank auch.

Dann überkam mich ein seltsames Gefühl – oder besser gesagt, es machte sich in meinem Magen breit. Ich wusste nicht genau, was es war, aber es fühlte sich an, als ob … irgendetwas herauswollte. Ich begann, eine Reihe seltsamer Geräusche von mir zu geben. In dem Moment hielt ich es für eine gute Idee, das Fenster zu öffnen. Aber die Fenster im Oberdeck waren winzig, nur rund zehn Zentimeter groß, und zudem waren es Schiebefenster. Das war ein Problem, denn in diesem Moment schoss mir ein großer Schwall Flüssigkeit, zusammen mit den letzten Resten meines Mittagessens und Frühstücks, in einem Höllentempo die Kehle hinauf.

Ich hatte keine Wahl. Obwohl ich wusste, dass es unmöglich ist, bei einer Geschwindigkeit von sechzig Stundenkilometern in einem Neunzig-Grad-Winkel aus einem Zehn-Zentimeter-Fenster zu kotzen, versuchte ich es trotzdem.

Als ich fertig war, lachte niemand mehr. Alle schrien nur noch entsetzt, weil jeder etwas von meinem Mageninhalt abbekommen hatte.

Als wir endlich wieder beim Haus der Chances ankamen, erklärte Mrs. Chance, dass ich in meinem Zustand nicht nach Dunston zurückfahren könne und mir mit Steve und Les zu dritt das Bett teilen solle.

Und so machten wir es dann auch.

In der Nacht wurde mir erneut schlecht, aber diesmal gab es zum Glück etwas, in das ich mich übergeben konnte – Steves brandneue, todschicke Chelsea Boots. Aye, das war jene Art von Nacht, in der Legenden geboren werden.

Ich würde gerne sagen können, dass mir die Erfahrung, zu viel getrunken zu haben, eine wichtige Lektion gewesen wäre. Aber im Grunde war ich nur heiß darauf, erneut loszuziehen.

Und das taten wir.

Es folgten viele weitere Abenteuer im The Scrogg – und eine Tragödie. Dazu kam es, als wir mit jeder Menge Übermutmacher intus zu den Chances zurückkehrten. Steve ließ sich aufs Sofa fallen, und wir taten dasselbe.

Mrs. Chance sagte: »Ich mache euch allen erst mal einen schönen Tee.« Sie ging rüber in die Küche und rief: »Wo ist Peter? Komm, Peter, Schatz, komm zu Mutti.«

Aber der Wellensittich war nirgends zu entdecken – das heißgeliebte Familienmitglied, das sich auf die Schultern der Leute hockte, Tee schlürfte, Kekse knabberte und die BBC-Nachrichten schaute. »O nein«, rief Mrs. Chance. »Er muss weggeflogen sein, als ihr reingekommen seid. Die Katzen werden ihn sich holen!« Mr. und Mrs. Chance stürmten hinaus und riefen nach dem kleinen Peter.

Wir regten uns nicht. Steve ließ einen professionellen Furz los, und wir lächelten und nickten zustimmend, bis uns der Gestank traf und wir angeekelt zusammenzuckten.

Mrs. Chance kam aufgelöst wieder rein und tupfte sich die Augen ab. In dem Moment erhob sich Steve, und wir sahen, welches Schicksal Peter ereilt hatte: Er war unter den flatulierenden Pobacken von Steve Chance einen schrecklichen Tod gestorben. Mr. Chance versuchte, ihn wiederzubeleben, doch ohne Erfolg. Die starren Augen deuteten definitiv auf Genickbruch hin. Ein trauriges Ende des Abends und des Lebens von Peter.

Zur Strafe bekam Steve am nächsten Morgen kaltes Porridge zum Frühstück.

Was mich betrifft, so musste ich mich nach dem The Scrogg noch ein paarmal übergeben, weil ich zu viel getrunken hatte. Allerdings nicht allzu oft. Wahrscheinlich habe ich einfach Glück, weil mir diese Alarmglocke in meinem Kopf signalisiert: »Genug, Brian!« Und dann höre ich auf, bevor ich die Kontrolle verliere. Wenn einer meiner Freunde das hier liest, wird er vermutlich denken: »Brian, du verlogener Mistkerl.«

Aber das ist meine Version der Geschichte – und bei der bleibe ich.

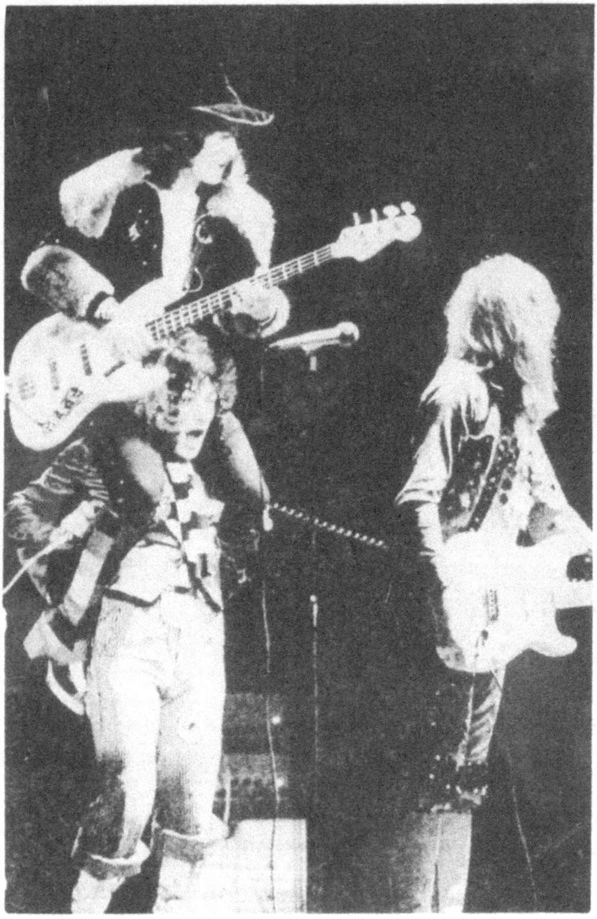

7

Eine kleine Rockmusik

Mein allererstes Konzert entsprach in keiner Hinsicht meinen Erwartungen. Es war noch nicht mal mit Section 5. Eines Tages werkelte ich bei Parsons gerade so vor mich hin, als mich zwei ältere Jungs ansprachen. Sie hätten eine Band und gehört, dass ich so etwas wie ein Sänger sei. Ob ich Interesse hätte, in der Woche darauf mit ihnen im Sunniside Working Men's Club aufzutreten.

Die Arbeiterclubs erlebten damals einen Boom. Die Nachfrage nach Livebands überstieg das Angebot bei Weitem, sodass die Latte für einen Auftritt nicht sonderlich hoch lag. Aber das wusste ich seinerzeit nicht. Für mich war es schlicht unglaublich, dass irgendjemand überhaupt einen Gig ergattern konnte und dafür auch noch Geld bekam – beim bloßen Gedanken sprang mir das Herz fast aus der Brust. Außerdem waren es von Dunston nur wenige Kilometer bis Sunniside, also würde die Anreise kein Problem sein.

»Was spielt ihr denn so für Zeug?«, fragte ich und bemühte mich, so zu tun, als wäre das alles für mich keine große Sache.

»Wir sind eine Folkband«, sagten sie.

»Was, so wie Bob Dylan?«, fragte ich.

»Bob wer?«

Mein Herzschlag beruhigte sich wieder. Wie konnten sie eine Folkband sein und noch nie etwas von Bob Dylan gehört haben?

»Tut mir leid, Jungs«, sagte ich, »aber ich kenne keine Folksongs, und ich bin schon in einer Band, also kann ich nicht …«

»Hier, nimm das«, sagten sie und gaben mir ein Songbook. »Wir sehen uns dann nächsten Dienstag, okay?«

Wir wurden angekündigt als – und ich schäme mich, das hier niederzuschreiben – The Toasty Folk Trio.

Unser Set bestand aus sechs Songs. Ich schrieb die Texte mit der Hand ab, um sie leichter auswendig zu lernen. Es war keine Folkmusik im eigentlichen Sinne. Eher Country and Western. Das Zeug, das Gene Autry zu singen pflegte. Einer der älteren Jungs spielte Gitarre, der andere bediente im Stehen seine Snare Drum. Während wir auf unseren Auftritt warteten, sagte ich mir: Was soll's, Brian, irgendwo musst du ja anfangen. Der Moderator des Clubs stellte uns mit den Worten vor: »Okay, der Sänger heute Abend sieht vielleicht ein bisschen jung aus, aber buht ihn nicht aus und brüllt ihn nicht nieder. Gebt dem Jungen einfach eine Chance, okay?«

Der ganze Saal stöhnte. Dann stand das halbe Publikum auf und ging zum Pinkeln raus.

Das wird ein langer Abend, dachte ich.

Der erste Song war »Red River Valley«, ein traditionelles Folkstück aus Kanada.

Es war zugleich unser letzter Song – wir waren so hundsmiserabel schlecht, dass der Moderator auf die Bühne sprang und jedem von uns zehn Shilling versprach, wenn wir unsere Sachen packen und abzischen würden.

Ich fühlte mich schrecklich. Völlig gedemütigt. Aber als ich mein Textbuch griff, nahm mich der Moderator beiseite und sagte: »Du nicht, Sonnenschein – du bleibst gefälligst.« Eine stämmige Lady kam auf die Bühne und sagte, ich solle mich neben sie an die Hammond-Orgel des Clubs hocken, damit wir ein paar

Songs zum Besten geben könnten. Sie stellte sich als brillant heraus. An der Orgel war sie eine wahre Meisterin, und sie hatte eine absolut fantastische, beinahe gospelartige Stimme. Allerdings wollte sie mich zwischen den Liedern ständig abknutschen. So hatte ich mir mein Profidebüt nicht gerade vorgestellt. Aber was soll's, ein Gig war ein Gig ...

Als Letztes spielten wir »House of the Rising Sun«, das die Lady als »guten alten Geordie-Song« vorstellte – was natürlich nicht wirklich stimmte, auch wenn The Animals gerade eine eigene Version davon herausgebracht hatten. Aber was wir dann ablieferten, gefiel mir wirklich – und zwar so sehr, dass ich den Song viele Jahre danach mit meiner Band Geordie erneut coverte. Auf die Version bin ich bis heute ziemlich stolz. Sie wurde später sogar in dem Al-Pacino-Film *Hangman* verwendet.

Wir verließen die Bühne unter stehenden Ovationen. Nun ja, entweder das, oder der Verkauf der Bingokarten hatte gerade begonnen. Wie dem auch sei, der Manager des Clubs war mehr als zufrieden und gab mir fünf Pfund (!) zusätzlich zu den zehn Shilling, die ich bereits eingestrichen hatte, damit das Toasty Folk Trio Leine zog. Ich konnte es nicht fassen. Das war dreimal so viel, wie ich bei Parsons in der Woche verdiente! Auch die beiden anderen Jungs vom Toasty Folk Trio konnten es nicht fassen. Und so stürzten sie sich auf mich, kaum dass ich aus der Tür getreten war, und behaupteten, ich würde ihnen zwei Drittel davon schulden. »Was?«, sagte ich. »*Wieso?*«

»Als unser Managementhonorar.«

»Aber ich habe keine Manager!«

»Heute Abend schon, Kleiner!«

Der Auftritt, mit dem für mich jedoch eigentlich alles begann und der die Weichen für den Rest meines Lebens stellte, war das erste

Konzert von Section 5 einige Wochen darauf im Walker Boys' Club. Der Raum sah aus wie ein Gemeindesaal, aber es war ein Anfang, und ich werde die Show nie vergessen.

Wir waren noch zu jung für den Führerschein und hätten uns ohnehin keinen Van leisten können, also blieb uns nichts anderes übrig, als den Oberleitungsbus zu nehmen und unser Equipment unter der Treppe zu verstauen. Bereits mit meiner kleinen PA hatte ich mich wie ein Rockstar gefühlt, doch in Begleitung einer ganzen Band mit Instrumenten kam ich mir gleich doppelt so toll vor. Es war genial. Auch wenn der Fahrscheinkontrolleur und die anderen Fahrgäste nicht gerade begeistert waren, weil wir so lange brauchten, um unsere gesamte Ausrüstung vom Straßenrand in den Bus zu hieven. Insbesondere, da wir an der nächsten Haltestelle schon wieder ausstiegen und sich das ganze Prozedere in umgekehrter Richtung wiederholte.

Den Gig hatten wir nur bekommen, weil Steve und Les als Kinder Mitglieder des Clubs gewesen waren – zur selben Zeit, als, wie sie behaupteten, jemand von den Animals dem Boxteam angehört hatte. Wer genau von den Animals das gewesen sein sollte, daran konnte sich offenbar niemand mehr so genau erinnern. Das lag allerdings schon viele Jahre zurück, und bei unserer Ankunft sahen wir sofort, dass der Laden vor die Hunde gegangen war. Im Grunde war es nicht mehr als ein leerer Raum mit kahlen Dielen. Ein totales Drecksloch. Andererseits war Section 5 auch noch nicht wirklich bereit für das Wembley Stadion.

Ich bin mir ziemlich sicher, dass wir an dem Abend ausschließlich Songs von Chuck Berry gespielt haben. Oder zumindest die Sorte von Chuck-Berry-Nummern, die sich die Rolling Stones angeeignet hatten. Stücke wie »Come On« und »Carol«. Soweit ich mich erinnere, spielten wir auch »Walking the Dog«, eine weitere Stones-Nummer.

Das war der Moment der Wahrheit für uns. Genau dafür hatten wir unermüdlich geprobt, auch wenn wir immer noch scheiße waren. Wir hatten Rob, unserem Schlagzeuger, eingeschärft: »Mach einfach, was die auf der Platte machen!« Aber entweder wollte er nicht, oder er konnte nicht. Auf jeden Fall war er auf der Bühne wie gelähmt. Die Gitarren waren zu laut. Les riss eine Saite. Ich vergaß den Text. Alle Texte. Am schlimmsten war der Manfred-Mann-Song »5-4-3-2-1«, den damals jeder sofort erkannte, weil er die Titelmelodie der populären ITV-Sendung *Ready Steady Go!* war. Der Song war schon schwer genug, mit seinen vielen Mundharmonikapassagen – keiner von uns konnte Mundharmonika spielen – und den mehrstimmigen Hooklines (»5-4-3-2-1«), bei denen die anderen nicht mitmachen wollten, weil sie nicht singen konnten und auch gar kein Mikrofon hatten. Unserer Version fehlten also zwei Drittel von dem, was das Lied überhaupt erst spielenswert machte. Und das verbliebene Drittel setzten wir komplett in den Sand.

Einer guten Geschichte zuliebe würde ich gerne davon berichten, wie wir von den Zuschauern von der Bühne gebuht wurden.

In Wahrheit jedoch haben sie uns kaum beachtet.

Wir gingen ihnen einfach nur am Arsch vorbei.

Die wenigen Leute, die uns mit ihrer Aufmerksamkeit beehrten, lehnten an der Wand, starrten deprimiert vor sich hin und bewegten sich nicht einen Zentimeter. Es gab keinen Alkohol. Nicht mal Limo. Nichts. Diese Typen waren aus genau zwei Gründen dort: Der Eintritt kostete nur einen Shilling – was heute etwa fünf Pence entspricht –, und es gab in Walker nichts anderes zu tun. Keinen Ort, wo man sonst hätte hingehen können. Als wir fertig waren, herrschte völlige Stille, es gab nicht mal einen halbherzigen Höflichkeitsapplaus. Alle verzogen sich einfach in den Fish-and-Chips-Laden nebenan.

In anderer Hinsicht war der Abend aber ein voller Erfolg. Im Publikum befand sich an dem Abend eine strohblonde deutsche Lady von vielleicht neunzehn oder zwanzig Jahren, deren Vater vermutlich auf einem Handelsschiff oder so rübergekommen war. Als ich für eine Zigarette vor die Tür ging, wartete sie bereits in Gesellschaft von einigen Freundinnen auf mich. Keine Ahnung, ob ihr die Show gefallen hatte. Ich weiß nur noch, dass ich irgendwann ihre Zunge im Ohr hatte und sie mir signalisierte, ihr zu einem lauschigen Plätzchen hinterm Club zu folgen – wobei es sich bei dem lauschigen Plätzchen um eine Backsteingasse voller Brennnesseln, Kippen und allerlei Müll handelte. Sie zog mir die Jeans runter und drückte mich zu Boden. Ich merkte, wie mich die Brennnesseln am Hintern und den Schenkeln stachen. Aber in dem Moment spürte ich keinerlei Schmerzen. Erst recht nicht, als sie ihren Rock hochzog und sich auf mir niederließ.

Und sehet, an jenem Abend sollte ich also nach der allerersten Show von Section 5 im fast leeren Saal des Walker Boys' Clubs meine Jungfräulichkeit an diese unglaublich heiße Deutsche verlieren, die ein wenig älter war als ich und auf mir wie auf einem Rennpferd herumhüpfte. Dabei hatte sie immer noch Mantel und Pullover an, rauchte ihre Kippe weiter und benutzte meinen Bauch als Aschenbecher. Gerade als sie sich verstohlen umsah, ob jemand kam, tat ich, wie es der Zufall so wollte, genau das.

»Das war's schon?«, fragte sie.

»Mehr?!«, war alles, was ich herausbrachte. Das waren damals noch die Zeiten, als meinem Stehvermögen keine natürlichen Grenzen gesetzt waren.

Schließlich ging ich wieder rein, um mein Zeugs zusammenzupacken. Ich fühlte mich, als wäre ich drei Meter groß. »Wo warst du denn?«, fragte Steve. »Und warum läufst du so komisch?«

»Ich habe mich in die Brennnesseln gesetzt«, erklärte ich.

»Hier drinnen gibt es Toiletten«, sagte er und wirkte ein wenig irritiert. »Du hättest nicht in die Büsche kacken müssen …«

Aber ich hörte ihm nur mit halbem Ohr zu, denn die ganze Zeit zerbrach ich mir den Kopf darüber, warum *ich* – und warum an *diesem* Abend? Schließlich kam ich zu dem Schluss, dass es am Gesang liegen musste. Das führte direkt zum nächsten Gedanken: Wenn ich als Sänger besser werde und irgendwann auch in einer besseren Band singe, kriege ich das hier vielleicht jeden Abend … bis an mein Lebensende.

Das sind die Momente, in denen wichtige Karriereentscheidungen fallen.

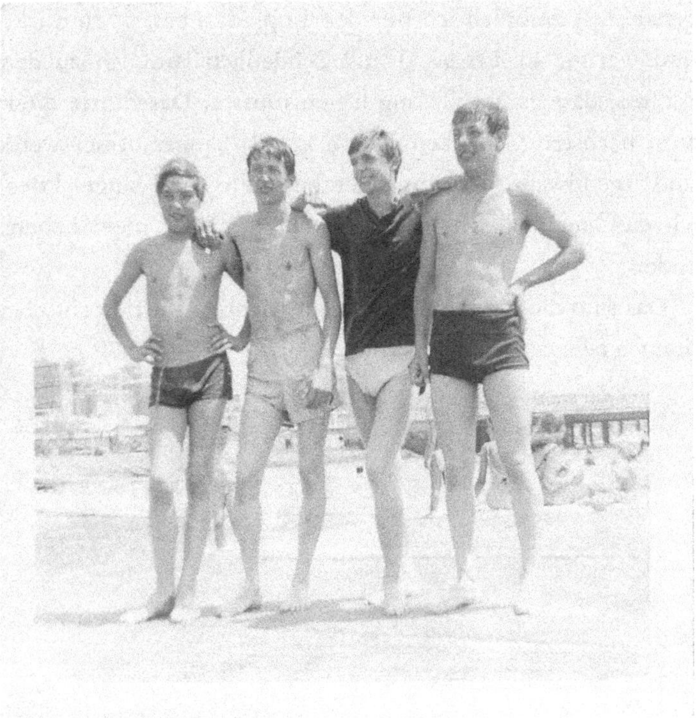

8

Um ein Haar

Im Sommer 1966 fuhren George Beveridge, Robert Conlin und ich die A1 nach Dover runter, um gemeinsam auf dem Kontinent Urlaub zu machen, genauer gesagt bei meinen italienischen Verwandten in Frascati. England hatte Deutschland gerade bei der WM im Wembley Stadion mit 4:2 geschlagen. Was für ein Tag! Wir zeigten jedem deutschen Auto, an dem wir vorbeikamen, den Finger. Es war einfach fantastisch: drei neunzehnjährige Jungs in einem fast fabrikneuen Renault 9. Der Wagen gehörte Rob, diesem Glückspilz von Einzelkind. Wir wollten an den Ort, an dem zwanzig Jahre zuvor unsere Väter gewesen waren – nur dass auf uns niemand schießen würde.

Als wir in Dover an Bord der Fähre rollten, entdeckten wir die unglaublichsten Schlitten: mehrere Aston Martins DB4 und DB5, Bentley Continentals, französische Facel Vegas, Ferraris, sogar einen Mercedes mit Flügeltüren, alle auf einem Schiff. Wir konnten nicht fassen, dass es so viele reiche Menschen auf der Welt gab.

Zu jener Zeit war man noch stolz darauf, Brite zu sein. Ungelogen. Die Beatles und die Stones hatten die Welt unter sich aufgeteilt. Der Mini war überall ein Renner. (In Italien jedoch wurde er in Lizenz hergestellt und hieß Innocenti Mini.) Auch britische

Motorräder waren noch das Maß aller Dinge, mit Marken wie Norton, Triumph, BSA, Ariel oder James.

Schließlich hieß es Leinen los. Beim Auslaufen sah ich zum ersten Mal mit eigenen Augen, warum die Leute so ein Gewese um die Kreidefelsen von Dover machten. Die Fahrt durch Frankreich, die Schweiz, Oberitalien und von dort aus auf der Autostrada Sud – welch wohlklingender Name! – runter nach Frascati war grandios. Wir genossen jeden Augenblick und bemerkten rasch, wie vernarrt die Italiener in ihre Autos waren. Zu Recht: All die wunderschönen Lancias und Alfas, insbesondere die Giuliettas, hatten einfach dieses gewisse Etwas.

Als wir uns nach zwei unvergesslichen Wochen wieder auf den Heimweg machten, ahnten wir noch nicht, was uns bevorstand. Meine Verwandten luden kistenweise Wein, Schinken und Salami in den Renault, sodass für uns kaum noch Platz blieb. Wie üblich kamen wir erst später als geplant los, außerdem bogen wir auf dem Weg aus Frascati auch noch ein paarmal falsch ab. So langsam drängte die Zeit.

Wir fuhren die ganze Nacht durch. Irgendwann fielen Robert, der ununterbrochen am Steuer gesessen hatte, ständig die Augen zu. Dennoch wollte er sich nicht von George oder mir ablösen lassen, aus Angst, wir würden »das Getriebe schrotten«. Ich schwöre, genau das waren seine Worte. Also versuchten wir zu schlafen, soweit das im Auto möglich war. Inzwischen hatten wir rund ein Drittel der Strecke durch Frankreich zurückgelegt, die ganze Zeit auf der Autobahn N7, die in Autofahrerkreisen wegen der vielen, teils tödlichen, Unfälle berüchtigt war. Wir mussten unbedingt unsere Fähre in Calais erreichen, um rechtzeitig zu Schichtbeginn am Montag in Newcastle zu sein. Es war vier Uhr am Samstagmorgen, und das Schiff sollte um halb fünf nachmittags ablegen. Aber solange wir nur zum Tanken anhielten, war alles paletti.

Rob wirkte alles andere als fit, also boten wir ihm noch einmal an, das Steuer zu übernehmen. Erneut lehnte er ab. Daraufhin meinte George zu mir: »Hey, Brian, wie wäre es, wenn wir mal den Platz tauschen? Ich habe es satt, hinten zu sitzen.« Auf der Rückbank sah es aus wie in einem fahrenden Lebensmittelgeschäft, aber es war nur fair, dass auch ich mich mal zwischen die Kartons klemmte. Das sollte sich als der beste Tausch meines Lebens erweisen.

Vielleicht eine Stunde später zogen wir lebhaft winkend an einem vollbesetzten Wagen mit englischen Krankenschwestern vorbei. Nicht lange danach tauchte am Fahrbahnrand ein Peugeot-Kombi auf, neben dem eine vierköpfige Familie Picknick machte. Wir waren fast auf ihrer Höhe, als Rob bei hundert Stundenkilometern in den Sekundenschlaf fiel. Bevor wir reagieren konnten, krachte unser Wagen in den Peugeot. Von einem Moment zum anderen wurde alles schwarz-weiß, ich hörte seltsamerweise nichts mehr und erlebte tatsächlich das ganze Geschehen wie in Zeitlupe, so wie man es aus Erzählungen kennt. Wir überschlugen uns immer wieder, und ich dachte nur noch: VERFlUCHTE SCHEISSE, hört das denn nie mehr auf? Zeugen sagten später aus, dass wir uns siebenmal drehten. Das Dach des Wagens war bis runter zu den Türgriffen eingedrückt. Es herrschte völlige Stille.

Dann plötzlich laute Schreie. Von Rob. Die Lenksäule samt Lenkrad war kollabiert, und der Zündschlüssel hatte sich in seinen Brustkorb gebohrt. George war vom Beifahrersitz auf einen Acker katapultiert worden. Ich saß hinten fest, denn der Wagen hatte einen Heckmotor, der mir den Weg versperrte. Ich atmete tief ein und aus und überprüfte, ob ich blutete. Nichts. Unmöglich, dachte ich. Mehr Glück als Verstand ... Die schrillen französischen Sirenen wurden immer lauter. Plötzlich waren überall

Stimmen, englische Stimmen, weibliche Stimmen, Schwesternstimmen. Ich berappelte mich und wartete darauf, befreit zu werden. Doch von außen war ich nicht zu sehen. Sie wussten überhaupt nicht, dass ich da drin war.

Ich muss zugeben, dass mir in diesem Moment ein wenig die Düse ging: Unser Wagen lag auf der Seite, Benzin lief aus, und der Motor war glühend heiß. Ich schrie mir die Kehle aus dem Leib, aber wie ich später erfuhr, waren alle mit Rob beschäftigt oder auf dem Acker bei George, um seine schrecklichen Verletzungen zu versorgen.

Ich kam auf die blödsinnige Idee, durch den Motorraum rauszuklettern. Also zerrte ich die Rückbank beiseite – was bei einem Renault aus den Sechzigern kein Problem darstellte –, schob meine Hand durch den Spalt und verbrannte mich prompt. Ich schrie vor Schmerz. Dadurch wurde ein Feuerwehrmann auf mich aufmerksam, und dieser rief dann so etwas wie: »Cet Depp anglais entre l'auto est IM EIMER!«

Man zog mich raus und legte mich auf den Boden. Der Schock setzte mich außer Gefecht, zugleich begriff ich die volle Tragweite meines Platztausches mit George. Mein bester Freund lag wie tot auf einer Bahre und wurde eilig in einen Krankenwagen verfrachtet. George, bitte stirb nicht …

Alle schauten mich irgendwie merkwürdig an. Ich verstand es nicht. Was sollte das? Ich hatte mit viel Glück einen furchtbaren Unfall überlebt, und sie behandelten mich, als wäre ich schuld. Ein Polizist fragte barsch, ob wir etwas getrunken hätten. Da erst bemerkte ich, dass ich von oben bis unten mit bestem italienischem Wein besudelt war. Ich wies darauf hin, dass die Korken alle noch in den Flaschenhälsen steckten, ein Beweis unserer Unschuld. Plötzlich spürte ich ein höllisches Stechen in der Brust. Ich war also nicht mit dem sprichwörtlichen blauen Auge davongekommen, sondern hatte mir innere Verletzungen zugezogen. Drei gebrochene Rippen.

Ich wurde in einer Dorfpension untergebracht, wo die Leute unglaublich nett zu mir waren. Meine beiden Freunde kamen ins Krankenhaus. Diese Nacht werde ich nie vergessen. Ich war am Leben, aber ich hatte keine Ahnung, wie es um George stand. Am nächsten Tag besuchte ich die beiden im Hospital. Sie hatten es überstanden, auch wenn es sie ziemlich heftig erwischt hatte. Aber unsere Hauptsorge war eine andere: Wir hatten keinen Penny, wie sollten wir die Ärzte also bezahlen? George war überall im Gesicht genäht worden und blutete immer noch. Kurzerhand schmierte ich mir ein bisschen von dem roten Zeug in mein Gesicht und legte mich an Georges Stelle ins Bett, während er selbst sich mit Robs Hilfe in einem Wandschrank anzog. Wir verdufteten in Richtung Bahnhof, um einen Zug nach Paris zu erwischen, während uns die Leute vom Krankenhaus nachjagten, die ihre Rechnung eintreiben wollten.

Ein zuvorkommender Mitarbeiter der britischen Botschaft besorgte uns Fahrkarten für den Zug bis zur Fähre und den Anschlusszug in England, aber nur bis nach London. Uns hing der Magen in den Kniekehlen, aber ohne Geld mussten wir eben hungern. Nach unserer Ankunft an der King's Cross Station irrten wir mit unseren Klamotten in Pappkartons durch die Straßen und schnorrten uns das Geld für drei Fahrkarten zusammen, indem wir den Leuten versprachen, es ihnen innerhalb eines Monats zurückzuzahlen.

Sonntagnachmittag kamen wir endlich wieder in Newcastle an. Wir müssen furchterregend ausgesehen haben: George wie Frankensteins Monster, ich mit blutbesudelter Hose. In dem Moment zog Rob sein Portemonnaie hervor und ließ uns wissen, dass er ein Taxi nach Hause nehmen würde. Der Mistkerl hatte die ganze

Zeit Geld in der Tasche gehabt! George und ich dagegen mussten uns zu Fuß die sechs Kilometer nach Dunston schleppen.

Am Montag trat ich pünktlich um fünf Minuten vor halb acht zur Arbeit bei C. A. Parsons & Co. Ltd. an, trotz meiner gebrochenen Rippen. George ließ sich im Krankenhaus weitere Splitter aus dem Gesicht pulen. Doch einer steckt ihm noch heute im Kopf.

Als sich ein paar Wochen darauf meine Lehrzeit dem Ende zuneigte, bot Parsons mir eine feste Stelle an.

Ich war nun ein richtiger Erwachsener.

Und nein, auch in meinen Ohren klang das nicht gerade verheißungsvoll.

TEIL ZWEI

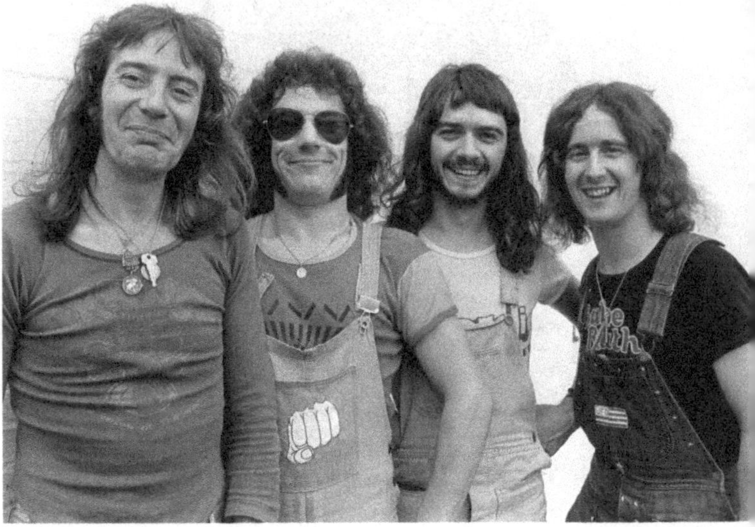

9

Ups

Silvester 1966.

Ich bin jung, frei und Single – oder zumindest unverheiratet –, und eigentlich könnte es nicht besser laufen.

Zunächst einmal habe ich mich von Section 5 getrennt und bin nun Sänger einer neuen, viel besseren Band mit einem tausendmal besseren Namen. Okay, das Letzte stimmt nicht. Wir nennen uns The Gobi Desert Canoe Club. Den Namen haben wir im *New Musical Express* in einer Anzeige für Fun-T-Shirts entdeckt. Direkt daneben wurde für falsche Koteletten geworben – die wir bestellten, ohne auf die Farbe zu achten.[10] Was unseren Musikstil angeht, nun, als Auskunft dazu soll genügen, dass ich mit Maracas und Tamburin auf die Bühne komme. Ach ja, und wir spielen keine Gigs. Wir machen Happenings. Und noch besser: Love-ins.

Habe ich schon erwähnt, dass ich eine neue Freundin habe? Aye, und sie ist echt der Hammer. Feuerrote Haare. Große blaue Augen. Sie heißt Carol, und wir können die Hände nicht voneinander lassen.

Und nun sind wir also hier, kurz vor Mitternacht, auf einer Party zur Feier des Jahreswechsels 1966/67. Zu Hause beim

---

10 Ein rötliches Orange.

Rhythmusgitarristen von The Gobi Desert Canoe Club, Dave Yarwood, einem Typen, der todesmutig einen Pisspott-Haarschnitt mit einem geblümten Hemd und einer engen weißen Hose kombiniert.

Wie alle anderen im Raum gehört Dave einer wundervollen und ganz besonderen Spezies an – er ist ein Hippie in Newcastle. 1966 gibt es im Nordosten Hunderte, wenn nicht gar Tausende von uns. Unser Gott ist Scott McKenzie, der Mann mit der sanften Stimme, und unsere Hymne heißt »San Francisco« – auch wenn San Francisco Tausende Kilometer von Daves Bleibe in der Scotswood Road entfernt liegt.

Silvester ist in Newcastle eine große Sache, und das nicht nur, weil den Geordies für ein Besäufnis jeder Vorwand genügt. Um Punkt Mitternacht tuten die Nebelhörner sämtlicher Schiffe auf dem Tyne. Der unheimliche, aufwühlende Klang ist meilenweit durch Nebel und Regen zu vernehmen und bringt die ganze Stadt zum Vibrieren. Dann ist es Zeit für den Brauch des »First-footing«: Die erste Person, die am 1. Januar ein Haus betritt, hat ein Stück Kohle als Glücksbringer bei sich und wird mit einem Glas Whisky und einer mitreißenden Darbietung von »Auld Lang Syne« begrüßt. Es sei denn, bei dem First-footer handelt es sich um eine Frau oder eine rothaarige Person. In diesem Fall nämlich liegt die nächsten zwölf Monate ein Fluch auf dem Haus. Ein seltsamer Aberglaube, wenn man bedenkt, wie viele Frauen und Rotschöpfe es in der Gegend gibt – aber niemand gebe mir die Schuld, ich bin Halbitaliener, das ist nicht auf meinem Mist gewachsen.

Bis heute können sich weder Carol noch ich an das Geringste von dem erinnern, was zwischen dem Glockenschlag um Mitternacht und dem Aufwachen am folgenden Morgen – eng umschlungen auf dem Fußboden von Daves Wohnzimmer – geschah.

Alles, was ich noch mit Sicherheit sagen kann: Wir beide waren ziemlich betrunken.

Und eine von uns beiden schließlich ziemlich schwanger.

Will man es als Rocksänger zu Ruhm und Reichtum bringen, ist es nicht gerade hilfreich, wenn man mit neunzehn Jahren seine Freundin schwängert und dann auch noch Vollzeit in einer Fabrik arbeitet.

Nicht dass ich es bereuen würde. Da gibt es nichts zu bereuen. Das kleine Mädchen, das neun Monate später zur Welt kam – meine wunderschöne Joanne –, schenkte mir mehr Liebe und Freude, als ich mit Worten ausdrücken kann.

Aber mein Timing … nun, das hätte besser sein können.

Zumindest hätte es nicht viel schlechter sein können.

Ich meine, für einen Möchtegern-Rockmusiker war Großbritannien zu Beginn des Jahres 1967 das Beste, was einem passieren konnte. Ungefähr so, als wäre man zu den Zeiten von Christoph Kolumbus in Portugal Entdecker gewesen. Oder auf dem Höhepunkt der Renaissance Maler in Italien. Wenn man sich noch einmal vergegenwärtigt, was damals vor sich ging, haut es einen schlicht aus den Socken. Die Rolling Stones hatten gerade »Let's Spend the Night Together« und »Ruby Tuesday« als Doppel-A-Seiten-Single rausgebracht. *Sgt. Pepper's Lonely Hearts Club Band* von den Beatles stand kurz vor der Veröffentlichung, ebenso *Are You Experienced* der Jimi Hendrix Experience und die Single »Waterloo Sunset« der Kinks. Und wenige Monate darauf startete Radio One bei der BBC.

Radio One veränderte unser Leben komplett. Davor bestand das BBC-Radioprogramm nur aus dem grauenvollen Mist im *Light Programme* oder, noch schlimmer, dem *Home Service* mit seinen nicht enden wollenden Seewettervorhersagen, in denen noch der kleinste Windstoß und jeder einzelne Regentropfen an irgendwelchen Orten aufgezählt wurden, die nur einer Handvoll Fischer was sagten. »Holmsgarth, Wind der Stärke zwei bis vier aus nordwestlicher Richtung ... überwiegend aufgelockert bei gelegentlicher Bewölkung ... Lochmaddy, zeitweilig leichter Regen, langsam fallend ...«

Doch irgendwie schaffte es die BBC, stattdessen plötzlich »Flowers in the Rain« von The Move zu spielen – der erste Song, der auf Radio One lief. An jenem Morgen kam ich eine glatte Viertelstunde zu spät zur Arbeit, weil ich mich nicht von dem Rediffusion-Radio in der Küche losreißen konnte.

Und bei der Arbeit konnte ich nur daran denken, so schnell wie möglich wieder nach Hause zu kommen, um noch mehr zu hören.

Aber ich muss gestehen, dass die 1960er bereits vor meiner unbeabsichtigten Vaterschaft irgendwie an mir vorbeizogen. Bei Parsons musste ich Schichtdienst leisten – ich war ziemlich down, als mir aufging, dass ich in manchen Wochen von neun Uhr abends bis halb acht morgens arbeiten musste. Dass damit der doppelte Lohn und eine Vier-Tage-Woche einhergingen, half überhaupt nichts. Obwohl ich jeden Penny brauchte, war mir das zusätzliche Geld scheißegal. Ich wollte einfach nur abends um die Häuser ziehen und mit der Band spielen.

An meine erste Nachtschicht erinnere ich mich noch, als wäre es gestern gewesen. Während ich mit zwei anderen Lehrlingen Richtung Werkstor schlenderte, hob ich den Blick und entdeckte einen absolut atemberaubenden Sonnenuntergang. Und so sehr ich über das Wetter im Nordosten schimpfe: Die Sonnenuntergänge dort haben es echt in sich. Der Wind wird zu Gottes Pinsel und die Regenwolken zu seiner Palette. Der Himmel explodiert förmlich in lauter rote, orange- und rosafarbene Wirbel, vor allem im Sommer, weil es so weit im Norden nie richtig dunkel wird.

»Meine Fresse … seht euch das an«, sagte ich und verrenkte mir den Hals, um das prachtvolle Spektakel in all seiner Herrlichkeit aufzusaugen.

»Was sollen wir uns ansehen?«, erwiderten die anderen.

»Den Himmel, Leute, den scheiß Himmel.«

Die Jungs schauten hinauf, dann tauschten sie einen Blick aus und zuckten mit den Schultern. Das war nicht der erste Sonnenuntergang, den sie sahen.

»Stellt euch nur vor, was sonst noch in der Welt unter dieser Sonne geschieht«, staunte ich. »Denkt nur an all die wundervollen Orte. All die wundervollen Menschen. All die Abenteuer, die nur auf uns warten.« Dann schaute ich zur Leichtmaschinenhalle hinüber, ein klaffendes schwarzes Loch, in dem die Eisenbahnschienen verschwanden. »Und wir marschieren *dort* hinein.«

Die Jungs musterten mich, als wäre ich gerade mit einem Raumschiff gelandet.

»Du spinnst. Das ist dir klar, oder? Du hast sie echt nicht mehr alle.«

Mittlerweile ging ich oft zu den Konzerten bekannter Acts. Allerdings wurde meine Frustration dadurch nicht geringer, denn dort bekam ich einen Einblick in das Leben, das auf mich wartete, falls ich es jemals als Sänger schaffen sollte.

Das erste Konzert, an das ich mich erinnere, fand im Odeon-Kino in der Pilgrim Street statt. Der Eintritt war frei, weil eine Zigarettenfirma den Abend sponserte. Das war damals kein Problem, weil Rauchen gut für die Menschen war – zumindest den Ärzten zufolge, die den Tabakkonsum propagierten. Die Headlinerin der Show war Julie London. Ich weiß noch, dass am Eingang jeder eine Zwanzigerpackung Kippen erhielt, was für mich und George Beveridge vorgezogenen Weihnachten gleichkam. Normalerweise waren wir so abgebrannt, dass wir uns nur Zehnerpackungen leisten konnten. Das Line-up umfasste neben dem Hauptact noch mehrere andere Bands, die jeweils zwei Stücke spielten. The Bachelors, The Fourmost, schließlich kamen The Pretty Things auf die Bühne und brachten mit »Don't Bring Me Down« den Saal zum Kochen.

Ich hätte alles dafür gegeben, mit den Typen auf der Bühne zu tauschen, insbesondere mit den Jungs von The Pretty Things.

Einer der Gründe, warum sämtliche Top-Acts nach Newcastle kamen, war der Club a'Gogo des berühmt-berüchtigten und mit allen Wassern gewaschenen Londoner Musikmanagers Mike Jeffery. Der Club avancierte rasch zur nordostenglischen Antwort auf das Marquee in der Hauptstadt – in erster Linie, weil Jeffery als Frontmann der Hausband einen brillanten jungen Sänger namens Eric Burdon engagiert hatte.

Bei dieser Band handelte es sich natürlich um The Animals.

Alle traten im Club a'Gogo auf. The Rolling Stones. The Who. Ike und Tina Turner. Howlin' Wolf. The Animals widmeten dem Club sogar einen Song, der als B-Seite von »Don't Let Me Be Misunderstood« herauskam. So angesagt war der Laden. Aber daneben gab es noch viele andere boomende Venues in der Stadt. Da waren das La Dolce Vita, das Downbeat, das Change Is, das Oxford, das Majestic, das Cavendish und nicht zuletzt das Mayfair, das über eine sagenhafte Drehbühne verfügte.

Ja, Newcastle war damals wirklich ein heißes Pflaster.

Am liebsten ging ich ins Mayfair, weil es dort das beste Soundsystem und eine Rocknacht gab, in der die DJs den neuesten Hardrock und Blues spielten und zwar in einer Lautstärke, die sich wie ein Schlag in die Magengrube anfühlte. Vor allem von einem Song konnten wir nicht genug bekommen: »My Generation« von The Who. Jeder von uns wartete nur auf diese eine Zeile, wenn Roger Daltrey gleichermaßen brillant wie bedrohlich sang: »Why don't you all … f-f-f-fade away?« Dazu zogen wir unsere Show ab, wirbelten mit nach hinten geworfenem Kopf über die Tanzfläche und machten die Pete-Townshend-Windmühle auf unseren Luftgitarren, während Keith Moon auf sein Schlagzeug eindrosch.

Ich war so vernarrt in den Song, dass wir ihn mit The Gobi Desert Canoe Club zu covern versuchten.

Aber schon in der ersten Strophe stießen wir an die Grenzen unseres Talents.

Das Konzert, das mir wirklich vor Augen führte, mit welchem Tempo die Zukunft auf uns zuraste, war das der Jimi Hendrix Experience. Ich weiß sogar noch das Datum: Freitag, der 10. März 1967. Im Club a'Gogo, versteht sich. Es muss einer der ersten Auftritte von Hendrix in Großbritannien gewesen sein – und dass er ausgerechnet in Newcastle stattfand, war wenig verwunderlich, da Mike Jeffery zusammen mit Chas Chandler von The Animals Hendrix managte.

Als ich von Hendrix' Konzert in Newcastle erfuhr, war mir sofort klar, dass es etwas ganz Besonderes werden würde. Der Typ war bereits in aller Munde, bevor die Normalbevölkerung sein Zeug wirklich gehört hatte. Im *Record Mirror* war ein Porträt mit dem Titel »Mr. Phenomenon« erschienen. Dann endlich kam *Are You Experienced* heraus. Angeblich handelt der Opener »Foxy Lady« von Roger Daltreys Freundin. Ich weiß noch, wie ich mir die Scheibe anhörte und dachte: Scheiße, was ist das? Es war, als hätte sich der Typ irgendwie aus einer anderen Dimension zu uns gebeamt, mit vollkommen neuartigen musikalischen Frequenzen im Gepäck.

Vor allem lauteren.

Natürlich hatte ich keine Kohle für ein Ticket. Aber das war sowieso egal, denn das Konzert war in Nullkommanichts ausverkauft. Also tat ich, was jeder andere unternehmungslustige Jüngling unter denselben Umständen getan hätte. Ich ging runter auf alle viere und krabbelte an der Kasse vorbei, während die Türsteher gerade nicht hinsahen.

Als ich entdeckt wurde, rannte ich bereits die Treppe hinauf, um anschließend in der Menge unterzutauchen.

Der Laden platzte aus allen Nähten. Zwei- oder dreimal so viele Leute wie erlaubt drängten sich hinein. Man kriegte kaum Luft. Irgendwann danach erfuhr ich, dass auch ein gewisser Gordon Sumner (später besser bekannt als Sting) auf dem Konzert war, als junger Bursche von gerade mal fünfzehn Jahren. Noch jünger war James Bradford, alias Jimmy Nail, der damals noch keine dreizehn Lenze zählte. Der Club a'Gogo verfügte über zwei Säle: *The Young Set* für Jugendliche unter achtzehn und *The Jazz Lounge* für ein älteres, anspruchsvolleres Publikum. An dem Abend versammelten wir uns zunächst im Young Set, weil die Show in der Jazz Lounge erst zur unchristlichen Zeit von zwei Uhr morgens begann.

Selbst Sting erinnerte sich später noch an den Aufruhr, als die Leute vom Club Jagd auf das Bürschlein machten, das sich hereingeschlichen hatte. Als ich ihm Jahre danach die Geschichte erzählte, meinte er nur: »Das warst du?!«

Ich suchte mir einen Platz weit hinten, wo ich unter dem Radar blieb und zuhören konnte. Etwas anderes blieb mir auch gar nicht übrig, denn ich sah nicht viel mehr als einen Zipfel des Stirnbands, den Gitarrenkopf und ein kleines Stückchen vom Gitarrengurt. Doch dann schwang Hendrix sein Instrument in die Höhe, und es blieb in der Zwischendecke stecken – was in einem solch absurd klaustrophobischen Raum schnell passieren konnte. Die meisten Gitarristen hätten die Show abgebrochen, aber er machte einfach weiter, während seine Gitarre dort festhing.

Wenn mich meine Erinnerung nicht trügt, spielte er irgendwann sogar mit den Zähnen.

Der Saal drehte völlig durch.

Typen wie Hendrix wird die Welt nicht noch einmal erleben. Schon die Aura dieses Mannes. Das Charisma. Mit Worten wird man ihm nicht annähernd gerecht. Doch wenn ich ehrlich bin: Der Sound war furchtbar. Ich meine, so *richtig mies*. Ich konnte nicht einen einzigen Roadie entdecken. Da waren nur Mitch Mitchell, der sein Ding an den Drums durchzog, und Noel Redding, der den Bass bearbeitete. Es gab kein Mischpult und keinen Tontechniker, nur die drei Jungs auf der Bühne und diesen unglaublichen, absolut überwältigenden Lärm. Alles war bis zum Anschlag aufgedreht, die Sicherungen glühten, Funken flogen, die Luft zischte und knisterte vor Hochspannung. Und einzig und allein die brillanten Finger von Jimi Hendrix verliehen dem Ganzen Form und Gestalt. Mit seiner Gitarre gewährte er uns einen Einblick in seine Seele.

Die Band nannte sich zwar Experience (Erfahrung), tatsächlich jedoch war sie ein Angriff. Wenn man den überstanden hatte, wusste man, dass die Welt eine andere geworden war, dass man selbst ein anderer geworden war. Denselben Effekt hat es, wenn Angus Young loslegt und völlig in sich versunken mit der Gitarre seinen Gefühlen Ausdruck verleiht.

Unnötig zu sagen, dass ich vom ersten Moment an Feuer und Flamme war.

Meine Ohren dröhnten noch von der Hendrix-Show, als wir mit dem Gobi Desert Canoe Club ernsthaft loslegten.

Die Band bestand aus meiner Wenigkeit, Dave Yarwood – dem Typen von der Silvesterparty – an der Gitarre und einem weiteren talentierten Gitarristen namens Ken Brown mit langer Mähne und Schnurrbart, den ich bei Parsons kennengelernt hatte. Später verguckte er sich in Carols Schwester Jen und wurde schließlich mein Schwager. Den Bass spielte mein alter Kumpel Steve Chance, und am Schlagzeug saß ein Bursche mit einem Namen, der in seiner Allerweltshaftigkeit einem Agenten alle Ehre gemacht hätte: Fred Smith.

Irgendwo gibt es ein Foto von uns allen, wie wir auf der Hintertreppe von Daves Haus sitzen und versuchen, möglichst cool rüberzukommen.

Soweit ich mich entsinne, schlug Ken den Bandnamen Half Past Thirteen vor. Aber wir anderen hielten das für eine bescheuerte Idee.

Selbstverständlich hatten wir große Pläne. Aber mit unseren wackligen Coverversionen der Songs von John Mayall & the Bluesbreakers und der Paul Butterfield Blues Band (bei denen meine kleine Zehn-Watt-Watkins-Anlage regelmäßig im Gitarrenlärm von Dave und Ken unterging) waren diese von Anfang an zum Scheitern verurteilt.

Allerdings verdanke ich der Band einen der wichtigsten Übergangsriten in der Karriere jedes Musikers.

Am fraglichen Tag hockte ich zu Hause bei meinen Eltern und schaute aus dem Fenster.

Zunächst vernahm ich nur ein furchtbares Quietschen, gefolgt von einem ohrenbetäubenden Scheppern. Dann endlich entdeckte ich ihn inmitten einer Abgaswolke: einen Austin-J2-Van mit der Aufschrift *Gobi Desert Canoe Club* an der Seite.

Zum ersten Mal in meinem Leben war ich in einer Gruppe mit eigenem Bandbus.

Irgendwo weit über uns ertönte Händels »Hallelujah« auf Gottes höchsteigener Fender.

Klar, der Van war eine echte Schrottkarre. Aber es war unsere Schrottkarre. Uns war es egal, dass das Kabel vom Schalthebel an der Lenksäule zum Getriebe immer wieder riss, sodass wir gelegentlich mit einer Zange die Gänge wechseln mussten. Oder dass das Ding eher seitwärts fuhr, weil die Reifen bis auf die Felgen abgefahren waren und irgendetwas mit der Ausrichtung nicht stimmte. Für uns bedeutete dieser absonderlich aussehende kleine Van Freiheit. Nie wieder würden wir unser Gepäck in einen Linienbus schleppen müssen – oder noch schlimmer, einen unserer Freunde anbetteln müssen, uns zu fahren. Ich habe keine Ahnung mehr, wer uns diese rollende Todesfalle andrehte. Ich weiß nur noch, dass wir unser Geld zusammenlegten, der Vater von einem von uns den Rest beigesteuert hat und wir schließlich ungefähr zwanzig Pfund dafür geblecht haben. Was ungefähr zwanzig Pfund zu viel waren.

Die Welt schaltete auf Zeitlupe, als der Van vor Beech Drive Nummer 1 vorfuhr.

Gardinen raschelten.

Köpfe gingen in die Höhe.

Die Leute schnappten nach Luft und flüsterten.

Auf dem Weg vom Haus zur Straße malte ich mir aus, wie Blitzlichter aufleuchteten, junge Frauen meinen Namen brüllten und die Fans kreischten. Die Seitentür des Vans glitt zur Seite, ich kletterte hinein, dann schlug sie krachend hinter mir zu. Die Leute in der Straße wussten auf einmal, dass ich Musiker war. Gott, es war einfach nur unglaublich.

Ein unbeschreibliches Zugehörigkeitsgefühl.

Bis die Realität zuschlug.

Bei allem Geschwätz von Love-ins und Happenings: In Wahrheit gab es nur ein einziges Love-in und zwar im Rahmen eines Open-Air-Events von Studenten der Universität Newcastle, mit dem sie in der Rag Week (der Narrenwoche) Geld für wohltätige Zwecke sammelten. Ansonsten wurden wir nur von den finstersten Pubs im Nordosten gebucht. Für die Working Men's Clubs, die noch nicht dieselbe Vormachtstellung wie später in den 1970ern hatten, waren wir einfach nicht Mainstream genug. Sie engagierten lieber Komiker, Gaukler und Zauberer.

Bei den wenigen Gigs, die wir dort spielten, brüllte das Publikum immer: »Könnt ihr nicht mal was aus den Charts spielen?« Wenn wir stattdessen eine weitere Paul-Butterfield-Nummer anstimmten, schnippten die Leute entweder verärgert ihre Zigarettenkippen nach uns oder gingen einfach.

Noch erfolgloser waren unsere Versuche, im Eventbereich Fuß zu fassen. Unser einziges Engagement in dieser Sparte verdankten wir Steve Chances Onkel, der gerade an der Römerstraße nach Carlisle das erste Motel von Northumberland eröffnet hatte, irgendwo im Nirgendwo. Auch wenn es ein wunderschönes Nirgendwo war.

Als aufstrebender Tycoon, der er war, wagte er etwas, das noch kein Bewohner von Northumberland gewagt hatte. Weil diese Leute schlicht nicht wussten, was ein Motel war.

Dass wir es überhaupt dorthin schafften, grenzte angesichts des Zustands unseres Vans an ein Wunder. Doch erst bei unserer Ankunft begriffen wir, dass wir auf der Weihnachtsfeier der örtlichen Feuerwehr spielen sollten. Das bedeutete: Das Publikum würde sich hauptsächlich aus großen Jungs in ihren Vierzigern und Fünfzigern sowie ihren Frauen zusammensetzen, die während unseres Auftritts ein mit Zigarettenasche übersätes Buffet aus Schinken- und Erbsenpüree-Sandwiches und Pies plündern würden.

»Bist du dir sicher, dass das eine gute Idee ist?«, fragte ich Steve nervös, als ich durch das Fenster in den Saal spähte.

»Es ist ein Gig, und wir kriegen Kohle dafür!«, schnaubte Steve. »Was willst du noch?«

Wir packten gerade unser Zeug aus, als der Feuerwehrhauptmann zu uns kam und die Bombe platzen ließ: »Also, Jungs, wenn ihr so weit seid, stelle ich euch vor, und dann werdet ihr wie besprochen mit ›Fire Brigade‹ von The Move eröffnen.«

Wir starrten ihn verständnislos an.

»Ich bin mir nicht sicher, ob ich Sie richtig verstehe«, sagte ich, so höflich ich konnte. »Wir haben das nie mit jemandem besprochen.«

»Ich habe das dem Manager von diesem Motel klipp und klar gesagt. ›Fire Brigade‹ ist unser Song.«

Alle Augen richteten sich auf Steve. Bei besagtem Manager konnte es sich nur um seinen Onkel handeln. Steve zuckte mit den Schultern.

»Es tut mir sehr leid«, erklärte ich, »aber wir kennen ›Fire Brigade‹ überhaupt nicht. Wir dachten, wir fangen mit etwas von Chuck Berry an.«

»Klar kennt ihr es«, lachte der Feuerwehrhauptmann und stimmte den Song an: »Run-and-get-the-fie-uh-bruh-gaade, get-the-fie-uh-bruh-gaade, get-the-fie-uh …«

»Ich meine, ja, wir kennen es«, unterbrach ich ihn. »Ich wollte sagen, dass wir es nicht draufhaben.«

»Es ist die Nummer Eins in den Charts! Das wird ja wohl nicht so schwer sein.«

In mir machte sich Verzweiflung breit. »Können wir bitte einfach was von Chuck Berry spielen?«, flehte ich ihn an.

»Hör mal zu, Junge, wir haben euch nur gebucht, damit ihr ›Fire Brigade‹ spielt. Wie wär's also, wenn ihr es einfach mal versucht?«

Verdammte Scheiße …

Wir bauten unser Equipment auf und versammelten uns zu einer improvisierten Probe. Dave, Ken und Steve mühten sich mit den Akkorden ab, ich versuchte, mich an den Text zu erinnern, und Smithy tüftelte den Beat aus. Nur noch mal zur Erinnerung: Wir schrieben das Jahr 1968, da konnte man nicht einfach eine Musik-App öffnen und sich das Stück anhören. Als wir auf die Bühne gingen, fühlten wir uns immer noch absolut unvorbereitet. Aber wir gaben unser Bestes, um uns irgendwie durch den Song zu mogeln. In den Strophen dachte ich mir irgendwelchen Mist aus, und der Refrain war simpel genug. Im Kern ging es einfach darum, dass Roy Wood flehte, irgendjemand solle losrennen und die Feuerwehr holen (»run-and-get-the-fie-uh-bruh-gaade«), weil seine Banknachbarin in der Schule so heiß war. Und dem Publikum war ohnehin alles egal, es wollte einfach nur mitgrölen.

Als wir endlich durch waren, war ich so erleichtert wie noch nie zuvor in meinem Leben.

»Und jetzt«, keuchte ich, während mir der Schweiß über die Stirn rann, »etwas von Chuck Berry …«

Totenstille. Dann: »Wir wollen ›Fire Brigade‹! Wir wollen ›Fire Brigade‹!«

»Wir können den Song überhaupt nicht!«, rief ich ins Mikrofon und verursachte eine kreischende Rückkopplung.

»SCHEISSE, SPIELT ES EINFACH!«

Wir haben es bestimmt fünfmal wiederholt. Irgendwann rief irgendein Schlaumeier, wir sollten »Penny Lane« spielen. Es dauerte einen kleinen Moment, bis es bei mir klick machte und mir die Textzeilen über den Feuerwehrmann einfielen, der seine Spritze sauber hält. Wir mussten es versuchen. Mit einem Raum voller sturzbetrunkener Feuerwehrmänner legt man sich besser nicht an.

Ich habe keine Ahnung, was uns am Ende den Todesstoß versetzte – der Feuerwehr-Gig, meine nahenden Vaterpflichten oder die fehlenden Bookings in größeren Venues, wo unsere Art von Musik gespielt wurde.

Wie auch immer, auf jeden Fall fiel unser Ende ungefähr mit dem Ende unseres Tourbusses zusammen. Nachdem ich eines Abends die anderen zu Hause abgesetzt hatte, fuhr ich allein im Van nach Dunston zurück, als ich hinter mir ein Blaulicht entdeckte. Mist. Die Bullen winkten mich ran. Das war nicht zuletzt deshalb ein Problem, weil die Bremsen des Vans nicht funktionierten. Ich konnte ihn nur anhalten, indem ich mit der Zange den ersten Gang einlegte, gleichzeitig an der Handbremse riss und betete, dass es nicht in einer mechanischen Katastrophe endete.

»Raus aus dem Wagen, Junge!«, schnauzte mich der Polizist an, nachdem ich hoppelnd zum Stehen gekommen war. »In dem Ding kann ich dich nicht weiterfahren lassen. Zu gefährlich.«

Dann fiel sein Blick auf die Steuerplakette, die in Wahrheit ein Brown-Ale-Etikett war. Bei uns im Nordosten verwendete jeder Van-Besitzer unter fünfundzwanzig ein Brown-Ale-Etikett anstatt der Steuerplakette. Nun, zumindest ich tat das. Es war fast so, als hätten die Scottish & Newcastle Breweries sich bewusst für die beinahe identische Form und Größe entschieden.

»Ich werde so tun, als ob ich das nicht gesehen hätte«, schäumte der Polizist. »Und um uns beiden das Leben nicht unnötig zu erschweren, werde ich dich nicht mal fragen, ob du eine Versicherung hast, denn ich bin mir ziemlich sicher, dass ich die Antwort bereits kenne. Aber ich muss darauf bestehen, dass du mir – langsam – zur Polizeiwache folgst, wo ich den Wagen beschlagnahmen und von seinem Elend erlösen werde. In der Schrottpresse.«

Mir wurde ganz mulmig zumute.

Kein Bandbus bedeutete keine Gigs – und damit auch keine Band.

Aber die Wahrheit war, dass ich ganz andere Sorgen hatte.

Carol und ich heirateten am 1. Juni 1967. Zu diesem Zeitpunkt schob sie bereits eine mehr als sichtbare Kugel vor sich her. Jeder hatte uns den Bund fürs Leben ausreden wollen. Carols Mutter hatte angeboten, sich um das Baby zu kümmern. Mein Vater hatte mir gepredigt, dass mein ganzes Leben noch vor mir läge und ich keinen blassen Schimmer hätte, worauf ich mich da einließe. Aber wie jeder Teenager vor mir hörte ich nicht auf ihn. Das Mädchen zu heiraten, das ich geschwängert hatte, war in meinen Augen das einzig Richtige.

Die Trauung fand in einer Kirche in dem Küstenort North Shields statt, wo meine künftige Ehefrau aufgewachsen war. Das war nicht ganz unproblematisch, denn North Shields ist eine Fischerstadt und Dunston ein Kohlekaff, und historisch gesehen hatten die Fischer stets die Nase über die Bergleute gerümpft. Sie hätten ihre Töchter nie in eine solche Familie einheiraten lassen. Die alte Romeo-und-Julia-Leier also. Doch glücklicherweise war aus Carols Familie niemand mehr in der Fischerei tätig. Außerdem hatten sich die Spannungen im Laufe der Jahre gelegt.

Wir erlebten die Zeremonie wie durch einen Schleier. Im Grunde waren wir noch Kinder und hatten absolut keine Ahnung, was bei einem solchen Anlass von uns erwartet wurde. Ich weiß nur noch, dass Dave Yarwood Trauzeuge war und meine Mutter das Hochzeitskleid genäht hatte.

Nach dem Austausch des Ehegelübdes musterte mein Vater mich und fragte: »Und, bist du jetzt glücklich?«

»Wird schon schiefgehen, Dad«, erwiderte ich, dabei stand mir mit Sicherheit die Angst ins Gesicht geschrieben. Wie sollte das funktionieren? Wie sollte ich in Vollzeit arbeiten, Extraschichten einlegen, mich um Frau und Baby kümmern und trotzdem in einer Rockband spielen? Die Antwort kannte ich bereits. Es ging nicht. Auf irgendetwas würde ich verzichten müssen. Und das würde weder der Job noch die Extraschichten noch Frau und Kind sein.

Der Empfang fand in einem Saal direkt neben der Kirche statt. Unsere Familien waren vollständig anwesend, einschließlich meines Großvaters und meiner Großmutter. Die Frauen bekamen einen Sherry, die Männer einen Whisky. Dann ließen wir uns zu einem preiswerten, aber leckeren warmen Buffet nieder. Alle verstanden sich prächtig, denn alle hatten schon mächtig einen sitzen.

Die Flitterwochen, sofern man davon sprechen kann, bestanden aus einer Nacht im Haus von Carols Onkel in Belmont unweit von Chester-le-Street. Ich fuhr damals einen gebrauchten Cortina Mark I mit lausiger taubenblauer Lackierung, die bereits zehn Tage, nachdem ich den Wagen aus der Werkstatt geholt hatte, Blasen schlug. Der Cortina sollte später die unangenehme Angewohnheit entwickeln, sich bei starkem Wind seiner Motorhaube zu entledigen. Das Ding flog dann buchstäblich wie ein riesiger Blechdrachen über die Straße. Insofern kann man wohl von Glück sprechen, dass die zweiundzwanzig Kilometer lange Fahrt ohne Zwischenfälle verlief.

Schließlich fanden wir uns in dieser winzigen Doppelhaushälfte mit einem Kühlschrank voller Lebensmittel wieder. Ich weiß noch, wie wir uns ansahen und dachten: Und nun?

»Ich könnte ein Bratwurst-Sandwich vertragen«, erklärte Carol, die bereits alle erdenklichen Schwangerschaftsgelüste entwickelt hatte.

Also versuchte ich mich als Koch – und scheiterte kläglich. In meiner Hochzeitsnacht.

Als wir am nächsten Tag nach North Shields zurückkehrten, zog ich zu Carol. Soll heißen: in ihr Zimmer im Haus ihrer Eltern. Damals machten es die meisten Frischvermählten so. Das war echt peinlich, vor allem, als ich am folgenden Morgen zum Frühstück herunterkam. Ganz zu schweigen von der Enge, da auch noch zwei Geschwister von Carol in dem Haus lebten.

Im Rückblick habe ich keine Ahnung, wie wir das aushielten, absolut nicht.

Derweil trat meine Musikerkarriere auf der Stelle. Genau genommen machte sie sogar Rückschritte, denn ich spielte keinerlei Gigs mehr. Gobi Desert Canoe Club war Geschichte, und keine der größeren Bands in der Stadt wollte einen Sänger mit mickriger Zehn-Watt-Anlage. Und das aus gutem Grund. Damit sich die eigene Stimme in einem Theater, Nachtclub oder auch nur in einem der größeren Working Men's Clubs gegen eine Rockband durchsetzen konnte, brauchte man einen sehr viel leistungsstärkeren Amp mit passendem Shure-Mikrofon. Aber das überstieg meine Mittel bei Weitem, selbst bei Ratenkauf.

Irgendwann kam Carols Vater Bill auf eine brillante Idee, die für uns alle eine enorme Erleichterung darstellte. Nach einem Arbeitsunfall bekam er etwas Geld von der Versicherung und erwarb für sechshundert Pfund eine Erdgeschosswohnung in der Nachbarschaft – die Adresse war 61 Chirton West View –, die er an uns vermietete, wobei die Miete nicht der Rede wert war. Bis dahin hatte er noch nie eine Wohnung oder ein Haus besessen. Das Haus, in dem er selbst mit seiner Familie lebte, gehörte der Gemeinde.

Als er uns davon erzählte, war ich so erleichtert, dass ich hätte heulen können.

Klar, das Haus war von 1910, die Wände waren feucht, und die Toilette lag draußen, ganz hinten im Hof – ein Plumpsklo, in dem es so kalt war, dass ein Hammer an der Wand hing, um im Winter das Eis zu zerschlagen. Aber wenigstens hatten wir einen Ort für uns allein. Es gab einen Kohleofen im Schlafzimmer und einen weiteren im vorderen Zimmer, sodass wir die Wohnung hätten heizen können, wenn wir das nötige Geld gehabt hätten. Im Laden an der Ecke kostete ein kleiner Sack Kohlen zwei Shilling und sieben Pence, allerdings hielt so ein Sack nur ein paar Stunden vor. Wir zitterten lieber und sparten unser Geld für Lebensmittel.

Einige Wochen nach unserem Einzug rief unsere Nachbarin von oben bei Bill an, weil das Dach undicht war. »Das tut mir leid«, antwortete er, »aber was habe ich damit zu tun?« Erst durch diesen Anruf fand er heraus, dass er nicht nur die Wohnung im Erdgeschoss gekauft hatte, sondern das ganze Haus! Und nun musste er für sämtliche Reparaturen aufkommen, die weitaus mehr verschlangen als die mickrige Miete, die er kassierte.

Doch er wusste sich zu helfen: Er mobilisierte ein paar Kumpels, organisierte eine Handvoll Dachpfannen und brachte alles in Ordnung.

Carol gefiel unser Leben auch nicht besser als mir. Die Arme war erst sechzehn und hätte eigentlich ausgehen und sich amüsieren sollen. Stattdessen musste sie zu Hause hocken und sich um ein Baby kümmern. Im Rückblick tut sie mir wirklich leid. Aber unsere kleine Joanne war ein echter Sonnenschein, ebenso wie ihre Schwester Kala, die einige Jahre danach zur Welt kam. Die Liebe, die wir von unseren beiden Töchtern geschenkt bekamen, lässt sich nicht in Worte fassen. Joanne und Kala waren immer für mich da, auch wenn es ihnen wahrscheinlich nicht immer bewusst war. Ohne sie wäre mein Leben leer und sinnlos gewesen, wie ich heute mit Gewissheit sagen kann. Wenn man Töchter hat, die man liebt und beschützt, gibt das der eigenen Existenz ein Fundament, eine Aufgabe, der man gerecht werden muss. Ich war vielleicht nicht immer der beste Vater, aber ich war gewiss auch nicht der schlechteste. Die Musik lässt dir kaum Zeit für die Menschen, die du liebst – zumindest war das so, als wir begannen, durch die Welt zu touren. Doch inzwischen haben sich die Rollen umgedreht: Die Mädchen sorgen sich um mich, und das gefällt mir gar nicht, denn noch bin ich nicht am Ende.

Danke, Mädels, dass ihr immer zu mir gehalten habt. Genau deshalb würde ich alles wieder genauso machen.

Der Tiefpunkt kam, als ich eines Abends bei meinen Eltern vorbeischaute und meinen Vater mit knallrotem Kopf auf der Straße antraf. Mit seiner dröhnenden Sergeant-Stimme stauchte er gerade meine Schwester Julie und ihren Freund zusammen. Julie muss damals etwa fünfzehn oder sechzehn Jahre alt gewesen sein.

Die Arme war in Tränen aufgelöst, während ihr Freund vor lauter Angst den Schwanz einzog und sich aus dem Staub machte. Aber mein Vater brüllte immer weiter – und da rastete ich einfach aus. Mir kam es so vor, als würde er ständig irgendjemanden anbrüllen, meistens meine Mutter, und das war einfach nur beschämend und total überflüssig. Aber die Wahrheit war natürlich, dass ich selbst am Anschlag war.

»Dad, es reicht!«, schrie ich ihn an. »Was soll das alles?«

Mein Vater war vor Wut völlig außer sich. »Sprich nicht so mit mir, sonst reiße ich dir den Kopf ab!«, brüllte er.

»Das glaube ich kaum, Dad«, sagte ich. »Wenn du mich auch nur anrührst, werde ich …«

Dann ging er auf mich los, als wäre ich noch immer ein zehnjähriger Junge. Aber ich war ein erwachsener Mann und durch die viele Arbeit in der Fabrik kräftig geworden. Außerdem lagen meine Nerven blank. Also verpasste ich ihm eine. Härter als gewollt. Als er zu Boden ging, warf ich mich auf ihn und drohte ihm, dass ich für nichts garantieren könne, sollte er jemals wieder jemanden aus der Familie tyrannisieren. Er wirkte verstört und zerknirscht. Ich hatte keine Ahnung, ob er stolz auf mich war, weil ich für mich selbst einstand, oder einfach nur geschockt und empört.

Letztendlich spielte das keine Rolle. Am nächsten Tag fühlte ich mich so schrecklich, dass ich erneut hinfuhr, um mich zu entschuldigen.

Doch wie immer brummte er nur irgendetwas. Ich glaube allerdings, dass auch er ein schlechtes Gewissen hatte, denn danach war alles wieder in Ordnung. Dieses Ereignis löste einen regelrechten Schock in mir aus und zeigte mir, dass es so nicht weitergehen und ich nicht bis in alle Ewigkeit auf ein Wunder hoffen konnte.

Es war an der Zeit, dass ich endlich etwas unternahm.

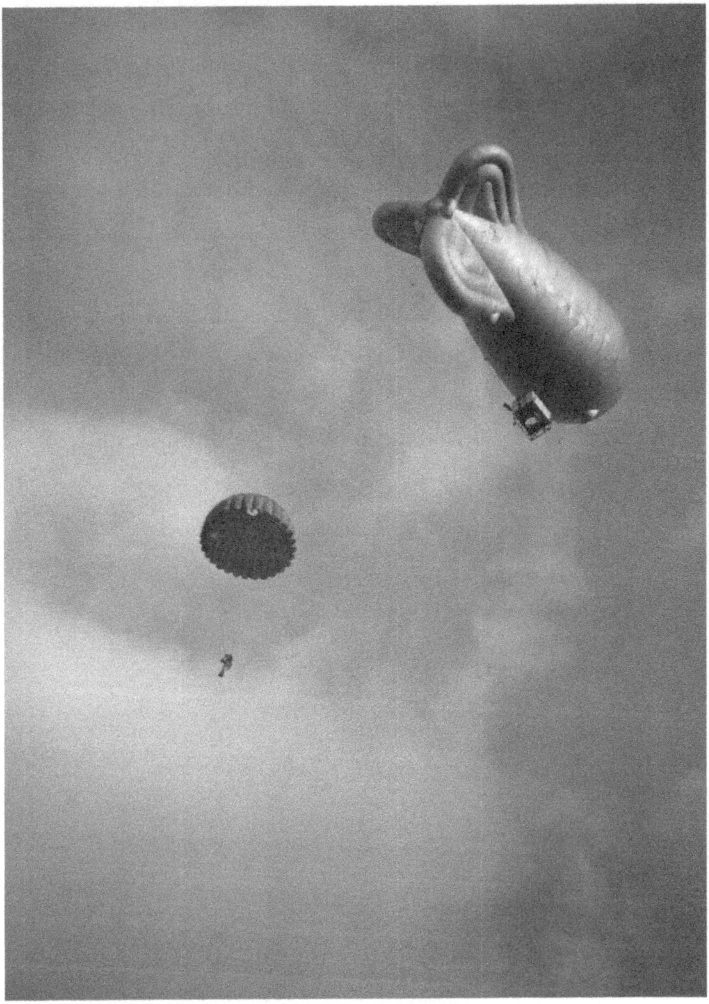

10

Ein erbärmliches Stück Scheiße

Die Lösung für meine Probleme lieferte vollkommen unverhofft ein junger Arbeitskollege namens Jimmy Shane. Eines Morgens stürmte er in die Leichtmaschinenhalle und erzählte mir, dass er sich gerade bei der Territorial Army verpflichtet hatte, Großbritanniens Antwort auf die US-Nationalgarde.

»Du musst nur mittwochs ein bisschen marschieren, und jedes zweite Wochenende darfst du auf dem Schießstand rumballern«, berichtete er. Er sprach so schnell, dass ich ihn kaum verstand. »Und wenn du ein Jahr lang durchhältst, kriegst du ein Kopfgeld von zweihundert Pfund!«

»Was?« Ich konnte kaum fassen, was ich mir da gerade aus seinem Gebrabbel zusammengereimt hatte.

»Ich habe gesagt, du musst nur mittwochs durch die …«

»Nein, nein. Was du zum Schluss gesagt hast.«

»Wenn du ein Jahr lang durchhältst, kriegst du ein Kopfgeld von zweihundert Pfund.«

Heilige Scheiße, dachte ich. Das ist es. So kann ich mir eine größere PA-Anlage leisten! Dann geht's endlich wieder auf die Bühne, nur diesmal mit einer größeren, besseren Band.

Nicht zuletzt gefiel mir der Gedanke, ein »Kopfgeld« zu kassieren.

Noch am selben Tag lief ich ins Rekrutierungsbüro der Territorial Army und füllte den Bewerbungsbogen aus. Danach führte man mich für eine eingehende medizinische Untersuchung in einen Nachbarraum.

Arzt: »Name und Adresse?«

Ich: »61 Chirton West View, North Shields.«

Arzt: »Haben Sie irgendwelche Beschwerden?«

Ich: »Nun, äh …«

Arzt: »Gut, Sie sind dabei.«

An dieser Stelle muss ich erklären, dass man die Wahl zwischen mehreren Einheiten hatte. Aber nur das Fallschirmjägerregiment – für das sich Jimmy Shane verpflichtet hatte – zahlte einem die fast unvorstellbare Summe von zweihundert Pfund. Wenn man zum Beispiel zu den Pionieren ging, bekam man »nur« hundertfünfundzwanzig Pfund. Zusätzlich wurde einem bei den Fallschirmjägern auch noch eine Prämie von acht Pfund pro Sprung versprochen. Allerdings ging ich nicht eine Sekunde davon aus, dass ich jemals tatsächlich springen würde. Ich meine, die britische Regierung hatte damals kein Geld für nichts. Und wir lebten in Friedenszeiten. Und im Nordosten. Die Vorstellung, sie würden Jungs wie mich auf luftige Vergnügungsreisen schicken, erschien lächerlich. Ich nahm an, dass die Fallschirmjäger so eine Art Sea Scouts für größere Jungs sein würden. Wir würden in unsere Uniformen schlüpfen, ein paar Übungen absolvieren, vielleicht ein bisschen zelten, und am Ende des Jahres wäre ich um zweihundert Pfund reicher. Vielen Dank, gern geschehen.

Also trat ich nach der Arbeit zum Dienst in einer Exerzierhalle in Gosforth an, einem wohlhabenden Vorort nördlich von Newcastle. Ich hatte sogar George Beveridge überzeugen können, mit mir zu kommen. Allerdings war das nicht besonders schwer gewesen, nachdem er von dem Kopfgeld erfahren hatte.

Als wir uns der Exerzierhalle näherten und die Befehle und das dumpfe Geräusch marschierender Füße hörten, lief mir ein Schauer den Rücken hinunter. Und ein Teil von mir dachte: Verdammte Scheiße, ja! Klar war ich auch ein wenig nervös, denn die T.A.-Jungs wirkten wie harte Kerle. Aber als sie dann Pause machten und mit uns quatschten, erwiesen sie sich als überaus nett.

Was man von den Drill-Sergeants nicht gerade behaupten konnte. Jedes zweite Wort war »Scheiße«, und wenn sie deinen Namen riefen oder ihn dir vielmehr ins Gesicht brüllten, ergänzten sie fast immer: »Du erbärmliches Stück Scheiße.«

Zunächst musste ich aber erst mal die Geheimhaltungserklärung unterschreiben. Das kam mir ein bisschen übertrieben vor, aber auch ziemlich spannend.

Daraufhin empfing ich meinen ersten Befehl: »DU! DU ERBÄRMLICHES STÜCK SCHEISSE! LASS DIR DEINE SCHEISS HAARE SCHNEIDEN!«

Fuck. Ich hatte vergessen, dass sie dich beim Militär nur mit raspelkurzen Haaren nehmen. Ich hätte mich an die Aufnahmen von Elvis erinnern sollen, wie ihm erst der Schädel rasiert und er dann nach Westdeutschland verfrachtet wurde, um sich dort in einen Panzer zu setzen. Meine Haare waren ziemlich lang und lockig und hatten genau den richtigen Look für die Bühne. Aber ohne PA-Anlage nutzten sie mir ohnehin nichts. Und nachdem sogar Jimi Hendrix bei den US-Marines gewesen war, wie hätte ich mich da widersetzen können?

Ich erhielt eine gebrauchte Uniform, die den Duft alter Schlachten und alter Prostituierter ausdünstete. Von den Flecken ganz zu schweigen. Außerdem bekamen wir Stiefel – nagelneu und schwarz glänzend, mit khakifarbenen Gamaschen oder Beinbinden – und schließlich den krönenden Abschluss, das rote Barett. Allerdings ohne Flügel. Denn die musste man sich erst verdienen.

Uns wurde gesagt, wir sollten uns für die Grundausbildung zwei Wochen von der Arbeit freistellen lassen. Auch darüber hatte ich mir keine großen Gedanken gemacht. Was zum Teufel hieß hier überhaupt Grundausbildung? Na ja, das würde ich schon noch früh genug herausfinden.

Die Grundausbildung fand an einem beeindruckenden Truppenstandort statt, der Catterick Garrison am Rande der Yorkshire Dales. Ich landete in einer Truppe, die einem untersetzten und unglaublich lauten Drillsergeant aus Glasgow unterstellt war, von uns »das Schwein« getauft.

Wenn das Schwein einen Befehl brüllte, klang das »Du« aus seinem Mund ungefähr so, als würde jemand versuchen, ihm eine Käsereibe in den Hintern zu schieben. Und wenn das Schwein uns endlos auf dem Exerzierplatz marschieren ließ – was beinahe ständig der Fall war –, klang »links« wie »ings« und »rechts« wie »ächts«. Etwa so: »INGS-ÄCHTS! INGS-ÄCHTS! INGS-ÄCHTS!«

Aye, die Liebe des Schweins zum Leid war legendär. Ebenso wie die Großzügigkeit, mit der er andere daran teilhaben ließ.

Unsere Unterkünfte in Catterick waren Nissenhütten aus dem Zweiten Weltkrieg. Sie bestanden aus halbröhrenförmig gebogenen Wellblechplatten, die an den Frontseiten jeweils von einer Gasbetonsteinwand mit Tür abgeschlossen wurden. Es gab einen kleinen Ofen zum Heizen, den wir aber nicht benutzten. Sonst hätten wir ihn jeden Abend reinigen müssen, um bei der Morgeninspektion des Schweins keine Probleme zu kriegen. Bei der Inspektion ließ der Mistkerl eine Sixpence-Münze auf die Bettlaken fallen. Sprang die Münze nicht hoch, hatte man das Laken nicht fest genug gespannt und musste seine Wut über sich ergehen lassen.

Unsere Tage begannen in aller Herrgottsfrühe damit, dass das Schwein durch die Unterkunft stolzierte und direkt neben unseren Köpfen zwei Mülltonnendeckel gegeneinanderschlug.

Als Nächstes stand das Frühstück im NAAFI[11] – der Kantine – an, gefolgt von endlosen Märschen, Drillübungen und Vorträgen über das Zerlegen von Waffen. Dann ging es auf den Schießplatz. Nach dem Abendessen fielen wir sofort in die Falle. Zu diesem Zeitpunkt waren wir so fix und fertig, dass wir direkt einschliefen.

Der Schießstand hätte das Beste an der Ausbildung sein sollen. Aber wir hatten zu viel Angst vor der Prüfung, um die Übungen zu genießen. Es gab keine Zielfernrohre oder ähnlichen Kram. Außerdem waren die Ziele rund zwei- bis dreihundert Meter entfernt, einige sogar sechshundert Meter. Bei den Übungen spürte man die ganze Zeit den Atem von Sergeant Schwein im Nacken, der einen anbrüllte: »Nein, nein, nein! Nicht so! Hand ruhig halten!« Meist brüllte er genau dann, wenn man abdrücken wollte. Ich war ein durchschnittlicher Schütze, was genügte, um die Prüfung zu bestehen.

Das Gute an all den Qualen war, dass dadurch der Zusammenhalt unter den Rekruten gestärkt wurde.

Innerhalb weniger Tage hatte ich innige Freundschaften geschlossen, etwa mit Jimmy Shane, der mich überhaupt erst auf die Idee mit der Territorial Army gebracht hatte. Oder mit einem gewissen Jimmy Smith und einem langen Kerl, den wir nur als »der Däne« kannten. Und wie es nun mal so ist: Je mehr wir auftauten, desto mehr Quatsch machten wir.

Keine gute Idee bei der Armee.

---

11 Für die Nerds da draußen: eine Abkürzung für Navy, Army and Air Force Institutes.

Als wir zum Beispiel eines Morgens auf dem Exerzierplatz eintrafen und das Schwein nirgends zu sehen war, dachte ich mir: Wie wär's, wenn ich für die Jungs mal das Schwein nachmache? Offenbar gelang mir das ziemlich gut, auf jeden Fall bogen sich die Boys vor Lachen, bis sie auf einmal verstummten und strammstanden. Ich dachte noch: Mann, du bist echt gut. Doch dann vernahm ich ein Keuchen in meinem Rücken und gleich darauf ein hasserfülltes Brüllen: »Du bist das Letzte, Johnson. Ich werde dir das Leben zur Hölle machen.«

Mist. Das Schwein.

Mein letztes Stündlein hatte geschlagen.

Er ließ mich den ganzen Morgen mit dem Gewehr über dem Kopf um den Exerzierplatz rennen, bis die Marschierübungen vorbei waren.

Nach einem Dreißig-Kilometer-Marsch in voller Montur kehrten wir in die Kaserne zurück. Die anderen Jungs gingen ins NAAFI, ich jedoch nicht. Für mich dachte sich Sergeant Schwein andere Sachen aus. So durfte ich etwa erneut um den Exerzierplatz rennen, mitsamt des elend schweren Gewehrs, das immer schwerer wurde. Anschließend musste ich einen riesigen Kohlelagerraum reinigen, bis er nichts mehr auszusetzen hatte. Ich war so fertig, dass ich meine Arme nicht mehr spürte, nicht mal Wichsen war noch drin, und die PA-Anlage schien in weiter Ferne.

Nach Abschluss der Grundausbildung war ich so etwas wie ein Teilzeitsoldat. Aber um ein richtiger Fallschirmjäger zu werden, musste ich noch aus achthundert bis tausend Fuß Höhe in die Tiefe springen. Um uns darauf vorzubereiten, mussten wir am

Royal-Air-Force-Stützpunkt Abingdon in Oxfordshire die Fallschirmspringerschule besuchen.

Wir waren ungefähr vierzig junge Männer, die sich allesamt fragten, auf was sie sich da eigentlich eingelassen hatten. Wir lachten übertrieben laut und spuckten große Töne. Mit anderen Worten: Wir hatten eine Scheißangst.

Was einem auf einer Royal-Air-Force-Base als Erstes auffällt, ist die Abwesenheit des Brüllens vom Exerzierplatz. Alle waren nett und höflich zu uns, der Sergeant, der uns in Empfang nahm, sogar regelrecht charmant.

»Hallo, Kameraden, ich hoffe, ihr hattet eine gute Fahrt. Folgt mir jetzt einfach, ich bringe euch zu eurer Unterkunft, damit ihr eure Sachen auspacken könnt. In einer Stunde hole ich euch dann wieder ab und zeige euch, wo ihr zu Mittag essen werdet.«

Wie großartig war das denn? Der Kerl war mir sofort sympathisch. Und dass es dann Mittagessen geben sollte, einfach wunderbar.

Die Kantine übertraf meine kühnsten Erwartungen. Hier hatten schon die RAF-Piloten gefrühstückt, wenn sie von nächtlichen Bombereinsätzen zurückgekehrt waren.

Auch das Essen war super. Als wir mit dem Nachtisch fertig waren, sagte der nette Feldwebel: »So, Jungs, als Nächstes gehen wir in den Hörsaal. Dort erzählen wir euch, was euch in den nächsten zwei Wochen erwartet, und stellen euch eure Sprung-Sergeants vor, die Sprungmeister.«

Mir wurde ein wenig flau im Magen, aber ich schob das auf ein Problem mit der Verdauung. Also marschierten wir in den Hörsaal, wo mit funkelnden Augen bereits der gefürchtete Sergeant Schwein wartete. Verdammte Scheiße! Das war's für mich. Anscheinend konnte er meine Gedanken lesen, denn er nickte kaum vernehmbar in meine Richtung.

Diesmal hatte er seine Freunde mitgebracht, und sie alle schienen sehnlichst darauf zu warten, uns endlich aus großer Höhe runterzuwerfen. Insgeheim verabschiedete ich mich von meinem Traum, als Sänger einer Band vor jubelndem Publikum zu stehen – und ebenso von meiner Hoffnung auf ein langes Leben. Aber ich war nach wie vor fest entschlossen, diese Sache durchzuziehen.

Der nächste Morgen begann wie üblich mit Appell und Inspektion, gefolgt vom Frühstück. Anschließend lernten wir, wie man sich aus unterschiedlichen Höhen herunterstürzt. Die Sergeants brüllten einem direkt ins Ohr: »Ab!« Dann stieß man sich ab.

Das Schlimmste war der Aufstieg im »Turm«, der an einen Strommast erinnerte. Oben angekommen spürte man, wie er im Wind schwankte. Vor Angst hätte ich beinahe die Kontrolle über meinen Schließmuskel verloren. Dann wurde einem das Gurtzeug um Taille und Schultern gelegt. Davon ausgehend verlief ein Seil über eine Rolle. Am Ende des Seils befand sich eine quadratische Platte von rund sechzig Zentimetern Kantenlänge, die an der Rolle blockierte, wenn man sprang. Eine andere Bremse gab es nicht.

Der Sprung-Sergeant konnte sich an unserer Angst gar nicht sattsehen. Er amüsierte sich köstlich, wenn wir uns in die Hose pissten, sobald wir sahen, wie weit es nach unten ging. Ich bemühte mich nach Kräften, ihm gegenüber höflich zu bleiben. Er lächelte mir zu und sagte: »AB!« Ich sprang.

Gleich zu Beginn des Kurses war uns eingeschärft worden, dass wir sofort aus dem Lager fliegen würden, wenn wir beim Sprung auch nur kurz zögerten. Aus diesem Grund konnte man mit niemandem über seine Angst reden.

Am Nachmittag erfuhren wir, dass unser erster richtiger Fallschirmsprung am folgenden Morgen stattfinden würde. Ein Junge jauchzte und klatschte vor Begeisterung, was ihm eine ordentliche Tracht Prügel von allen anwesenden Kursteilnehmern einbrachte.

Der nächste Morgen war wunderschön, der Himmel strahlend blau. Beim Frühstück hatte niemand sonderlichen Appetit. Anschließend stellten wir uns in einer Reihe auf, um unsere Fallschirme abzuholen. Wenn man die Gurte an Schritt, Taille und Schultern festzurrte, fragte man sich unwillkürlich, ob der Fallschirm wohl in Ordnung war. Man hatte uns von der gefürchteten »römischen Kerze« erzählt, wenn sich der Fallschirm nicht vollständig öffnet. Betrunken grölten wir gern das alte Fallschirmspringerlied:

> Er sprang aus zwanzigtausend Fuß ohne einen Fallschirm
> Er sprang aus zwanzigtausend Fuß ohne einen Fallschirm
> Doch nun wird er nie mehr springen.
>
> Glory, glory, was für ein verdammter Tod
> Glory, glory, was für ein verdammter Tod.
> Doch nun wird er nie mehr springen.
>
> Sie kratzten ihn von der Startbahn
> wie ein Pfund Erdbeermarmelade …

Es dürfte klar sein, worauf ich hinauswill.

»Also, Gentlemen. Überprüft, ob euer Reservefallschirm richtig vor der Brust befestigt ist und der rote Griff nach oben zeigt. Solltet ihr aus irgendeinem Grund ohne Griff zurückkommen, ziehen wir euch zehn Shilling und sechs Pence vom Sold ab. Jetzt folgt mir.«

Scheiße! Dabei wollte ich doch nur eine PA-Anlage. Die Beatles und die Stones hatten nie so einen Mist machen müssen. Die tourten, vögelten rum und nahmen Drogen. Allerdings waren sie nie so high wie ich bei diesem Sprung.

Wir folgten den Sprungmeistern zu einem großen Ballon mit Korb unten drunter, wie einst bei den Brüdern Montgolfier. Der Sergeant Major brüllte: »Das ist kein bescheuerter Ballon, das ist ein Luftschiff, und das da unten ist kein Korb, sondern eine Gondel. Wenn einer etwas anderes sagt, werde ich wütend!«

Ich kann nicht mehr wirklich sagen, was mir durch den Kopf ging. Aber das Bild vor meinem inneren Auge ähnelte verdächtig einem weißen Kreuz mit Mohnblume, dem Symbol für das Andenken an die gefallenen Soldaten. Wir sollten in Fünfergruppen springen, ich als Vierter meiner Gruppe.

»Okay, Leute, ihr seid dran, kommt mit.«

Also folgten wir ihm, kletterten in den Korb (sorry, in die Gondel) und klammerten uns krampfhaft an den Rändern fest. Die Gondel stieg in die Höhe, der Sprungmeister rief »EINKLINKEN!«, und wir klinkten unsere Fallschirme an der Aufziehleine ein. Wir stiegen immer höher. Gott, das war echt kein Spaß mehr. Wie so oft in solchen Situationen zog sich mein Hintern zusammen, bis er der Nase eines Eichhörnchens glich. Am unheimlichsten war aber die vollkommene Stille. Es war so still dort oben, dass man die Vögel furzen hören konnte.

»Jungs, wir sind da, auf achthundert Fuß. Befolgt genau meine Anweisungen.« Es gab einen Ausstieg, der den ganzen Flug über offen geblieben war. Wir klammerten uns immer noch an der Brüstung des Korbes fest.

»Warum haltet ihr euch da fest? Ihr springt gleich!«

In diesem Moment dachte ich nur noch: Scheiß auf die PA, scheiß auf die Musik, ich will leben!

»Nummer eins, zum Ausstieg, Hand an den Ausstieg, AB!« Und weg war Nummer eins, dann die zwei, dann die drei … »Nummer vier, zum Ausstieg, AB!«

Ich stieß mich ab und fiel und fiel … bis mich schließlich eine große Hand nach oben riss und ich langsam weiter abwärts schwebte. Ich lachte laut und steuerte meinen Fallschirm nach unten. Bei der Landung spürte ich keinen Schmerz, sondern nur ein explosives Gefühl der Erleichterung. Am liebsten wäre ich gleich noch einmal gesprungen, schließlich hatte ich gerade acht Pfund verdient.

An dem Tag sprangen wir noch ein weiteres Mal, machte sechzehn Pfund.

Um sich die Fallschirmjäger-Flügel zu verdienen, musste man sieben Sprünge absolvieren, zwei aus einem Luftschiff und fünf aus einem Flugzeug. Das kam als Nächstes, und es war vollkommen anders.

Am folgenden Morgen traten wir im Hangar an, wo uns die gut fünfundzwanzig Kilo schweren Taschen mit der Ausrüstung ausgehändigt wurden. Diese schnallte man sich an das rechte Bein, und von dort führte ein rund fünf Meter langes breites Band zum Hüftgurt, wo es mit einem Schnellverschluss eingeklinkt wurde. Wenn sich der Fallschirm nach dem Absprung vollständig geöffnet hatte, ließ man die Tasche los, sodass sie von der Hüfte herabbaumelte. Auf diese Weise hatte man nach der Landung seine Ausrüstung direkt bei sich.

Das Problem war, dass diese Dinger wie ein Pendel zu schwingen begannen. Das konnte dir im wahrsten Sinne des Wortes ganz schön auf die Eier gehen. Und als wäre das nicht schon genug, bekamst du auch noch einen gehörigen Einlauf von den Obermackern, wenn du das Ding aus lauter Angst abwarfst. In erster Linie, weil du damit die Leute unter dir in größte Gefahr brachtest.

Aus einem Flugzeug abzuspringen, ist für jeden eine heftige Erfahrung, egal ob Mann oder Milchbubi. Noch dazu konnte man mit einem Gewicht von mehr als fünfundzwanzig Kilo am Gurt kaum laufen. Dann war da noch das Dröhnen der Triebwerke – und es war mein allererster Flug mit einem Flugzeug überhaupt. Wir kletterten in den Rumpf und tasteten uns zu den Netzen vor, in denen wir Platz nahmen. Dann prüften wir den ordnungsgemäßen Sitz unserer Helme. Niemand lächelte, niemand riss Witze, unsere Gesichter waren wie erstarrt.

Das Flugzeug hob ab und gewann langsam an Höhe. Es war eine Blackburn Beverly, so alt und müde wie ein Grubenpony.

Wir kreisten, bis der Sprungmeister irgendwann aufstand. Er ließ den Blick durchs Flugzeug schweifen und hob beide Arme. Das Signal zum Aufstehen. Also erhoben wir uns und blickten ihn an.

»EINKLINKEN!«

Wir konnten ihn nicht hören, aber durch seinen gekrümmten Zeigefinger verstanden wir ihn auch so.

»AUSRÜSTUNG CHECKEN!«

Das bedeutete, dass jeder das Gurtzeug seines Vordermanns überprüfte, damit dem nichts passieren konnte. Zugleich hoffte man, dass der Kollege hinter einem dasselbe machte. Wir waren bereit. Das rote Licht leuchtete. Verdammt noch mal, was zum Teufel tat ich da? Warum nur brachte ich mich immer wieder selbst in solche Schwierigkeiten?

Sehr geehrte Mrs. Johnson, hiermit überreichen wir Ihnen einen Eimer mit den Überresten des Soldaten Johnson.

Nicht nachdenken, Brian!

Die Ampel schaltete auf Grün, und der Erste sprang. Man sah buchstäblich nichts, bis man zur Tür kam und plötzlich weit unten die Erde erschien.

Es ging unglaublich tief hinab, und alles ging so unglaublich schnell. »Ab!«, ertönte das Kommando, und ich sprang. Einige Sekunden lang befand ich mich nahezu in der Horizontalen, dann öffnete sich der Schirm. Puh! Glück gehabt.

Verdammt, ich hatte den Schnellverschluss vergessen. Ich löste ihn, und der Sack baumelte unter mir. Wir näherten uns der Erde. Bei der Landung rollte ich mich ein wenig ab, dann raffte ich den Fallschirm zusammen. Alles gut, ich hatte es geschafft (vierundzwanzig Pfund).

Wir absolvierten noch vier weitere Sprünge, jeder einzelne davon so aufregend wie beängstigend. Aber ich hielt durch.

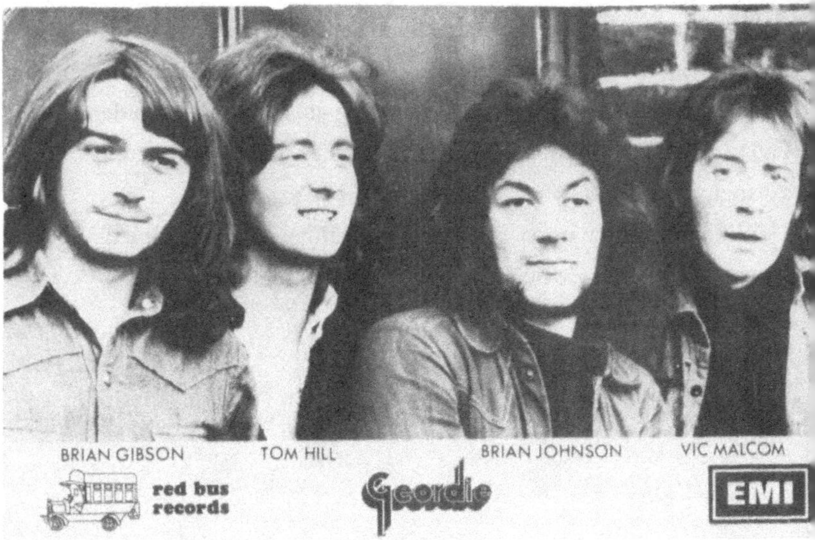
BRIAN GIBSON
TOM HILL
BRIAN JOHNSON
VIC MALCOM
red bus records
Geordie
EMI

11

Geordie Boy

Ich kaufte die PA-Anlage in einem Musikgeschäft namens Windows in der Central Arcade von Newcastle, einer wunderschönen Einkaufspassage mit Glasdach aus der edwardianischen Zeit. Was ich bezahlt habe, weiß ich nicht mehr. Aber als der Verkäufer mir anbot, in Raten zu zahlen, sagte ich einen Satz, den ich niemals aus meinem Mund erwartet hätte: »Nein danke, ich zahle bar.«

Bei der PA handelte es sich um ein WEM-System mit Hundert-Watt-Verstärker sowie zwei Boxen mit jeweils vier Acht-Zoll-Lautsprechern. Heutzutage hat die Stereoanlage in jeder x-beliebigen südkoreanischen Karre mehr Wumms, aber damals war es der absolute Hammer. Ich hatte sogar noch etwas Geld für ein Hallgerät übrig. Damit klang ich echt wie ein Profi! Ich achtete allerdings darauf, es nicht zu übertreiben, denn die schlechten Sänger konnte man immer daran erkennen, wie sehr sie ihr Hallgerät aufdrehten.

Doch nicht nur meine PA-Anlage gab meinem Selbstbewusstsein einen ordentlichen Schub. Da ich nun meine sieben Fallschirmsprünge absolviert hatte, wurden mir bei einer Zeremonie der Territorial Army offiziell meine Flügel verliehen. Das war einer der schönsten Momente meines Lebens. Anschließend kehrte ich in meiner kompletten Montur aus rotem Barett, Kampfanzug und Springerstiefeln nach Hause zurück. In der Uniform der Fallschirmjäger sah man einfach wie ein knallharter Typ aus. Keine glänzenden Knöpfe, keine Schärpen, nichts dergleichen. Man wirkte eher so, als würde man gleich über feindlichem Territorium aus einem Flugzeug abspringen, um meilenweit durch den Schlamm zu robben und eine Brücke in die Luft zu jagen. Ich schwöre, dass mein Vater eine Träne des Stolzes verdrückte, als er mich zum ersten Mal so sah – um mich gleich darauf in seinen Club zu zerren und seinen Freunden vorzuführen. Der Ausdruck auf seinem Gesicht machte mich überglücklich.

Da ich nun außerdem über das richtige musikalische Equipment verfügte, war es an der Zeit, mich wieder wichtigeren Dingen zu widmen als dem Kalten Krieg. Ich brauchte eine neue Band und Gigs.

Bevor ich darauf zu sprechen komme, sollte ich wohl erst mal ein wenig zurückspulen. Nachdem ich mich von The Gobi Desert Canoe Club getrennt und geheiratet hatte, zog ich mich nicht vollständig aus der Musikszene zurück.

Eine Zeit lang hatte ich mit ein paar Jungs aus Seaton Delaval und einem Keyboarder, den ich nur unter dem Namen »Shrimp« kannte, herumgemacht. Sie hatten in einer Band namens Hannibal Kemp gespielt – keine Ahnung, wie sie auf den Namen gekommen waren. Jetzt wollten sie mit mir eine neue Band gründen, allerdings unter demselben Namen, um ihre alten Fans bei der Stange zu halten. Das einzige Problem: Sie hatten nie wirklich Fans gehabt. Kein Wunder also, dass bei unserem ersten Konzert niemand auftauchte. Nach dem Desaster kamen wir zu einer Krisensitzung zusammen, aber auch nach mehreren Stunden voller hitziger Diskussionen über einen neuen Namen ließ die Inspiration auf sich warten. »Wir brauchen einfach etwas … Frisches!«, sagte ich. Das war es. Von nun an nannten wir uns Fresh.

Im Grunde war Fresh eine tolle kleine Band. Unsere Musik war ein bisschen zugänglicher und massentauglicher als der rockige Blues von The Gobi Desert Canoe Club. Wir coverten Songs wie »Magic Carpet Ride« von Steppenwolf und »Back in the USSR« von den Beatles, ein fantastischer Rocksong mit treibendem Pianoriff. Allerdings sah ich nicht gerade aus wie ein Rocker. Ich war noch in der Fallschirmjägerausbildung und bereitete mich darauf vor, die Welt vor den kommunistischen Horden zu retten. Also trug ich die Haare kurz geschoren. Einige Jahre danach hätte ich mit der Frisur wenigstens den Punk geben können. Doch so wirkte ich äußerlich einfach komplett fehl am Platz.

Wir traten zwar nur selten auf, aber ich liebte das Gemeinschaftsgefühl, das ganz automatisch entstand, wenn man in einer Band spielte.

Wir streiften als Band durch die Stadt. Wir gingen als Band in den Pub. Wir lungerten als Band vor den Schaufenstern der Central Arcade herum, wo wir auf die druckfrischen Notenblätter der Songs warteten, die gerade in die Charts eingestiegen waren.

Unseren kreativen Höhepunkt erreichten wir, als wir einen Saxofonisten in die Band holten. Zufällig war er einer der besten Turbinenbauingenieure bei Parsons, ein absolut brillanter Typ. Allerdings nicht ganz so brillant auf dem Saxofon. Genau genommen beherrschte er das Instrument gar nicht. Aber ein paar Töne kriegte er trotzdem hin.

Die größte Leistung unseres Saxofonisten war die Konstruktion einer genialen, nahezu Pink-Floyd-artigen Lichtanlage. Das Herzstück war ein alter Plattenspieler, auf dem er zehn Mikroschalter befestigte. Wenn der Plattenteller sich drehte, berührten die Schalter in einer bestimmten Abfolge verschiedene Kontakte, die dann elektrische Signale an zehn Lampenfassungen sendeten. Diese waren auf einem Brett angebracht und mit Glühbirnen in unterschiedlichen Farben bestückt – allerdings nicht mit Glühbirnen für den Hausgebrauch, sondern mit riesigen, flutlichtartigen Dingern. Als er uns die Anlage vorführte, fielen uns die Kinnladen herunter. Es war wie ein Stroboskop, aber in Farbe. Der absolute Wahnsinn.

Auf einem unserer Bandtreffen beschlossen wir, diese Geheimwaffe bei unserem nächsten Auftritt einzusetzen, genauer gesagt während des Gitarrensolos in »Magic Carpet Ride«. Vor Aufregung spulten wir die Songs davor doppelt so schnell ab wie üblich. Dann kam der große Moment. Das Gitarrensolo begann, das Bühnenlicht wurde gedimmt, der umgebaute Plattenteller setzte sich in Bewegung, die Mikroschalter wurden nacheinander aktiviert, und dann …

Eine riesige Glühbirne nach der anderen leuchtete auf, und eine nach der anderen explodierte. Farbige Glassplitter flogen durch die Gegend.

Es war immer schon mein Traum gewesen, das Publikum zum Schreien zu bringen.

Aber auf die Verletzungen und das Blut hätte ich verzichten können.

Bald darauf eröffnete sich mir eine neue Gelegenheit. Das Angebot kam von unerwarteter Seite, nämlich von einer frechen, jungen Schwarzen Komikerin und Sängerin namens Ruth Saxon, deren Markenzeichen platinblonde Perücken waren.

Ruth stammte ursprünglich aus London und sorgte für frischen Wind in der Szene der Working Men's Clubs. Und sie wurde ständig gebucht. Sie pflegte die Aura eines Stars, legte sich einen amerikanischen Akzent zu, mietete ein großes Haus und hatte sogar einen Manager. Selbstverständlich waren das damals die Siebzigerjahre, also musste sie mit Sicherheit rassistische Anfeindungen ertragen, aber sie war eine solche Naturgewalt, dass niemand den Mumm gehabt hätte, ihr auf der Bühne blöd zu kommen.

Zu jener Zeit war das Hippie-Rockmusical *Hair* immer noch in aller Munde. Ein Riesenphänomen. Es dürfte dem Ticketverkauf nicht gerade geschadet haben, dass die Darsteller nach der Hälfte der Aufführung blankzogen.

Wie auch immer, *Hair* hatte Ruth auf eine Idee gebracht – glücklicherweise nicht die, sich selbst nackt auf die Bühne zu stellen. Sie verfasste ein Kabarettprogramm, mit dem sie landesweit touren wollte, begleitet von einer Rockband im Stil von *Hair*.

Und da kam ich ins Spiel, zusammen mit einem Teil meiner alten Kumpels von The Gobi Desert Canoe Club.

Nachdem ich meine neue PA-Anlage gekauft hatte, war mehr oder weniger die gesamte Band unter dem neuen Namen The Jasper Hart Band wieder zusammengekommen. (Erneut muss ich leider gestehen, dass ich keine Ahnung habe, woher der Name kam.) Ken Brown spielte Gitarre, Steve Chance Bass und Fred Smith erneut Schlagzeug. Das einzige Problem: Wir hatten alle Vollzeitjobs und ich noch dazu Frau und Kind. Daher blieben uns als Ersatz für die Proben nur die Auftritte selbst.

Immerhin bekamen wir Gigs, was zum einen meiner PA zu verdanken war, zum anderen der Tatsache, dass wir mittlerweile auch Songs ohne fünfzehnminütige Blues-Soli im Programm hatten. Sogar die Working Men's Clubs buchten uns wieder.

Nach einem dieser Gigs kam Ruths Managerin auf uns zu und erzählte uns von Ruths Idee. Keiner von uns war wirklich ein Fan von *Hair*, denn so wie wir das damals sahen, waren Musicals etwas für Tussen und Tunten. Aber hey, wo Geld ist, da findet sich auch ein Wille – sogar der Wille, Songs aus der Hölle zu covern.

Aber das Angebot war an Bedingungen geknüpft. Erstens mussten wir einen Keyboarder engagieren, um uns musikalisch breiter aufzustellen. Zweitens sollten wir das Studio One in der Clayton Street zum Proben mieten, denn Ruth war aufgefallen, wie wenig Übung wir hatten. Außerdem verlangte sie, dass wir uns angemessene Bühnenklamotten besorgten.

Das alles war unglaublich aufregend, aber auch reichlich stressig. Aufregend deshalb, weil wir einen Keyboarder fanden – einen Typen namens Alan Taylerson –, durch den unsere Band auf fünf Mitglieder anwuchs. Alan hatte bereits mit Ken, Steve und Fred in einem anderen Projekt namens Crusade gespielt. Stressig wurde es dadurch, dass unsere Ausgaben in die Höhe schossen, als wir den Proberaum mieteten und uns nach passenden Klamotten umsahen.

Wir mussten sogar für ein Fotoshooting bis nach Manchester fahren, weil Ruth das so wollte. Dabei hatten wir eigentlich gar nicht das Geld dafür.

Immerhin würden wir auf Tour gehen.

Als wir aus Manchester zurückkamen, erfuhren wir, dass unsere erste Show in einem Varieté in Newcastle stattfinden sollte. Ein Testlauf, um zu sehen, ob wir für eine richtige Tournee bereit waren.

Am Tag der Show platzte Ruth rein und verkündete aufgeregt, dass die Stars der Wanderproduktion von *Hair*, die gerade im Theatre Royal gastierte, am Abend vorbeikommen würden, um »sich all die Songs anzuhören, die wir einstudiert haben«.

»Was für Songs, die wir einstudiert haben?«, fragte ich aufrichtig verwirrt.

»Die Songs aus *Hair*!«, antwortete Ruth.

»Aber wir haben doch gar keine Songs aus …«

»Hier sind die Noten«, sagte sie und reichte mir eine Mappe. Das Dumme war nur, dass niemand aus der Band Noten lesen konnte.

Wir schauten uns an und stöhnten gequält. Zusätzlich zu unserem geprobten Set mussten wir nun in den Stunden vor unserem ersten Auftritt neues Material wie »Aquarius« und »Good Morning Starshine« durchhecheln. Ganz zu schweigen von Songs mit Titeln wie »Sodomy«, »Hashish« und schlimmer. Manches von dem Zeug wäre heute schlicht unvorstellbar.

Abends erschienen dann fast alle Darsteller des Musicals geschlossen bei unserer Show. Das war auch gut so, denn sonst kam kaum jemand. Die Männer von *Hair* trugen diese großen flauschigen Dinger über den Schultern, die Frauen zogen ihre Tops aus – wie es auf dem Höhepunkt der 1960er-Jahre eben üblich war, auch wenn wir mittlerweile das Frühjahr 1970 schrieben. Letztlich spielten wir also vor nahezu leeren Rängen diese Musik, die uns am Allerwertesten vorbeiging, während all diese Schauspieler wild herumsprangen und tanzten.

Was für eine Zeitverschwendung.

Ruth hatte anscheinend für Hardrock nicht das Geringste übrig. Ich dagegen hörte von Tag zu Tag härtere Sachen. Das große Schlüsselerlebnis war für mich ein Konzert von Status Quo im Oktober 1969, das ausgerechnet im Central Youth Club in Blaydon stattfand.

Ich habe vergessen, wer mich dorthin begleitete. Auf jeden Fall wollte ich es um nichts auf der Welt verpassen.

Also fuhr ich an jenem Freitagabend mit dem Doppeldeckerbus der Linie 89 die rund fünfeinhalb Kilometer direkt ins Zentrum von Blaydon. Vor Ort besorgte ich mir eine Eintrittskarte, dann betrat ich den Laden, wo mich ein dunkler, beinahe menschenleerer Saal erwartete. Die meisten Leute fuhren am Freitagabend nach Newcastle, weshalb hier wenig los war. Aber das war mir egal, ich freute mich trotzdem auf die Show. Als die Scheinwerfer angingen, kamen ein paar Typen raus und machten sich auf der Bühne zu schaffen. Doch Moment mal – das waren nicht irgendwelche Typen, sondern die Musiker. Genau im Zentrum der Bühne türmte sich ein unglaubliches Schlagzeug auf, mit mehr Becken, als ich jemals gesehen hatte. Die Amps waren riesig. Alles war genau so, wie es sein sollte.

Dann trat wie aus dem Nichts Rick Parfitt, einer der Gitarristen, ans Mikrofon und brüllte: »WIR SIND SCHEISS LAUT, UND WEM DAS NICHT GEFÄLLT, DER KANN SICH JETZT VERPISSEN, UND SCHEISSE, NEIN, WIR SPIELEN NICHT ›PICTURES OF MATCHSTICK MEN‹.«

Wow, er hatte in einem Gemeindesaal das S-Wort ausgesprochen, und zwar *scheiß* laut.

Gleich darauf knüppelten sie mit »Down the Dustpipe« los. Große Güte, diese Mundharmonika war einfach elektrisierend. Wenn es in meinem Leben nach Little Richard noch einmal eine Initialzündung gab, dann war es dieser Moment.

Status Quo waren damals eine Zeit lang aus dem Rampenlicht verschwunden gewesen, doch in dieser Zeit hatten sie sich in ein wahres Rockmonster verwandelt. Ich weiß nicht mehr, wie lange sie gespielt haben. Aber es war scheiß gut, und es war scheiß laut, und, o Wunder, ich war scheiße noch mal hin und weg. Als hätte mich ein Blitz getroffen. Das Konzert war viel zu schnell zu Ende, und die Jungs verließen ohne Zugabe die Bühne. Wahrscheinlich wollten sie sich schnellstmöglich den Idioten krallen, der ihnen den Auftritt eingebrockt hatte.

Wir trotteten aus dem Saal, holten uns in der Kneipe nebenan ein Bier und hingen draußen ab. Nach vielleicht einer Stunde kam ein Transporter um die Ecke gebogen, in dem die Jungs von der Band saßen. Wir schauten dem Wagen hinterher, als er die Straße runter verschwand. Was auch immer das war, ich wollte ein Teil davon sein.

Während ich mit den Vorbereitungen für die Tour mit Ruth beschäftigt war, tauchte eine noch härtere und lautere Band auf: Black Sabbath. Ich kann nicht ansatzweise erklären, wie revolutionär diese Jungs klangen, als sie Anfang 1970 auf der Bildfläche erschienen, insbesondere ihre erste große Single »Paranoid«. Jeden Tag holte ich für alle bei Parsons freiwillig das Mittagessen aus dem Café nebenan, das The Paddock hieß, wenn ich mich recht erinnere. Der einzige Grund für meinen Eifer war, dass man dort gerade »Paranoid« in die Jukebox aufgenommen hatte, weil der Song auf Platz vier der Charts stand. Die älteren Leute, die dort für ihre Fleischpasteten anstanden, müssen mich gehasst haben, denn ich warf mein gesamtes Kleingeld in die Jukebox und spielte den Song in Endlosschleife. Eine Zeit lang nahmen wir »Paranoid« sogar in die Setlist von Jasper Hart auf, obwohl Ruth ihn nicht mochte. Ohnehin kamen mir bereits ernsthafte Zweifel, ob die Sache mit der professionellen Gesangskarriere tatsächlich eine gute Idee war, wenn das hieß, in halb leeren Varietés Songs aus *Hair* zu spielen.

Doch ich hätte mir gar keine Sorgen machen müssen.

Kurz vor Tourstart war Ruth wie vom Erdboden verschluckt. Einfach weg. Wir hörten nie wieder etwas von ihr, dabei hatten wir uns bis über beide Ohren verschuldet, um die Bühnenklamotten und das gesamte Equipment für die Show zu besorgen. Irgendwann erfuhr ich dann, dass sie etwa zu der Zeit die erste Schwarze Moderatorin bei ITV geworden war. Damals hatten wir davon keine Ahnung.

Wir hatten den Kopf gerade noch mal aus der Schlinge gezogen.

Während meines Dienstes bei den Fallschirmjägern hatte man uns angekündigt, dass wir an einer großen Militärübung in Deutschland teilnehmen würden. Ich musste also rüber auf den Kontinent und die westlichen Demokratien vor den kommunistischen Horden schützen. Der Name der Übung lautete *Red Hammer* oder etwas ähnlich Schwachsinniges.

Zwei Wochen lang würden wir uns hinter den feindlichen Linien durchschlagen. Das furchterregende Black Watch Regiment aus Schottland sowie frankokanadische Einheiten spielten den Feind.

Wir sollten im Schutz der Dunkelheit mit dem Fallschirm abspringen und so viel Chaos und Zerstörung anrichten, wie wir nur konnten. Natürlich bestand die Munition aus Platzpatronen, aber es war trotzdem alles andere als ein Zuckerschlecken.

Nachts mit dem Fallschirm abzuspringen, ist nie toll. Aber sie finden eben immer einen Weg, um die Größe deiner Eier zu messen. Ich glaube, meine waren ganz okay.

Im Dunkel der Nacht wirkte der kaum beleuchtete Innenraum des Flugzeugs gespenstisch und albtraumhaft. Man kam sich vor, als wäre man in einer dröhnenden Röhre gefangen. Es roch wie in der Hölle. Das Wetter war schlecht, der Himmel wolkenverhangen. Wir wurden hin und her geschleudert. Ich spürte, wie die letzte Mahlzeit an meinem Adamsapfel anklopfte und gleich darauf wieder nach unten stürzte. Ups. Keine Toilette an Bord.

In dieser Nacht wurden wir von einem erfahrenen Springer begleitet, der als sogenannter Pathfinder fungieren würde. Er sprang voraus, um sich zu vergewissern, dass die Bedingungen noch vertretbar waren. Sollte er es unbeschadet zur Erde schaffen, würde er dem Flugzeug Bescheid geben. Wenn nicht, dann war er entweder tot oder schwer verletzt. Ein tapferes Kerlchen.

Der Sprungmeister gab uns ein Signal, wir gingen die übliche Routine durch, und dann hieß es: ab in die Dunkelheit.

Uns war eingeschärft worden, bei Nachtsprüngen nicht einen Moment lang unaufmerksam zu sein, weil man weder den Boden noch irgendetwas anderes sieht. Man muss die Knie gebeugt halten, zumindest, wenn einem etwas an der eigenen Männlichkeit liegt.

Doch nach einer Weile beginnt man sich zu fragen, wann man wohl endlich unten ankommt. Und gerade wenn man sich entspannt: Bäm, angekommen!

Es war regnerisch und kühl. Wir rafften unsere Fallschirme und die Ausrüstung zusammen und verschwanden im Wald, wo uns die Offiziere und Sergeants unseren Einheiten zuwiesen. Irgendjemand an der Spitze kannte anscheinend den Weg, denn wir drangen immer tiefer in den Wald vor.

Als wir endlich anhielten, erklärte Corporal Stirling: »Gut, nun errichtet euer Lager, esst etwas und schlaft ein wenig.«

Das war leichter gesagt als getan.

Zuerst muss man geeignete Äste finden und vier davon in den Boden rammen. Wenn man damit fertig ist, häuft man Blätter und was man sonst noch so findet als eine Art Matratze auf dem Boden an. Über diese Konstruktion breitet man schließlich den wasserdichten Poncho. Das ganze Gebilde ist am Ende nicht mal fünfzig Zentimeter hoch – eine ziemliche Mühsal hineinzukriechen, und nass wird man trotzdem.

Als ich meine armselige Unterkunft in der Dunkelheit fertig gebaut hatte, sah ich nach, was es zum Abendessen gab. Ich öffnete meinen Rucksack und holte meine Feldrationen heraus. Mmmh, die Qual der Wahl: eine kleine Büchse mit Würstchen und Bohnen, Hartkekse oder gänzlich undefinierbares Schmorfleisch? Oder wie wäre es mit einer Tube Käse oder Marmelade und zum Abschluss einem schönen Stück Blutschokolade? Ich hatte auch mehrere Tütensuppen zur Auswahl, doch die mussten erst aufgewärmt werden. Dafür hatten wir diese kleinen weißen Blöcke, die ein wenig wie Toilettensteine rochen. Man zündete sie an, füllte einen Becher mit Wasser aus der Feldflasche und stellte ihn auf die sichtgeschützte Flamme. Es dauerte ewig, bis das Wasser heiß wurde. Doch irgendwann konnte man das Suppenpulver oder Teekonzentrat hinzufügen.

In den folgenden Tagen streiften wir durch die Gegend und versteckten uns vor dem Feind oder errichteten Hinterhalte für fiktive Lkw-Konvois. Während es pausenlos regnete. Die Woche zuvor hatte ich noch in einer Band gesungen, und nun lief ich mit einem Gewehr durch Deutschland. Mir kam mein Vater in den Sinn, der fünfundzwanzig Jahre zuvor auch Soldat gewesen war, aber im Gegensatz zu mir jederzeit hätte erschossen werden können.

In einer dieser pechschwarzen Nächte im Wald machten wir irgendwo im Nirgendwo halt. Nach einem langen, anstrengenden Tag wollte ich nur noch schlafen. Zigaretten und Licht waren nicht erlaubt, und die Bäume verdeckten den Himmel.

»Johnson«, flüsterte der Sergeant. »Komm mit, du übernimmst die erste Wache.«

Verdammt, ich war gerade dabei gewesen, einzuschlafen.

Wir stolperten eine Weile durch die Gegend, bis er schließlich sagte: »Hier ist gut. Du hältst schön die Augen offen und die Ohren gespitzt, in zwei Stunden komme ich mit deiner Ablösung zurück.«

»Jawohl, Sergeant!«

Ich lag auf dem Bauch und starrte ins Leere. Nach etwa dreißig Minuten, ich begann gerade einzuschlummern, entdeckte ich in der Dunkelheit etwas. Was zum Teufel war das? Es sah aus wie ein milchig-weißer Soldat mit einem Helm aus dem Ersten Weltkrieg auf dem Kopf. Diese Erscheinung streckte die Hand aus, als würde sie um Wasser oder Hilfe bitten oder … Heilige Scheiße, war das etwa ein Gespenst? Ich wandte mich ab und spritzte mir etwas Wasser ins Gesicht, um Geist und Augen zu erfrischen. Ich sah wieder hin. Die Erscheinung war immer noch da. Gottverdammt! Ich nahm die Beine in die Hand und rannte zurück zur Truppe, die Hosen gestrichen voll. Der Sergeant war nicht gerade erfreut und fuhr mich an: »Was zum Teufel machst du hier?«

Ich erzählte ihm, ich hätte gerade ein Gespenst gesehen. Er packte sich meinen Arm und zerrte mich zurück zum Ort des Spuks. Nichts. Wahrscheinlich war da auch nie etwas gewesen. Doch nun musste ich weitere neunzig Minuten mutterseelenallein ausharren, während mein neuer Freund jederzeit wieder auftauchen konnte. Übrigens glaube ich bis heute nicht an Gespenster.

Fußnote: Zum Glück setzte ein großer, behaarter Schotte des Black Watch Regiments der Sache ein Ende. Er hatte uns beobachtet und griff unvermittelt an. Aus nicht einmal einem Meter feuerte er mir mit dem Gewehr direkt in den Bauch. Gott sei Dank war es nur eine Platzpatrone, aber die Wucht des Treffers warf mich um und raubte mir verdammt noch mal den Atem. Der Schiedsrichter erklärte mich für tot und gab mir eine kleine Schleife, die ich an der Uniform anbringen musste. Wir, die Toten, wurden hinten auf einen Dreitonner verfrachtet und zum Kriegsgefangenenlager gefahren, wo ich einen Tee und ein Sandwich bekam. Purer Luxus, nachdem ich zehn Tage bei Regen im Wald genächtigt hatte. Endlich nicht mehr auf dem harten Boden schlafen. Ich wünschte mir, ich wäre schon früher getötet worden.

Zurück in der Heimat stellte sich heraus, dass die Enttäuschung über die ausgefallene Varieté-Tour mit Ruth Saxon und der finanzielle Schlag für einige Bandmitglieder zu viel waren. Steve Chance und Alan Taylerson verließen kurz darauf die Jasper Hart Band. (Alan soll übrigens später eine Baumarktfiliale in Sunderland geleitet haben.) Aber der Rest von uns wollte noch nicht das Handtuch werfen. Also gingen wir auf die Suche nach neuen Musikern und fanden rasch zwei sehr talentierte Jungs, Tom Hill und Brian Gibson, für Bass und Schlagzeug. Beide genossen in der Gegend einen gewissen Ruf, da sie zuvor in einer Band namens Sneeze gespielt hatten. Es passte auf Anhieb.

Innerhalb kürzester Zeit spielten wir als Band so gut zusammen, wie ich es mir immer erträumt hatte. Wir gaben zwei oder drei Konzerte pro Woche in Working Men's Clubs und Nachtclubs, manchmal sogar zwei an einem Abend. Das war gutes Geld zusätzlich zu meinem Gehalt bei Parsons. Doch das Beste war, dass wir nicht einen einzigen Song aus *Hair* spielen mussten.

Dann eröffnete sich mir eine neue Chance.

Das Angebot kam von einem Typen namens Mike Forster, Manager, Songwriter und aufstrebender Musikmogul, der eine Firma namens Circa 2000 Records gegründet hatte. Er hatte uns live gesehen und schlug uns vor, drei von seinen Songs aufzunehmen. Diese wollte er dann rumschicken, um uns einen Plattenvertrag zu besorgen. Also kehrten wir in die Clayton Street zurück, diesmal in das Aufnahmestudio neben dem Proberaum, um seine ganz guten, wenn auch recht belanglosen Tracks aufzunehmen. Zum ersten Mal sang ich in einem Studio mit diesem großen Mikrofon vor der Nase, während sich die Tonbandspulen drehten. Ein großartiges Gefühl. Unser damaliger Gitarrist Ken Brown hat die Masterbänder bis heute aufbewahrt, und ein Ausschnitt des Songs »Down by the River« ist nach wie vor im Internet zu finden.

Wenn man es sich heute anhört, wird schnell klar, wie unausgereift wir als Band noch waren. Der Song klingt an manchen Stellen einfach leer. Wir waren auf dem richtigen Weg, aber es fehlte noch ein ganzes Stück.

Letztendlich schickten wir unser Demotape zu keiner einzigen Plattenfirma, denn im Lauf der folgenden Wochen verlor die Jasper Hart Band all ihre Mitglieder bis auf eins.

Der Grund war nicht, dass wir genug hatten.

Sondern dass wir abgeworben wurden.

Der Schuldige war Vic Malcolm, ein Gitarrist aus South Shields und im Nordosten so etwas wie eine Legende, ohne allerdings ein echter Rockstar zu sein. Er hatte in einer Band namens The Influence gespielt, zusammen mit dem Sänger John Miles, der für seinen epischen Prog-Rock-Song »Music« bekannt wurde, und dem Schlagzeuger Paul Thompson, der sich später Roxy Music anschloss. Sie hatten 1969 sogar eine Single mit dem Titel »I Want to Live« veröffentlicht. Mit Paul Thompson hatte Vic noch in zwei weiteren Bands zusammengespielt – Yellow und Smoke Stack Crumble –, die beide ebenfalls Singles herausgebracht hatten. Er hatte sogar zwei Wochen im berühmten Top Ten Club auf der Hamburger Reeperbahn gastiert.

Vic war eine große Nummer, ohne jeden Zweifel.

Dass etwas im Busch war, erfuhr ich, als unser Bassist Tom Hill mir erzählte, dass er zum Vorspielen bei Vics neuer Band U.S.A. gegangen war – und den Job bekommen hatte.

Als Nächstes erzählte mir unser Drummer Brian Gibson, dass er ebenfalls vorgespielt hatte und auch ihm ein Platz in der Band angeboten worden war.

Ich war enttäuscht. Tom und Brian waren erst kurz zuvor zur Jasper Hart Band gestoßen, und mit ihnen waren wir so gut wie noch nie. Mit den Songs, die wir gerade aufgenommen hatten, bestand durchaus die Möglichkeit, dass wir den Durchbruch schaffen könnten.

»Wir können Vic Malcolm nicht absagen«, seufzte Tom. »Der Typ könnte der nächste Pete Townshend werden.«

»Ich weiß, ich weiß«, gab ich niedergeschlagen zu. »Ich würde an deiner Stelle wahrscheinlich dasselbe tun.«

»Schön zu hören«, grinste Tom. »Vic will nämlich, dass du für die Band vorsingst.«

Das Vorsingen fand ausgerechnet in einem Pfadfinderheim statt, mitten in einer Sozialsiedlung in South Shields. Die Sache ließ sich ziemlich unaufgeregt an. Am Telefon sagte Vic nur: »Komm einfach vorbei und sing ein bisschen.«

Aber bereits als ich reinkam, kapierte ich, dass das hier etwas anderes war.

Vic spielte als Gitarrist in einer anderen Liga. Er wäre in so ziemlich jeder der größten Bands der Welt genau am richtigen Platz gewesen. Aber er spielte lieber seine eigenen Riffs und Songs. Und sie waren gut. So eingängig, dass man das Gefühl hatte, sie bereits aus dem Radio zu kennen. Auch sein Look stimmte, mit der Fender, der tollen Frisur, dem tief ausgeschnittenen T-Shirt und dem extravaganten Schmuck im Stil von Keith Richards.

Was auch immer du tust, Brian, sagte ich mir, versaue es nicht. Vic hatte drei oder vier seiner Songs für mich aufgeschrieben, darunter »Don't Do That« und »Keep On Rockin'«.

Ich hatte zuvor keinen Gedanken daran verschwendet, wie es sein würde, vollkommen neues Material zu singen. Aber das Gefühl der Exklusivität, als ich eine noch vollkommen unbekannte Single mit Hitpotenzial anstimmte, war magisch. Klar, im Hinterkopf spukte mir der Gedanke herum, dass die Clubs uns niemals dieses Material spielen lassen würden, weil sie Coverversionen verlangten. Aber das war Vic egal. Seine Ziele lagen weit jenseits der Clubszene. Ohne eigene Songs würde man nie einen Plattenvertrag bekommen.

»Du bist dabei«, sagte Vic, als ich mit den Songs durch war. »Natürlich nur, falls du willst.«

Dann erklärte er seinen Plan: Er wollte sich mit U.S.A. einen Namen in den Working Men's Clubs machen, bis die Band sich blind verstand, dann ein Demo aufnehmen, das Demo einigen seiner Kontakte bei Londoner Plattenfirmen schicken, einen Plattenvertrag an Land ziehen, die Musik zum Beruf machen und einige Singles herausbringen, mit denen wir es zu *Top of the Pops* schaffen würden. So wie er das sagte, klang es beinahe simpel.

Es gab nur ein Problem – Ken. Der arme Kerl hatte als Einziger kein Angebot von Vic bekommen. Für einen Gitarristen hatte Vic schlicht keine Verwendung, da er selbst zu den besten des gesamten Nordostens zählte. Besonders heikel wurde es dadurch, dass Ken mit meiner Schwägerin zusammen war. Ehrlich gesagt, schien die Zeit der Jasper Hart Band einfach abgelaufen zu sein. Es war brutal, insbesondere nach all dem, was wir mit Ruth Saxon durchgemacht hatten. Aber so ist das Musikgeschäft nun mal.

Der erste Gig von U.S.A. fand Anfang 1972 statt, ich glaube, in Peterlee in der Grafschaft Durham.

Peterlee war eine dieser überall in Großbritannien gegründeten »neuen Städte«. Es war ein Albtraum, sich dort zurechtzufinden, da die Stadt in Zonen aufgeteilt war und in diesen Zonen die Straßen dieselben Namen trugen. Dazu kam, dass die roten Backsteinhäuser dort alle gleich aussahen. Der Auftritt sollte in einem Working Men's Club stattfinden, allerdings gab es etwa ein halbes Dutzend dieser verdammten Dinger, die ebenfalls alle gleich aussahen und deren Namen sich nur geringfügig voneinander unterschieden. Als wir den richtigen gefunden hatten, waren wir bereits ziemlich spät dran. Der »Konzertobmann« des Clubs – mit diesem großartigen Titel schmückten sich die Gewerkschaftsmänner, die sich dort um das Liveprogramm kümmerten – war bereits leicht angesäuert. Nicht gerade der allerbeste Auftakt zu unserem ersten Gig. Vor allem, weil ich auch noch ziemlich nervös war, da ich unsere eigenen Songs singen würde.

Aber unsere Nervosität löste sich wenige Minuten, nachdem wir begonnen hatten, in Luft auf. Das Publikum merkte gar nicht, dass wie keine Coverversionen spielten, so gut waren Vics Songs. Als wir bei unserer Zugabe »Don't Do That« ankamen, sangen ein paar Leute sogar mit. Ich konnte es nicht fassen.

Ehe ich mich versah, spielten wir in Clubs und Tanzlokalen, die von der Jasper Hart Band nichts hatten wissen wollen. Bereits nach sechs Monaten waren wir Headliner einer Show vor fünftausend Zuschauern im Croft Park, der Heimat des Fußballvereins Blyth Spartans. Wir hatten an dem Abend gleich zwei Vorbands. Die eine nannte sich Lyght Plynth, die andere war eine Rockband namens Brass Alley. Der Leadsänger von Brass Alley war ein lokaler Star namens Dave Ditchburn, der bis heute einer meiner Lieblingssänger ist und einst mit Vic bei Vince King and the Stormers zusammengespielt hatte. Diese Band hatte sich einen Namen gemacht, weil sie 1963 bei einem Wettbewerb einen Auftritt im Astoria Ballroom in Middlesbrough gewonnen hatte – als Support für eine angesagte neue Band aus Liverpool.

Ganz recht: Vic war mal Opener für die Beatles gewesen.

Mit diesem Mann stand ich also nun gemeinsam auf einer Bühne.

Bereits wenige Monate später hatten wir ein Demotape fertig. Es war an der Zeit, dass Vic und Tom nach London fuhren, um bei den Plattenfirmen dort auf den Busch zu klopfen. Sie nahmen den Ford Transit der Band und fuhren direkt nach Soho, wo sie in der Wardour Street parkten. Das war damals noch möglich, weil es weder Radklammern gab noch Parkuhren, die man stündlich mit zehn Pfund füttern musste.

Ich hätte sie begleitet, aber es war mitten in der Woche, daher kam das nicht infrage.

Kaum hatten Vic und Tom den Van geparkt, fiel in ganz London der Strom aus, wie es in den Siebzigerjahren immer wieder überall in Großbritannien passierte. Ohne Strom jedoch konnten die ersten Plattenfirmen, bei denen sie vorbeischauten, das Demo nicht abspielen. Ich habe keine Ahnung, ob die Jungs Tapes zurückließen oder nicht – und Vics Erinnerung daran ist auch nicht klarer. Auf jeden Fall ging der Strom gerade wieder an, als sie zu einer Plattenfirma namens Red Bus Records kamen. Sie war noch neu auf dem Markt, hatte aber gerade einen Lizenzvertrag mit EMI unterzeichnet und war auf der Suche nach neuen Acts. Das Timing hätte nicht besser sein können.

Vic und Tom wurden von Ellis Elias empfangen, einem coolen Showbusiness-Typen, der den Finger am Puls der Zeit hatte. Er betrieb Red Bus zusammen mit Eliot Cohen.

»Also, Jungs, das Zeug ist großartig, doch, ja, gefällt mir«, sagte Ellis, nachdem er sich das Band angehört hatte.

»Dann, äh … werden Sie es sich also durch den Kopf gehen lassen … und uns anrufen?«, fragte Vic.

»Ich denke nicht, dass das nötig sein wird«, erwiderte Ellis.

Noch am selben Abend klopfte jemand bei mir an der Tür. Es war Tom, der gerade aus London zurück war. Er stand noch völlig unter Schock.

»Wir haben es verdammt noch mal geschafft«, sagte er.

»Ihr seid das Band losgeworden?«, fragte ich.

»Nein. *Wir haben es geschafft!*«

»Ich verstehe nicht«, sagte ich. »Seid ihr das Band nicht losgeworden?«

»Wir haben einen Plattenvertrag!«

In dem Moment fiel mir wieder ein, dass ich verheiratet war und ein Kind sowie einen Vollzeitjob hatte. Einerseits war ich also überglücklich, aber zugleich fragte ich mich: Was zum Teufel soll ich jetzt tun?

Mir blieben nur achtundvierzig Stunden, um mich zu entscheiden. Red Bus wollte, dass wir mit U.S.A. so schnell wie möglich nach London kamen und eine erste Single aufnahmen, also jeweils einen Song für die A- und die B-Seite. Später sollte ein Album folgen. Allerdings gab es keine Garantie dafür. Falls die Single floppte, würde es vielleicht nie ein Album geben. Wir mussten es einfach darauf ankommen lassen.

Carol machte sich natürlich Sorgen. Sie quälte der Gedanke, dass alles schiefgehen könnte und wir am Ende noch abgebrannter wären als ohnehin schon. Mein Job als technischer Zeichner war zwar nicht sehr lukrativ, bot jedoch Sicherheit. Ein fester Job bedeutete auch, dass ich im Haushalt helfen konnte. Würde ich dagegen als Rock'n'Roll-Musiker auf Tour gehen, müsste Carol sich allein um die inzwischen vierjährige Joanne kümmern. Außerdem stand auch noch die Geburt von Joannes kleiner Schwester Kala kurz bevor und damit die zusätzliche Belastung durch ein kleines Baby. Für Carol war das also ein ziemlich schlechter Deal, es sei denn, U.S.A. würden es an die Spitze schaffen und wir könnten ein Leben in Saus und Braus führen.

Das war also die Lage.

Es war einer dieser Momente im Leben. Nimmst du den ausgetretenen Pfad? Oder ergreifst du deine Chance mit beiden Händen?

Zu meiner eigenen Überraschung machte mir am meisten die Vorstellung zu schaffen, den Jungs auf der Arbeit zu beichten, dass ich kündigen würde, um eine Laufbahn als Musiker einzuschlagen. Sie würden sich vor Lachen bepissen und denken, ich hätte komplett den Verstand verloren. Doch weil das Geschäft nicht mehr so gut lief, bot die Firma den Angestellten, die freiwillig gingen, eine Abfindung an, sodass ich eine perfekte Ausrede hatte. Zudem sah es so aus, als würde das Abfindungsprogramm noch ausgeweitet. Die Lohnkosten in Newcastle waren so sehr gestiegen, dass die Japaner das gleiche Produkt für einen Bruchteil des Preises herstellen konnten. Parsons erzählte seinen Kunden: »Bei uns bekommen Sie den Rolls-Royce der Turbinen, sie halten ewig.« Aber den Kunden war klar, dass eine japanische Turbine auch dann noch günstiger wäre, wenn sie nach zwanzig Jahren ersetzt werden müsste.

Ein weiterer Grund für meine Kündigung war mein Gewerkschaftsobmann, Harry Blair, ein stolzer und sturer Mann mit einer Vorliebe für Kriegsmetaphern, der Mitglied der Kommunistischen Partei war.

Ich mochte Harry, aber wir gerieten immer wieder aneinander, weil mir seine politischen Ansichten sauer aufstießen. Einmal hatte ich sogar eine kleine Fehde mit ihm, nach der er mich komplett links liegen ließ. Der Grund war mein Einspruch gegen die Änderung des Namens unserer Gewerkschaft von Draughtsmen's and Allied Technicians' Association (DATA) in Technical, Administrative and Supervisory Section (TASS). Mein Einwand lautete, dass TASS auch der Name der berüchtigten sowjetischen Propaganda-Nachrichtenagentur war.

»Genau!«, sagte Harry, als ich ihn darauf hinwies. »Wir zeigen Solidarität mit unseren Brüdern!«

Also machte ich ihm meinen Standpunkt unmissverständlich klar. Immerhin war ich Angehöriger der Streitkräfte, die ihn vor eben diesen Kommunisten schützen sollten. Daraufhin wechselte er eine volle Woche lang kein Wort mit mir und verkündete das sogar vor allen Kollegen.

Wohlgemerkt, mit Harry konnte man auch jede Menge Spaß haben, vor allem, wenn er ein paar Bierchen intus hatte.

So fand etwa bei Parsons jedes Jahr eine große Weihnachtsfeier für alle technischen Zeichner statt, bei der jeder von uns etwas zum Besten geben musste. Einmal war Harrys Beitrag dazu ein traditionelles Newcastler Lied mit dem Titel »Geordie's Lost His Liggie«. Darin geht es um einen kleinen Jungen, der seine »Liggie« (Murmel) verliert und alles dafür tut, um sie wiederzufinden. Unter anderem stochert er mit einem Besenstiel in der Toilette herum, bevor er sie mit Dynamit in die Luft jagt, nur um schließlich festzustellen, dass die fragliche Murmel die ganze Zeit in seiner verdammten Tasche war. Harrys Version des Liedes brachte den Saal zum Beben. Ich werde ihm auf immer dankbar dafür sein, dass ich den Song durch ihn kennenlernte, denn später habe ich mit Vic und den Jungs eine eigene Version aufgenommen, die bei unseren Auftritten immer eine Riesengaudi war.

Der betriebsbedingte Stellenabbau war ein Geschenk des Himmels, denn ich erhielt eine einmalige Abfindung von achthundert

Pfund – ein gewaltiger Batzen Geld für jemanden, der wöchentlich sechsunddreißig Pfund verdiente. Wenn der Plattenvertrag nicht zustande käme, so dachte ich, könnte ich immer noch eine Weile von dem Geld leben und mir in Ruhe einen anderen Job als Zeichner suchen. Das war natürlich Wunschdenken – die Schwerindustrie lag im gesamten Nordosten im Sterben, und die entsprechenden Jobs verschwanden ebenso rasant, wie die Aufträge für Turbinen ausblieben. Aber auf diese Weise hatte ich ein besseres Gefühl dabei, das Risiko einzugehen.

Ein paar Tage darauf wurden U.S.A. vom *Evening Chronicle* für eine Story mit dem Titel »Stars der Zukunft« fotografiert. Im Anschluss machten wir uns mit unserem gesamten Equipment im Transit auf den Weg nach London. Tom saß am Steuer, Brian auf dem Beifahrersitz. Auf der Rückbank mussten Vic und ich bei jeder Bremsung die Boxen abwehren, die nach vorne stürzten. Die Fahrt war also alles andere als entspannt, zumal wir mitten in der Nacht aufbrachen, weil wir um neun Uhr morgens in London sein wollten. Aber das war uns völlig egal. Wir kriegten das Grinsen nicht aus unseren Gesichtern.

Triumphierend schritten wir durch die Eingangstür von Red Bus Records.

Nur um sogleich wieder auf den Boden der Tatsachen zurückgeholt zu werden.

Folgende Szene spielte sich ab:

»Wegen des Namens, Jungs«, sagte Ellis und runzelte wohlwollend die Stirn. »Wir sind uns nicht sicher, ob ›U.S.A.‹ wirklich die richtigen Assoziationen auslöst. Ich meine, denkt man da nicht eher, dass ihr von jenseits des Großen Teichs kommt?«

»Nein, finde ich nicht«, erwiderte Vic. »Der Name sagt nur, dass wir amerikanisch angehauchten Rock spielen.«

»Hmm«, brummte Ellis.

»Mir gefällt U.S.A.«, sprang ich Vic zur Seite.

»Mir auch«, ergänzte Tom. Der andere Brian nickte zustimmend.

»Hmm«, brummte Ellis erneut. »Wir haben an einen Namen gedacht, der irgendwie mehr zu euren Wurzeln passt.«

»Tja … ich glaube, da könnte was dran sein«, sagte Vic achselzuckend.

»Stimmt schon, unsere Wurzeln als Band sind ziemlich klar«, stimmte Tom zu.

»Wunderbar!«, rief Ellis aus und klatschte in die Hände. »Dann haben wir es ja. Wir ändern euren Namen in … Geordie.«

Betretenes Schweigen breitete sich aus.

Wir schauten uns entsetzt an und wagten nicht, laut zu äußern, was uns allen durch den Kopf ging. Geordie schien so, nun ja, offensichtlich. Außerdem würde der Name für die Menschen außerhalb Großbritanniens überhaupt keinen Sinn ergeben. Woher sollten sie wissen, dass die Bewohner von Newcastle als Geordies bezeichnet wurden und die vier Jungs in der Band allesamt Geordies waren? Ganz zu schweigen davon, dass Geordies in einigen Gegenden Großbritanniens nicht gerade hoch im Kurs standen. In Sunderland, zum Beispiel. Wer in Sunderland in einem Bandbus mit der Aufschrift *Geordie* vor dem Boilermaker's Club auftauchte, konnte von Glück reden, wenn er mit dem Leben davonkam. Aber Ellis schien das nicht zu stören – vermutlich, weil der Typ außer auf dem Weg zum Flughafen noch nie aus Golders Green rausgekommen war.

Vielleicht hätten wir etwas sagen sollen. Aber wir konnten es immer noch nicht fassen, dass wir tatsächlich Geld dafür bekamen, eine Platte aufzunehmen, obwohl wir es mit Begeisterung jederzeit auch umsonst gemacht hätten. Das war nicht der richtige Zeitpunkt, um einen Streit vom Zaun zu brechen.

Damit war das Treffen vorbei.
Und die Entscheidung gefallen.
Wir hießen Geordie.

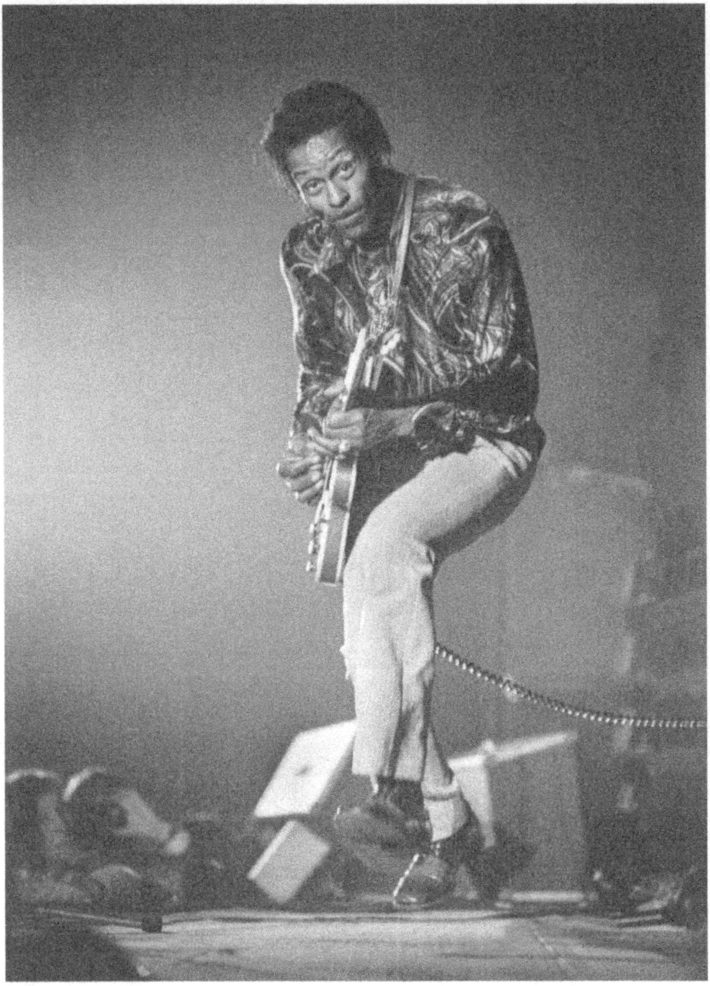

12

Wardour Street

In der Geschichte der schrecklichen Bandnamen belegt Geordie gewiss nicht einen der vorderen Plätze. Man denke etwa an Showaddywaddy. Oder an die Jungs von Kajagoogoo. Außerdem verflogen alle Sorgen wegen des neuen Namens, als wir einen ersten Vorgeschmack auf unsere künftigen Erfolge bekamen.

Kaum hatten wir Ellis' Büro verlassen, wurden wir aus dem Gebäude eskortiert und in ein Kaufhaus in der Carnaby Street geführt, wo uns ein ganzes Bataillon von Verkäufern mit Pfundzeichen in den Augen erwartete.

Als wir den Laden betraten, sahen wir noch wie vier ganz normale Jungs aus dem Nordosten aus. Doch als wir ihn verließen, trug Vic Absatzstiefel und einen knielangen Mantel aus glitzernden Metallscheiben, Tom einen schwarzen Seidenhut und eine passende Bomberjacke mit Puffärmeln und ich eine Hillbilly-Latzhose und die gleichen Stiefel wie Vic, nur mit Blitzen an der Seite. Gott sei Dank sollten mir diese Stiefel später gestohlen werden. Einzig der andere Brian wollte bei dem Kostümball nicht mitmachen und lieber an einem langweiligen T-Shirt und Jeans festhalten – bis wir ihn in einen weißen Pailletten-Overall zwängten.

Ich konnte nicht glauben, dass das alles wirklich geschah. Ich meine, das war der wahre Rockstar-Scheiß. Das war kein Traum, sondern die Realität. All diese Menschen machten einen Riesenwirbel um alles, was wir anprobierten. Es war einfach nur verrückt.

Nach dem Einkaufsbummel war es an der Zeit für ein Fotoshooting. Dann ging es zurück zu Red Bus, wo wir einige Papiere unterschrieben und erfuhren, dass jeder von uns ein wöchentliches »Gehalt« von fünfundvierzig Pfund erhalten würde.

Ich weiß noch, wie wir den Rest des Nachmittags wie im Rausch die Wardour Street auf und ab spazierten.

Am Abend wollte Ellis uns zum Essen ausführen, also mussten wir die Zeit bis dahin überbrücken. Während wir so umherliefen, hielt eine Luxuslimousine neben uns. Ein paar super hip aussehende Typen stiegen aus und torkelten in ein kleines italienisches Restaurant. Bei den Kerlen handelte es sich um die Small Faces, oder einfach The Faces, wie sie sich nannten, seitdem Rod Stewart als Sänger eingestiegen war. Ich hätte schwören können, dass ich auch einen Blick auf Steve Marriott erhaschte, einen meiner absoluten Lieblingssänger, der bereits die Band verlassen und Humble Pie gegründet hatte.

Das war ein unglaublicher Moment, denn obwohl wir gerade selbst einen Plattenvertrag unterschrieben hatten, waren wir nach wie vor einfache Fanboys aus Newcastle. Ich weiß noch, wie wir draußen auf dem Gehsteig standen, uns die Nasen an der Scheibe platt drückten und eine der coolsten Bands aller Zeiten dabei beobachteten, wie sie mit dem Restaurantchef plauderte und lachte.

Es dürfte nicht schwer zu erraten sein, wohin Ellis uns am Abend zum Essen ausführte. Richtig, in genau dieses Lokal, wo auch wir mit dem Restaurantchef plauderten und lachten. Aber bei uns wirkte es ein wenig künstlich, denn uns kannten die Leute nur, weil sie von einer der Sekretärinnen aus Ellis' Büro instruiert worden waren. Das war einer der vielen Momente bei Geordie, in denen mir klar wurde, dass wir zwar *fast* cool waren, aber eben nicht ganz. Und es auch nie werden sollten.

Wir gingen davon aus, dass Ellis und seine Geschäftspartner unsere Rechnungen für Restaurantbesuche und alles andere übernahmen. Als Jungs aus der Arbeiterklasse kam es uns schlicht nicht in den Sinn, dass die Ausgaben von unseren künftigen Tantiemen und Ticketeinnahmen abgezogen werden würden – und dass unsere wöchentlichen fünfundvierzig Pfund nur ein Bruchteil von dem waren, was wir tatsächlich verdienten. Ganz zu schweigen davon, dass die Zahlungen ausgesetzt wurden, wenn wir keine Gigs hatten.

Allerdings hätte uns das auch nicht davon abgehalten, den Vertrag zu unterschreiben. Solange wir so viel Spaß hatten, stellten wir keine Fragen. Wir hätten unseren Willi unter alles gesetzt, was man uns vorlegte.[12]

Als wir für einen Auftritt im Marquee Club gebucht wurden – wo die Rolling Stones ein Jahrzehnt zuvor ihren allerersten Gig gespielt hatten –, waren wir happy, als man uns sagte, wir könnten die Hausanlage nutzen. So mussten wir nicht unser Equipment den ganzen Weg von Newcastle dorthin transportieren. Wir gingen davon aus, dass die Clubbesitzer einfach nur nett waren. Aber natürlich stellten sie uns am Ende eine astronomische Summe für die PA-Miete in Rechnung und zogen sie von unserer Gage ab, sodass so gut wie nichts für uns übrig blieb.

---

12 Auf der zehnten Seite des Vertrags befand sich ein roter Stempel, der verkündete, dass die Künstler niemals mehr als zehn Prozent aller Profite erhalten würden. Aber so weit haben wir nicht gelesen.

Aber immerhin traten wir im Marquee Club auf. Für den Gig wurde sogar eine Anzeige im *New Musical Express* geschaltet! Daher erschien es uns akzeptabel, Opfer dieser Abzocke zu werden.

Bei unserer Show im Marquee herrschte natürlich nicht gerade Hochbetrieb. Die hippen Kids hätten niemals Schlange gestanden, um eine Band namens Geordie aus Newcastle zu sehen. Aber ich gab alles, um Schwung in die Bude zu bringen, und ging sogar auf die Knie, um Tom Hill auf meine Schultern klettern zu lassen. Dann stemmte ich ihn hoch und rannte wie ein Bekloppter über die Bühne, mit einem ausgewachsenen Bassisten hinten drauf. Damit kriegte ich die Leute.

Das Marquee war begeistert genug von uns, um uns noch einige Male einzuladen. Allerdings war der Weg von Newcastle dorthin eine ziemliche Zumutung. An manchen Abenden spielten wir unser Set, genehmigten uns ein Bier, stiegen in den Transit, machten uns auf die Suche nach der A1 und folgten ihr vierhundertfünfzig Kilometer bis nach Hause. Eine elende Strecke, wenn man mitten in der Nacht nach einer Show erschöpft (und, nicht zu vergessen, betrunken) in einem klapprigen alten Van unterwegs ist.

Eines Abends herrschte bei unserem Aufbruch in Soho so dichter Nebel, dass wir den Weg zur A1 nicht fanden und schließlich irgendwo im tiefsten Norden Londons halten mussten. Durch die Nebelschwaden entdeckten wir ein reichlich merkwürdig aussehendes Restaurant, über dessen Tür ein Logo mit einem alten, bärtigen Mann in weißem Anzug prangte. Noch merkwürdiger war, dass das Lokal noch geöffnet hatte, obwohl es schon nach zehn Uhr abends war.

Zufällig hatten wir eine der ersten Kentucky-Fried-Chicken-Filialen Großbritanniens entdeckt. McDonald's sollte erst Ende 1974 die erste Zweigstelle im Land aufmachen.

Aus reiner Neugier traten wir ein und bestellten einen »Bucket« mit Hühnchenteilen. Wir nahmen ihn mit zum Wagen, um das Essen mit ein paar Brown Ales runterzuspülen. Insgeheim gingen wir davon aus, dass es so ekelhaft schmecken würde, wie es von etwas zu erwarten war, das in einem Eimer serviert wurde. Aber, o mein Gott, das Zeug war gut. Wir konnten es uns gar nicht schnell genug in den Mund stopfen. Letztlich haben wir uns wohl noch zwei oder drei weitere Buckets geholt. Es war eine Offenbarung. Die Kalorien und gesättigten Fette waren uns scheißegal, aber nicht, weil wir jung und unbedarft waren – wir hatten schlicht noch nie etwas von Kalorien oder gesättigten Fetten gehört.

Die Unwissenheit damals war wirklich ein Segen.

Als unser großer Moment kam, der Moment, der sogar Vic wie ein übergroßes Kind auf und ab hüpfen ließ, saßen wir gerade im Transit und warteten auf dem Weg zu einem Auftritt darauf, die Severn Bridge an der englisch-walisischen Grenze überqueren zu können.

Inzwischen schrieben wir Mitte September 1972, und unsere erste Single »Don't Do That« stand kurz vor der Veröffentlichung.

Wir hatten in den Pye Studios in Marble Arch und den Lansdowne Studios in Holland Park genügend Material für ein ganzes Album aufgenommen, darunter auch unsere Version des Songs, den ich durch meinen Gewerkschaftsobmann Harry bei Parsons kennengelernt hatte, »Geordie's Lost His Liggie«. Ellis hatte das Album produziert, zusammen mit einem fantastischen Italiener namens Roberto Danova, der lange schwarze Haare und einen imposanten schwarzen Schnurrbart trug und genau auf die richtige Weise schmierig war. Er hatte viel mit Tom Jones zusammengearbeitet, was vollkommen Sinn ergab.[13] Das Album, das Anfang des darauffolgenden Jahres erscheinen sollte, hieß *Hope You Like It*. Das Cover sah aus wie ein Geschenk mitsamt Schleife und Etikett, auf das der Titel aufgedruckt war. Ein bisschen kitschig, klar, aber Red Bus wollte uns als freche, lustige Rockband vermarkten, um auch jüngere Teenager anzusprechen.

»Don't Do That« war die Quintessenz davon. Ein treibender, stampfender Rocksong mit Gangshouts, Handclaps und einem Break im Countrystil mit dem Text: »Grab your partner by the hand / C'mon down to Geordie land / Everybody have a go / Get your Brown Ale and do-si-do.« Die B-Seite von »Don't Do That« war eine härtere, reduziertere Nummer namens »Francis Was a Rocker«, die ebenfalls auf einem Riff von Vic basierte.

Da saßen wir also im dichten Verkehr vor der Severn Bridge in unserem Van und hörten wie immer Radio One. Ich könnte schwören, dass es ein Freitagnachmittag war. Auf jeden Fall war gerade Noel Edmonds auf Sendung. Wie üblich spielte er eine Reihe neuer, noch unveröffentlichter Singles, die ihm gefielen. Das reichte oft schon aus, um in der folgenden Woche in die Top 40 einzusteigen.

»Und nun zu unserem nächsten Titel von einer neuen Band aus Newcastle hoch im Norden«, sagte Noel. Uns fiel kollektiv die Kinnlade herunter. »Und ich muss sagen, der macht mir wirklich gute Laune …«

---

13 Meine einzige Erinnerung an den gesamten Prozess ist die, wie Roberto mit uns zum Proben in einen Gemeindesaal ging und Vic fragte, ob er noch mehr Songs hätte. Vic antwortete: »Und ob. Jede Menge!« Und damit begann alles, tolle Zeiten, an die sich weder Vic noch ich erinnern können, was mich echt ärgert. Wie die meisten jungen Musiker waren wir laut, selbstbewusst und im Unrecht – aber auch unschuldig genug, um nicht in sämtlichen Anklagepunkten schuldig gewesen zu sein.

Gab es noch eine Band aus Newcastle, von der wir nichts wussten?

Er würde doch nicht etwa …?

»Wer dazu nicht mit dem Fuß wippt, der hat kein menschliches Blut in seinen Adern«, fuhr Noel fort. »Hier sind – *Geordie*!«

Der Rest ging in unserem ohrenbetäubenden Geschrei unter.

Es war einfach … Wie, bitte schön, soll man auch nur annähernd den Kick beschreiben, wenn man 1972 auf Radio One gespielt wurde?

Mir wären fast die Tränen gekommen.

Blödsinn, jedem von uns lief tatsächlich die Suppe über die Wangen. Wir hatten es geschafft. *Wir hatten es verdammt noch mal geschafft!*

Die Menschen in den anderen Autos müssen sich gefragt haben, was zum Teufel mit den vier johlenden und grölenden Jungs in dem Van los war, die den Wagen wild hüpfend beinahe zum Umkippen gebracht hätten. Ein Polizist signalisierte uns, die Brücke zu überqueren, aber wir mussten am Fahrbahnrand anhalten. In unserem Zustand konnten wir unmöglich fahren.

Noel Edmonds war ein Glücksfall für uns, denn er mochte unser Zeug offenbar tatsächlich. Als einige Tage darauf Tony Blackburn »Don't Do That« spielte, moderierte er uns mit folgenden Worten an: »Manchmal muss man Sachen spielen, die einem nicht unbedingt gefallen, doch hört selber …« Besten Dank noch mal, Tony. Aber dank Noels Unterstützung stieg unsere allererste Single direkt auf Platz zweiunddreißig der Top 40 ein, worauf man uns zu einem Event einer ganz anderen Größenordnung einlud.

Wir sollten bei *Top of the Pops* auftreten.

Top of the Pops war in den Siebzigerjahren nicht einfach nur irgendeine Fernsehsendung, die jeden Donnerstag abends um halb acht auf BBC One ausgestrahlt wurde. Es war eine kulturelle Institution, ein wesentlicher Bestandteil des Erwachsenwerdens und BBC-Käse vom Feinsten! So ziemlich jeder britische Teenager schaute sich die Sendung nach dem Abendessen an, wenn er eigentlich Hausaufgaben hätte machen sollen. Die Zuschauerzahlen erreichten astronomische Höhen: Jede Woche schalteten rund fünfzehn Millionen Zuschauer ein. Daher bedeutete es einen ungeheuren Druck, in der Show zu spielen – oder besser gesagt, so zu tun als ob, denn es war alles Playback.

Die erste große Frage war, was wir anziehen sollten.

Die Klamotten aus der Carnaby Street hatte ich schon bei gut hundert Fotoshootings getragen, also brauchte ich etwas Neues. Aber Red Bus wollte für uns keine weiteren Shoppingtouren mehr organisieren. Besser so, ich hatte fast einen Herzinfarkt bekommen, als ich die Rechnung der letzten gesehen hatte.

Letztlich sprang meine Mutter in die Bresche. Sie hatte noch eine Rolle weißen Stoff für Brautkleider und eine Rolle schwarzen Stoff für Abendmode rumliegen. Also nähte sie daraus eine Art Rock'n'Roll-Version des gestreiften Trikots von Newcastle United, zu dem ich meine Latzhose aus der Carnaby Street und die Absatzstiefel mit den Blitzen trug, die mir seinerzeit leider noch nicht gestohlen worden waren. Ich sah aus wie eine wandelnde Reklametafel, aber meine Mutter platzte vor Stolz. »Mein Sohn ist so berühmt, so berühmt«, prahlte sie vor allen, die sich nicht schnell genug aus dem Staub machten. »Und ich mache ein spezielles Kostüm für ihn, damit er die Pops toppen kann.«

Irgendwo habe ich das Kostüm immer noch. Ich konnte mich einfach nicht dazu durchringen, es wegzuwerfen.

Top of the Pops wurde damals im BBC Television Centre in White City, nördlich von Shepherd's Bush, aufgenommen. Wir fuhren also mit unserem Van nach London runter. Inzwischen kannten wir die Strecke über die A1 im Schlaf. Wir waren extrem aufgeregt und malten uns aus, dass vor und nach der Show alle Musiker zusammen abhängen würden, um Tourgeschichten auszutauschen, zu jammen, Pool zu spielen und das ein oder andere Bierchen zu kippen. Ich sah mich schon am Ende des Abends mit dem vierzehnjährigen Michael Jackson einige improvisierte Duette singen, während Vic und die Jungs Trinkspiele veranstalteten.

Ich brauche wohl nicht zu sagen, dass eine Enttäuschung auf mich wartete.

Das Bizarrste an der ganzen Sache war der Schmu, auf den sich die BBC mit der Musikergewerkschaft eingelassen hatte. Die Künstler wurden gezwungen, vor der Sendung die eigenen Songs in einem von der Gewerkschaft genehmigten Studio noch einmal komplett neu aufzunehmen. Selbstverständlich durften bei dieser Neuaufnahme nur Gewerkschaftsmitglieder an den Reglern sitzen. Aber trotz des völlig anderen Produktionsteams sollte der Song genauso klingen wie die Charts-Version. Ach ja, und außerdem musste das alles unter den Augen eines Gewerkschaftsfunktionärs ablaufen, der dafür kassierte, dumm rumzustehen und zuzuschauen. Es war einfach nur lächerlich und ein riesiger Beschiss, unter Federführung der Gewerkschaft.

Die Wirklichkeit sah dann folgendermaßen aus: Wenn die Künstler das Studio betraten, griff sich jemand von der Plattenfirma den Gewerkschaftsvertreter und führte ihn zu einem ausgiebigen, feuchtfröhlichen Mittagessen irgendwo in Soho oder Covent Garden aus. Die Musiker saßen in dieser Zeit einfach nur herum und drehten Däumchen. Kamen der Vertreter der Plattenfirma und der Gewerkschaftsmann dann endlich zurück, reichlich angeschickert versteht sich, gab der Tontechniker eine Kopie des Original-Masterbandes heraus, und der Gewerkschaftsmann tat so, als ob es sich um eine neue Aufnahme handelte. Dabei wusste er genau, dass dem nicht so war. Nie im Leben hätte eine Plattenfirma riskiert, einen Song, der bereits ein Hit war, noch einmal vollkommen neu aufzunehmen. Auch die BBC hätte das niemals hingenommen. Schließlich bestand der Sender deswegen auf Playback, weil er fürchtete, die Künstler könnten live ihre eigenen Songs vermasseln. (Das war allerdings nicht der *offizielle* Grund. Wenn man darum bat, live spielen zu dürfen, sagten sie einem, dass wegen des Verstärkerlärms und der Schlagzeugvibrationen die Kameras bei Nahaufnahmen wackeln würden.)

Nach der gefakten Neuaufnahme von »Don't Do That« war es an der Zeit, ins Television Centre zu fahren. Bei der Probe wurde mir klar, wie schwierig es für einen Rocksänger wie mich ist, so zu tun als ob. Bei *Top of the Pops* durfte man wirklich nur die Lippen bewegen und nicht mal laut mitsingen, denn das hätten die Studiomikrofone eingefangen, was wiederum mit dem Playback kollidiert wäre. Eigentlich hatte ich erwartet, dass die PA-Anlage im Television Centre einen bombastischen Sound wie in einem Nachtclub abliefern würde. Aber als wir den Song ein paarmal durchgingen, um unsere Bewegungen einzustudieren, war es eher so, als würde jemand zu Hause eine Platte abspielen. Die ganze Sache entpuppte sich als Riesenenttäuschung.

Gegen siebzehn oder achtzehn Uhr wurde endlich das »Live«-Publikum hereingelassen, und die Aufzeichnung begann. Erst jetzt kamen wir dahinter, dass die Sendung in jener Woche ausgerechnet von dem Typen moderiert wurde, der sich kurz zuvor im Radio darüber beklagt hatte, unsere Platte spielen zu müssen – Tony Blackburn. Im Grunde schien es bei den Kameraeinstellungen nur um Blackburn zu gehen. Das Team schob ihn zwischen verschiedenen Kulissen und Gruppen tanzender junger Frauen hin und her, damit er seine Intros und Überleitungen mit der ganzen Echtheit eines Vier-Pfund-Scheins vortragen konnte. Sein Markenzeichen damals waren seine blendend weißen Zähne und die wechselnden Rollkragenpullover. Seine Frisur glich der Aufsteckfrise eines LEGO-Männchens. Der weibliche Teil des Publikums bestand anscheinend größtenteils aus Stammgästen, die sich nicht wirklich für die Bands interessierten.

Zumindest nicht für uns.

Wir grinsten tapfer und zogen unsere Show durch.

Als wir fertig waren, machten wir uns auf in den Green Room. Auf dem Weg dorthin sah ich Blackburn und blieb stehen, um ihm ein paar Takte zu sagen. »Du bist Moderator, kein Musikkritiker, also behalte deine Meinung einfach für dich«, fuhr ich ihn an – so zumindest die druckfähige Version. Er murmelte nur irgendetwas und schlich in seinem Rollkragenpullover über den Flur davon.

Die Atmosphäre im Green Room war dröge und unpersönlich. Ich kann mich verschwommen erinnern, dass der eine oder andere von den Jackson 5 kurz vorbeischaute, aber hauptsächlich waren irgendwelche alten Hasen dort.

So wenig einladend es auch war, wir wollten trotzdem den Abend dort ausklingen lassen, uns ein paar Bier genehmigen und den Moment genießen. Aber nach zwei Drinks sagte der Barmann »Feierabend« und komplimentierte uns hinaus. Kaum waren wir draußen, öffnete er die Bar wieder.

Die Botschaft war klar. Wir mochten es in die Charts geschafft haben, aber wir waren immer noch Nobodys.

Die Aufzeichnung wurde drei Tage später ausgestrahlt. Sie ist in den Tiefen der Geschichte versunken, was wahrscheinlich auch gut so ist. Playback zu singen, war für mich eine Qual, wie man sicher am Ausdruck in meinen Augen gesehen haben dürfte. Ich habe in die Kamera gestarrt, als wäre mein Penis in einen Fleischwolf geraten. Damals löschte die BBC regelmäßig alle Bänder, um sie erneut zu verwenden. Das meiste *Top of the Pops*-Material vom Start der Sendung 1964 bis Mitte der Siebziger fiel dieser Praxis zum Opfer, darunter auch der erste und einzige Live-Auftritt der Beatles in der Musikshow.

So enttäuschend das Erlebnis auch gewesen sein mochte – es war trotzdem ein ziemlicher Kick, im Fernsehen zu sein.

»Mann, ich habe dich in der Glotze gesehen!«, riefen mir die Leute bei uns in der Straße zu. »Ihr wart klasse. Aber du solltest mal zum Friseur. Sah aus, als hättest du einen Wischmopp auf dem Kopf.«

Meine Mutter war extrem stolz, nicht zuletzt, weil ich das Outfit trug, das sie genäht hatte. Meinen Vater dagegen ließ die Sache kalt. Am Abend der Sendung ging er wie immer um sieben auf ein Bier in seinen Club. »Ich habe noch nie in meinem Leben *Top of the Pops* geguckt«, schnaubte er. »Und ich werde nicht jetzt damit anfangen, nur weil du dabei bist.«

Die erste Tournee von Geordie begann Ende 1972, kurz bevor unser Album *Hope You Like It* herauskam. Zu den Konzerten in Großbritannien fuhren wir in einem roten Doppeldeckerbus. Die Plattenfirma hatte ihn von einem Hippie gemietet, der sich in der oberen Etage eingerichtet hatte. Anschließend ging es weiter nach Belgien, Holland, Skandinavien und Deutschland. Wir traten als Support einiger sagenhafter Bands auf und wurden von anderen nicht minder großartigen Acts supportet. In Manchester spielten wir gemeinsam mit der unglaublichen Suzi Quatro. In London waren wir die Vorband von Slade im Palladium. Bei der Gelegen-

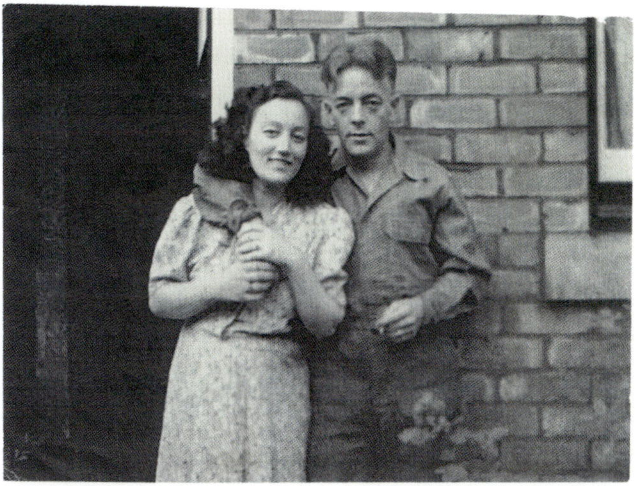

Mum und Dad in Dunston, kurz nach der Ankunft aus Italien.

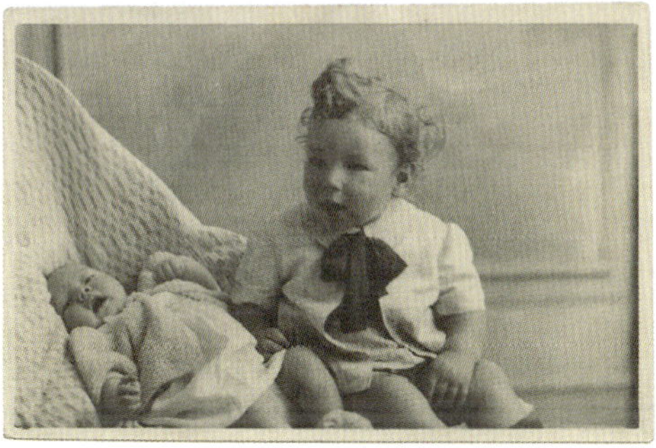

Das Foto hat meine Mutter jedem gezeigt, der zu Besuch kam. Ein Albtraum!

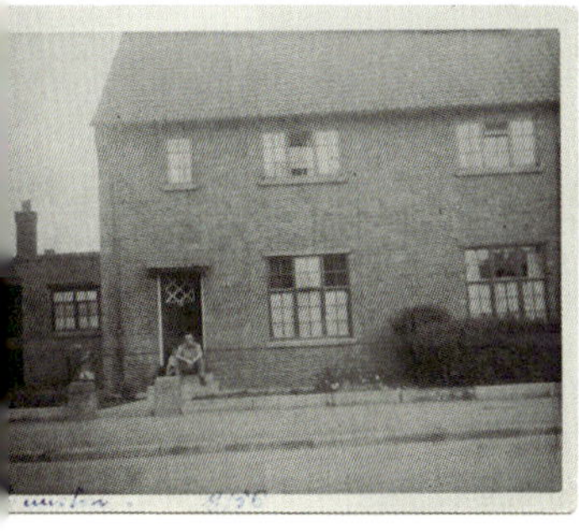

nser erstes eigenes Zuhause.
6 Beech Drive.

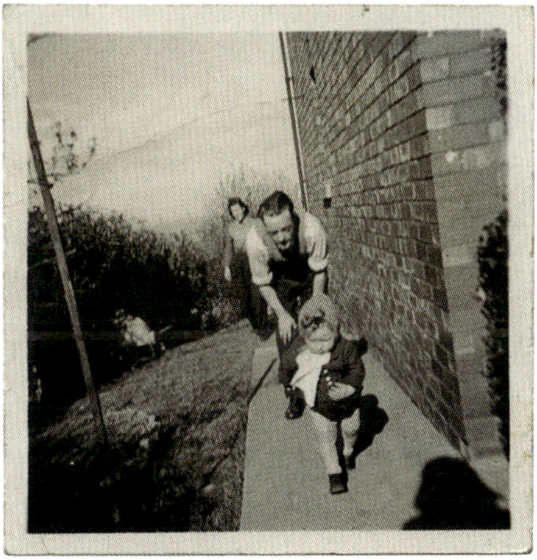

Oak Avenue. Seht nur, der Kleine kann laufen!

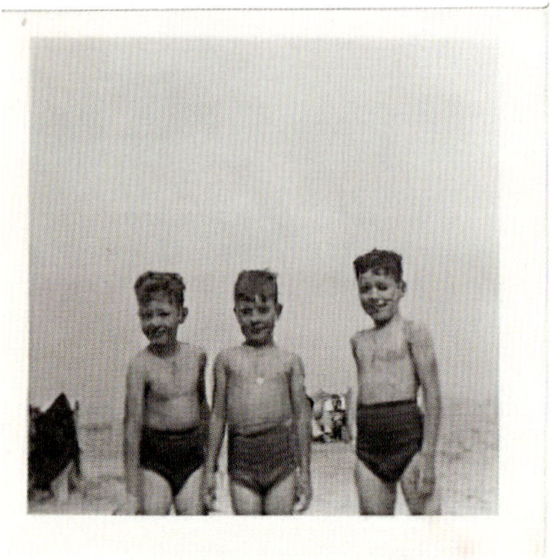

Die gefürchteten Strickbadehosen
vor dem ersten Wasserkontakt.
Rechts meine Wenigkeit.

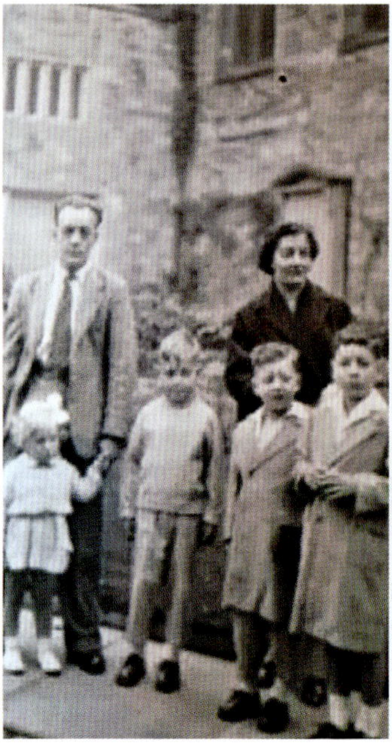

Familienausflug nach Durham.

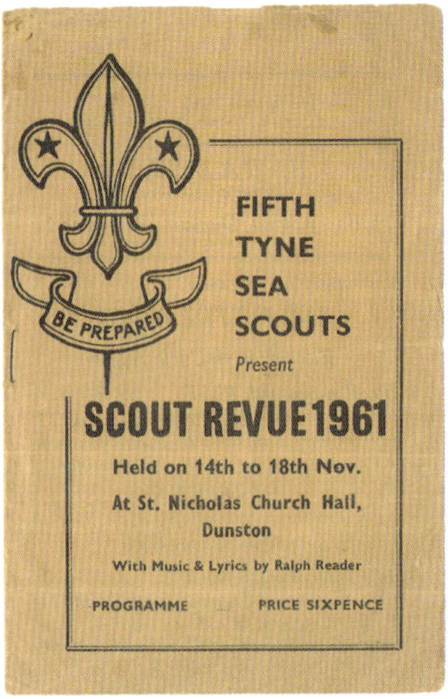

Programmheft der Gang-Show.

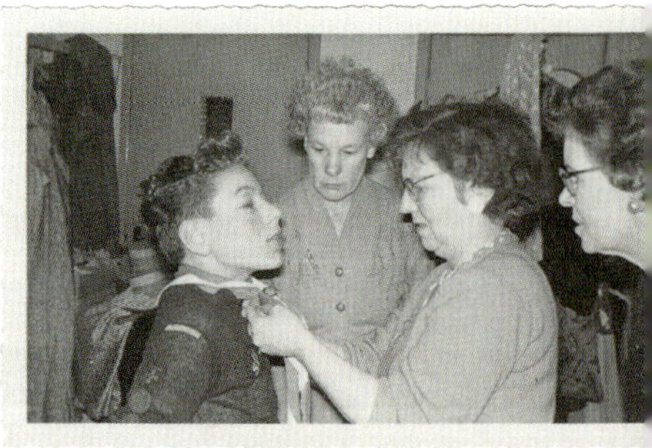

Ich werde für die Sea Scouts herausgeputzt.

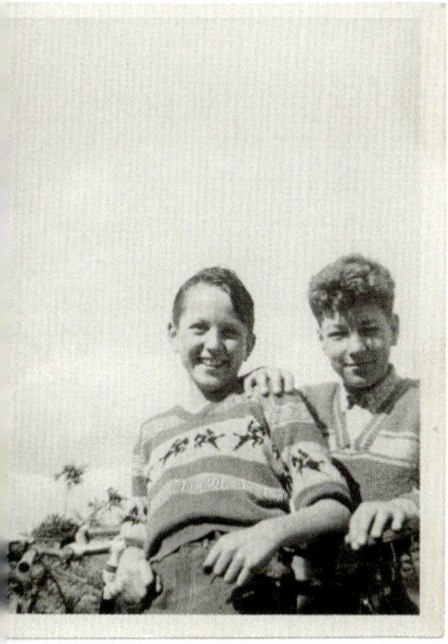

it meinem lebenslangen Freund
eorge Beveridge. (Sein Vater
bte Pferdewetten, daher der
llover.)

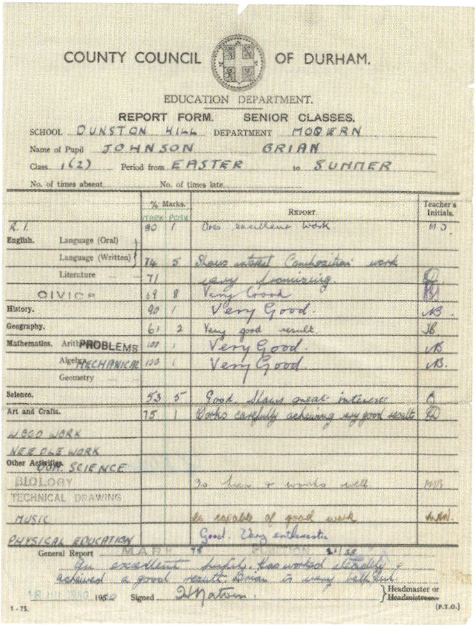

COUNTY COUNCIL OF DURHAM.

EDUCATION DEPARTMENT.

REPORT FORM. SENIOR CLASSES.

SCHOOL DUNSTON HILL DEPARTMENT MODERN

Name of Pupil JOHNSON BRIAN

Class 1(2) Period from EASTER to SUMMER

No. of times absent ... No. of times late ...

	% Marks. Mark	Posn	Report.	Teacher's Initials.
R.I.	90	1	[illegible] excellent work	M.J.
English. Language (Oral)				
Language (Written)	74	5	Shows interest Composition work	
Literature	71		very promising.	[illegible]
CIVICS	69	8	Very Good	[illegible]
History.	90	1	Very Good.	N.B.
Geography.	61	2	Very good result.	J.B.
Mathematics. PROBLEMS	100	1	Very Good.	N.B.
MECHANICAL	100	1	Very Good.	N.B.
Geometry				
Science.	53	5	Good. Shows great interest	[illegible]
Art and Crafts.	75	1	Works carefully achieving very good results	[illegible]
WOOD WORK				
NEEDLE WORK				
Other Activities. DOM. SCIENCE				
BIOLOGY			[illegible] + works well	M.B.
TECHNICAL DRAWING				
MUSIC			Is capable of good work	[illegible]
PHYSICAL EDUCATION			Good. Very enthusiastic	

General Report MARK 75 POSITION 2/38

An excellent pupil. Has worked steadily & achieved a good result. Brian is very helpful.

18 JUL 1960 1960 Signed [illegible] Headmaster or Headmistress

1-75. (P.T.O.)

Die Beurteilung in Musik gefällt mir: »Zeigt gute Anlagen.« Ist das positiv oder negativ?

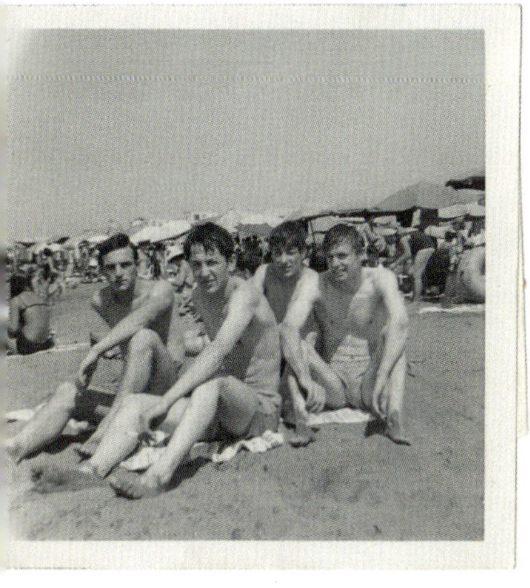

nberto, George, ich und Rob am Strand
i Frascati.

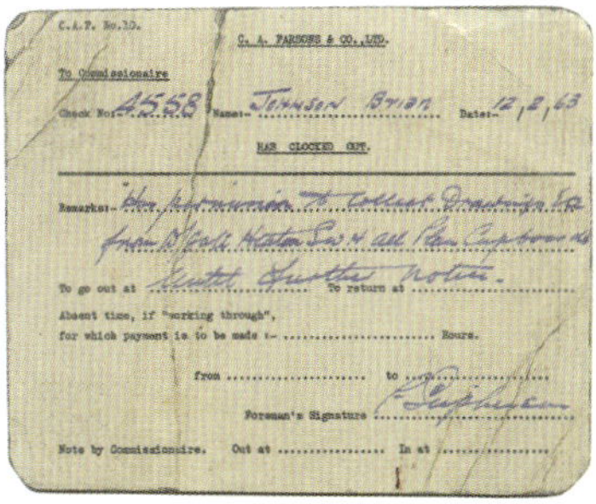

C.A.P. No.3D.

C. A. PARSONS & CO., LTD.

To Commissionaire

Check No:- 4558 Name:- Johnson Brian Date:- 12/2/63

HAS CLOCKED OUT.

Remarks:- [illegible]

To go out at ... To return at ...

Absent time, if "working through", for which payment is to be made :- ... Hours.

from ... to ...

Foreman's Signature [illegible]

Note by Commissionaire. Out at ... In at ...

Parsons-Werkausweis, mit dem man Zugang zu allen Werkstätten hatte – so etwas wie ein Backstage-Pass.

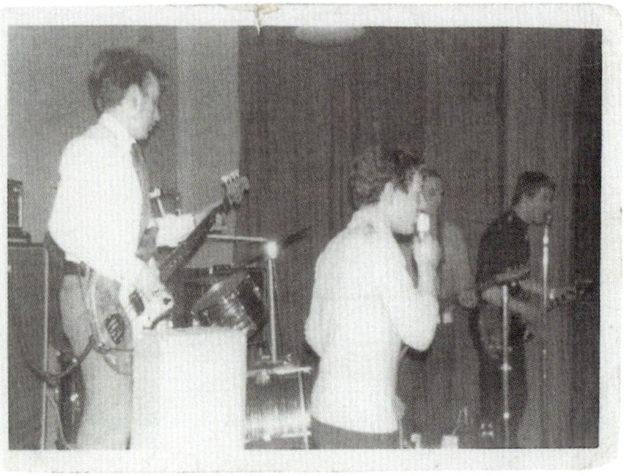

Der zweite Gig meines Lebe
Ich kriege immer noch jedes
Mal Gänsehaut, wenn ich d
Foto sehe. Ein wunderbares
Souvenir. Das Konzert fand
Playhouse Theatre in Jesmor
statt.

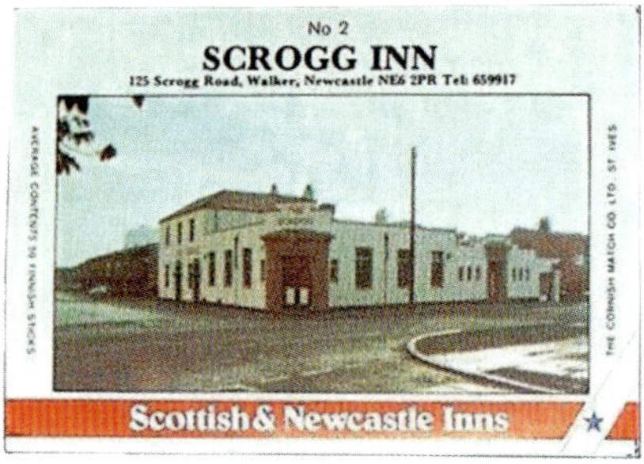

The Scrogg.

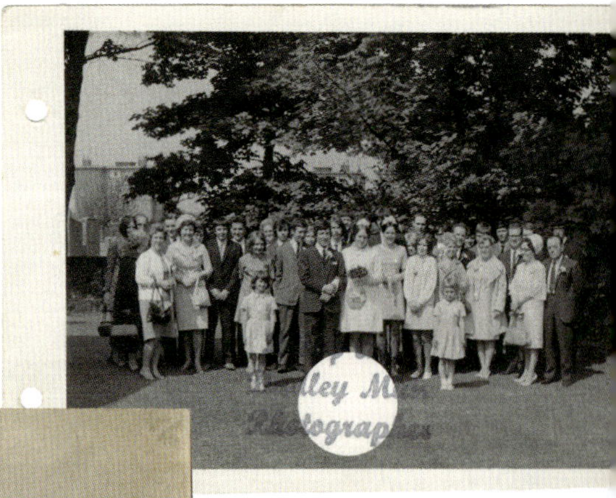

Unsere Hochzeitsparty
North Shields, 19
Nicht gerade viele fröhliche Gesich

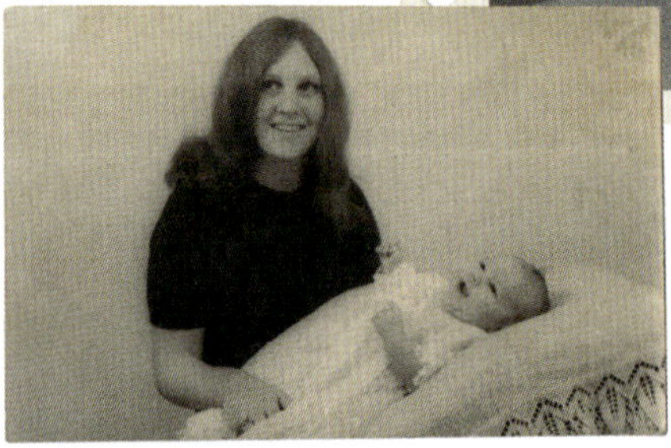

Carol und Joanne.

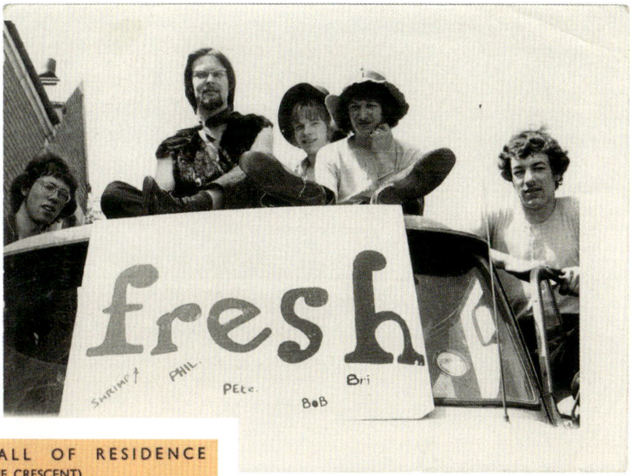

Unser erstes Promo-Foto, mit uns auf einem Commer-Van.

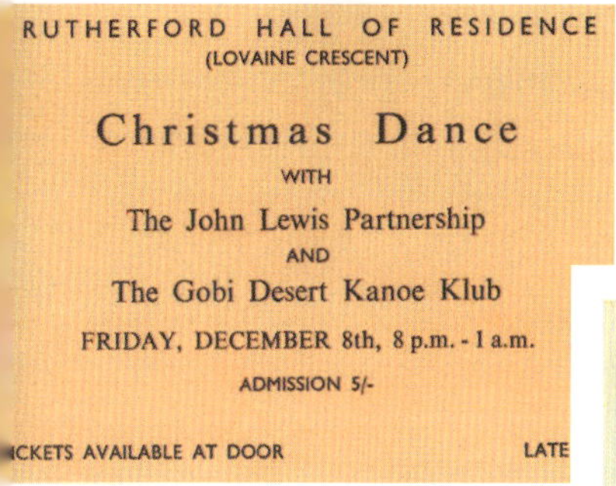

RUTHERFORD HALL OF RESIDENCE
(LOVAINE CRESCENT)

Christmas Dance
WITH
The John Lewis Partnership
AND
The Gobi Desert Kanoe Klub

FRIDAY, DECEMBER 8th, 8 p.m. - 1 a.m.

ADMISSION 5/-

ICKETS AVAILABLE AT DOOR LATE

ndlich! Unser Name auf einem yer.

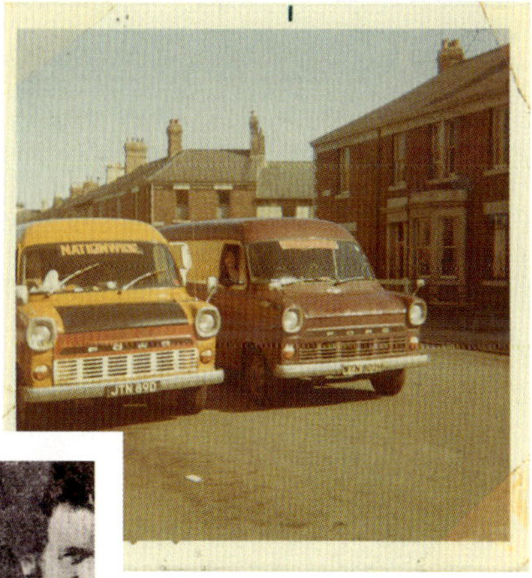

Der Bandbus der Jasper Hart Band, am Steuer Ken Brown.

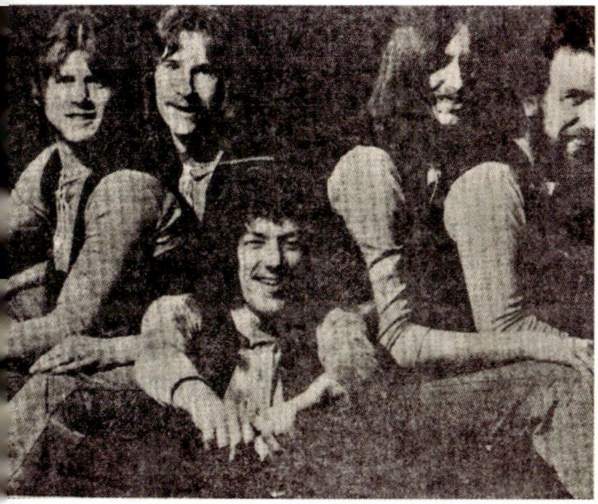

ie Jasper Hart Band, 1970. Erfolgreich waren ir vielleicht nicht. Aber ziemlich glücklich!

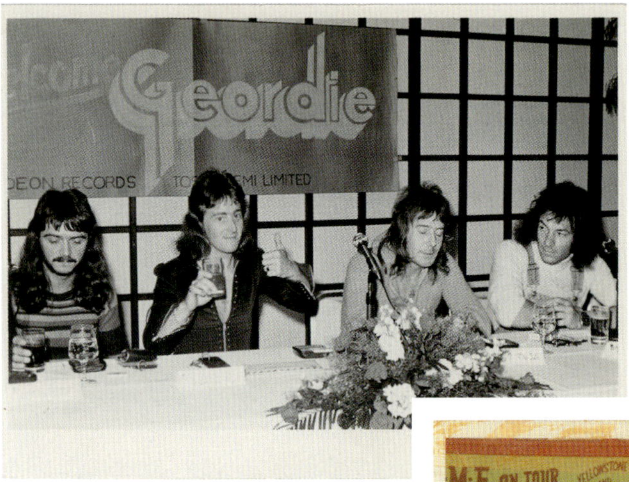

Unsere erste Pressekonferenz. Man beachte meinen gelangweilten Gesichtsausdruck!

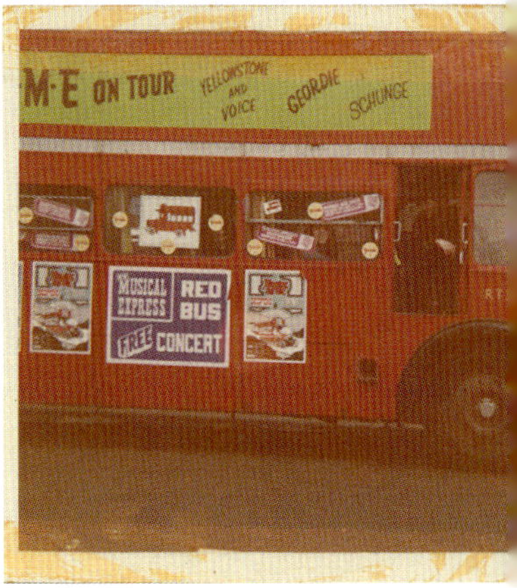

Der rote Bus von Red Bus.

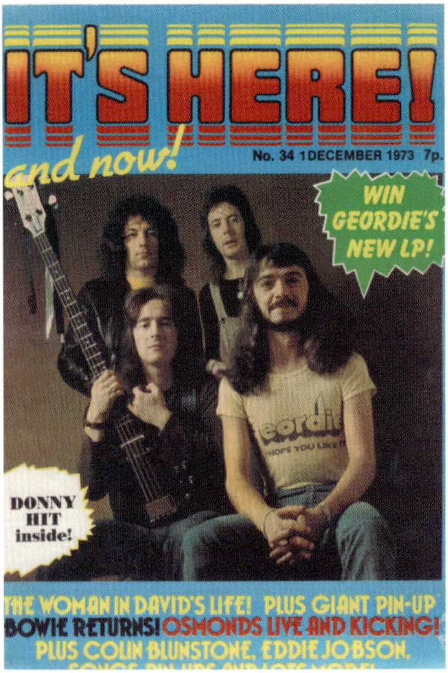

Ein Beispiel für den Pop-Scheiß, den ich erwähnt habe.

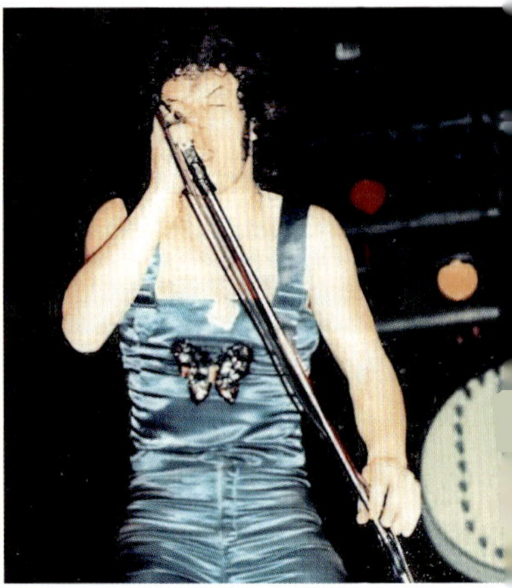

Nur eine Mutter konnte solch ein Outfi fabrizieren. Schlimme Zeiten.

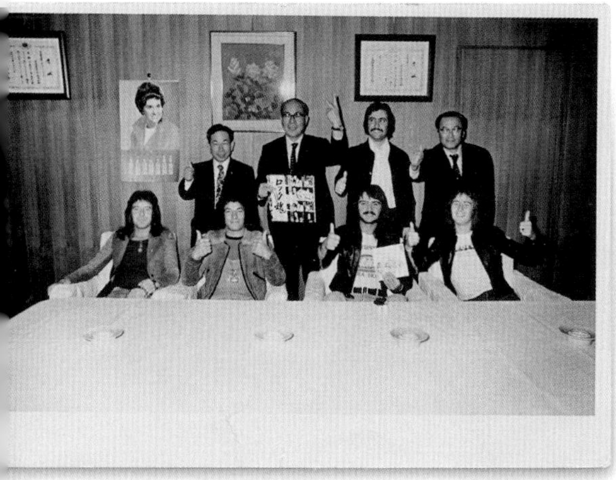

Auf Tour in Japan.

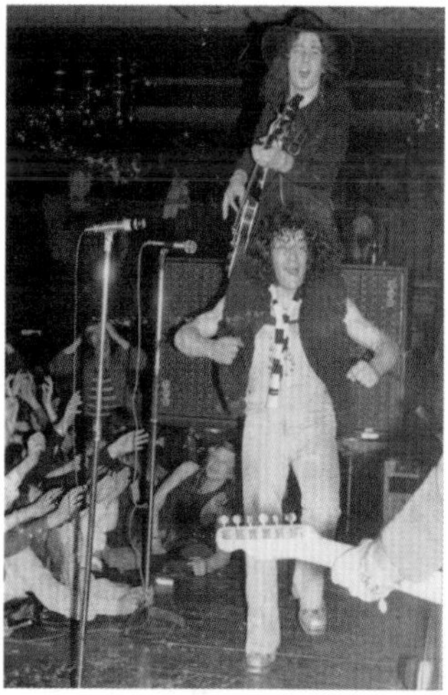

Hü, Pferdchen! Im Sattel Tom Hill.

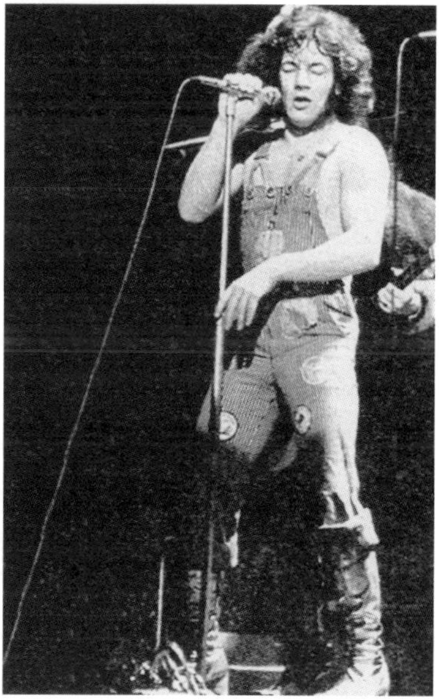

Diese Stiefel verfolgen mich bis heute.

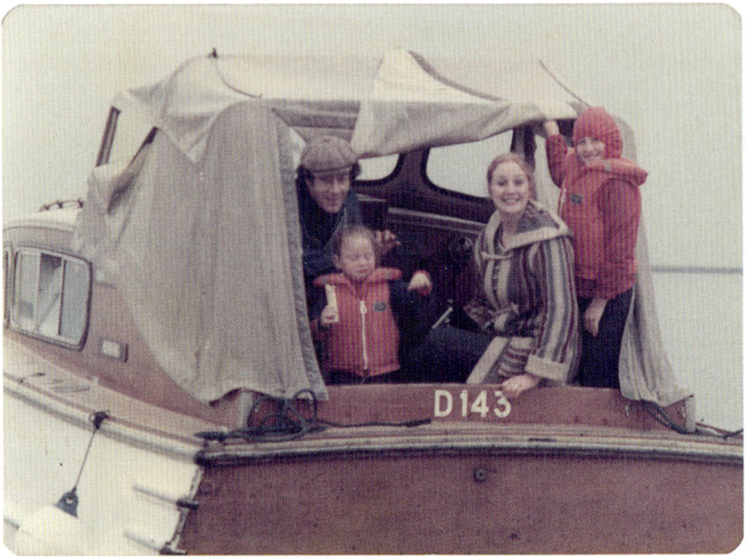

Kapitän für eine Woche. Kala und Joanne gut geschützt durch Rettungswesten.

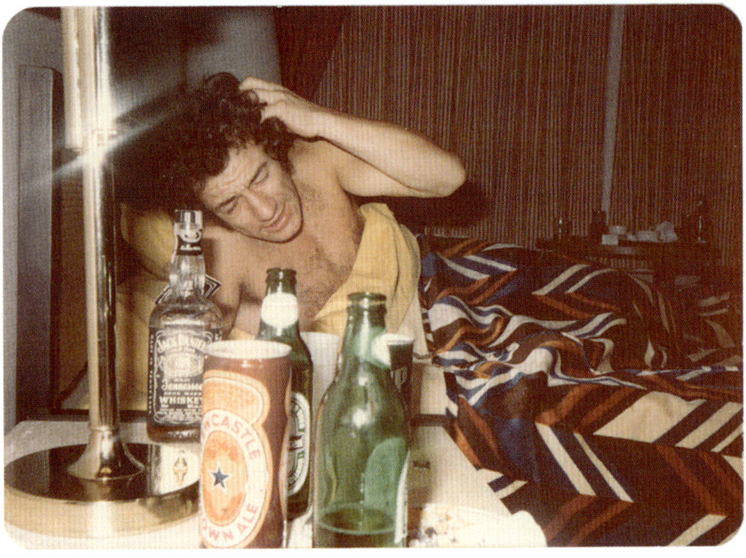

On Tour: Das Leben auf Achse war Gift für die Familie.

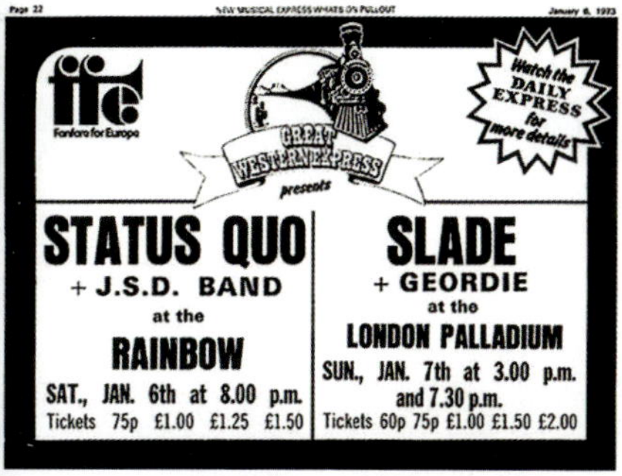

Der Auftritt mit Slade war für uns ein Riesenschritt. Zwei Gigs vor ausverkauftem Haus an einem Tag.

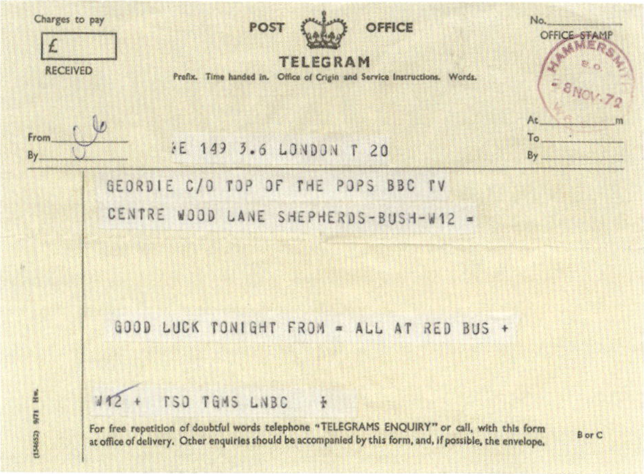

Charges to pay £
RECEIVED

POST OFFICE
TELEGRAM
Prefix. Time handed in. Office of Origin and Service Instructions. Words.

No.
OFFICE STAMP
HAMMERSMITH 8 NOV 72

From
By

:E 149 3.6 LONDON T 20

At m
To
By

GEORDIE C/O TOP OF THE POPS BBC TV
CENTRE WOOD LANE SHEPHERDS-BUSH-W12 =

GOOD LUCK TONIGHT FROM = ALL AT RED BUS +

W12 + TSO TGMS LNBC

For free repetition of doubtful words telephone "TELEGRAMS ENQUIRY" or call, with this form at office of delivery. Other enquiries should be accompanied by this form, and, if possible, the envelope.

B or C

Ein Traum wurde wahr.

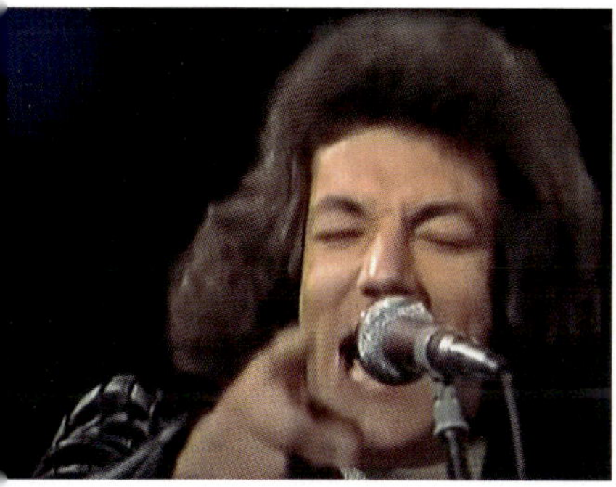

eordie bei Top of the Pops.

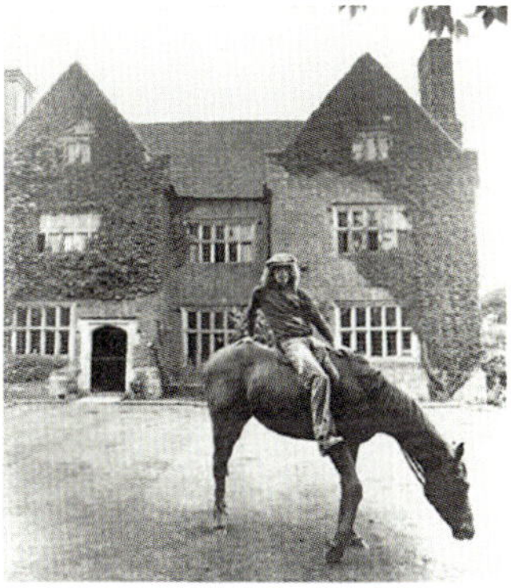

Roger Daltrey auf seinem Anwesen.

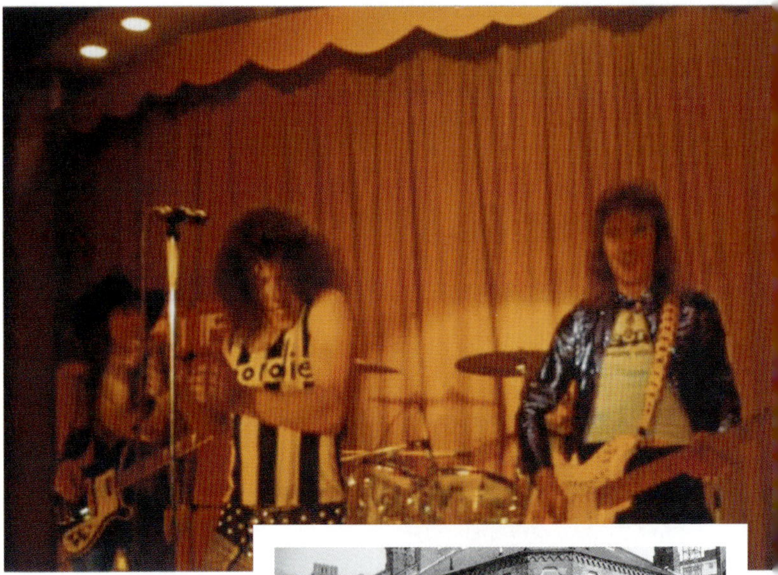

Geordie in Action.

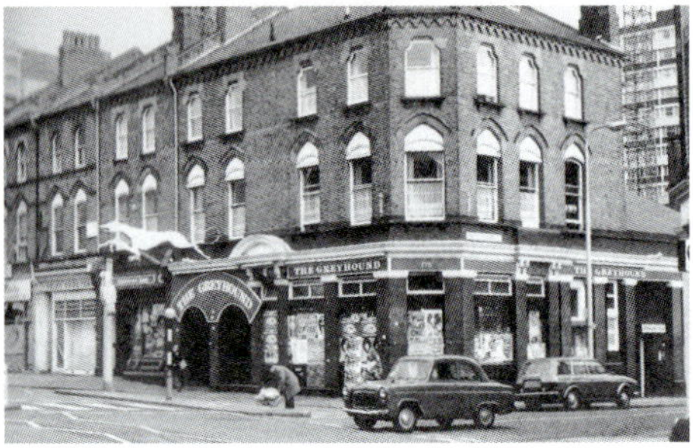

Der Greyhound-Pub.

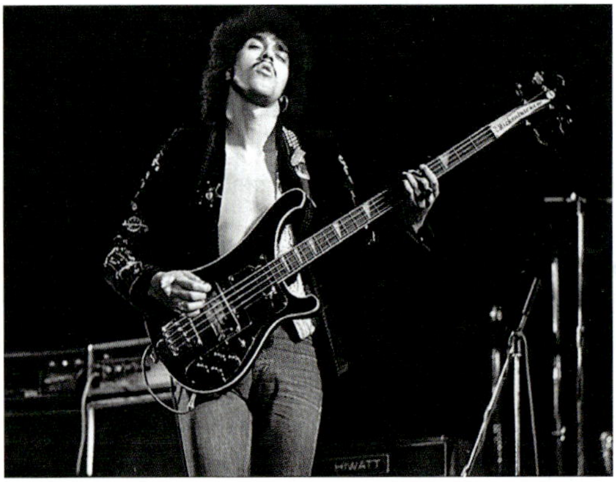

Phil Lynott.

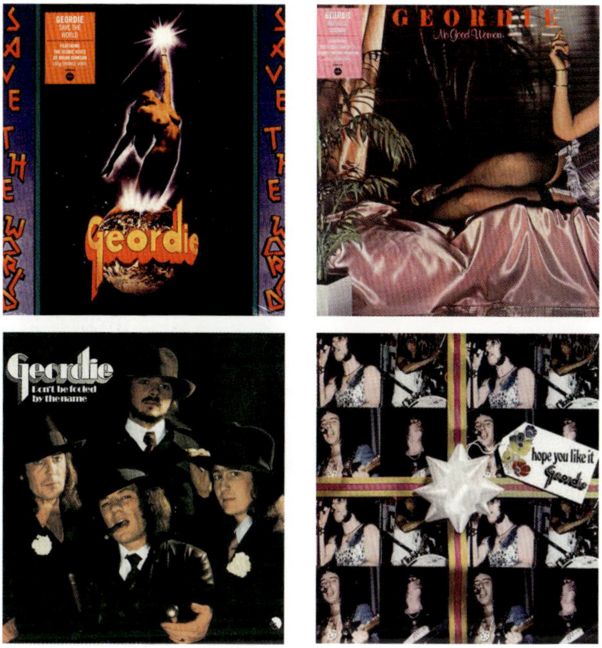

Möpse, heiße Höschen, Gangster und ein Weihnachtsgeschenk.

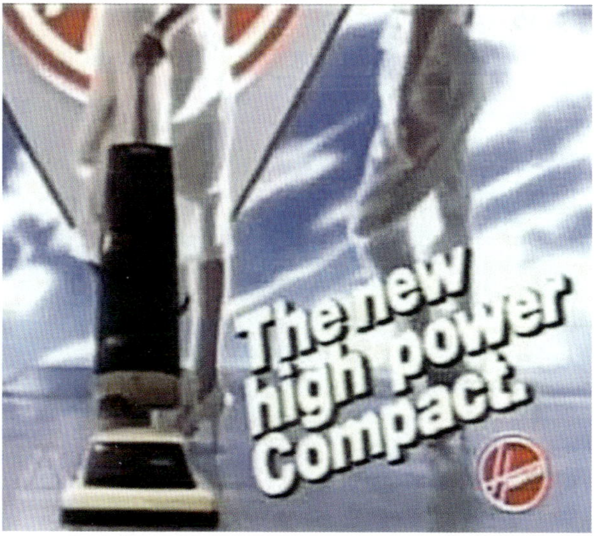

»It's a beautiful mover!« Macht dreihundertfünfzig Pfund, bitte.

PRESS RELEASE ATLANTIC RECORDS PUBLICITY 75 ROCKEFELLER PLAZA, NY 10019 (212) 484-8200

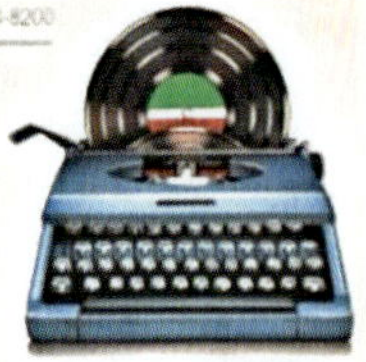

FOR IMMEDIATE RELEASE

FROM: BOB KAUS

APRIL 15, 1980

AC/DC NAMES BRIAN JOHNSON AS NEW LEAD SINGER

Atlantic recording group AC/DC has announced that Brian Johnson has joined the group as their new lead singer. The news comes after the considerable speculation which followed the tragic and untimely death in February of original AC/DC lead singer/lyricist Bon Scott.

27 year-old Brian, who was born just outside Newcastle (England), was previously with the British group Geordie. They enjoyed two Top 20 hits in the U.K. in 1973, "All Because of You" and "Can You Do It." Most recently, Brian had been singing with a re-formed line-up of Geordie, when he was invited to audition for AC/DC last month. Brian was recommended to the group by their producer, Robert John Lange.

Brian has now joined the other members of AC/DC - Angus Young, Malcolm Young, Phil Rudd & Cliff Williams - in rehearsals for the group's next Atlantic album. Current plans call for the band to enter the studio in early May to commence the recording of the new LP.

AC/DC's last album, "HIGHWAY TO HELL," was recently certified platinum by the RIAA. The group most recently toured the U.S. in the Fall of 1979, with a cross-country headlining itinerary.

ATLANTIC RECORDS 9229 SUNSET BLVD LOS ANGELES CA

Wie ich meine Texte schreibe.

Lets put some Back in Black rumours To bed shall we The conspiracy Theorists are legion the truth is it was me at the end of the pen, writing on a legal pad, with nothing more than a Title given by Malcolm and Angus Thats what happened, thats the Truth, now live with it.

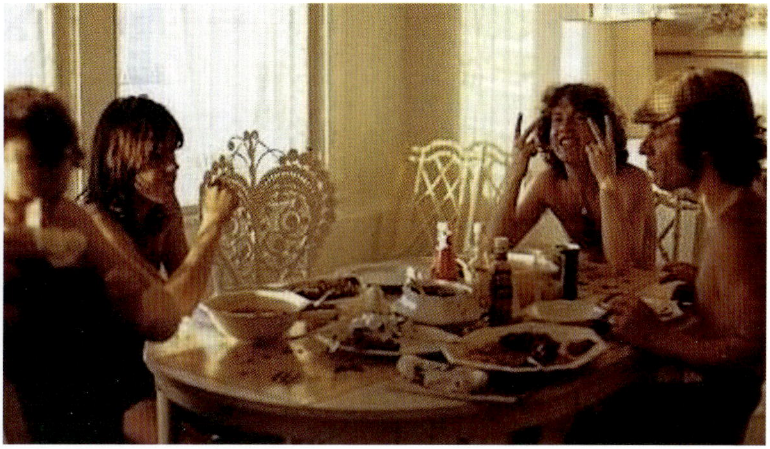

Mal, Angus und ich beim Frühstück auf den Bahamas.

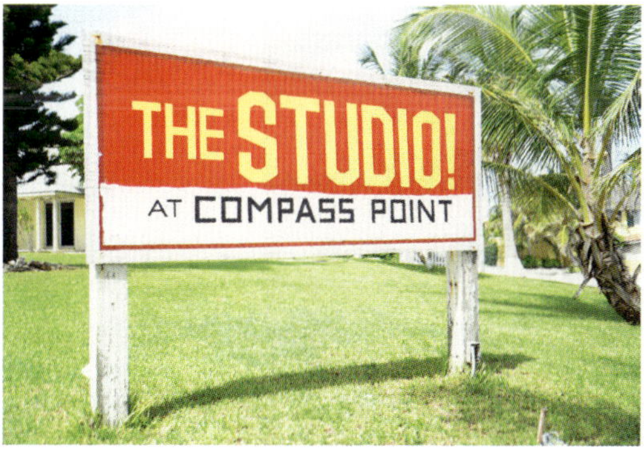

Compass Point.

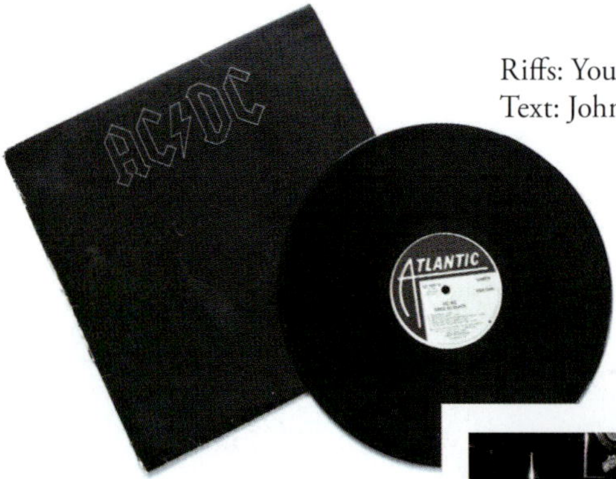

Riffs: Young und Young.
Text: Johnson.

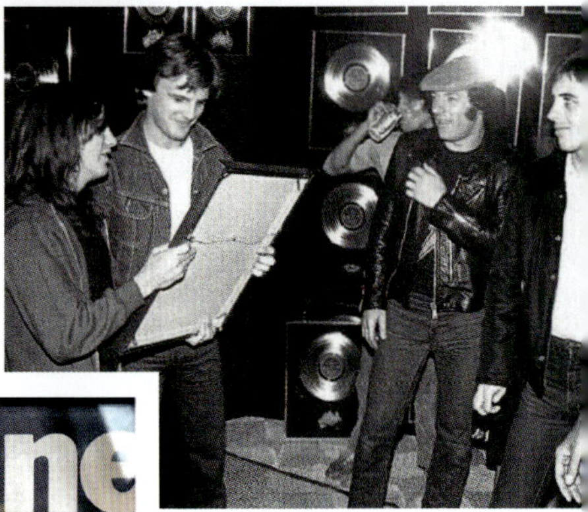

Unser erstes Platin-Album in Australien. Was für ein Tag!

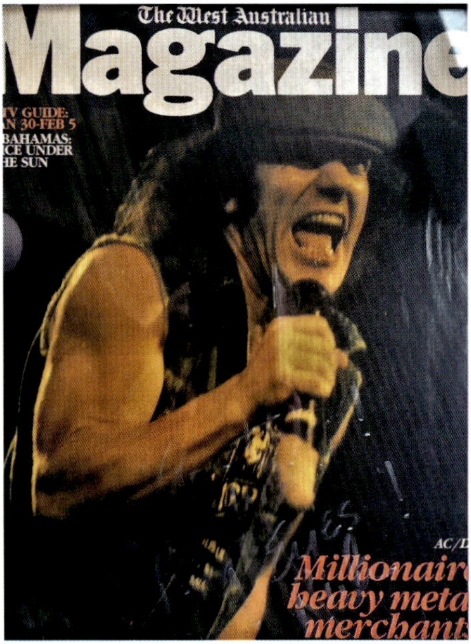

Eines der ersten Zeitschriften-Cover mit mir. Ein unglaubliches Gefühl, ganz allein auf dem Titel. Ich dachte nur: Junge, du hast es geschafft!

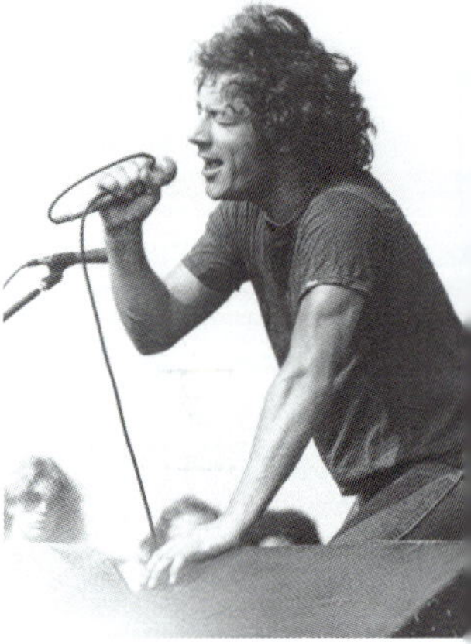

Auf der Bühne, 1980.

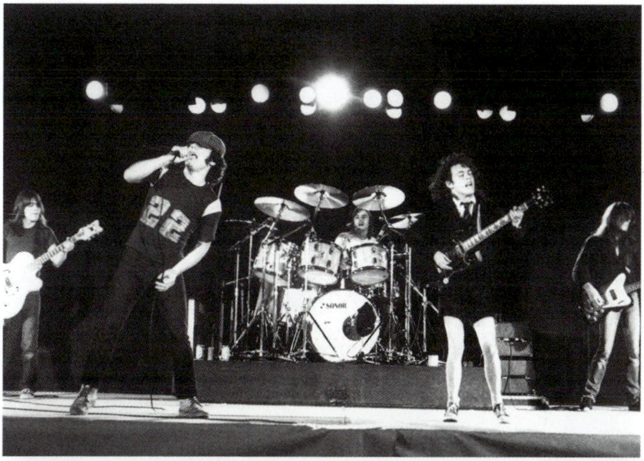

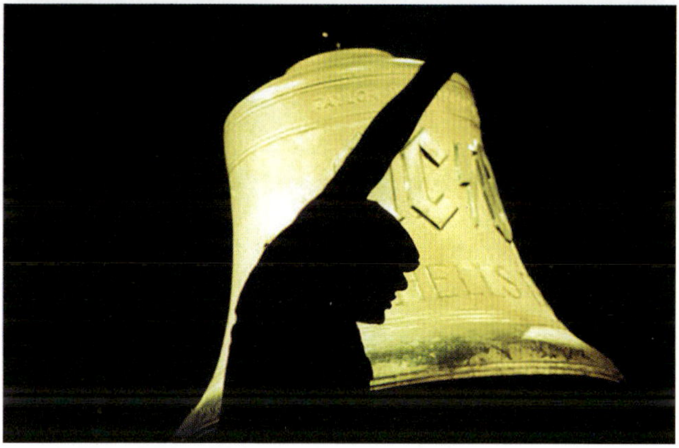

Auf Tour mit AC/DC, 1980.

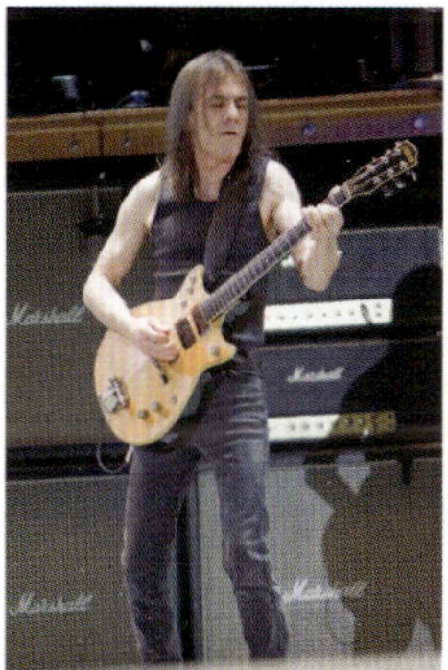

Der legendäre Malcolm Young. RIP.

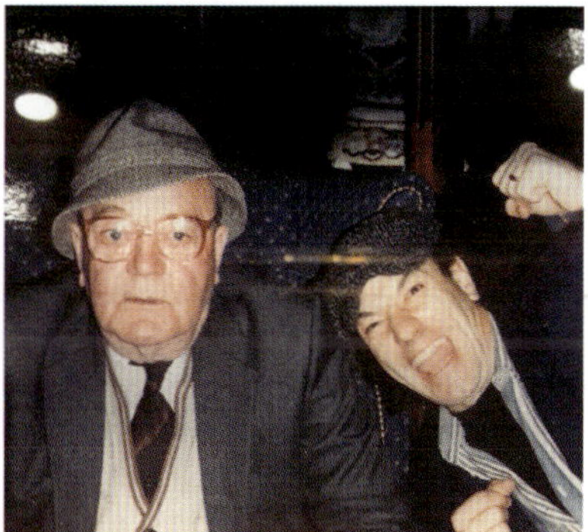

Mein armer Vater hat sich nie an die Pressefotografen gewöhnt (hier in seinem Working Man's Club).

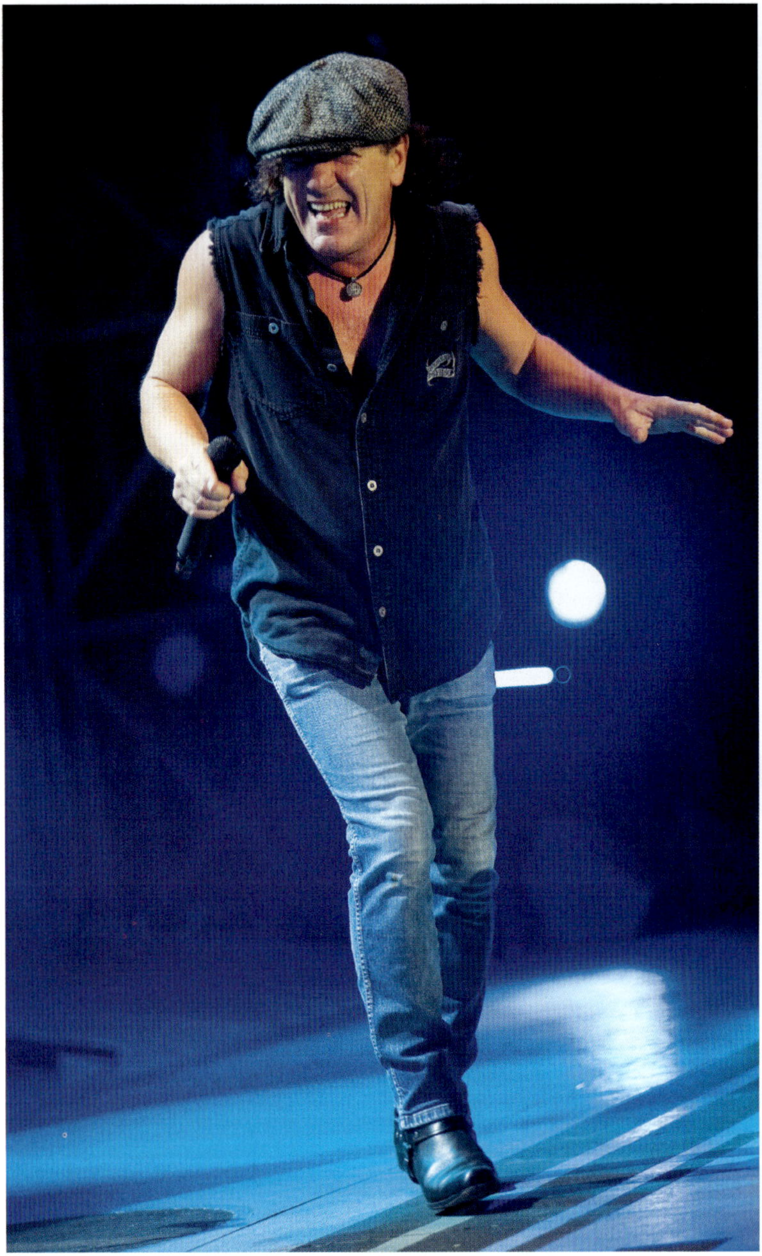

Ich genieße jeden Moment.

heit hatte ich das Vergnügen, Noddy Holder kennenzulernen, ein überaus freundlicher Zeitgenosse.

Unser Freund Alan Craig hatte schon immer davon geträumt, mal nach Deutschland zu reisen, also boten wir ihm an, uns auf unserer Europatournee zu begleiten. Aber als wir nach sechs oder sieben Stunden Fahrt quer durchs Land schließlich in Dover ankamen und zur Passkontrolle rollten, sagte er: »Was, man braucht einen Reisepass? So ein Ding habe ich noch nie besessen.«

»Wie bitte?!«, riefen wir. »Willst du uns verarschen?«

Glücklicherweise hatte Charlie Wykes, unser Roadie, eine geniale Idee. Er schraubte die Rückseite einer der Boxen ab, ließ Alan hineinklettern und schraubte sie wieder an. Das einzige Problem: Die Zollbeamten versiegelten den Laderaumgriff unseres Transporters, sodass man die Tür erst wieder am Ziel öffnen konnte. Der arme alte Alan war also eine ganze Zeit lang eingesperrt.

Es war ein Wunder, dass er überhaupt Luft bekam. Aber er überstand es unbeschadet.

In Hamburg stand ein Fernsehauftritt auf dem Programm, doch unser Bassist Tom tauchte nicht auf. Wir plünderten kurzerhand Toms Koffer und zwängten Alan in dessen Bühnenklamotten. Der falsche Bassist meisterte den Playbackauftritt, und niemand merkte etwas.

Später in demselben Monat, am 27. Januar, sollten wir in der Frankfurter Festhalle eine Deutschlandtournee als Vorgruppe von Chuck Berry beginnen. Leider wurde die Show abgesagt, sodass wir uns noch fünf Tage gedulden mussten, bis wir auf derselben Bühne stehen konnten wie der legendäre Gitarrist. Am 1. Februar 1973 war es dann endlich so weit: Genau ein Jahr nach unserem ersten Konzert in Peterlee traten wir in der Niedersachsenhalle in

Hannover mit einem meiner Helden auf. Chuck verlangte jeden Abend im Voraus seine Gage in bar und ließ sie sogleich in der Jackentasche verschwinden. Erst dann ging er auf die Bühne, wo er seine Gitarre in unsere Amps einstöpselte.

Am 2. Februar hockte ich in der Düsseldorfer Philipshalle zusammen mit Vic Malcolm auf einem Flightcase am Bühnenrand. Chuck Berry und seine Band ließen es richtig krachen. Allerdings war das Schlagzeugpodest nicht richtig im Boden verankert worden und wanderte zur Seite, während der Schlagzeuger die Drums bearbeitete.

Wir sahen, was da vor sich ging, und baten unsere Roadies Charlie und Alan, sich auf der Stelle darum zu kümmern. Es sah urkomisch aus, als sie bäuchlings wie zwei Soldaten mit Nägeln zwischen den Zähnen und Hammer in der Hand über die Bühne robbten. Offenbar dachten sie, so würden sie sogar vor ausverkauftem Haus und im Scheinwerferlicht unentdeckt bleiben. Als sie die Nägel in den Boden schlugen, brach Chuck mitten im Lied ab und fragte die beiden: »Was macht ihr da?«

Am Ende des Songs bedankte er sich und meinte: »Ohne diesen Mann hätten wir den Song nicht spielen können – bitte einen Riesenapplaus für ihn.« Er deutete auf Charlie. »Komm schon, komm her zu mir.« Charlie ging etwas widerwillig auf die Bühne und bekam Standing Ovations.

Nach der letzten Show in der Friedrich-Ebert-Halle in Ludwigshafen ergriff ich die Gelegenheit und bat Chuck Berry um ein Autogramm.

Er hatte jeden Abend unser Equipment benutzt, daher hielt ich das für das Mindeste, was ich erwarten konnte. Seine Reaktion jedoch machte mich stinksauer. Er schaute mich an und sagte: »Ich gebe jeden Tag nur ein Autogramm, und heute hab ich das schon getan.«

Vielleicht ist doch etwas dran an dem Spruch, dass man seine Idole besser nicht kennenlernen sollte.

Charlie Wykes war eine ganz eigene Nummer. Er hatte keine Ahnung von der Tätigkeit eines Roadies, aber er war kräftig und ein harter Arbeiter. Nach und nach lernte er, Equipment zu reparieren, die Drums aufzubauen und alles andere, was man sonst noch als Roadie draufhaben musste.

Noch ziemlich zu Beginn von U.S.A. erklärte uns der Konzertobmann eines Working Men's Clubs einmal vor der Show: »Ich habe schon von euch Burschen gehört. Und nach dem, was ich gehört habe, seid ihr zu laut. Wenn ihr also zu laut spielt, zahle ich euch aus und sorge dafür, dass ihr hier in der Gegend nie wieder einen Gig kriegt.«

Wir brauchten das Geld, daher sagte Vic Malcolm: »Charlie, wenn du heute Abend im Publikum stehst und wir zu laut sind oder es sonst irgendein Problem gibt, gibst du uns einfach ein Zeichen. Dann hören wir auf.«

Wir waren ungefähr beim dritten Lied, als Charlie anfing, wild mit den Händen zu fuchteln. Vic rief: »STOPP, STOPP! Charlie, was ist los?«

»Es gibt kein Brown Ale mehr!«, rief Charlie.

Unser Transportproblem wurde letztlich von Ellis gelöst und zwar in Form eines wundervollen, nagelneuen Mercedes-Vans. Wir hielten das für verdammt großzügig von ihm, bis uns aufging, dass wir dafür bei einer Mercedes-Werbekampagne mitmachen mussten.[14]

---

14 Der Slogan der Anzeigen- und Plakatwerbung lautete: The New Musical Express. Das dazugehörige Foto zeigte uns samt Equipment vor dem Auto.

Aber wir beschwerten uns nicht. Der Van war nicht nur eine wesentliche Verbesserung gegenüber dem Transit, sondern auch ein Zeichen dafür, dass wir als Band auf der Überholspur waren.

Unsere nächste Single »All Because of You« stieg auf Platz siebenundzwanzig in die Charts ein. Die Nummer war wieder ein Stampfer vor dem Herrn mit Gangshouts, doch diesmal ergänzt um ein hochgepitchtes Gesangsintro und einen Mittelteil, der von dem Beatles-Song »Twist and Shout« inspiriert war. Red Bus übertraf sich nach diesem Erfolg selbst und stellte uns auch noch einen brandneuen Ford Granada vor die Tür. Die Idee dahinter war, dass die Roadies unser Equipment im Van herumkutschieren sollten, während wir stilgerecht in dieser schicken viertürigen Limousine vorfahren würden.

Als uns die Autoschlüssel überreicht wurden, fühlte ich mich wieder wie ein Kind. Ein Granada war damals beinahe so luxuriös wie ein Jaguar – eine wahre Nobelkarosse. Doch die Streitereien, wer den Wagen haben durfte, wenn wir nicht auf Tour waren, ließen nicht lange auf sich warten.

»Ich will ihn dieses Wochenende!«

»Vergiss es, du hattest ihn letztes Wochenende!«

Und so weiter und so fort.

Jeder wollte einen Ford Granada vor der Haustür stehen haben. Als verheirateter Mann konnte ich damit zwar keine Mädchen aufreißen, aber immerhin konnte ich meine Frau stilvoll ausführen.

Der Einzige, der sich nicht um den Granada scherte, war Vic. Als Hauptsongwriter hatte er einen eigenen Deal für die Rechte ausgehandelt und anscheinend einen ziemlich anständigen Vorschuss erhalten. Auf jeden Fall zog er irgendwann los und holte sich einen brandneuen Reliant Scimitar, eines der coolsten Autos überhaupt. Auch wenn es von demselben Unternehmen hergestellt wurde, dem die Briten den dreirädrigen Reliant Regal Van verdankten.

Vic war inzwischen mit einer Frau zusammengekommen, die in Chiswick, einem sehr schönen Teil von West London, lebte. Wann immer wir also in der Hauptstadt waren, schlüpfte Vic dort unter und ließ es sich gut gehen, während wir am anderen Ende der Stadt in Hackney in einer hässlichen kleinen Sozialwohnung hausen mussten, die Red Bus für uns angemietet hatte – genau genommen nur ein Zimmer mit vier Matratzen auf dem Boden. Nach einem langen Tag im Studio wurde Vic von seiner Freundin mit selbst gekochten Leckereien verwöhnt, während wir uns in Soho auf die Suche nach einem Italiener mit billigen Spaghetti machten.

Auch wenn wir Vic für einen verdammten Glückspilz hielten, missgönnte ihm niemand von uns seinen Lebensstil.

Zumindest nicht bis zu dem Zeitpunkt, an dem alles anfing, den Bach runterzugehen.

Auf unser Debüt bei *Top of the Pops* folgten noch ungefähr vierzehn weitere Geordie-Auftritte in der Musikshow, ob man es nun glaubt oder nicht.

Für mich persönlich unvergesslich wurde jedoch unser zweites Mal in der Sendung, mit »All Because of You«. Der Grund dafür war, dass zu den Künstlern an diesem Tag auch einer meiner absoluten Rockmusikhelden gehörte: Roger Daltrey. Er war gerade mit seiner ersten Solosingle »Giving It All Away« in den Charts.

Wir konnten unser Glück kaum fassen, zusammen mit einem wahrhaften Rockgott in einer Show aufzutreten, Playback hin oder her.

Wie beim ersten Mal mussten wir zunächst die gefakte Neuaufnahme unserer Single hinter uns bringen, bevor wir für die Aufzeichnung der Sendung nach White City aufbrachen. Vor dem Eingang des Fernsehzentrums fiel mir ein Jaguar E-Type in schrecklichem Gelb und mit 00-Kennzeichen ins Auge. Ich bekam eine Gänsehaut, denn nur ein Mann würde ein derartiges Schmuckstück auf diese Weise ruinieren – der schauderhafte Jimmy Savile. Er war in jener Woche der Moderator der Sendung.

Meine einzige Begegnung mit Savile hatte ich, als er im Flur mit seinen grässlichen blonden Haaren, seinem bodenlangen Pelzmantel und seinen klimpernden Halsketten an uns vorbeilief. Glücklicherweise musste ich kein Wort mit ihm wechseln. Aber die Tatsache, dass er ganz für sich blieb und niemand seine Nähe suchte, verriet bereits zur Genüge, was für ein seltsamer Kerl er sein musste. Schon damals konnte ich nicht verstehen, was die Leute an ihm fanden. Jahrzehnte bevor bekannt wurde, wie krank er tatsächlich war. Ob nun im Radio oder bei *Top of the Pops* oder sonst wo – aus seinem Mund kamen keine Worte, sondern nur merkwürdige Geräusche. »Hallo, hallo, hallo, Jungs und Mädels, *ahahahahaha*, du liebe Güte, was sagt ihr dazu?« Ein einziges Kauderwelsch. Aber aus irgendeinem Grund gab ihm die BBC immer mehr Sendungen und immer mehr Geld. Und das britische Publikum fraß ihm aus der Hand.

Nach der Aufzeichnung gingen wir wie beim ersten Mal auf ein paar Bier in den Green Room. Wir rechneten damit, nach einer Stunde rausgeschmissen zu werden, weil wir nicht berühmt genug waren. Doch das passierte nicht – vermutlich weil wir zu unserer eigenen Überraschung von Roger Daltrey an der Bar angesprochen wurden. »Hey, Leute, wie geht's euch?«, erkundigte er sich. Zuerst war ich ein wenig eingeschüchtert, schließlich war der Typ eine absolute Ikone. Er trug eine verdammt coole Schlaglatzhose und darunter nur seine Sonnenbräune und ein goldenes Kruzifix, das um seinen Hals baumelte. Aber er entpuppte sich als ganz normaler Kerl und sagte mir sogar, dass ich ein »tolles Organ« hätte. Aus dem Munde des Mannes, der »Won't Get Fooled Again« gesungen hatte, war es das größte Kompliment, das ich bis dahin bekommen hatte. An den Rest unserer Unterhaltung habe ich so gut wie keine Erinnerung mehr. Ich weiß nur noch, dass er mich fragte, wo ich in London wohnte, und ich ihm von der abgeranzten Sozialwohnung mit Matratzen auf dem Boden erzählte, die wir uns in Hackney teilen mussten. Bevor wir uns am Ende des Abends trennten, nahm er mich beiseite und meinte: »Willst du am Sonntag zum Mittagessen zu mir kommen, ein bisschen quatschen?«

Ich dachte: Hat Rose Kennedy ein schwarzes Kleid? Natürlich wollte ich!

Ehe ich mich versah, hatte er mir die Adresse seines Landhauses und den Namen des nächstgelegenen Dorfes aufgeschrieben. Ich dachte nur: Das ist es, das ist das, wovon man in den Zeitungen liest – Stars, die gemeinsam was trinken, rumalbern und tun, worauf sie gerade Bock haben. Das Rock'n'Roll-Leben, von dem ich schon so viel gehört hatte.

Natürlich hatte an dem Wochenende jemand anderes den Kampf um den Granada gewonnen. Also musste ich den Mercedes-Van nehmen, der noch immer randvoll mit unserem Equipment war. Es war eine weite Fahrt, die mich fast bis an die Südküste führte. Die Landschaft dort unten war einfach ein Traum. Ich weiß noch, dass die Straßen immer enger wurden, während der Van immer breiter zu werden schien, bis ich endlich ein Tor erreichte, hinter dem eine lange Kiesauffahrt zu einem atemberaubenden Herrenhaus aus dem 17. Jahrhundert führte.

Als ich am Tor klingelte, fragte ich mich, ob sich Roger (es fühlte sich merkwürdig an, ihn in Gedanken einfach nur als *Roger* zu bezeichnen) an mich erinnern würde, geschweige denn daran, dass er mich zum Mittagessen eingeladen hatte.

»Hallo?«, erklang eine Frauenstimme aus der Gegensprechanlage. »Wer da?«

»Hi, hier ist Brian. Brian Johnson. Von der Band Geordie …«

»Ah ja … Roger ist gerade nicht da, aber komm einfach rein und stell deinen Wagen vor dem Haus ab. Er müsste bald zurück sein.«

Also fuhr ich durch das Tor und wartete im Van. Kurz darauf vernahm ich das dumpfe Geräusch von Hufen, die sich näherten. Als ich aufschaute, bot sich mir ein spektakulärer Anblick: Ein wunderschöner Schimmel kam auf mich zugaloppiert, darauf, ohne Sattel, ein barfüßiger Mann in hellblauen Jeans mit nacktem Oberkörper und goldener Lockenpracht. Es sah so aus, als würde er sich nur an der Mähne des Tiers festhalten.

Wenn das kein Rockstar ist, dachte ich mir, dann weiß ich auch nicht.

»Hey, Mate«, begrüßte mich Roger und brachte das Pferd direkt vor mir zum Stehen. »Schon lange da?«

Er führte mich schließlich zu einer Scheune, die er zu einem professionellen Aufnahmestudio umgebaut hatte.

»Townshend hat sich diesmal selbst übertroffen«, sagte er. »Das hier habe ich gerade erst zurückbekommen. Mal sehen, was du davon hältst.« Es war ein Studioband mit dem neuen Album von The Who: *Quadrophenia*.

Ein unfassbarer Moment.

Wir hörten uns ein paar der Stücke an. Natürlich waren sie genial und sollten schon kurz darauf zu Klassikern werden. Anschließend fragte Roger, ob ich hungrig sei. Ich gab zu, dass ich nach der langen Fahrt einen Bärenhunger hatte, also kehrten wir zum Haupthaus zurück.

Das Herrenhaus und das Mittagessen waren genau so, wie ich sie mir vorgestellt hatte. Sie übertrafen meine Erwartungen sogar noch. Im Speisesaal gab es riesige Kamine, massive Dielen und hohe Decken, und man genoss einen Panoramaausblick auf die hügelige Umgebung. Der Raum war prachtvoll, herrschaftlich und gemütlich zugleich. Der Esstisch hatte die Ausmaße eines Fußballplatzes. Das Essen war köstlich: Roastbeef, Yorkshire Pudding, englisches Gemüse und alles, was sonst noch so dazugehörte. Ich kam mir vor wie in einem Traum. Rogers Frau Heather – die Dame, mit der ich durch die Sprechanlage am Tor geredet hatte – war einfach nur reizend.

Unmittelbar vor meinem Aufbruch erklärte Roger mir endlich, warum er mich eigentlich eingeladen hatte.

»Du hast mir von dieser verranzten Wohnung in Hackney erzählt, in der du haust«, sagte er. »Weißt du, meine Frau und ich haben das alles auch durchgemacht. Deshalb wollte ich, dass du herkommst. Ich wollte dir zeigen, was du erreichen kannst, wenn du dranbleibst. Es gibt keinen einfachen Weg. Und falls wir uns nie wieder begegnen sollten, möchte ich dir hier und jetzt sagen, dass ich dir nur das Beste wünsche.«

Am meisten beeindruckte mich, dass er es vollkommen ernst meinte. Von einem Sänger zum anderen wünschte er mir wirklich Erfolg, obwohl er dieser Riesenrockstar war und ich nur ein Typ in einer kleinen Band aus Newcastle. »Das Geheimnis ist«, fügte er hinzu, »nicht aufzugeben. Niemals aufzugeben.«

Dank unseres Auftritts bei *Top of the Pops* stieg »All Because of You« in der Woche danach auf Platz sechs der Charts ein. Es war unsere erste Top-10-Single. Und es sollte auch unsere letzte bleiben.

Als später die mageren Jahre kamen und meine Tage des Ruhms wie die Versprechen eines Politikers verblassten, gab es Zeiten, in denen Rogers Worte nur noch eine ferne Erinnerung zu sein schienen. Aber ich klammerte mich dennoch an sie und gab die Hoffnung nie auf, selbst dann nicht, als ich unaufhaltsam auf die große Dreißig zusteuerte und schließlich das Musikerdasein aufgeben und wieder einen »richtigen Job« annehmen musste.

Roger hatte selbstverständlich trotzdem recht gehabt – wie bei allem im Leben gibt es tatsächlich keinen einfachen Weg.

Wir sind uns später noch öfter begegnet und haben bis heute Kontakt.

Ich war zwar erst sechsundzwanzig Jahre alt, aber eben auch sehr verheiratet. Außerdem war ich nach der Geburt von Kala[15], für die ich mitten in einer Tournee den ganzen Weg von Somerset nach Hause eilte, Vater von zwei kleinen Mädchen, die ich über alles liebte. Während sich also meine sehr alleinstehenden und sehr ungebundenen Bandkollegen, diese glücklichen Mistkerle, herumtrieben und eine gute Zeit hatten, konnte ich nur von der Seitenlinie aus zuschauen.

Meine Ehe war nie besonders glücklich gewesen, dazu kamen die langen Phasen, in denen ich nicht zu Hause war. Schließlich ging alles in die Brüche. Wahrscheinlich habe nicht nur ich mich oft gefragt, wie wohl alles gekommen wäre, wenn einige Entscheidungen anders ausgefallen wären.

Das bringt mich zu einem Abend kurz nach unserem zweiten Auftritt bei *Top of the Pops*.

---

15 Ausgesprochen Kah-la. Der Name stammt ursprünglich aus Indien.

Wir spielten irgendwo in der Pampa, der vornehmen Pampa im Süden Englands. Nach der Show sprach mich eine junge Frau mit diesem fabelhaften Julie-Christie-Akzent an: »Donnerwetter, das war wirklich ein tolles Konzert!« Ich war sofort hin und weg. Sie sah einfach hinreißend aus, war Anfang zwanzig, selbstbewusst, sehr stilvoll, mit kurzem schwarzen Bob. Ich habe ihren Namen vergessen, was grauenhaft ist, aber sich nicht ändern lässt. Jedenfalls kamen wir ins Gespräch, und nach ein paar Drinks sagte sie: »Brian, komm mich doch am Wochenende besuchen, ich wohne in Bagshot in Surrey. Ich würde mich sehr freuen, dir mein Zuhause zu zeigen und meine Eltern vorzustellen.«

Ich hatte keine Ahnung, wo Bagshot war – vor allem nicht, dass es direkt neben der Königlichen Militärakademie Sandhurst lag. Die einzigen Klamotten, die ich dabeihatte, waren meine Absatzstiefel, meine Hillbilly-Latzhose und ein gelber Pullover. Und wie üblich hatte sich einer der anderen den Granada gekrallt, sodass ich den Mercedes nehmen musste.

Nach rund einer Stunde Fahrt bog ich in die Kiesauffahrt einer entzückenden Villa ein. Die junge Frau stellte mich ihrer Mutter vor, die allem Anschein nach erst um die vierzig war – und außerdem ausgesprochen attraktiv. Dann lernte ich ihren Vater kennen und … du liebe Scheiße, der Mann war ein hochrangiger Armeeoffizier. Ich dachte nur, Brian, was zum Teufel machst du eigentlich hier? Meine Frisur war eine Katastrophe, ich war verschwitzt, und meinen Klamotten war die Show am Vorabend deutlich anzusehen. Sergeant Schwein wäre mit mir hinterm Haus verschwunden und hätte mich übers Knie gelegt. Doch der Vater der Kleinen war supernett. Außerdem fuhr er den schicksten Fiat überhaupt, einen viertürigen 132er. Das brachte ihm noch mehr Achtung von mir ein, denn die Standardkarre eines

Typen wie ihm wäre ein Rover gewesen. Aber nein, er hatte sich stattdessen für diese elegante italienische Limousine entschieden.

»Bleiben Sie zum Abendessen?«, fragte die Mutter des Mädchens.

»Wenn das keine Umstände macht? Ich habe nichts Dringendes in London zu erledigen.«

»Machen Sie sich über die Rückfahrt mal keine Gedanken«, sagte sie. »Ich habe eine Idee: Warum gehen Sie nicht mit John in den Pub und genehmigen sich ein oder zwei Bier? Und wenn Sie beide wieder hier sind, haben wir das Abendessen fertig.«

Also zog ich mit dem Vater los. Allerdings konnte ich mich nicht dazu durchringen, ihn John zu nennen. Als wir zurückkamen, war der Tisch einladend gedeckt, der Duft eines Auflaufs zog durchs Haus, und einige Flaschen teuren französischen Rotweins waren entkorkt.

Im Laufe des Abendessens sprachen wir tüchtig dem Wein zu, sodass mir ein wenig schwummerig zumute wurde. Die Kleine hörte nicht auf, mir schöne Augen zu machen. Schließlich sagte ihre Mutter: »Wissen Sie, Brian, Sie müssen heute nicht mehr nach London zurück. Sie können auch hier übernachten. Wir haben ein Gästebett.« Der General stimmte ihr zu: »Richtig, was soll das, an einem Samstag durch die Gegend zu fahren? Das ist doch eine elende Zeitverschwendung.«

Wenig überraschend klopfte es mitten in der Nacht bei mir an der Tür. Irgendwie hatte ich vergessen, meiner Gastgeberin gegenüber zu erwähnen, dass ich verheiratet war. Aber sie hatte es schon geahnt.

»Wenn du deine Frau nicht liebst, warum trennst du dich nicht einfach von ihr?«

»Weil sie mir alles wegnehmen würde«, seufzte ich.

»Sei bitte nicht albern«, antwortete sie und lächelte überaus reizend. »Du hast doch gar nichts.«

Da hatte sie nicht unrecht.

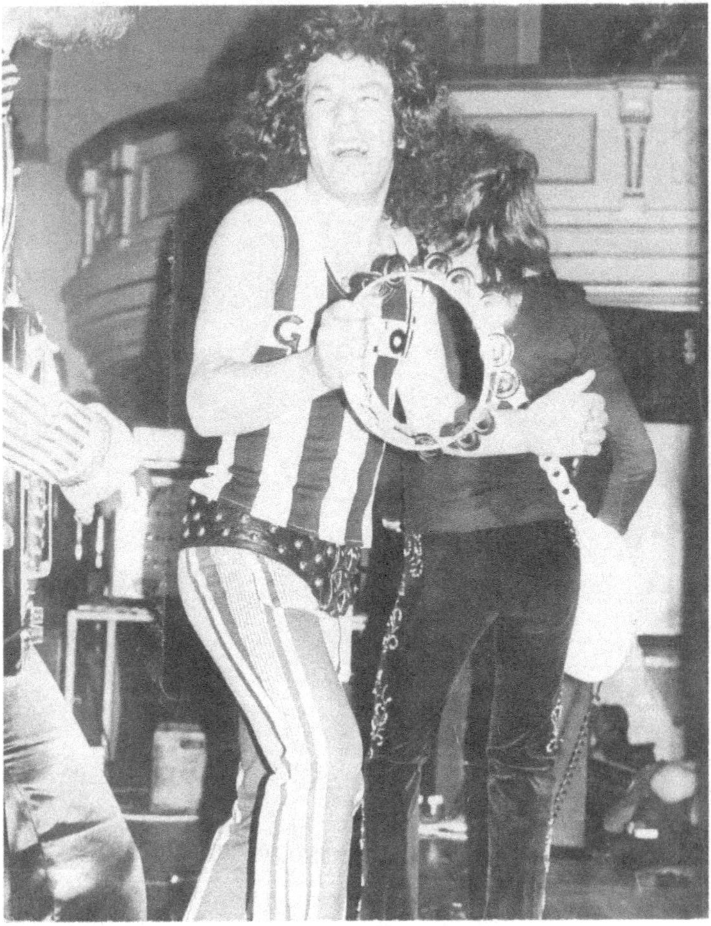

13

Highway ins Nichts

Einen Monat nach dem Top-10-Erfolg von »All Because of You« befanden wir uns in Torquay an der Küste von Devon. Es war Ostermontag, der 23. April 1973. Das Datum hat sich in mein Gedächtnis eingebrannt, denn es war einer dieser Tage, an denen das Universum mir anscheinend etwas mitteilen wollte.

Von Torquay sind es nur etwa achtzig Kilometer über den Ärmelkanal bis nach Frankreich. Uns war gesagt worden, dass in dem Ort ein nahezu tropisches Klima herrsche und die Straßen von Palmen gesäumt seien. Als naive Geordies glaubten wir das und buchten uns ein Bed and Breakfast direkt am Meer. Außerdem packten wir unsere Badehosen und Sonnencreme ein.

Es war die kälteste Nacht in der Geschichte von Torquay. Vom Ärmelkanal wehte ein Wind herein, der es mit den Nordseestürmen bei uns zu Hause aufnehmen konnte, und es regnete nicht, es *graupelte*. Früh am Morgen war der Boden sogar von einer Reifschicht bedeckt gewesen.

Unsere Unterkunft bestand aus einem Zimmer für vier erwachsene Männer. Für jeden von uns gab es eine dieser schmalen Liegen, von denen man herunterplumpst, wenn man sich im Schlaf umdreht. Die Farbe an den Wänden blätterte ab, die Bettwäsche bestand aus einer Art Nylon, bei dem einem jede Bewegung einen Schlag beschert. Und natürlich war es saukalt, sofern man die Heizung nicht mit Fünf-Pence-Stücken fütterte – was wir sein ließen, als wir merkten, dass diese fünf Pence gerade einmal fünf Minuten lang die schlimmste Kälte vertrieben. Die warme Luft verflüchtigte sich geradewegs durch die Ritzen am Fensterrahmen.

Wenigstens hatten wir einen Platz zum Schlafen. Damals gaben die Betreiber von B&Bs gern mal ein reserviertes Zimmer an andere Gäste weg, insbesondere, wenn man erst spät eintraf.

Das bedeutete jedoch keineswegs, dass unsere Vermieterin sonderlich gastfreundlich gewesen wäre.

»Ich schließe die Tür um Punkt Mitternacht ab. Wenn Sie also bis dahin nicht zurück sind, Pech gehabt.« Zum Frühstück, so ergänzte sie, würde sie uns bei Morgendämmerung einen Toaster und ein paar Scheiben Brot zur Verfügung stellen – für etwa zwanzig Minuten.

»Und wenn wir die verpassen?«, fragte ich.

»Dann müssen Sie eben ohne auskommen.«

Das Konzert an jenem Abend fand in der Torquay Town Hall statt. Von den Rolling Stones bis zu The Who hatten dort schon alle gespielt. Einige Monate nach uns war David Bowie für ein Konzert gebucht.

Das Erste, was uns bei unserer Ankunft ins Auge fiel, war ein Bus, der vor dem Gebäude parkte. Kein normaler Bus, sondern ein riesiges amerikanisches Modell aus den frühen 1950er-Jahren mit seitlichen Einsätzen aus Edelstahl und einem kugelförmig zulaufenden Heck. Es war ein Flxible Clipper, den man für einen australischen Reiseveranstalter gebaut hatte, wie ich später erfuhr. Das erklärte auch, dass sein Lenkrad auf der rechten Seite lag. Ich hatte keine Ahnung, wie es jemand geschafft hatte, ein Fahrzeug dieser Größe und Gestalt ins Land zu bringen.

»Wem gehört der?«

»Vermutlich unserem Support«, sagte Vic achselzuckend. In der Regel waren Vorgruppen noch abgebrannter als wir selbst. Wie konnten diese Typen sich also solch ein Fahrzeug leisten?

Als wir in den Saal kamen, war diese Vorband noch auf der Bühne. Ihr Auftritt sollte noch rund fünfzehn Minuten dauern. Also setzten wir uns mit ein paar Bier an die Bar und lauschten.

Die Band kam aus Australien und hatte gerade ihren Namen von Fraternity in Fang geändert, nachdem sie in Großbritannien im Jahr zuvor nicht an ihre Erfolge in Australien hatten anknüpfen können. Ich konnte meine Blicke nicht vom Leadsänger lösen. Er war einer der wildesten Typen, die ich je gesehen hatte. Haare wie eine Kokosnuss, zu einer Prinz-Eisenherz-Frisur geschnitten. Zahnlücke. Abe-Lincoln-Bart. Er sah aus wie ein Troll. Aber verdammt noch mal, der Typ konnte singen. Doch was er sang, war kein Rock. Sondern eher so was wie Prog-Folk. In der Art von »Living in the Past« von Jethro Tull. Nur proggiger. Und folkiger. Irgendwann holte er sogar eine Blockflöte hervor und begann sie auf eine Weise zu spielen, bei der Mrs. Patterson, meiner alten Lehrerin, Tränen in die Augen gestiegen wären. Am Ende tauschte er die Blockflöte gegen dieses Ding, das wie eine Mischung aus Bong und Raketenwerfer aussah. Es muss ein Fagott gewesen sein.

Als Fang fertig waren, kippten wir den Rest Bier runter und spazierten hinter die Bühne.

»Wer ist der Sänger?«, fragte ich einen Typen im Fraternity-T-Shirt.

Denn dieser Bon Scott war ohne jede Frage kein gewöhnlicher Sänger.

Nur allzu gerne würde ich jetzt schreiben, dass ich mir damals vornahm, irgendwann zu recherchieren, was dieser Sänger vorher schon getrieben hatte. Aber Fehlanzeige. Fang waren nicht wirklich mein Ding – und am Ende des Abends waren wir erschöpft und ausgelaugt von der Show und der langen Fahrt früher am Tag. Also kehrten wir ins B&B zurück. Da unsere Zähne in der Kälte klapperten, beschlossen wir, den Münzbehälter der Heizung aufzubrechen, um immer wieder dasselbe Fünf-Pence-Stück einzuwerfen.

Das funktionierte tipptopp. Aber gerade als uns endlich ein bisschen warm wurde …

Klopf-klopf-klopf.

»Was ist das?«, fragte Tom.

Klopf-klopf-klopf.

»Scheiße!«, zischte Vic. »Die alte Schachtel hat mitgekriegt, dass wir den Münzbehälter aufgebrochen haben! Schnell, bringt die Abdeckung wieder an!«

Hektisch versuchten wir, die Münzheizung wieder in Ordnung zu bringen, bis wir begriffen, dass es nicht an der Tür klopfte. Sondern am Fenster.

Wir hörten, wie jemand flüsterte: »Pssst. Hey? Hey, Jungs? Macht das Fenster auf! Wir sind's. Fang!«

Ich war zu betrunken, um mich an viel davon zu erinnern. Im Nachhinein erfuhr ich, dass Bon und zwei andere Typen von Fang schlotternd draußen vor dem Fenster standen. Der Motor ihres Tourbusses machte Probleme, sodass die Heizung nicht funktionierte – und da die Seitenwände des Busses aus rostfreiem Stahl bestanden, fühlte man sich darin wie in einem Kühlschrank. Sie meinten, ein Mechaniker kümmere sich bereits um das Problem. Keine Ahnung, wie sie am Ostermontag um halb zwölf in der Nacht in Torquay jemanden aufgetrieben hatten, der sich mit einem amerikanischen Big-Block-Diesel auskannte. Wie dem auch sei, Fang brauchten dringend eine Zuflucht vor der Kälte, zumal es schon wieder graupelte. Also schoben wir das widerspenstige Fenster nach oben und halfen den Jungs hinein, darauf bedacht, die Wirtin nicht zu wecken.

Irgendwann klopfte der Roadie von Fang ans Fenster. Der Bus lief wieder.

Am folgenden Abend spielten wir in der Plymouth Guildhall. Als Support waren erneut Fang dabei.

Das Einzige, was ich von dem Abend noch weiß, ist, dass ich nach etwa zwei Dritteln unseres Sets plötzlich furchtbare Bauchschmerzen bekam, auf der Bühne zusammensank und mich stöhnend und heulend auf dem Boden wälzte. Das Publikum dachte, das gehöre zur Show, und drehte völlig durch, also zwang ich mich wieder hoch und brachte den Song zu Ende. Aber damit hatte es sich dann auch. Wir hörten zwanzig Minuten zu früh auf, weil ich ins Krankenhaus musste.

Ich hatte eine Blinddarmreizung. Zum Glück nicht so schlimm, dass eine Operation nötig war – aber ich würde eine ausgiebige Antibiotika-Kur machen müssen.

Wir mussten das Konzert am folgenden Abend canceln, aber dann ging es weiter, Abend für Abend, an sechs oder sieben Tagen die Woche. Wir fuhren Hunderte von Kilometern am Tag, mal im Granada, mal im Van. Aber wir waren jung und aufgeregt und hatten noch himmelhohe Hoffnungen. Es war eine magische Zeit.

Zu meinem großen Bedauern traf ich Bon nie wieder. Aber es ist ein merkwürdiges Gefühl, dass sich unsere Wege in dieser eiskalten Nacht an der Strandpromenade von Torquay einmal kreuzten.

Ich wünschte, ich hätte ihn besser kennengelernt.

Auf Tour wurde zunehmend deutlich, dass es sich bei Geordie im Grunde um zwei verschiedene Bands handelte. Eine davon spielte eingängige Hits wie »Don't Do That« und »All Because of You«. Über diese Band schrieben Jugendzeitschriften und organisierten Gewinnspiele wie *Gewinne einen Tag mit Geordie auf dem Jahrmarkt!* Die andere Band spielte Songs wie »Black Cat Woman« und »Keep On Rockin'«. Sie hatte mehr mit Led Zeppelin oder Black Sabbath zu tun. Aber die Presse schien ausschließlich die erste Band zu beachten und verglich uns ständig mit Slade, was uns nach einer Weile ziemlich auf den Sack ging. Auch unser Management sah uns voll und ganz in der Popwelt.

Ich war davon nicht so überzeugt. Ausgerechnet auf der U-Boot-Basis Faslane kam es zu einem Erlebnis, das meine Zweifel weiter nährte.

Geordie sollten im Club der Basis auftreten. Wir waren der Headliner, eine schottische Band namens Nazareth die Vorgruppe. Wie die meisten Musikfans außerhalb von Glasgow hatte ich noch nie von ihnen gehört. Vor dem Konzert kam ich mit ihrem Sänger Dan McCafferty ins Gespräch. Wir verstanden uns sofort, da wir aus der gleichen Welt kamen: Working-Class-Background, Sozialwohnungen, Berufsausbildung in einer Fabrik.

Das Publikum bestand aus Matrosen, die meisten von ihnen in Uniform, einige in Zivil. Sie bezogen Posten an den Wänden und der Bar rund um die Tanzfläche. Dann kamen die Frauen herein. Es war der perfekte Freitagabend für eine Schlägerei, insbesondere, weil die U-Boot-Fahrer und die Matrosen eine tiefe Abneigung füreinander hegten. Die Spannung war fast mit Händen greifbar.

Dan sagte: »Wir sollten wohl besser anfangen, bevor die Leute noch unruhig werden.« Ich entschloss mich, zu bleiben und ihm und seinen Kumpanen zuzuschauen. Nazareth kamen auf die

Bühne und legten los. Ich war wie hypnotisiert. Ihr Sound krachte wie ein Donnerschlag in den Club. Sie waren laut, druckvoll und rockten wie nichts Gutes. In genau so einer Band wollte ich sein. Die Anspannung wich aus dem Raum, jeder war von dieser großartigen Truppe gefesselt. Ich dachte nur: Wie zur Hölle sollen wir nach einer solchen Combo bestehen? Als sie das Konzert beendeten, verlangte das Publikum lautstark nach einer Zugabe.

Dann kamen wir dran. Wir waren zwar eine tighte kleine Rockband, aber unsere Singles waren ein wenig poppig gewesen. Wir gaben unser Bestes. Die Jungs entfachten einen Sturm mit ihren Instrumenten, aber vor uns war ein Tornado durch den Laden gefegt.

Zur Halbzeit des Sets bekam ich mit, wie die erste Flasche Richtung Matrosen flog, dann ein Stuhl Richtung U-Boot-Fahrer. Nun gab es kein Halten mehr. Es ging zur Sache, das Blut begann zu fließen, die Leute suchten auf der Bühne Schutz. Das waren alles andere als gutmütige Seebären.

Wir machten irgendwie weiter, doch es war ein Tollhaus. Die Militärpolizei wurde alarmiert, dann leerte sich der Saal nach und nach. Dan kam zu mir rüber, reichte mir einen Whisky und sagte: »Mach dir nichts draus, letzte Woche war es noch viel schlimmer.«

Nazareth war eine Offenbarung gewesen, und die Band sollte nicht die einzige bleiben. In London gab es einen Pub namens The Greyhound, in dem zahlreiche Bands spielten und abhingen. Eines Abends kam ein spindeldürrer Schwarzer zu mir und sagte mit reizendem irischem Akzent: »Habt ihr demnächst mal in Manchester zu tun?« Ich dachte, er würde vielleicht eine Mitfahrgelegenheit brauchen, also erwiderte ich: »Kann ich gerade nicht sagen, aber mehr als gut möglich, dass wir demnächst mal dort auftreten.«

Er reichte mir eine Visitenkarte und sagte: »Falls ihr dort hinkommt, müsst ihr im B&B meiner Mutter absteigen. Das beste von ganz Manchester.«

»Danke, Mate.«

Dann fragte er: »Habt ihr bei euch im Bandbus einen Kassettenrekorder?«

»Ja.«

»Ich habe nämlich die neue Single meiner Band dabei. Möchtest du sie hören?«

»Ja klar, warum nicht?«

Wir stiefelten nach draußen zu unserem Mercedes.

Er schob die Kassette rein und drehte den Lautstärkeregler auf. Der Song begann mit einer ätherischen Gitarre, dann setzte wie aus dem Nichts eines der lieblichsten Riffs aller Zeiten ein, gefolgt von dieser samtenen Stimme, die sang: »As I was going over the Cork and Kerry mountains.« Ich war sprachlos. Am Ende fragte ich: »Wer ist der Sänger?« Und der Typ sagte: »Ich.«

Ich konnte nicht glauben, dass ein solch dürrer Kerl eine derart tief klingende Honigstimme haben sollte.

»Hat es dir gefallen?«, fragte er.

»Scheiße, ja. Lass es noch mal laufen.«

Der unbekannte Kerl war Phil Lynott und seine Band Thin Lizzy. Im Laufe der Jahre lief ich Phil noch häufiger über den Weg und bekam mit, wie er sich immer mehr mauserte. Einmal traten Thin Lizzy sogar als Support von Geordie auf. Was für ein Frontmann. Was für ein Bassist. Ein Gefallener im Dienste des Rock'n'Roll. Irgendeine bescheuerte Drogensache. Fuck.

Immerhin durfte ich ihn mit »Whisky in the Jar« in voller Blüte erleben. Unter ähnlichen Umständen hat mir einmal auch Dan McCafferty einen Song vorgespielt, »Broken Down Angel«. Die beiden haben mir vor Augen geführt, dass Geordie und all die anderen Bands unseres Kalibers keine Zukunft hatten.

Den Rest des Jahres 1973 rissen wir uns die Ärsche auf, um nach dem Erfolg von »All Because of You« nachzulegen. Aber unser Album *Hope You Like It* verkaufte sich nicht gut genug, um uns zu einem echten Headliner zu machen, daher mussten wir weitere Singles auf den Markt bringen, um im Gespräch zu bleiben. Im Laufe des Jahres veröffentlichten wir drei weitere Titel: »Can You Do It«, »Electric Lady« und »Black Cat Woman«. Doch nur »Can You Do It« schaffte es in die Top 20. Die anderen gelangten nicht mal in die Charts.

Das war zwar nicht gerade ein ermutigendes Zeichen, aber wir gingen einfach davon aus, dass ein neues Album es schon richten würde.

Also kehrten wir in die Pye Studios in Marble Arch und die Lansdowne Studios in Holland Park zurück, erneut mit dem exzentrischen Roberto Danova als Produzenten. Das Ergebnis war *Don't Be Fooled by the Name*. Für das Coverfoto verkleideten wir uns mit schwarzen Hüten und Anzügen als Gangster im Stil von Al Capone. Ich paffte an einer Zigarre. Wir wollten zeigen, dass wir nach der eher heiteren Platte *Hope You Like It* ein wenig erwachsener geworden waren.

Ein großartiger Nebeneffekt der Aufnahmen war für mich, dass ich dabei André Jacquemin kennenlernte, einen Komponisten, Produzenten und Arrangeur, der gerade sein Studio vom Gewächshaus seines Vaters in das Gebäude von Red Bus in der Wardour Street verlegt hatte. Er produzierte sämtliche Monty-Python-Alben und schrieb auch die an James Bond erinnernde

Titelmelodie für *Das Leben des Brian*. Da ich selbst ein großer Python-Fan war, konnte ich nicht genug von seinen Geschichten bekommen. Allerdings hätte André uns beide um ein Haar umgebracht und zwar in seinem Bond Bug, einem dreirädrigen Kleinstwagen in Keilform, der anstelle von Türen mit Kunststoffplanen verschlossen wurde. Er sah aus, als hätte ein Komiker sich eine Orangenspalte zum Vorbild genommen, und war passenderweise auch nur in Orange erhältlich. Doch André war so stolz auf den Wagen, dass er mich unbedingt auf eine Spritztour mitnehmen wollte – bei der wir beinahe unter die Räder eines Londoner Busses gekommen wären.[16]

Ein weiterer denkwürdiger Moment dieser Studiosessions war für mich die Aufnahme unserer Coverversion von »The House of the Rising Sun«, das ich zum ersten Mal viele Jahre zuvor im Sunniside Working Men's Club gesungen hatte. Nach einigen Durchgängen hatte ich den Eindruck, den Gesangspart gut hinbekommen zu haben, aber Roberto sagte immer wieder: »Da fehlt einfach noch irgendetwas …« Dann hatte er eine Eingebung. Hastig stellte er überall im Raum Mikrofone auf und summte hinein, sodass der Song schließlich mit einer Art tiefem Dröhnen einsetzte, was perfekt zu seiner dramatischen, bedrohlichen Atmosphäre passte.

Auch wenn niemand das je hörte. Das Album lag wie Blei in den Regalen.

Eine Tournee durch Australien und Japan sollte unsere Probleme lösen. Anfang 1974 packten wir unsere Koffer und düsten

16 Die Leute sind immer noch ganz vernarrt in diese Dinger. So kam im Jahr 2021 bei einer Auktion ein makelloses Exemplar von 1973 für 29.582 Pfund unter den Hammer.

los. Wie nicht anders zu erwarten, mussten wir den elend langen Flug ganz hinten in der Maschine verbringen. Aber wir hatten uns mit Duty-Free-Zigaretten und Whisky eingedeckt und vertrieben uns damit die Zeit. Selbst als in den Achtzigerjahren ein Rauchverbot in Flugzeugen eingeführt wurde, waren die Strecken nach Australien davon ausgenommen, weil *niemand* so lange ohne Zigaretten auskommen konnte.

Es kam uns so vor, als wären wir drei Tage unterwegs – was vermutlich auch stimmte. Wir flogen zuerst nach Bahrain, von dort nach Singapur und schließlich nach Sydney. Aber das war uns egal, denn wir waren mordsaufgeregt, insbesondere da uns der australische Promoter, ein fideler Bursche, mitgeteilt hatte, dass wir am Bondi Beach wohnen würden. Wir konnten nicht glauben, dass wir direkt am Südpazifik residieren sollten, mit Blick auf den Strand und Heerscharen von australischen Ladys in knappen Bikinis. Unsere Skepsis war angebracht, denn das erwies sich als vollkommener Blödsinn. In Wahrheit teilten wir uns ein Zimmer mit zwei Etagenbetten, ohne Aussicht und ohne Klimaanlage, gut anderthalb Kilometer vom Meer entfernt.

Es folgte der gesamte übliche Schmu. Die PA-Anlage mussten wir von eben jenem Mann mieten, der auch für unser Booking verantwortlich war und die völlig überhöhte Miete vom Ticketverkauf abzog, bevor wir auch nur einen einzigen Penny sahen. Der Typ, der sich um den Transport kümmerte, stellte uns einen ausrangierten Postwagen statt einem richtigen Truck hin. Doch wir konnten nicht einfach Ellis anrufen und ihn bitten, alles in Ordnung zu bringen. Wenn man erst Down Under war, dann war man scheiße noch mal Down Under, Mate!

Unsere erste Show war eine Art Festival im E.S. Marks Athletic Fields, einem großen Open-Air-Stadion mit überdachter Tribüne. Wir waren die Headliner. Als wir auf die Bühne kamen, fühlten wir uns, als wären wir in Woodstock. Riesenbühne, Riesensoundsystem, ein Riesenpublikum aus mehreren Tausend jubelnden und johlenden Aussies. Es war fantastisch und half unserer Stimmung mächtig auf die Sprünge.

Doch zwei Tage danach spielten wir in einem Working Men's Club irgendwo im Nichts, mitten am Nachmittag, bei locker achtundvierzig Grad im Schatten. Der Ort war ein absolutes Drecksnest. Lauter Blechhütten und rostzerfressene Autos. Die wenigen Zuschauer waren verschwitzt und betrunken und interessierten sich nicht sonderlich für Poms, wie die Aussies die Briten verächtlich nennen. Als wir uns danach in der Garderobe aus unseren Bühnenklamotten schälten, kroch plötzlich eine riesige Schlange über den Boden. In Unterhosen stürzten wir zur Tür hinaus. Wir waren Geordies – Schlangen kannten wir nur aus Tarzan-Filmen. Als wir den Clubmanager alarmierten, murmelte er nur »Scheiß Poms«, schlenderte in die Garderobe, kam mit der Schlange wieder heraus und sagte: »Die ist nicht einmal giftig, ihr Schwachköpfe.« Uns kam der Verdacht, dass jemand sie uns absichtlich untergejubelt hatte.

Zurück in Sydney, zweifelten wir daran, ob das mit der Tournee tatsächlich eine gute Idee gewesen war. Doch dann entdeckten wir diese fantastischen Parks, wo man mitgebrachte Steaks grillen und dazu sein eigenes Bier trinken konnte. Außerdem sahen wir im Kino *Der Exorzist*, der uns das Blut in den Adern gefrieren ließ.

Der Höhepunkt der Reise waren zwei Abende im Chequers, dem berühmten Nachtclub in Sydney. An einem dieser Abende hätte ich Malcolm Young im Publikum entdecken können – aber ich wusste nicht mal, dass er überhaupt da war. Er war ursprünglich nur gekommen, um einen Scheck vom Clubmanagement abzuholen, blieb dann aber für die Show, weil Bon ihm von meinen James-Brown-Mätzchen erzählt hatte. Ich weiß nicht, ob es stimmt, aber angeblich war Angus in der Woche darauf im Hornsby Police Boys Club in einem Vorort von Sydney, als wir dort spielten (nicht, um uns zu sehen, er war einfach da). An keinem der beiden Abende wälzte ich mich stöhnend und wimmernd am Boden, wie damals, als Fang uns supportet hatten – aber immerhin verbrachte Tom Hill wie üblich einen großen Teil beider Gigs auf meinen Schultern.

Schließlich stand der Flug nach Tokio an. Dort wurden wir von dem legendären Promoter Mr. Udo empfangen, der einige Jahre zuvor die Japan-Tournee von Led Zeppelin organisiert hatte.

Wir konnten nicht fassen, was wir in Japan sahen. Das Land war einfach überwältigend. Kein Schmutz auf den Straßen. Bauarbeiter, die sich verbeugten. Jeder trug weiße Handschuhe. Taxis mit Türen, die sich automatisch öffneten. Jeder von uns bekam sogar sein eigenes Hotelzimmer, ein unerhörter Luxus.

Mr. Udo führte uns in ein Teppanyaki-Restaurant, wo das Kobe-Rindfleisch so zart wie ein Marshmallow war. Zweifellos eine der besten Mahlzeiten unseres Lebens. Wir lernten außerdem Sake kennen und kippten das Zeug becherweise. Echt lecker, und wenn man genug davon intus hatte, fing man an, japanische Volkslieder zu singen – auf Japanisch natürlich.

Soweit ich mich erinnere, hatten wir vier Gigs in Japan, zu denen wir im Shinkansen-Schnellzug fuhren. Ich hatte zwar schon davon gehört, aber nicht wirklich an seine Existenz geglaubt. Es war ein außergewöhnliches Erlebnis, im Speisewagen eines Zuges zu sitzen, der bei über hundertfünfzig Stundenkilometern weder rüttelt noch rattert. Die Japaner waren dem Rest der Welt schlicht um Lichtjahre voraus.

Die Gigs selbst waren dann eine reichlich befremdliche Angelegenheit. Man spielte einen Song und bekam anschließend ein wenig höflichen Applaus, bevor es wieder mucksmäuschenstill wurde. Zwangsläufig fragte man sich, ob die Leute die Musik überhaupt mochten. Bei einer unserer Shows sprang ein Teenager im Publikum auf und klatschte begeistert.

Er wurde prompt von den Ordnern gepackt und hinausgeworfen.

Wir beschlossen das Jahr als Support auf der Deutschlandtournee von Deep Purple. Das versprach ziemlich aufregend zu werden. Sie waren eine Riesennummer. Der Kontrast zwischen unseren kleinen Erfolgen und der Hitmaschine, die Ritchie Blackmore auf die Beine gestellt hatte, war gigantisch. Das neue Deep-Purple-Album *Burn* hatte in Großbritannien und in den Vereinigten Staaten die Top 10 gestürmt – und zwar trotz eines radikalen Besetzungswechsels, bei dem Ian Gillan von David Coverdale als Sänger abgelöst worden war.

Die Fans, die zu den Konzerten strömten, wollten also genau eine Band sehen. Und das waren nicht wir. Obwohl ich am Mikro mein Bestes gab und wir ziemlich gut spielten, beachtete uns im Grunde niemand.

Als zweite Vorgruppe war auf dieser Tournee The Sensational Alex Harvey Band dabei, mit dem liebenswerten Verrückten aus Glasgow am Mikro, nach dem die Band sich benannt hatte. Seine Live-Version von »Delilah« – gelinde gesagt ein wenig schwerer und düsterer als das Original – war großes Kino und wurde im Jahr darauf ein Top-10-Hit. Zum Zeitpunkt der Tournee galt Alex jedoch immer noch als Geheimtipp und stand, wie wir, vollkommen im Schatten von Deep Purple.

»Weißt du, Brian«, sagte er einmal vor einem Auftritt in seinem breiten Glasgower Akzent zu mir, »das Geheimnis des Erfolgs in diesem Geschäft ist, dass du eine Reaktion hervorrufen musst.

Nur so erinnern die Leute sich an dich! Ich denke, ich werde die Show heute Abend ein wenig aufpeppen.«

Ich dachte nicht weiter über diese Aussage nach, bis es um acht schließlich Zeit für Alex' Auftritt war. Normalerweise kam er mit einer Spraydose auf die Bühne und verzierte eine stimmungsvoll beleuchtete Backsteinmauer-Kulisse mit dem Schriftzug *Vambo*. Dann gingen die Scheinwerfer an, und die Band begann mit dem fulminanten Wah-Wah-Gitarren-Intro von »Vambo Marble Eye«. Vambo war eine Art Superheldenfigur aus Alex' Fantasiekosmos. Doch nichts von alldem an jenem Abend. Stattdessen marschierte er im Stechschritt auf die Bühne, mit einer Nazi-Schirmmütze auf dem Kopf und einem angeklebten kleinen Schnurrbart unter der Nase. Zur Erinnerung: Wir spielten in Deutschland, wo die Erinnerungen an den Zweiten Weltkrieg noch relativ frisch waren. Die Leute schrien entsetzt auf und buhten ungläubig. Ein ohrenbetäubender Lärm. Gläser und Stühle flogen auf die Bühne, aber Alex winkte nur lächelnd, bevor er sich sehr schnell aus dem Staub machte.

Bei seinem Abgang stand ich am Bühnenrand. »*Das* nenne ich eine Reaktion!«, grinste er und rauschte an mir vorbei. Dann waren wir dran. Danke, Alex …

Der Kerl kannte einfach keine Angst. Er war zudem einer der begabtesten Texter, die ich je getroffen habe. Stücke wie »The Faith Healer«, »Hammer Song«, »Sergeant Fury« und »Boston Tea Party« sind absolute Klassiker. Jeder Musikfan, der sich etwas Gutes tun will, sollte sich alle seine Alben anhören.

Meine letzte Begegnung mit Alex fand in einer Garderobe statt, die sich unsere Bands teilten. Zu diesem Zeitpunkt der Tournee war ich einer seiner Freundinnen ein wenig nähergekommen, einer dunkelhaarigen Deutschen, die vom Kopf bis zu den kniehohen Stiefeln ganz in schwarz glänzendes Leder gekleidet war.

Eine unfassbar heiße Frau, die mich mit ihrem Akzent immer wieder an den Abend in den Brennnesseln hinter dem Walker Boys' Club erinnerte.

In der fraglichen Nacht hing die Lady während Alex' Show in der Garderobe ab. Als ihr aufging, dass wir allein waren, gab sie mir Signale, die keine Übersetzung erforderten. Ehe ich mich versah, war ihr Rock oben und meine Hose unten. Wie aufs Stichwort kam genau in diesem Moment Alex herein und erwischte uns in flagranti.

»JOHNSON«, donnerte er und deutete mit seinem Stock auf mich. »DAS IST MEIN LOCH, DAS DU DA STOPFST. MORGEN FRÜH WILL ICH EINEN BERICHT AUF MEINEM SCHREIBTISCH, UND ZWAR IN DREIFACHER AUSFERTIGUNG!«

Kein Wutausbruch, kein Drama. Nur ein verschmitztes Augenzwinkern.

Bis zum heutigen Tag habe ich nie wieder einen Mann wie ihn getroffen. Rest in peace, mein Freund.

Geordie mussten dringend neue Wege einschlagen, da *Don't Be Fooled by the Name* keinen einzigen Hit hervorgebracht hatte. Aber was dann geschah, ergab für mich überhaupt keinen Sinn.

Von einem Tag auf den anderen war Vic nicht mehr in der Band. Bis heute habe ich keine Ahnung, was passiert ist. Niemand konnte es mir erklären. Eben noch war Vic unser Hauptsongwriter und Gitarrist gewesen, dann war er weg. Ziemlich unfair, wenn man bedenkt, dass er die Band überhaupt erst zusammengebracht hatte.

Ein alter Freund von Tom namens Micky Bennison übernahm Vics Platz an der Leadgitarre. Er war ein netter Junge und ein guter Gitarrist mit einer Leidenschaft für amerikanische Autos, der nebenbei noch einen Importhandel mit dem Spitznamen Third

Leg Motors betrieb. Als wir endlich ein paar neue Songs zusammengeschustert hatten und wieder auf Tour gingen, interessierte sich niemand mehr für uns. Und wenn wir die alten Geordie-Nummern spielten, klangen sie ohne Vics Gitarrensound einfach nur trist und uninspiriert. Das Schlimmste war, dass ich nun hinten im Bandbus mit einem Typen abhängen musste, den ich kaum kannte. Es machte mir einfach keinen Spaß mehr. Die alte Kameradschaft gab es nicht mehr.

Auch Tom und der andere Brian hatten ihre Begeisterung verloren. Nach unserer Rückkehr aus Deutschland eröffneten sie in Newcastle gegenüber vom Theatre Royal ein Geschäft und nannten es *Geordie the Boutique*. Der Laden nahm dann den größten Teil ihrer Zeit in Anspruch. Tom war ein kleiner Modenarr und deckte sich in London mit den neuesten Klamotten ein, lauter Zeugs, das man im Norden nicht bekam und das die beiden dann weiterverkauften. Anscheinend hatten sie daran mehr Spaß als an Geordie.

Währenddessen drehte ich Däumchen und wartete, dass etwas passierte. Mein Gehalt von fünfundvierzig Pfund wurde immer wieder wochenlang eingefroren, weil wir nicht mehr regelmäßig auftraten. Wir wollten spielen, wurden aber nicht gebucht. Die Realität setzte uns zu. Es sah ganz so aus, als hätten wir unser Verfallsdatum überschritten.

Eines Tages kam ein Typ von EMI Records nach Newcastle hoch und lud mich abends zum Inder ein. Er erkundigte sich, was ich gerade so machen würde. »Nicht viel, ehrlich gesagt«, sagte ich. Daraufhin fragte er mich, ob ich mir vorstellen könne, für eine Plattenfirma zu arbeiten.

»Klar, nichts lieber als das«, erwiderte ich, ohne die Frage besonders ernst zu nehmen. »Die sind anscheinend immer besser bei Kasse als ich.«

»Du könntest dich um unsere Künstler kümmern«, antwortete er und schaute mir direkt in die Augen. In diesem Moment wurde mir klar, dass es kein hypothetisches Gelaber war. Sondern so etwas wie ein Vorstellungsgespräch.

»Du denkst wirklich, ich wäre dafür der Richtige?«, fragte ich.

»Und ob«, sagte er. »Du bist ein lustiger Typ, du kannst gut mit Menschen, du warst bei *Top of the Pops*. Genau so jemanden brauchen wir. Du wärst eine große Bereicherung für das Label.«

»O Mann«, sagte ich und versuchte, nicht emotional zu werden. »Das wäre ja traumhaft …«

»Wir könnten auch einen Firmenwagen für dich arrangieren.«

»Okay, wo muss ich unterschreiben?«, sagte ich. Und das war kein Scherz.

Zu meinem Pech ging der EMI-Mann am nächsten Abend mit James Whale essen, der die Sendung *Night Owls* auf Metro Radio moderierte und mit dem ich damals befreundet war. James dachte, er würde mir einen Gefallen tun, indem er den Typen überredete, das Angebot nicht offiziell zu machen. »Nein, nein, nein, Brian ist dafür nicht der Richtige. Er ist *Sänger*«, erklärte er. »Du kannst ihm nicht die Karriere versauen, indem du ihn zum Angestellten einer Plattenfirma degradierst!«

Ich hätte ihn umbringen können, schließlich brauchte ich das Geld dringend. »Du verdammter Idiot, warum hast du das gesagt?!« Doch James sah keinen Grund, sich zu entschuldigen. Er hatte schließlich nur seine Meinung gesagt und war überzeugt, dass ich für etwas Größeres bestimmt war. Ich wusste nicht, ob ich »Danke« oder »Fuck you« sagen sollte.

Die Situation zu Hause wurde immer schlimmer. Aber ich konnte mich nicht mit dem Gedanken anfreunden, bei Parsons zu Kreuze zu kriechen und um meinen alten Job zu betteln. Die Aussicht auf selbstgefällige »Ich hab's dir ja gesagt«-Vorträge von Leuten wie Harry Blair kam mir unerträglich vor. Außerdem gab es meine ehemalige Stelle wahrscheinlich ohnehin nicht mehr. Aber auch zum Arbeitsamt zu gehen, kam für mich nicht infrage. Ich war zu stolz, um Geld vom Staat zu nehmen.

Carol wusste nicht mehr weiter. Uns beiden ging es so. Dem Eheglück ist solch ein Stress natürlich nicht gerade zuträglich. Wir gingen uns ständig gegenseitig an die Gurgel.

Eines Tages dann klingelte das Telefon.

»Wie geht es meinem Lieblingsrockstar?«, fragte die Stimme am anderen Ende der Leitung. Ich erkannte sie sofort.

»Ich bin pleite, Ellis, weil du mich nicht bezahlst«, antwortete ich mit zusammengebissenen Zähnen.

»Echt? Du meine Güte, da muss ich wohl mal mit der Buchhaltung reden, das kann so nicht sein. Aber, äh, was ich eigentlich sagen wollte: Wie wäre es, wenn du nach London kommst und mit der Arbeit am neuen Album beginnst?«

»An welchem neuen Album?«

»Dem neuen Geordie-Album.«

»Ellis … ohne Vic gibt es Geordie nicht mehr. Das ist nicht dasselbe. Ich bin durch mit diesem Business. Das ist doch ein einziger Beschiss. Ich ertrag das nicht länger. Ich brauche einen richtigen Job.«

»Hmm«, sagte Ellis und dachte einen Moment lang nach. »Und wenn wir dir ein Haus besorgen? Würde das helfen?«

Verdammte Scheiße, dachte ich, jetzt geht das schon wieder los …

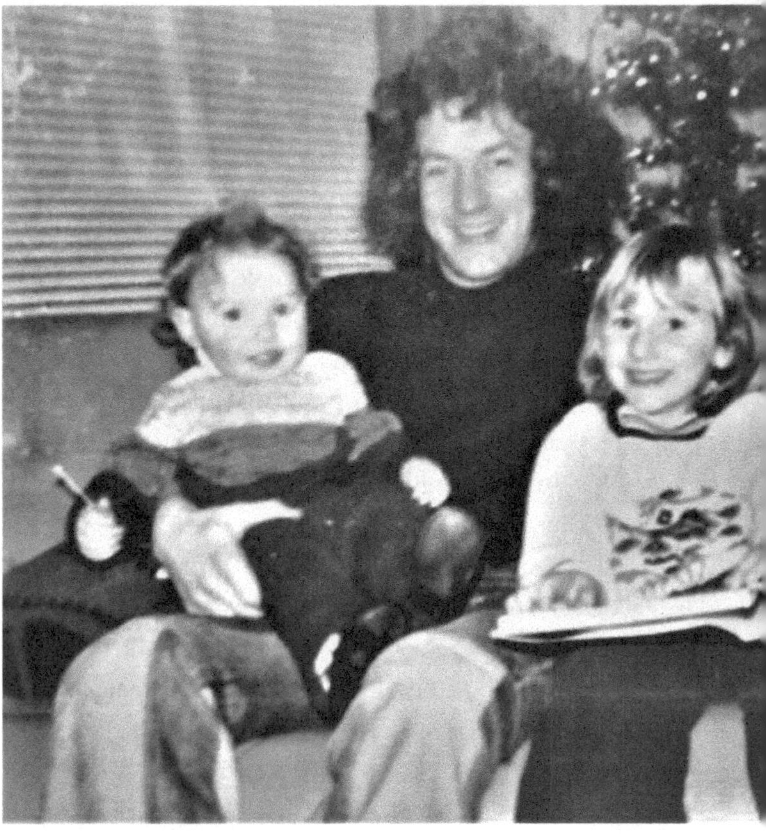

14

Blinder Passagier

Das Haus befand sich in Preston Grange, einem noblen Vorort in der Nähe des Tynemouth Golf Club. So etwas hätte ich mir selbst niemals leisten können. Es war nagelneu, hatte große moderne Fenster, Zentralheizung, Garage, Zufahrt und einen Garten – das perfekte Zuhause für eine junge Familie aus der Mittelklasse. Ehrlich gesagt schien es zu schön, um wahr zu sein, wenn man bedenkt, wie wenig Platten wir mit Geordie seit unserem einzigen Top-10-Hit verkauft hatten.

Andererseits, so sagte ich mir, bekam Ellis im Gegenzug ein neues Album. Und wir wären damals gewiss nicht die erste Band gewesen, die nach einem Durchhänger ein Comeback feierte – auch wenn Vic, die treibende Kraft hinter allem, nicht mehr dabei war.

Es würde allerdings ein schwieriger Balanceakt werden. Einerseits mussten wir den Sound von Geordie weiterentwickeln und den Slade-Vergleichen ein Ende setzen. Andererseits wollten wir aber auch unsere alten Fans nicht verprellen – die wenigen, die wir noch hatten.

Red Bus jedenfalls nahm das Projekt ernst. Andernfalls hätten sie kaum Philip »Pip« Williams als Produzent an Bord geholt. Er hatte zuvor mit The Kinks und The Moody Blues gearbeitet und sollte später Status Quos *Rockin' All Over the World* produzieren. Wir waren also in guten Händen. Aber natürlich hatten die Typen von Red Bus als alte Pfennigfuchser, die sie waren, uns nur ein paar Tage Studiozeit zugestanden. Dazu kam noch, dass die Arbeit an den Songs vor Vics Rausschmiss begonnen hatte und das Material daher ein ziemliches Chaos war.

Die erste Single-Auskopplung war »She's a Teaser« – eine knackige Hardrocknummer, die allerdings nachträglich im Studio mit reichlich Bläsern aufgemotzt wurde. Der Song war bereits lange vor den Hauptsessions für das Album fertig gewesen.

Als ich für die Aufnahme der Gesangparts nach London kam, waren die Backing Tracks bereits komplett im Kasten. Das allein hätte schon ein Warnzeichen sein müssen. Ich meine, es gab keine Spur von Bandspirit. Als Pip mir die Aufnahmen vorspielte, konnte ich meine Enttäuschung nicht verbergen.

»Ich weiß, was du denkst«, sagte er. »So ganz auf den Punkt ist das alles noch nicht. Genau deshalb bist *du* ja hier.«

In den nächsten Tagen arbeitete ich so eng wie noch nie mit einem Produzenten zusammen – und bekam jede Menge Respekt vor den Anforderungen dieses Berufs. Als guter Produzent muss man zugleich ein Diplomat auf UN-Niveau, ein musikalisches Genie und ein Technikmagier sein. Pip war all das und noch mehr. Und in seiner fabelhaften Wildlederjacke mit Ärmelfransen im Stil der US-amerikanischen Siedler sah er auch so aus. Ein cooleres Kleidungsstück hatte ich noch nie gesehen. Definitiv Rock'n'Roll!

Ich hatte die Texte und eine ungefähre Vorstellung von den Melodien und musste das Ding nun irgendwie zum Laufen bringen. Bei den ersten paar Durchgängen versuchte ich nur, ohne Hängen und Stocken bis zum Ende zu kommen. Wenn man einen Song nicht selbst geschrieben hat, ist das vollkommen normal.

Doch danach wurde ich lockerer, improvisierte hier und da, hatte ein bisschen Spaß.

Das Tolle an Pip war, dass er meine Stimmung lesen und darauf eingehen konnte. Er sagte dann: »Lass uns eine Pause machen, Brian, wir haben lange genug geschuftet. Meinst du, du schaffst nach dem Essen noch eine Stunde? Eigentlich mag ich es nicht, wenn Sänger nach dem Abendessen noch singen müssen.«

Damals war ich noch jung und dachte: Mann, ich kann immer singen, egal nach was.

Die Essenspausen waren für mich das Schlimmste, weil ich es mir schlicht nicht leisten konnte, essen zu gehen. Pip schlug immer wieder irgendwelche Restaurants vor, doch dann sah er meinen Gesichtsausdruck und sagte: »Oh … ist das ein teurer Laden?« Um das Problem zu umgehen, brachte ich schließlich Sandwiches ins Studio mit. Ich war es ohnehin nicht gewohnt, in Restaurants zu gehen. Selbst auf dem Höhepunkt von Geordies Erfolg, als wir alle zwei Wochen bei *Top of the Pops* waren, bedeutete Essengehen für uns, an einer der Little-Chef-Raststätten an der A1 anzuhalten oder zum günstigen Inder zu gehen.

Und dennoch: Morgens um sechs, nach einer langen Autofahrt und mordshungrig, hätte sogar die feinste Sterneküche keine Chance gegen ein *Olympic Breakfast* von Little Chef gehabt.

In drei Tagen nahmen wir rund ein Dutzend Tracks auf. Am Ende lud Pip mich zur Feier des Tages auf einen Drink ein.

Ich sagte: »Würde ich sehr gerne, Pip, aber mein Zug nach Hause geht um sieben. Ich sollte also besser los.«

»Nun, das wird knapp«, sagte er mit Blick auf die Uhr. »Wir sollten dir ein Taxi organisieren.«

»Ich nehme die U-Bahn, Pip. Das passt schon.«

»Mit der Bahn schaffst du es niemals, Brian. Außerdem streiken die gerade. Du brauchst ein Taxi.«

Da musste ich zugeben, dass mein Geld nur für die U-Bahn sowie ein Bier und ein Sandwich unterwegs reichte. Pip kramte also in seiner Tasche und holte einen Zwanzigpfundschein heraus, was heute etwa hundert Pfund entspricht. Ich erklärte ihm, dass ich unmöglich so viel Geld annehmen könne. Aber er schob mir den Schein in die Tasche meiner Jeans und meinte: »Brian, bitte, ich möchte, dass du das behältst.«

Einige Minuten später standen wir draußen und warteten auf ein Taxi. Pip zeigte auf meine verblichene Jeansjacke, die vermutlich noch aus den Tagen des Gobi Desert Canoe Club stammte. Auf jeden Fall war sie uralt und fiel schon auseinander. »Wie lange hast du die schon?«, fragte er.

»Keine Ahnung«, antwortete ich achselzuckend. »Warum?«

»Probier die hier mal an«, sagte er und zog seine fabelhafte Wildlederjacke aus. »Die dürfte dir stehen.«

»Pip, ich kann dich doch nicht um deine Jacke erleichtern«, protestierte ich. »Schließlich kennen wir uns erst seit drei Tagen! Sieh dir das Ding an! Woher hast du die überhaupt? Die muss ein Vermögen gekostet haben!«

»Drei Tage in einem Studio sind eine lange Zeit, Brian. Wir sind jetzt Freunde. Außerdem steht dir die Jacke einfach besser.«

»Pip, ich kann sie nicht annehmen, ich kann das einfach nicht. Ich komme schon zurecht, du brauchst mir nichts zu schenken!«

Ein Taxi hielt an. Pip ließ die Jacke vor mir zu Boden fallen und verschwand. »Wir sehen uns, Brian«, rief er mir über die Schulter zu. »Komm gut nach Hause. Und nimm die Jacke! Du bist ein Rockstar, also solltest du auch wie einer aussehen.«

Das war ein besonderer Moment für mich. Ich fühlte mich wie ein Dieb, als ich die Jacke aufhob und anzog. Natürlich ließ sie alles, was ich sonst noch anhatte, dreckig und schäbig aussehen, insbesondere meine Schuhe.

»King's Cross Station«, sagte ich durchs Fenster zum Fahrer. Als er nickte, stieg ich ein. Hoffentlich würde mein Bruder Maurice im Zug sein.

Falls sich jemand fragt, warum Maurice bisher in diesem Buch kaum vorgekommen ist, so ist die Antwort darauf, dass er die meiste Zeit nicht da war.

Als ich gerade meine Lehre bei Parsons begonnen hatte, beschloss er mit fünfzehn Jahren, Koch zu werden. Er fand eine Stelle im County Hotel, gegenüber dem Hauptbahnhof von Newcastle, wo er zunächst als Page eingesetzt wurde. Dann stieg er zum Commis auf, also zum Kellner-Azubi, um schließlich als Beikoch anzufangen. Er übte sogar zu Hause. »Pellkartoffeln, Ma'am?«, fragte er unsere Mutter, wenn er das Sonntagsessen servierte. »Und wie wäre es mit Karotten, Ma'am?«

Eines Abends sahen wir, dass er seine Koffer packte. Er erzählte uns, dass er auf die Kanalinseln nach Jersey gehen würde, um in St. Helier in einem sehr viel größeren Hotel anzufangen. Niemand von uns hatte einen blassen Schimmer von seinen Plänen gehabt. Maurice gehörte eher zur schweigsamen Sorte. Es gab keinen großen Abschied. Er stieg einfach in den Zug und verschwand.

Nach seiner Rückkehr legte er sich einen Lambretta-Roller zu, wie ihn die Mods fuhren, silberfarben, mit zwei verchromten Endrohren und Reserverad hinten drauf. Ein wahres Schmuckstück. Aber als ich ihn mir das erste Mal auslieh, um damit ins Kino zu fahren, wurde mir das Reserverad geklaut. Das tut mir heute noch leid.

Irgendwann machte Maurice sich wieder aus dem Staub, nur um dann in einem Triumph Spitfire zurückzukehren.

Ich weiß noch, wie ich eines Tages nach Hause kam, den Wagen vor unserem Haus sah und mich fragte: »Wem der wohl gehört?« So einen hatte bei uns in der Siedlung niemand. Als dann Maurice erschien, erkannte ich ihn kaum. Er war noch mal ein ganzes Stück gewachsen und hatte sich einen Schnauzbart zugelegt.

Er lud mich zu einer Spritztour ein. Maurice trug ein Oldschool-Outfit mit Lederhandschuhen und Ballonmütze, und bevor ich einsteigen durfte, musste ich meine dreckige Arbeitskleidung ausziehen und mir die Hände waschen. Zweimal. Ich nahm es ihm nicht übel. Der Spitfire war einfach ein Traum. All diese Anzeigen, Instrumente und Knöpfe, und beim Schalten machte der Motor satanische Schmatzgeräusche.

Ich hatte wirklich großen Respekt vor Maurice. Ich war immer ein guter Schüler gewesen – jedenfalls fast bis zum Ende –, außerdem hatte ich eine Stelle in einem der renommiertesten Industrieunternehmen der Welt und verdiente zusätzlich Geld mit den Gigs meiner Band. Trotzdem war ich total abgebrannt. Maurice dagegen, der bei jeder Prüfung in seinem Leben durchgefallen war, fuhr in diesem Wagen herum.

Aber so ist Maurice eben. Er stellt sich dumm, doch in Wirklichkeit ist er cleverer als alle anderen. Noch dazu ist er der liebenswerteste Kerl, den man sich vorstellen kann. Solange ich denken kann, höre ich ständig Sachen wie: »Wie geht's Maurice? Ich mag Maurice.« Er ist einfach ein ganz besonderer Mensch.

Nachdem Maurice endgültig aus Jersey zurückgekehrt war, besorgte er sich einen Job als Chefsteward in der ersten Klasse des Zugs von London nach Newcastle. Saß man in dem Zug, in dem er Dienst hatte, kümmerte er sich um einen, selbst wenn man mit dem billigsten Ticket unterwegs war. Damals tat man alles für die eigene Familie. Das war eine unausgesprochene Regel.

Doch als der nette Kerl, der er war, weitete Maurice diese Regel auch auf Freunde aus. Mein Kumpel Brendan Healy – auf Brendan und seine vielen Talente werde ich später noch ausführlicher zu sprechen kommen – musste oft zum Vorsprechen nach London und nannte Maurice nur den »barmherzigen Samariter von King's Cross«.

Ich hörte Maurice, noch bevor ich ihn sah.

»Brian?«

Erleichtert ließ ich meinen Blick schweifen. Maurice lehnte sich aus seinem Fenster des Erste-Klasse-Abteils.

»Willst du zu einem Cowboy-und-Indianer-Kostümfest?«, fragte er und starrte auf meine Jacke.

»Leck mich, Maurice«, erwiderte ich lächelnd.

»Na los, komm rein hier.«

Das war eine eingespielte Routine mit Maurice: Man ging zielstrebig mit dem Ticket in der Hand am Speisewagen vorbei, als ob man auf dem Weg zu seinem Platz in der zweiten Klasse wäre. Dann öffnete sich unvermittelt eine Betriebstür, und man kletterte verstohlen hinein. In der Bordküche hockte man sich in die Ecke, wo einen niemand sehen konnte, und wartete bei einer Zigarette, bis sich der Zug in Bewegung setzte. Ein Kopfnicken und ein Augenzwinkern später wurde man im Speisewagen zu einem Fensterplatz mit weißem Tischtuch geführt, um sich mit Silberbesteck bewaffnet über ein Steak herzumachen und dabei so viel Bier zu trinken, wie man vertrug.

»Pellkartoffeln, Sir?«, erkundigte sich Maurice schwungvoll, damit keiner der zahlenden Passagiere Verdacht schöpfte. »Und wie wäre es mit Karotten, Sir?«

Der beste Moment der Fahrt kam, wenn der Zug kurz vor der Ankunft am Hauptbahnhof in Newcastle den Tyne überquerte.

In diesen letzten Sekunden genoss man einen spektakulären Blick auf die von unten angestrahlte Tyne-Brücke. Genau das machte die Zugfahrt von King's Cross so besonders: Es fühlte sich einfach wunderbar an, nach Hause zu kommen.

Das Geordie-Album versank spurlos im Ozean der Musikgeschichte. Es gab keine Überlebenden. Nicht mal ein Rettungsring wurde gefunden. Aber anders als im Fall des Geisterschiffs *Mary Celeste* war daran nichts Mysteriöses – das Album war einfach Mist.

Allerdings war auch das Marketing eine ziemliche Katastrophe.

Geordie mussten sich weiterentwickeln, ohne die alten Fans zu vergraulen. Ein Problem, für das Red Bus eine wenig überzeugende Lösung fand: Die Plattenfirma brachte ein völlig gesichtsloses Album auf den Markt, auf dessen Cover eine nackte Frau von der Erde ins All schießt und ihren Arm nach einem funkelnden Stern ausstreckt. Der Titel lautete *Save the World*, ergänzt um den Hinweis »featuring Brian Johnson«. Aber natürlich rettete das Album gar nichts. Nicht die Welt. Und schon gar nicht Geordie.

Ich weiß noch, wie Maurice eines Morgens zu uns nach Preston Grange kam und fragte: »Was ist eigentlich mit der Platte? Im Radio hab ich nichts davon gehört.«

Ich erzählte ihm, dass sie noch gar nicht offiziell draußen war. Das stimmte zwar, allerdings wurde ein Album normalerweise schon lange vor der Veröffentlichung durch die Decke gehypt. Aber keine unserer beiden Singles, weder »She's a Teaser« noch »Goodbye Love«, hatte auch nur an der Tür zu den Charts gekratzt.

»Kann ich die Scheibe mal hören?«, fragte Maurice.

»Ich hab selbst kein Exemplar«, antwortete ich. Das war die Wahrheit. Es war schwer, Interesse für etwas aufzubringen, für das sich sonst niemand interessierte.

Die Leute fragen mich oft, wie und wann sich Geordie eigentlich auflösten. De facto haben wir das aber nie getan. Es gab keinen großen Streit, niemand ist wutschnaubend davonmarschiert. Keins der Bandmitglieder ist dem Alkohol oder den Drogen zum Opfer gefallen. Wir wurden nicht mal von unserer Plattenfirma rausgeschmissen.

Irgendwie hat sich alles einfach im Sande verlaufen.

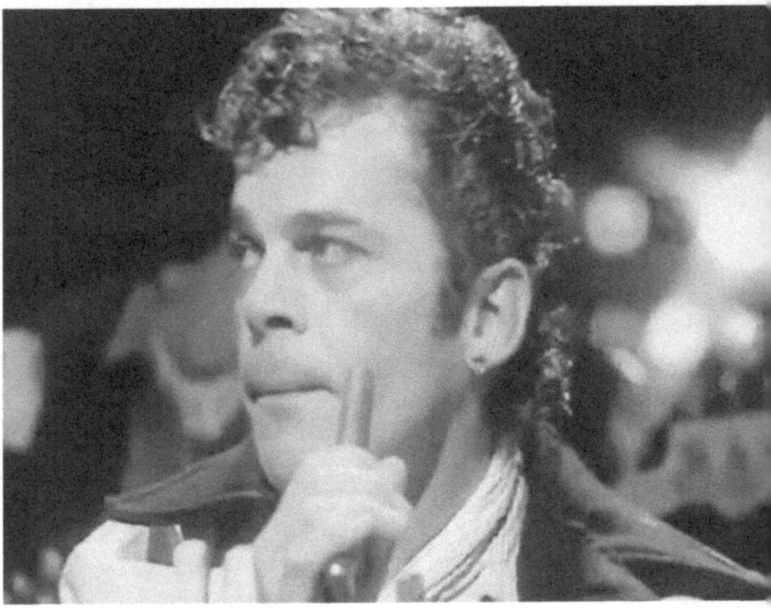

15

Gerichtsvollzieher-Blues

Wenn es einen Moment gab, in dem meine erste Karriere als professioneller Sänger zu Ende ging, dann war es der, als es eines Tages bei uns in Preston Grange an der Eingangstür klopfte.

»Mr. Johnson, nehme ich an?«, fragte mich der Mann, der mit Melone auf dem Kopf vor mir auf der Fußmatte stand. Bevor ich ihm überhaupt antworten konnte, tauchten hinter ihm zwei riesige, ziemlich fies wirkende Kerle auf, richtige Geordie-Schlägertypen. Mir rutschte das Herz in die Hose.

»Mein Name ist Mr. Soundso. Ich bin Gerichtsvollzieher und mit Ihrem Fall befasst«, erklärte der Mann mit der Melone, während ich den Mund gar nicht wieder zukriegte. »Wenn es Ihnen nichts ausmacht, werden diese beiden netten jungen Herren jetzt in Ihr Haus kommen und Ihr Wohnungsinventar als Pfandsache sicherstellen – einschließlich Ihres Fernsehers, sollten Sie einen besitzen. Ach ja, und Ihres Kühlschranks. Mit sicherstellen meine ich wegbringen. Sobald Sie Ihre Schulden begleichen, erhalten Sie alles zurück.«

Das war im Winter 1978, einem der kältesten, trostlosesten und deprimierendsten in der britischen Geschichte. Durch die ununterbrochenen Streiks türmte sich der Müll in den Straßen auf. Sogar die Toten blieben unbeerdigt. Unterdessen ließ die IRA überall Bomben hochgehen.

Die Zeitungen sprachen vom »Winter der Unzufriedenheit«. Besser hätte man es nicht ausdrücken können – zumindest was meine persönliche Situation betraf. Ich hatte seit Monaten keinen Gig mehr gehabt. Carol und ich waren so abgebrannt, dass wir erneut vor der Wahl standen, entweder das Haus zu heizen oder Essen zu kaufen. Darüber hinaus stritten wir uns heftiger denn je. Unsere armen kleinen Mädchen Joanne und Kala, die inzwischen zehn und fünf waren, gerieten immer wieder zwischen die Fronten.

Dass Red Bus bereitwillig den Kredit für das Haus in Preston Grange abzahlte, war mir schon immer zu schön erschienen, um wahr zu sein. Als der Gerichtsvollzieher vor mir stand, wurde mir klar, dass ich auf mein Bauchgefühl hätte hören sollen.

»Was hat das alles zu bedeuten?«, brachte ich endlich hervor, obwohl ich die Antwort fürchtete.

»Wir haben hier einen Gerichtsbeschluss zugunsten der Leeds Permanent Building Society, um Sicherheitsleistungen in Höhe von fünfhundert Pfund zu beschlagnahmen. Der Grund sind von Ihnen nicht bezahlte Kreditraten«, erklärte der Gerichtsvollzieher und zeigte mir ein Stück Papier mit Unterschrift und Wachssiegel.

»Aber ich habe nie irgendwelche Zahlungen geleistet«, sagte ich.

»Sehr schön. Ich bewundere Ihre Ehrlichkeit. Die meisten Leute behaupten, die Schecks seien unterwegs.«

»Nein, ich meine, dass meine Plattenfirma die Zahlungen übernommen hat.«

Zumindest hatte ich das gedacht.

Während der Gerichtsvollzieher im Haus war, gelang es mir, Ellis Elias ans Telefon zu bekommen. Er sagte: »Hallo, Brian, freut mich, von dir zu hören. Es tut mir schrecklich leid, da muss ein

Missverständnis vorliegen, lass mich mal mit diesem Gerichtsvollzieher sprechen.«

Dank Ellis' Überredungskünsten wurde mir eine achtundvierzigstündige Gnadenfrist eingeräumt.

Aber es hatte kein Missverständnis gegeben. Red Bus hatte schlicht die Kreditzahlungen eingestellt, weil sie mit mir kein Geld verdienten. Da der Kredit ebenso wie das Haus auf meinen Namen lief, musste ich für alles aufkommen. Ich hätte es wissen müssen, aber ich war schon immer viel zu naiv gewesen.

Ehe ich mich versah, fand ich mich vor dem Newcastle Crown Court wieder.

Ich hatte in zweierlei Hinsicht Glück. Erstens hatte der Richter Mitleid mit einem Mann, der kurz davorstand, sein Haus zu verlieren und sich keinen Anwalt leisten konnte. Und zweitens schickte Leeds Permanent einen grauenvollen, schleimigen, aufgeblasenen Widerling von Krediteintreiber als Vertreter ins Rennen.

Als dem Richter klar wurde, dass ich mir die Geschichte über meinen Vertrag mit Red Bus nicht ausgedacht hatte, nahm er den Typen von Leeds Permanent ordentlich in die Mangel. »Wenn das Haus Mr. Johnson gehörte und er darin wohnte, warum haben Sie dann die Mahnungen an eine Plattenfirma in der Wardour Street in London geschickt?«, schimpfte er. »Sie wissen bereits seit vier Monaten, dass diese Firma ihre Zahlungen eingestellt hat! Warum haben Sie nicht Kontakt mit Mr. Johnson aufgenommen? Warum haben Sie so lange gewartet, nur um ihm dann ein Überfallkommando auf den Hals zu hetzen und ihm zu drohen, ihm seinen ganzen Besitz wegzunehmen und ihn mit Frau und Kindern auf die Straße zu setzen? Meiner Ansicht nach haben Sie das nur getan, weil Sie das Haus zurückwollten. Sie wollten ihm keine Chance geben!«

Dann wandte sich der Richter an mich und fragte: »Mr. Johnson, wie viel können Sie monatlich aufbringen?«

Die ehrliche Antwort darauf hätte gelautet: »Einen Scheiß, Euer Ehren.« Aber aus irgendeinem Grund schlug ich siebzig Pfund vor.

»Ihnen ist klar, dass Sie sich einen Job suchen müssen?«, sagte er. »Einen richtigen Job. Nicht als, ähm, als Musiker.«

»Ja, Euer Ehren. Ganz wie Sie meinen, Euer Ehren.«

Er ließ den Hammer aufs Pult krachen. »Hiermit wird Leeds Permanent angewiesen, den geschuldeten Betrag zum gegenwärtigen Sollstand hinzuzurechnen und einen neuen Kreditvertrag mit monatlichen Zahlungen von siebzig Pfund aufzusetzen. Mr. Johnson, Sie wiederum suchen sich schnellstmöglich eine Arbeit und achten darauf, nicht in Zahlungsverzug zu kommen.«

Die Genugtuung darüber, dass ich mich selbst verteidigt und gesiegt hatte – und das Haus behalten durfte –, währte nur wenige Stunden.

Nämlich bis Carol mir erklärte, dass sie »mit ihren Freundinnen« ausgehen würde, um zu feiern. Irgendwie führte das zu einem weiteren Streit, der mir deutlich vor Augen führte, dass es keine Ehe mehr gab, die wir retten konnten. Mir wurde endgültig klar, dass wir einen Schlussstrich ziehen mussten. Es war den Kindern gegenüber einfach nicht fair. Also packte ich meine Sachen und stieg in meinen Wagen. Inzwischen hatte ich einen sehr gebrauchten und sehr verrosteten VW Käfer mit Sechs-Volt-Batterie, die so platt war, dass sie nur selten beide Scheinwerfer gleichzeitig zum Leuchten brachte. Dann fuhr ich los. Im Schneckentempo.

Es gab nur einen einzigen Ort, wohin ich konnte: Beech Drive Nummer 1.

In jener Nacht kehrte ich also in das Zimmer zurück, das ich einst mit Maurice und Victor geteilt hatte. Unter dem Bett lag immer noch mein abgegriffenes Exemplar von *The Morley Method of Scientific Height Development*. Als ich am nächsten Morgen aufstand und meinen Blick über die Schlackenhalden, die Bahngleise und die Vickers-Panzerfabrik am Ufer des Tynes schweifen ließ, fragte ich mich, wie es so weit gekommen war. Eben noch hatte ich mir mit Roger Daltrey die Bühne bei *Top of the Pops* geteilt, und nun wohnte ich wieder in meinem alten Kinderzimmer. Im Alter von achtundzwanzig Jahren hatte ich alles verloren. Meine Ehe, meine Karriere, mein Haus. Immerhin durften die Kinder mit ihrer Mutter in Preston Grange bleiben.[17]

Ich kann mich noch an das schreckliche Gefühl des Scheiterns erinnern, als wäre das alles erst gestern geschehen. Es war eine furchtbare, verwirrende, zermürbende Zeit. Ich konnte nicht schlafen. Ich konnte kaum etwas essen. Ich wollte nicht einmal meine Freunde sehen, weil ich ihr Mitleid nicht ertrug – und die Almosen, die sie mir anboten, schon gar nicht.

Ich ertrug es kaum, mir andere Bands anzuschauen. Dazu wünschte ich mir viel zu sehr, selbst aufzutreten. Aber natürlich konnte ich der Versuchung nicht widerstehen. Das Komische ist, dass ich mich nur an eine Band erinnere, die ich damals sah: AC/DC. Allerdings nicht live, sondern in der BBC-Two-Reihe *Rock Goes to College*, in der Konzerte vielversprechender Bands an Universitäten überall im Land gezeigt wurden. Um AC/DC, die an

17 Im Lauf der folgenden Monate und Jahre kamen Carol und ich immer wieder zusammen, nur um uns wieder zu trennen. Wir haben alles versucht, um uns wegen der Kinder zusammenzuraufen. Doch bei allem guten Willen erwies sich das als ausgesprochen naiv.

der Universität von Essex spielten, gab es einen Riesenhype. Immer wieder sagte man mir: »Diese Jungs musst du einfach sehen.«

Die Show war unglaublich. Sie waren so anders als alle anderen, dass ich es kaum fassen konnte. Angus war einfach der Wahnsinn. Er dürfte damals höchstens zweiundzwanzig gewesen sein. Selbstverständlich trug er sein Schuljungen-Outfit und zog bei »Bad Boy Boogie« seine Striptease-Nummer ab. Was den Sänger betraf: Mit den engen schwarzen Hosen, den tätowierten Armen und einem Drink (vermutlich Rum und Cola) in der Hand war er der geborene Frontmann. Mir kam überhaupt nicht in den Sinn, dass ich genau diesem Typen einst in Torquay über den Weg gelaufen war. Selbst wenn mir es jemand gesagt hätte, hätte ich es nicht geglaubt. Da war einfach keinerlei Ähnlichkeit. Das hier war ein *Rock'n'Roll-Sänger*, kein Folk-Typ.

Ich genoss jede einzelne Sekunde. Doch zugleich erinnerte mich die Show daran, dass ich meine Chance gehabt und sie verpatzt hatte. Wenn man in meinem Alter den Durchbruch noch nicht geschafft hatte, dann war man im Rockbusiness ein toter Mann. Wie der Richter schon sagte, war es Zeit, einen richtigen Job zu finden.

Selbst wenn ich mich hätte überwinden können, wieder bei Parsons zu erscheinen, war es nun zu spät. Die Firma war nur noch ein trauriges Spiegelbild ihrer selbst. Ich musste meine Ansprüche runterschrauben. Also griff ich zum *Evening Chronicle*, eben jener Zeitung, die mich einst zu einem »Star der Zukunft« erklärt hatte, und begann, die Stellenanzeigen zu durchforsten.

Autoglasmonteur gesucht, verkündete die erste Anzeige, die mir ins Auge fiel. Daneben war eine Telefonnummer abgedruckt. An die anderen Stellenangebote auf der Seite habe ich nicht die geringste Erinnerung. Ich sah nur *Autoglasmonteur* und dachte: Gut, wie schwer kann das schon sein? Immerhin hatte ich früher technische Zeichnungen von Dampfturbinen für Kraftwerke angefertigt, bei denen ein Messfehler von einem Tausendstel Zentimeter zur Katastrophe führen konnte. Ein Stück Glas auf einem Auto anzubringen, würde meine grauen Zellen nicht gerade überbeanspruchen.

Ich rief bei der Nummer an, und ein gewisser Peter meldete sich – allerdings nicht mit dem üblichen »Hallow«, das man normalerweise von einem Geordie aus der Arbeiterklasse zu hören bekam. O nein. Peter spielte in einer anderen Liga. Zumindest dachte er das. »Schönen guten Tag«, sagte er mit äußerst pompöser Stimme, als wäre er ein Concorde-Pilot, der gerade nach New York abhob. »Sie sprechen mit Peter, dem Gebietsleiter von Windshields, Ltd., für den Nordosten. Wie kann ich Ihnen helfen?«

Am liebsten hätte ich mit dem Kopf gegen die Wand geschlagen und laut geschrien.

Aber ich brauchte diesen Job, und zwar *dringend*, also schluckte ich meinen Stolz herunter.

Peter ließ mich wissen, dass ich für ein »Vorstellungsgespräch« in der »zentralen Pannendienststelle« von Windshields, Ltd., antanzen müsse. Wie sich am Ende des Gesprächs herausstellte, war damit der Beifahrersitz seines Ford Escort Estate gemeint, in dem er mich an einer A1-Raststätte, rund fünfundzwanzig Kilometer südlich von Newcastle, erwarten würde.

Ich war erleichtert, dass Peter so weit außerhalb der Stadt residierte, denn dadurch sank die Wahrscheinlichkeit, dass er mich erkennen würde. Die Möglichkeit bestand nämlich durchaus. Immerhin hatten Geordie in Newcastle eine Zeit lang den Status von B-Prominenten genossen. Metro Radio spielte ständig unsere Singles, vor allem »Geordie's Lost His Liggie«, und Tyne Tees Television hatte uns wiederholt zu der Sendung *The Geordie*

Scene eingeladen. Und mit meiner Lockenpracht war ich schwer zu übersehen.

Doch nun, da ich mit eingezogenem Schwanz ins zivile Leben zurückkehrte, wollte ich nur noch unsichtbar sein.

Das Vorstellungsgespräch fand an einem frühen Freitagmorgen statt.

Meine größte Sorge war, dass der Käfer schlappmachen könnte. Der Schlüssel war bereits vor langer Zeit im Zündschloss abgebrochen, sodass man den Wagen nur durch den Teelöffeltrick starten konnte.

Wie nicht anders zu erwarten, regnete es an jenem Morgen. Das heißt, es regnete nicht einfach. Es war, als ob der Donnergott Thor nach einer durchzechten Nacht pinkeln würde, und alles landete auf mir. Dummerweise hatte der Käfer im Boden ein Loch, außerdem bewegten sich die beiden Scheibenwischer in unterschiedlichem Rhythmus. Zudem quoll hin und wieder vorne am Wagen Rauch heraus, was ein wenig merkwürdig war, da sich der Motor hinten befand.

Wie angekündigt, hatte Peter seinen Escort an der Raststätte geparkt. Also stellte ich den Käfer hinter ihm ab und sprang raus, während der Regen unerbittlich auf mich prasselte. Ich klopfte auf der Beifahrerseite ans Fenster, damit er die Verriegelung öffnete und mich reinließ.

Aber warum einfach, wenn es auch kompliziert geht?

Peter sah kurz zu mir auf, hob den Zeigefinger und formte mit den Lippen die Worte: »Einen Moment, bitte.«

Ungläubig starrte ich ihn durchs Fenster an. Ich war pitschnass und wurde mit jeder Sekunde nasser. Das Wasser stand mir in den Schuhen. Ich dachte nur: Was zum Teufel ist so wichtig, dass du mich nicht einsteigen lässt? Er hatte nicht einmal ein Telefon oder einen Laptop. Wir schrieben das Jahr 1978! Er hielt nur einen kleinen Notizblock und einen Bleistift in der Hand.

Ich klopfte erneut an die Scheibe und versuchte dabei nicht so wütend zu klingen, wie ich tatsächlich war.

Dieses Mal machte er sich nicht mal die Mühe aufzuschauen.

Als er endlich die Tür öffnete und mich reinließ, sah ich aus wie ein triefendes Fensterleder.

»Also gut, Brian«, fing er an, während mir das Wasser von der Nasenspitze tropfte und ich schon fürchtete, an Unterkühlung zu sterben. »Eine meiner zahlreichen Aufgaben bei Windshields, Ltd., besteht darin, sicherzustellen, dass alle angehenden Monteure die nötigen Fähigkeiten und das erforderliche Engagement für einen derart anspruchsvollen Beruf mitbringen. Über welche Qualifikationen verfügen Sie also?«

»Ich war früher technischer Zeichner«, erklärte ich. »Ich habe also die City-&-Guilds-Prüfung abgelegt und das Tech-Three-Zertifikat.«

Ich dachte, dass er davon beeindruckt sein würde. Schließlich waren das angesehene Abschlüsse, für die man eine fünfjährige Ausbildung brauchte und eine Reihe von Prüfungen bestehen musste.

»Oh«, sagte er und starrte mich ausdruckslos an. »Für mich klingt das, als seien Sie ein wenig überqualifiziert.«

Ich dachte nur: Bitte holt mich hier raus.

Peter rief mich noch am selben Abend an, um mir mitzuteilen, dass er die Stelle an jemanden mit Erfahrung vergeben habe. »Okay, alles klar«, sagte ich und legte auf. Einige Minuten später rief er erneut an. Der Typ mit Erfahrung habe aufgrund finanzieller Bedenken abgesagt, also, äh, ob ich wohl noch immer Interesse habe?

Einige Tage darauf fand ich mich im Hauptlager von Windshields, Ltd., in Darlington zu einer Woche »Schulung« (laut Peter) ein. Oder, wie es in der Fachsprache hieß, »um das sachgemäße Austauschen einer Windschutzscheibe« zu erlernen.

In dem Lager gab es Scheiben für alle erdenklichen Fahrzeugmarken und -typen sowie eine Flotte wunderschöner weißer Ford Transits mit orangefarbenen Warnleuchten auf dem Dach. Beim Blick auf die Transporter schien mir die ganze Situation gleich ein bisschen weniger tragisch. Ich konnte es kaum erwarten, mich hinter das Steuer von einem der Fahrzeuge zu klemmen.

Der Typ, den ich die Woche über begleiten sollte, hieß Norman und war kein Freund vieler Worte. Ich schätzte ihn auf Mitte dreißig, aber er trug eine Brille mit unfassbar dicken Gläsern und kleidete sich, als wäre er mindestens schon sechzig. Er wirkte nicht sonderlich erfreut, mich an der Backe zu haben.

Unser erster Auftrag, der über sein Funkgerät reinkam, war ein Peugeot mit kaputter Windschutzscheibe in einer Garage unweit von Boldon Colliery. Wir brachen in unserem Transporter auf, schweigend, bis Norman murmelte, er müsse noch zu Hause vorbeifahren, um bei seiner Frau sein Mittagessen abzuholen.

Also fuhren wir zu ihm nach Hause, schweigend.

Dann hielten wir vor dem Haus, schweigend.

Dann saßen wir einen Moment lang da, immer noch schweigend, und schauten durchs Fenster seiner Frau dabei zu, wie sie den Abwasch erledigte. Schließlich stieß er einen Seufzer aus und sagte: »Mein Gott, sie hat ein Gesicht wie eine Bulldogge, die Pisse von einer Brennnessel leckt. Bleib hier. Und verhalt dich schön unauffällig.«

Ich dachte, das wird die längste Woche meines Lebens.

Im Verlauf der folgenden Tage wurde mir klar, dass das Auswechseln von Windschutzscheiben nicht unbedingt die Fertigkeiten, das Engagement und die Qualifikationen erforderte, von denen Peter gesprochen hatte.

Als Norman mich das erste Mal mit anpacken ließ, anstatt mich nur zum Zuschauen zu verdammen, musste ich mitten in der Arbeit das Werkzeug weglegen, damit er »eine Stange in die Ecke stellen« konnte. Das bedeutete, dass er einen Tee trinken und drei Kippen durchziehen würde, um dann einen abzuseilen und dabei die Nackte auf Seite drei zu studieren.

Während er damit beschäftigt war, wurde mir langweilig, und ich erledigte einfach den Job.

Ich konnte nicht anders. Ich wollte endlich vorankommen und wieder Geld verdienen.

Als Norman zurückkam, schaute er mich an, als wäre ich Judas. »Was hast du dir dabei gedacht? Wenn du in dem Tempo arbeitest, laden sie uns nur noch mehr Aufträge auf!«

Ich könnte schwören, dass er danach kein Wort mehr mit mir gesprochen hat.

Aber ehrlich gesagt, war kaum ein Unterschied zu erkennen.

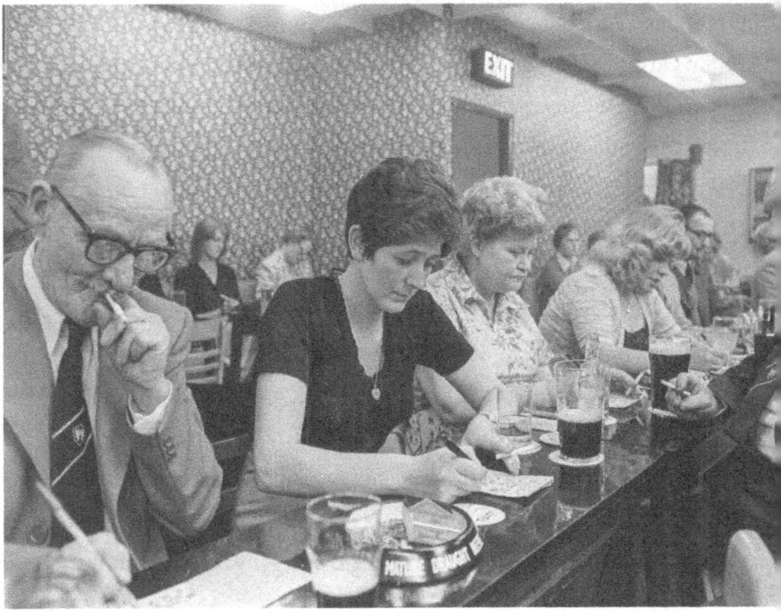
EXIT

16

Ein Zeichen von oben

Nach Abschluss meiner Schulung bekam ich meinen eigenen Transit mit orangefarbenen Warnleuchten auf dem Dach. Außerdem erfuhr ich, dass ich alle zwei Nächte Bereitschaftsdienst haben würde. Ich erhielt auch ein eigenes Funkgerät und als Krönung des Ganzen meinen eigenen Funknamen Whisky Oscar, One-One-One. Zugegeben, das war nicht gerade der coolste Funkname – und viel Erfolg bei der Aussprache nach ein paar Bierchen –, aber das war mir egal. Ich liebte meinen neuen Job über alles.

Nicht nur, weil ich endlich Red Bus Records und dem ganzen Musikindustrie-Scheiß entkommen war, oder aus Erleichterung darüber, nach all der Zeit wieder ein festes Einkommen zu haben. Nein, wenn ich in meinem kleinen Transporter unterwegs war, hatte ich einfach das Gefühl, eine wichtige Aufgabe zu erfüllen.

Man darf nicht vergessen, dass man damals nicht einfach zum Telefon greifen und Hilfe rufen konnte, wenn einem irgendwo auf der A1 die Windschutzscheibe kaputtging. Man musste sein Auto zurücklassen und zur nächsten Notrufsäule laufen. Das konnte verdammt beängstigend und anstrengend sein, wenn man genau zwischen zwei Notrufsäulen liegen blieb oder es dunkel war und pisste – und wie ich möglicherweise bereits erwähnt habe, pisste es oft. Im Winter konnte man sogar erfrieren, wenn man nicht aufpasste. Außerdem war die erste Notrufsäule, zu der man kam, nicht selten gerade außer Betrieb, schließlich befanden wir uns im Großbritannien der 1970er-Jahre. Dann musste man zur nächsten weiterlaufen – und danach den ganzen Weg zurück zum Auto.

Wenn ich dann in meinem Transporter auftauchte, waren die meisten Leute überglücklich. Mir persönlich wiederum bereitete es eine Riesenfreude, eine vierköpfige Familie mit ihrem kleinen Austin Maxi in der Ferne verschwinden zu sehen, nachdem ich ihr Auto wieder fahrtüchtig gemacht hatte. Ich dachte sogar darüber nach, mich selbstständig zu machen, so sehr hatte ich mich damit abgefunden, dass dies von nun an mein Leben sein würde. Dabei hatte ich den Gesang keineswegs aufgegeben. Ich hatte mir nur eingeredet, dass das Singen von nun an nicht mehr als mein Hobby sei. Auch wenn ich tief in mir immer noch darauf brannte, allen zu zeigen, dass ich mehr draufhatte und mich auch vor den Besten nicht zu verstecken brauchte.

Wie jeder Job konnte selbstverständlich auch das Austauschen von Windschutzscheiben an manchen Tagen eine Qual sein.

Zunächst einmal war es harte körperliche Arbeit. Außerdem hingen einem, wenn man nach Hause kam, Glasscherben und Klebstoff in den Haaren. Vom Hantieren mit dem Windschutzscheibengummi hatte man ständig klebrige und schwarze Hände. Dazu kamen gelegentlich schwierige – oder einfach nur seltsame – Kunden.

Einmal wurde ich gegen halb zwölf in der Nacht zu einem riesigen Sattelschlepper mit fehlender Frontscheibe gerufen. Das war in Scotch Corner, etwa achtzig Kilometer südlich von Newcastle. Wie immer schüttete es, dazu kam noch ein ziemlicher Sturm.

Nun ist die Scheibe eines Lastwagens riesengroß und extrem schwer. Um an den Rahmen zu gelangen, musste ich mich auf das

Dach des Lkw stellen. Da ich fürchtete, eine Böe würde mich oder die Scheibe erwischen, bat ich den Fahrer: »Könnten Sie bitte die Scheibe am Rand festhalten, während ich sie in die richtige Position bringe?« Er schaute mich an, schraubte den Deckel seiner Thermosflasche ab, goss sich einen schönen heißen Tee ein und sagte: »Ist nicht mein Job.«

Das war wirklich eine spaßige Nacht.

Ein anderes Mal wurde ich zu einem Ford Cortina irgendwo in der Pampa gerufen. Der Fahrer hockte im Kofferraum und leerte die Mini-Whiskyflaschen, die dort überall rumlagen. Er war vollkommen durcheinander. Ein nervöses Wrack. Bei genauerem Hinsehen erkannte ich, dass sowohl die Front- als auch die Heckscheibe fehlten.

Mir wurde ganz anders zumute.

Was auch immer es gewesen war, es hatte die Frontscheibe mit solcher Geschwindigkeit durchschlagen, dass es durch die Heckscheibe wieder ausgetreten war. So etwas hatte ich noch nie gesehen. Der Typ war ein Whiskyvertreter aus Edinburgh, der sämtliche Hotels an der A1 mit seinen Probierfläschchen erfreute. Daher der Schnapsvorrat im Kofferraum.

Er brachte kein verständliches Wort heraus.

»V … V …« Mehr konnte er nicht stottern. »V …« Ich dachte, er wollte vielleicht »Vogel« sagen. Das musste wahrlich ein amtliches Federvieh gewesen sein.

»V-v-verdammter Ziegel«, brachte er schließlich hervor. Das erklärte die zwei Scheiben auf einen Streich. Kein Wunder, dass der Mann in absoluter Schockstarre war. Der Ziegel war zwischen den Doppelreifen eines Lastwagens direkt vor ihm eingeklemmt gewesen und hatte sich irgendwann gelöst. Auf seinem Weg durch den Wagen hatte der Stein den Kopf des Whiskyvertreters nur knapp verfehlt.

Ich musterte den Mann und fragte mich, wie er wieder fit genug werden wollte, um die gut hundertfünfzig Kilometer nach Hause zu fahren. Aber das waren noch andere Zeiten. Die Leute taten fast täglich Dinge, für die sie heute hinter Gittern landen würden. Auf jeden Fall gab ich mein Bestes, um ihm zu helfen. Und er gab mir sechs Whiskyfläschchen als Trinkgeld.

Als Margaret Thatcher im Mai 1979 zur ersten britischen Premierministerin gewählt wurde, dürfte es im gesamten Land keinen schnelleren, härter arbeitenden Autoglasmonteur als meine Wenigkeit gegeben haben. Ich war ein Virtuose. Und ich verdiente richtig Geld. Ohne die folgende Geschichte hätte ich die Stelle womöglich nie aufgegeben.

Es war etwa drei oder vier Uhr nachmittags – der Beginn dessen, was man damals als Rushhour bezeichnete –, als mein Walkie-Talkie knisternd zum Leben erwachte. »Brian?«, meldete sich der Disponent. »Bitte, so schnell du kannst, nördlich von Scotch Corner, ein schwarzer Ford Cortina Mark IV. Die sitzen auf heißen Kohlen.«

Ein nagelneuer Cortina Mark IV war damals eine ziemliche Luxuskarre und machte in Schwarz mächtig Eindruck. Als ich in meinen Wagen sprang und Richtung A1 bretterte, war mir bereits klar, dass der Kunde eine größere Nummer sein musste.

Ich hatte mich nicht geirrt.

Ein Blick auf den Wagen genügte, um zu erkennen, dass irgendetwas hier anders war als sonst. Hinten im Wagen hatten es sich zwei Männer bequem gemacht, einer von ihnen mit Panamahut und dunkler Brille. Zwei weitere Männer lehnten an der Motorhaube und rauchten, beide ganz in Schwarz gekleidet. Sie hatten diese schwer zu beschreibende Aura von … Freiheit. Als gehörten sie nicht zu dieser Nine-to-five-Welt. Es war lange her, dass ich so etwas gespürt hatte. Ich hatte es vermisst.

Sehr sogar.

»Wie heißt du?«, fragte einer der Raucher mit sanfter und zugleich gebieterischer Stimme.

»Brian«, erwiderte ich.

»Okay, Brian«, sagte er. »Folgende Lage: Hinten drin sitzt ein VIP, der heute Abend um neun im Hammersmith Odeon auf der Bühne stehen soll. Jetzt ist es Viertel nach vier, und bis London sind es fünf Stunden Fahrt. Vielleicht ein bisschen weniger, wenn wir Gas geben.« Er deutete auf die kaputte Windschutzscheibe des Cortinas. »Wie schnell kannst du eine neue Scheibe einbauen? Dreitausendfünfhundert Menschen verlassen sich darauf, dass wir pünktlich aufkreuzen.«

Heilige Scheiße, dachte ich.

»Geben Sie mir fünfzehn Minuten.«

»Alles klar. Und jetzt mal realistisch. Wie lange?«

»Fünfzehn Minuten.«

Ich arbeitete wie in Trance. In zwei Minuten hatte ich die alte Windschutzscheibe raus, kein Problem. Ich stürzte mit dem Handstaubsauger in den Wagen und widerstand dem Drang, einen Blick auf den VIP im Fond zu werfen. Dann rannte ich zum Van und suchte die Ersatzscheibe raus. Als Nächstes war das neue Dichtungsgummi an der Reihe. Dann legte ich eine Schnur in die Dichtungsnut, trug das Glas zum Auto und hievte es auf die Öffnung. Abwechselnd zog ich die Schnur langsam heraus und klopfte die Scheibe fest, bis sie vollständig über der Falz lag.

»Fertig«, sagte ich. Der Schweiß lief mir übers Gesicht.

»Das waren keine fünfzehn Minuten«, sagte der Typ. »Eher zwölf. Was schulden wir dir?«

»Fünfundzwanzig Pfund.«

Er zog seine Brieftasche hervor, holte zwei hübsche Zwanziger heraus und drückte sie mir in die Hand.

»Passt so«, sagte er.

Nicht schlecht …

Der Typ verschwand auf dem Fahrersitz, ließ den Motor an und startete. In dem Moment ging mir auf, dass ich vergessen hatte, mich nach dem Namen des VIP zu erkundigen.

Aber das machte nichts, denn ich sollte ihn trotzdem erfahren. Gerade als der Wagen mit der hinteren Tür auf meiner Höhe war, bremste der Fahrer ruckartig. Die Scheibe hinten ging runter. Ein blasser, behaarter Arm wurde herausgestreckt, mit einem T-Shirt in der Hand.

»Hier, für dich«, sagte jemand mit Cockney-Akzent, bei dem es mir kalt den Rücken hinunterlief.

Diese Stimme war unverkennbar. Damals hörte man sie ständig im Radio, Tag und Nacht, überall auf der Welt. Ich konnte es nicht fassen. Niemand Geringerer als Ian Dury schenkte mir persönlich ein T-Shirt. Seine aktuelle Single »Hit Me With Your Rhythm Stick« belegte gerade Platz eins der britischen Charts.

Verblüfft nahm ich das T-Shirt entgegen und glotzte dabei wie gebannt auf mein Spiegelbild in Durys Brille.

Das Fenster wurde wieder hochgekurbelt.

Dann brauste der Cortina mit quietschenden Reifen in Richtung Hammersmith Odeon davon.

Wenn ich doch nur an seiner Stelle wäre, schoss es mir durch den Kopf.

Ich betrachtete das schwarze T-Shirt mit der weißen Aufschrift *IAN DURY AND THE BLOCKHEADS* und atmete tief durch. Sämtliche Nervenenden in meinem Körper schienen in Flammen zu stehen. Nicht wegen meiner Begegnung mit einem echten Rockstar. Sondern weil ich plötzlich überzeugt war, einen neuen Anlauf nehmen zu können – auch wenn ich schon über dreißig war, es bereits einmal versucht hatte und dabei gescheitert war.

Das war keine bewusste Entscheidung.

Diese Energie, dieses Gefühl von Freiheit – genau das wollte ich auch.

Das war nicht einfach nur ein Teil von mir.

Das war *ich*.

Irgendwie musste ich wieder einen Fuß in die Tür kriegen.

TEIL DREI

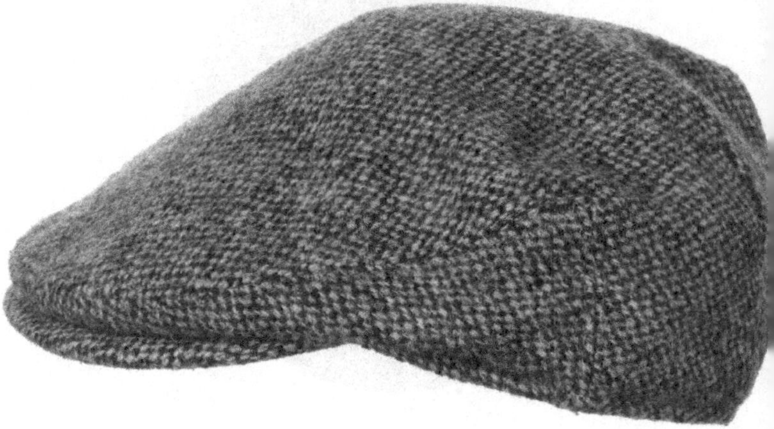

17

Lobley Hill

Mit einem krächzenden Heulen, wie es wahrscheinlich große Tiere bei der Kastration ausstoßen, fuhr das Rolltor hoch. Und da stand sie – meine alte PA-Anlage.

Es hatte mich einige Detektivarbeit gekostet, sie zu finden. Nach vergeblichen Anrufen bei ehemaligen Roadies und Fahrern von Geordie brachte mich Ellis schließlich auf die richtige Spur: Die Anlage stand in einem Lagerhaus vor den Toren von London. Er sagte, ich könne jederzeit runterkommen und sie abholen, die PA gehöre schließlich mir, aber er könne nicht versprechen, dass sie noch funktioniere. Seit der letzten Show von Geordie waren immerhin fast zwei Jahre vergangen.

Die Lautsprecher waren von Spinnweben überzogen und zudem vom jahrelangen Touren verbeult und zerkratzt. Immerhin waren alle Einzelteile der Anlage noch da und intakt. Im Lauf der Zeit war die PA kontinuierlich aufgemotzt worden und verfügte schließlich über eine Leistung von dreihundert Watt, ein Mischpult und ein Paar riesige JBL-Hornlautsprecher – ausreichend, um selbst größere Hallen problemlos zu beschallen. Zugegeben, die Anlage war mittlerweile ziemlich veraltet und hatte durch die Tourneen arg gelitten, aber solange sie noch funktionierte, war mir das ziemlich egal.

Die nächste Aufgabe bestand darin, Verstärker und Lautsprecher aus dem Lagerhaus in den Transit zu verfrachten – eine schweißtreibende Angelegenheit angesichts des Gewichts und der Größe des Equipments. Zur Unterstützung hatte ich einen angehenden Roadie mitgebracht, einen zurückhaltenden Kerl mit blonden Haaren namens Derek Underhill, ein Teenager, der gern mit Musikern rumhing.

Sobald wir alles in den Van gehievt hatten, ging es wieder los, die A1 hoch nach Newcastle.

An dieser Stelle mag sich manch einer fragen, warum ich meine alte PA-Anlage wiederhaben wollte.

Nun, ich hatte eine neue Band gegründet.

Dieses Mal allerdings eine semiprofessionelle Combo, damit ich meinen Job als Autoglasmonteur behalten konnte.

Der Name der Gruppe?

Geordie II. Sehr originell, ich weiß.

Geordie I und Geordie II waren komplett unterschiedliche Bands. Geordie I war eine professionelle Gruppe mit Plattenverträgen, TV-Auftritten, Konzerten in Europa, Australien und Japan, die es allerdings nie nach Amerika schaffte, was seit jeher als der Hauptgewinn galt. Nur sehr wenigen Bands gelang der Durchbruch in den Staaten: Led Zeppelin, den Beatles, den Stones, den Kinks – den richtig großen eben. Wir hatten mit Vic Malcolm einen brillanten Songwriter in der Band. Tom Hill bediente den Bass, Brian Gibson saß an den Drums. Ich war als Einziger von uns verheiratet. Wir waren nicht die dicksten Freunde, aber das machte nichts, solange wir nur spielen konnten.

Geordie II hingegen bestand aus lauter Jungs mit normalen Vollzeitjobs, die keinen Plattenvertrag hatten und die Band nur aus Spaß an der Freude betrieben. Und die Burschen waren einfach fantastisch, als ich sie zum ersten Mal live in einem Social Club in Newcastle sah. Derek »Deke« Rootham spielte Leadgitarre, Dave Robson Bass und der liebenswerte Irre Dave Whittaker Schlagzeug. Den Gesang teilten sich bei dieser Show Deke und Dave. Keiner von beiden hatte eine ausgesprochene Rockstimme, aber sie sangen fantastische Harmonien. Ich fragte sie einfach, ob ich mich mal bei einer ihrer Proben als Sänger versuchen könnte, und die Jungs antworteten: »Klar, lass es uns probieren.« Wir wussten sofort, dass es funktionierte und zwar verdammt gut.

Die drei hatten zuvor in einer anderen Band aus Newcastle namens Fogg gespielt, mit einem Sänger aus London, Chris McPherson. Fogg hatten 1974 ein Album mit dem Titel *This Is It* veröffentlicht und waren zusammen mit Geordie durch Clubs und Pubs getingelt.

Der Fogg-Sänger Chris war ein recht außergewöhnlicher Typ, der mit seinem breiten Cockney-Akzent im Nordosten auffiel wie ein Flamingo in der Arktis und eine Schwäche für dramatische Bühneneffekte hatte. Mit dramatischen Bühneneffekten meine ich in diesem Fall Nebel – was bei dem Bandnamen durchaus Sinn ergab.

Als ich mir eines Abends die Band von Chris ansehen wollte, experimentierte die Truppe gerade mit einer Nebelmaschine für das Intro ihrer Konzerte. Vor dem Gig sollte die Beleuchtung ausgeschaltet werden und die Titelmusik von *2001: Odyssee im Weltraum* laufen. Dann sollten Nebelschwaden über den Boden kriechen, während die Bandmitglieder einzeln aus dem hinteren Teil des Saals zwischen Stühlen und Tischen hindurch nach vorn zur Bühne marschierten. In der Theorie klang das alles sehr dramatisch und cool. Die Jungs hatten allerdings nicht bedacht, dass die geliehene Nebelmaschine viel zu groß für den Raum mit seinen ungewöhnlich niedrigen Decken war. Nachdem der Nebel sich auf dem Boden verteilt hatte und aufstieg – kein Problem in anderen Locations von Newcastle wie der City Hall oder dem Theatre Royal –, konnte er nirgendwohin entweichen.

An besagtem Abend gingen jedenfalls irgendwann die Lichter aus, und die Titelmusik von *2001: Odyssee im Weltraum* setzte ein. Dann folgte das Zischen der Nebelmaschine. Nachdem der Qualm sich am Boden ausgebreitet hatte, stieg er zur Decke und sank wieder nach unten. Nach wenigen Minuten hatte man das Gefühl, in einem brennenden Haus festzusitzen. Man konnte die eigene Hand nicht mehr vor Augen sehen. Alle hatten eine Scheißangst. Auch die Bandmitglieder konnten nichts mehr erkennen und saßen hinten im Saal fest. Als das Filmmusik-Intro durch war, hatte die Band sich nicht einen Millimeter bewegt. Dafür war das Publikum in Bewegung gekommen: hustend und mit tränenden Augen rannten die Leute zu den Ausgängen, während der Konzertobmann die Lichter wieder einschalten und sämtliche Fenster aufreißen musste, damit die Band zur Bühne gelangen konnte. Für mich war es eines der lustigsten Konzerte aller Zeiten.

Alles, was Geordie II noch gefehlt hatte, war eine PA-Anlage. Durch die Bergung meines verschollenen Equipments hatten wir nun, was wir brauchten, ohne dass wir einen Penny dafür zahlen mussten.

Die erste Show von Geordie II fand an einem Freitagabend im Shiremoor Working Men's Club statt, unweit von Preston Grange.

Dort sah es aus wie in jedem dieser Clubs: lange Tische und Stühle mit Plastikbezügen vor einer kleinen Bühne mit glitzerndem Hintergrund. Neben dem Konzertsaal für Livemusik gab es noch eine Bar, die nur Männern vorbehalten war, und eine Lounge für Pärchen. Wir hatten ein paarmal vor dem Gig geprobt und spielten von Beginn an gut zusammen. Es klickte sofort. Einfach grandios. Wir waren bereit, den Laden zu rocken. Dummerweise fiel nach drei Songs die PA aus (damals ein typisches Problem mit diesen Anlagen).

Zu unserem Glück hatten wir einen großartigen Roadie namens Frankie dabei, der sie zusammen mit Derek wieder zum Laufen brachte. Dieser kleine Ausfall machte am Ende gar nichts, denn wir spürten, dass wir jede Menge Potenzial hatten und das Publikum unseren Gig genoss.

Ich will nicht so tun, als wäre es nicht auch schwierig, wieder in kleinen Clubs zu spielen. Mit Geordie I war ich regelrecht verwöhnt gewesen und hatte Konzerte in großen Hallen und an Universitäten gegeben. Nach ein paar Gigs allerdings hatte ich mich an die neue Situation gewöhnt.

In den kleineren Clubs erhielt man bei den ersten vier oder fünf Songs keinerlei Applaus – niemand wollte als Erster klatschen. Wenn es überhaupt eine Publikumsreaktion gab, dann gewöhnlich durch einen Typen, der lauthals verlangte, die Lautstärke runterzudrehen. Die Faustregel lautete jedoch: Solange niemand buht, läuft es gut. Wir fingen meist mit »A Bad Case of Loving You« an, einem echten Rocker. Danach war es allerdings so still im Saal, dass man das Rascheln der Chipstüten hören konnte.

Nach der ersten Hälfte des Sets rang sich das Publikum einen zögerlichen Applaus ab, bevor der Konzertobmann uns aufforderte, von der Bühne zu verschwinden, weil es Zeit für Bingo war.

Bingo war die eigentliche Attraktion des Abends und erforderte vollkommene Konzentration und absolute Ruhe im Saal.

Die zweite Hälfte unseres Sets war in etwa so wie die erste, außer dass nun ein paar Frauen aufstanden und tanzten. Der Alkohol tat seine Wirkung.

Wir beendeten den Gig mit ein paar Rocknummern und zogen gegen Viertel vor elf den Stecker.

Dann passierte etwas vollkommen Unerwartetes. Die Leute riefen »Zu-ga-be! Zu-ga-be!« Der Konzertobmann kam zu uns und meinte: »Okay, noch zwei Nummern, und dann ist Schluss.« Wir konnten uns keinen Reim drauf machen. Den ganzen Abend über hatte Totenstille geherrscht, und auf einmal gab es ein Gebrüll wie im Fußballstadion. Nach dem Konzert sprach uns der Konzertobmann an: »Okay, Jungs, wir würden euch gern für nächste Woche wieder buchen.« Deke meinte darauf: »Aber Meister, ich glaube, die Leute mochten uns nicht besonders.« Der Konzertobmann glotzte ihn an und erwiderte: »Machst du Witze? Die haben euch verdammt noch mal geliebt!«

Wir nahmen ein paar Songs der Animals ins Set auf und frisierten sie. »We Gotta Get Out of This Place« brachte die Menge immer zum Toben. Wenn Deke seine Gitarrensoli spielte, jubelten die Leute, einschließlich mir, ihm zu. Dave Robson übernahm den Gesang bei den ruhigeren Songs und machte seine Sache sehr gut. Dave Whittaker spielte unheimlich kraftvoll und lieferte ein solides Fundament. Nebenbei war er der witzigste Kerl weit und breit. Es kam vor, dass ich einen Song ansagte und das Publikum sich vor Lachen krümmte. Wenn ich mich dann ratlos umschaute, sah ich Dave, der sich hinter mir mit einer Kermit-Puppe prügelte. Wir setzten den Leuten außerdem Songs vor, die man damals nicht im Radio hörte: Lieder von Boz Scaggs, Bob Seger, Bruce Springsteen, Whitesnake, Deep Purple. Und AC/DC.

Einen Song spielten wir jedoch nie: »We Are Sailing« von Rod Stewart. Backstage hingen tatsächlich Schilder mit der Aufschrift *No Sailing!* Das Problem war, dass die Leute bei dem Song irgendwann auf die Tische stiegen und mit ausgestreckten Armen mitgrölten. Beim ersten Mal war das bestimmt noch ganz witzig, aber inzwischen waren die Leute so verrückt, dass sie gar nicht mehr damit aufhörten.[18]

Jedenfalls stellte sich mit der Zeit eine unerwartete Erkenntnis bei mir ein. Wir waren zwar nur eine semi-professionelle Wochenendtruppe, die in kleinen und wenig glamourösen Läden spielte … trotzdem hatte ich mit dieser Band mehr Spaß als jemals zuvor in meinem Leben.

Eines Abends rief mich Chris McPherson zu Hause an. Als ich seinen Cockney-Akzent hörte, bekam ich einen Schreck, weil ich dachte, er würde seine alten Bandkollegen zurückhaben wollen.

Aber dem war nicht so. Er rief wegen einer anderen Sache an.

»Stell dir vor, Brian«, begann er aufgekratzt. »Ich fliege morgen in die Schweiz.«

»Wow, du Glückspilz«, erwiderte ich. »Und was machst du da?«

»Rainbow«, antwortete er. »Ronnie James Dio hat das Handtuch geworfen, und jetzt suchen sie einen neuen Sänger. Das Vorsingen findet in Genf statt. Und, na ja … Ich hab ein ziemlich gutes Gefühl bei der Sache. Die Jungs haben mich mit Fogg gesehen und wollen mich.«

»Wie hast du das geschafft, du Schlitzohr?« Sicher, Chris war ein guter Sänger, aber viel größer als Rainbow ging es kaum noch. »Die haben dich einfach so aus dem Nichts angerufen?«, fragte ich und konnte es immer noch nicht fassen.

»Nein, nicht direkt. Sie haben eine Anzeige im *NME* geschaltet – und ich habe mich drauf beworben. Aber ich bin genau der Typ, den sie suchen. Ehrlich gesagt, glaube ich, dass sie mich von Anfang an auf dem Zettel hatten.«

18 Während des Falklandkriegs wurde die Sache zu einem noch größeren Problem, denn der Song war die inoffizielle Hymne der Britischen Navy.

»Das klingt großartig, Mann«, sagte ich. »Zeig's ihnen, Mate!«

Ein paar Tage später traf ich Chris in der Central Arcade. Er war gerade zurückgekehrt. »Ich glaube, ich hab den Job nicht bekommen«, sagte er mit einem Schulterzucken. »Scheiß auf die Typen. Verdammte Zeitverschwendung. Aber vor der Abreise hab ich noch deinen Namen erwähnt …«

»Wie bitte? *Was* hast du getan?«

»Wenn du den Posten kriegst, zahlst du mir für den Rest meines Lebens mein Bier, Mate.«

Ich war platt. Chris war von sich selbst eingenommen, keine Frage, aber er hatte auch ein großes Herz. »Ich hab ihnen deine Nummer gegeben«, sagte er. Ich war natürlich skeptisch, denn meine Erfahrungen mit Geordie hatten mich etwas desillusioniert. Trotzdem war ich ein *kleines* bisschen aufgeregt. Nicht nur weil ich auf dem Radar einer richtig großen Band gelandet war, sondern auch, weil nun die Chance auf einen Freiflug zum Kontinent bestand.

Als der Anruf dann kam (und er kam tatsächlich), war nicht Blackmore am anderen Ende der Leitung, sondern ein Kerl aus Schottland, der mir noch nicht mal seinen Namen verraten wollte. »Ich arbeite für die Band«, meinte er nur. Es sei zu teuer geworden, ständig Kandidaten in die Schweiz zu fliegen, erklärte er, deshalb habe man sich eine neue Art des Vorsingens überlegt. Ich war enttäuscht und kapierte nicht ganz, wie das funktionieren sollte.

»Okay, und wie machen wir's dann?«, fragte ich. »Soll ich vielleicht ein Demo aufnehmen und euch rüberschicken?«

»Nee«, sagte mein Gesprächspartner. »Du singst einfach ins Telefon. Leg los, wenn du so weit bist. Bin ganz Ohr.«

Ganz plötzlich fiel mir wieder ein, warum ich das Musikbusiness hasste.

»Willst du mich verarschen?«, fragte ich und wurde langsam sauer. »Ich singe nicht in einen Telefonhörer!«

»Gut, aber dann gibt es auch kein Vorsingen.«

»Wer bist du überhaupt, Mann?«, sagte ich.

»Pass auf, Kollege, singst du jetzt ins Telefon oder nicht?«

Das war zu viel für mich. Ich flippte aus. Ich griff den Hörer mit beiden Händen, holte tief Luft und jaulte wie eine Hyäne, der man ein Stachelschwein in den Hintern schiebt. »DA HAST DU DEIN BESCHISSENES VORSINGEN!«, ergänzte ich noch und drosch dann den Hörer auf die Gabel.

Überraschenderweise wurde ich nicht der neue Frontmann von Rainbow.

Die Working Men's Clubs, in denen Geordie II auftrat, mögen nicht besonders sexy gewesen sein, aber in den späten 1970er-Jahren waren sie die wichtigsten Locations für *alle* Arten der Live-Unterhaltung, ganz besonders im Nordosten von England. Nachdem sich die Läden in einer ersten Phase auf Talentwettbewerbe und Ähnliches konzentriert hatten, setzten sie inzwischen voll auf Livekonzerte.

Die Clubs wurden von einem nationalen Dachverband, der Working Men's Club and Institute Union in London, und dessen regionalen Zweigstellen organisiert und verwaltet. Im ganzen Land existierten Tausende dieser Clubs mit insgesamt etwa vier Millionen Clubmitgliedern – und langen Wartelisten. Wenn ich mich recht erinnere, gab es sogar auf der King's Road in London einen Working Men's Club. Durch die Mitgliedsbeiträge und andere Gebühren – ganz zu schweigen von den Einnahmen aus Getränkeverkauf und Bingoveranstaltungen – verfügten die Clubs über mehr Geld, als sie ausgeben konnten. Da sie genossenschaftlich organisiert waren, flossen die Gewinne zum Nutzen der Mitglieder wieder zurück in die Läden, statt an Investoren ausgezahlt zu werden.

Auf dieser Grundlage konnten Acts gebucht werden, bei denen einem die Kinnlade runterklappte. Im Batley Variety Club zum Beispiel spielte Shirley Bassey. Ebenso Tom Jones und Tina Turner. Sogar Louis Armstrong kam. Und so unglaublich es klingen mag, Roy Orbison nahm dort sogar ein komplettes Livealbum auf. Ich meine, wir sprechen hier von *West Yorkshire* … und einem Club, der auf dem Gelände eines alten Klärwerks stand!

Noch bemerkenswerter wurde die Angelegenheit dadurch, dass diese Clubs von wahrhaft widerlichen, wichtigtuerischen und kleinkarierten Funktionären geleitet wurden. Sie waren leicht zu erkennen: navyblaue Zweireiher, Clubkrawatten, Anstecknadeln und immer einen neuen Škoda oder Lada vor der Tür. Einer dieser Kerle – ich habe vergessen, welchen Club er leitete – war besonders berüchtigt und wurde irgendwann der Unterschlagung verdächtigt. Eines Abends ging er auf die Bühne und sagte: »Mir ist zu Ohren gekommen, dass mehrere der hier Anwesenden schwerwiegende Anschuldigungen gegen mich erheben. Ohne jetzt weiter darauf einzugehen, würde ich diejenigen bitten, mal eben aufzustehen.«

Aye, mit solchen Charakteren hatte man es in diesen Läden zu tun.

Natürlich gerieten wir auch hin und wieder mit einem dieser Konzertobmänner aneinander, wenn seine Allmachtsfantasien mit ihm durchgingen. An einen Kandidaten erinnere ich mich noch sehr gut. Er verlangte ständig von uns, dass wir unsere Amps leiser stellten, und drohte, uns andernfalls vor einen Disziplinarausschuss zu zerren. Das war eine sehr ernste Bedrohung für eine Band, da es ein Auftrittsverbot für die gesamte Region nach sich ziehen konnte. Irgendwann kaufte sich der Kerl sogar einen Dezibelmesser und setzte sich mit dem Gerät in die erste Reihe. Dort hielt er es in die Luft, um sicherzustellen, dass wir die Lautstärkegrenze nicht überschritten, die er selbst gesetzt hatte. An diesem Abend war jedoch keine Messung nötig. Denn statt Lärm zu machen, gingen wir aus Protest von der Bühne. Das Publikum geigte dem Kerl ordentlich die Meinung, da er ihren Samstagabend ruiniert hatte.

Jeder Act, der in diesen Clubs auftrat, musste die brutale Ehrlichkeit des Publikums erdulden. Unter den Zuschauern waren nicht wenige Vertreter einer ganz besonderen Spezies von Working-Class-Rüpeln, die es liebten, prominente Künstler zu beleidigen. Um anschließend zu prahlen: »Kennst du den und den? Dem habe ich ins Gesicht gesagt, dass er ein Kackhaufen ist.« Einer Legende zufolge gab es mal einen besonders berüchtigten Flegel, ein arbeitsloser Bergarbeiter, der abends in einem der größeren Clubs das Programm moderierte. Frank Sinatra war in diesem Club aufgetreten, Engelbert Humperdinck ebenfalls, eigentlich jeder, der Rang und Namen hatte. Jedenfalls liebte der Kerl es, verbale Fußtritte zu verteilen. Als irgendwann The Four Tops auf UK-Tour waren, sollten sie in der City Hall von Newcastle spielen und bekamen das Angebot, vor der eigentlichen Show noch in einem Club in der Nähe (dem Club des Superflegels) für ein paar Riesen ein Dreißig-Minuten-Set zu spielen. Der Manager nahm die Offerte an. Kurz bevor The Four Tops dann auf die Bühne des Clubs gehen sollten, schnappte sich der erwähnte Einfaltspinsel das Mikro und kündigte die Gruppe mit folgenden Worten an: »Okay, Leute, wir haben heute etwas wirklich ganz Besonderes für euch. Ich hab zwar keine Ahnung, wer die Typen sind … aber egal, hier kommen vier Bimbos aus Amerika!«

The Four Tops machten auf dem Hacken kehrt und verließen den Laden. Da sie die Gage schon vorab kassiert hatten, hatte der Club das Nachsehen. Der Rüpel wurde gefeuert und erhielt Hausverbot auf Lebenszeit – so erzählt man es sich jedenfalls. Dem Management gegenüber meinte er später, es sei doch nur ein Scherz gewesen. Aber das war in diesen Zeiten oft ein Vorwand für respektlose und gemeine Kommentare – oder wie in diesem Fall unfassbar rassistische Bemerkungen.

Es war damals Bullshit, und es ist auch heute noch Bullshit.

Der große Erfolg von Geordie II in den Working Men's Clubs gründete auf der Tatsache, dass wir keine typische Rockband waren. Die Clubs hassten Rockbands für gewöhnlich, da sie zu laut spielten und sich selbst zu ernst nahmen, was insbesondere ältere Mitglieder abschreckte. Wir jedoch hatten Sinn für Humor. Davy erhob sich während des Konzerts oft spontan von seinem Drumhocker, nahm mir das Mikro ab und sang die erste Zeile von »Nessun Dorma« (mehr konnte er nicht). Dann bedankte er sich höflich beim Publikum. Am Ende des Abends verabschiedeten wir uns für gewöhnlich mit Ivor Bigguns »I'm a Wanker« und ließen einen hysterisch lachenden Saal zurück. So schafften wir es, dass die Leute uns wohlgesinnt waren, und selbst die blasiertesten Konzertobmänner machten uns nur selten Stress.

Gegen Ende 1979 spielten wir drei- bis viermal pro Woche, und unsere Gage stieg von Mal zu Mal. Wir spielten so viel, dass ich an einigen Abenden gar nicht mehr wusste, wo wir überhaupt auftraten. Üblicherweise fanden unsere Gigs freitags, samstags und sonntags statt. Aber als unsere Gage auf zweihundertfünfzig Pfund pro Show kletterte und wir für Wochen im Voraus ausgebucht waren, fragten viele Clubs, ob wir auch für etwas weniger Geld unter der Woche auftreten würden. Wir kamen den Anfragen nur allzu gern nach.

Bei diesen Konzerten verbrachte ich einige der besten Abende meines Lebens.

Normalerweise sollten unsere Sets in diesen Läden um halb elf enden, aber wir mussten fast immer fünfzehn Minuten länger spielen. Anschließend hieß es noch Abbauen und Zusammenpacken, sodass wir meist erst nach Mitternacht zu Hause waren, um am nächsten Morgen in aller Frühe wieder aufzustehen und zur Arbeit zu gehen. Noch später wurde es, wenn wir nach der Show noch zum Inder oder zum Selva Grill am Ende der Dean Street gingen – der einzige Laden in Newcastle, der bis ein Uhr nachts geöffnet war.

Durch die vielen Konzerte in Working Men's Clubs und die Kontakte zu den Künstlern, die dort auftraten, entwickelte ich eine Wertschätzung für gute Comedy-Acts. Es gab sogar eine Zeit, in der ich selbst mit dem Gedanken spielte, mich in diesem Bereich zu versuchen, falls Geordie II sich auflösen sollten.

Ich meine, wenn ich zum Beispiel meinen Kumpel Brendan Healy auf der Bühne erlebte, konnte ich kaum glauben, was ich da sah. Ursprünglich hatte er gar nicht Comedian werden wollen. Er begann als einfacher Keyboardspieler und Posaunist und absolvierte sogar eine Ausbildung zum Dirigenten. Aber er war clever und urkomisch. Irgendwann merkte er, dass seine Gags gut genug waren, um einen ganzen Saal voller Leute zu unterhalten. Oft begann er seine Show mit den Worten: »Ladys und Gentlemen, tut mir leid, dass ich etwas spät dran bin. Mein Auto ist liegen geblieben. Ich bin im Bus gekommen. Aber das ist nicht weiter aufgefallen … ich hab einfach so getan, als hätte ich einen Asthmaanfall.« Meist folgte erst mal betretenes Schweigen, während alle über den Witz nachdachten. Dann wieherte die erste Person los, gefolgt vom ohrenbetäubenden Gelächter der anderen. »Okay«, sagte Brendan dann. »Hier kommt noch was, das ihr nicht kapieren werdet …«

Spätestens von diesem Punkt an fraßen die Zuschauer ihm aus der Hand.[19]

Ich erinnere mich noch gut an den Abend, an dem unsere PA den Geist aufgab – und zwar endgültig. Wir spielten damals ein Konzert mit einer anderen Band zusammen, deren Frontmann Malcolm Wylie hieß. Der Mann war eine echte Lokalgröße und betrieb zwei Ice Cream Vans.[20] Nachdem unsere Anlage abgeschmiert war, mussten wir Malcolm und seine Jungs fragen, ob wir ihr Equipment benutzen durften, was sie uns anstandslos erlaubten. Mehr als von ihrer Großzügigkeit jedoch war ich von den Qualitäten ihres Leadgitarristen beeindruckt. Ein siebzehnjähriger Bursche aus Cullercoats, der die Schule geschmissen hatte und so unfassbar gut spielte, dass mir die Kinnlade runterklappte. Bei seinen Soli fragte ich mich, wie um Himmels willen er so spielen gelernt hatte. Später erfuhr ich, dass sein Lehrer ein gewisser Dave Black gewesen war.

Lange dachte ich nicht weiter über dieses Erlebnis nach – bis ich ein paar Jahre später in den USA im Fernsehen das Video zu »Save A Prayer« von Duran Duran sah.

Heilige Scheiße … da war er wieder!

Der Bursche in dem Club war der sehr junge Andy Taylor gewesen.

Die Sache mit Geordie II lief so gut, dass ich genug Geld beiseitelegen konnte, um mein eigenes Geschäft aufzuziehen. Dabei ging

---

19 Irgendwann erzählte mir Brendan, dass man ihn mal bei einem Konzert von Pavarotti vor die Tür gesetzt und mit einem lebenslangen Verbot für die Auftritte des Meistertenors belegt hatte. Als ich ihn nach dem Grund fragte, zuckte er nur mit den Schultern und sagte: »Der Maestro mag es offenbar nicht, wenn man mitsingt.«

20 Die nicht nur Eis verkauften!

es jedoch nicht um Windschutzscheiben, sondern um maßgeschneiderte Vinyldächer für die Autos meiner Kunden. Für einen Musiker war dieser Job eine hervorragende Option, da Autowerkstätten in der Regel erst um neun oder zehn Uhr morgens, wenn nicht sogar noch später, öffneten. Auf diese Weise bekam ich ausreichend Schlaf, wenn ich erst nach Mitternacht von einem Konzert nach Hause kam.

Anfangs hatte ich einen Geschäftspartner namens Jim, dessen Bruder uns einen Van spendierte. Irgendwann erwischte mich die Grippe, und ich lag eine Woche lang flach. Da ich nicht arbeiten konnte, schmiss Jim mich raus. Also war ich wieder auf mich allein gestellt. Anstatt wieder irgendwo anzuheuern, stellte ich jemanden ein, den ich herumkommandieren konnte. Der Bursche hieß Ken Walker. Gemeinsam eröffneten wir eine Werkstatt bei den Bögen an der Quayside in Newcastle.

Das Beste an Ken war seine Stimme. Am Telefon klang er unheimlich vornehm, was perfekt für unser Business war. Ken war ein liebenswerter, geschickter und fleißiger Bursche mit Sinn für Humor – und er war einfach brillant, was die geschäftliche Seite unseres kleinen Unternehmens anging.

Durch das Vinyldach-Business fand ich auch eine neue Frau, beinahe zumindest.

Die Dame, deren Namen ich nicht nennen werde, da sie später jemand anderen heiratete, tauchte zusammen mit einer Freundin bei einem unserer Konzerte auf. Die beiden tanzten vor der Bühne. Man sah sofort, dass sie Klasse hatte.[21]

Sie war wunderschön, toll gekleidet und konnte offensichtlich Spaß haben, ohne sich volllaufen zu lassen. Als das Konzert zu Ende war, quatschten wir ein wenig, und ich fragte sie, ob sie

---

21 Denn in ihren Tattoos gab es keine Rechtschreibfehler. Nur ein Witz.

nicht noch mit der Band und mir zum Inder gehen wollte. Nachdem wir abgebaut und eingeladen hatten, folgten die beiden Ladys unserem Van zum Restaurant.

Beim Essen erzählte ich ihr von meiner Werkstatt, worauf sie meinte, sie habe sich gerade erst einen brandneuen Datsun Cherry gekauft. Allerdings das Modell ohne Vinyldach, was sie nun ein wenig bereue. Ich erwiderte, dass ich in Gateshead quasi alle Datsuns mit Vinyldächern ausstatten würde. Das kostete die Händler vierzig Pfund pro Wagen und gab ihnen die Möglichkeit, ein »GL« an den Modellnamen zu hängen und den Preis um unverschämte zweihundertfünfzig Pfund zu erhöhen. Ich bot meiner neuen Bekanntschaft dieselbe Leistung zum Unkostenpreis an.

Am folgenden Samstag brachte sie mir ihren Wagen in die Werkstatt und ging einkaufen. Als sie nach einer Stunde zurückkam, hatte ich ein superluxuriöses Vinyldach Typ *American* samt schmucker Abschlussleiste auf ihren Datsun gesetzt. Sogar zu ein paar Zierlinien hatte ich mich hinreißen lassen. Alles inklusive natürlich. Sie konnte nicht fassen, wie gut der Wagen aussah. Diesen Moment, die Reaktion meiner Kunden, wenn sie ihre Autos wiederbekamen, liebte ich über alles. Es war ein unheimlich erfüllender Augenblick. Oft brachten die Leute mir Autos, die nach zwei oder drei Jahren bereits einen etwas traurigen Eindruck machten. Ein Vinyldach hauchte ihnen neues Leben ein.

Bevor sie vom Hof fuhr, fragte ich sie, ob sie nicht zu unserem nächsten Konzert in Birtley kommen wolle. »Sehr gern«, sagte sie lächelnd und fügte hinzu, dass sie ohnehin ganz in der Nähe wohnte, in Chester-Le-Street.

Bei unseren Verabredungen in den folgenden Wochen erfuhr ich, dass sie eine Niederlassung von Timex Watches in der Nähe ihres Wohnortes leitete und mit fünfundzwanzig Jahren ihren

Ehemann durch Krebs verloren hatte – eine tieftraurige Geschichte. Nun war sie fast dreißig und hatte keine Lust mehr, allein zu sein. Eines Abends fragte sie mich, ob ich nicht bei ihr übernachten wolle … danach waren wir ein Paar. Oder zumindest so etwas in der Art, schließlich hatte ich mich gerade erst von Carol getrennt und sollte noch Jahre brauchen, bis ich für die Scheidung bereit war. Meine neue Flamme wollte ein Zuhause, eine stabile Beziehung und Kinder. Da ich ein eigenes Business hatte und Geordie II nur als Nebenjob betrieb, hätte das auch funktionieren können. Aber der Rock'n'Roll hatte andere Pläne für mich.

Je besser wir wurden, desto mehr Angebote erhielt ich, bei anderen Gruppen vorzusingen.

Es war eine knifflige Situation. Ich wollte weiter mit den beiden Daves und Derek spielen, fühlte mich aber andererseits nicht gut, wenn ich das Angebot zum Vorsingen bei einer größeren Band ablehnte. Als dann jemand von Manfred Mann's Earth Band anrief und fragte, ob ich Interesse an einer Audition hätte – der großartige Chris Thompson hatte gerade seinen Hut genommen, um seine eigene Gruppe zu gründen –, fiel mir kein vernünftiger Grund ein, es nicht zu versuchen. Ich musste eh nach London, um unsere Vinylvorräte aufzustocken.

Zuerst schickten sie mir ein Tape von »Blinded by the Light«, mit dem sie ein paar Jahre zuvor einen Nummer-1-Hit gelandet hatten. Ich setzte mich zu Hause hin, sang den Song ein paarmal mit und lernte den Text, dachte aber die ganze Zeit nur: Das bin nicht ich.

Das Vorsingen sollte am späten Vormittag in einem Londoner Studio stattfinden. Ich legte kurzerhand meine Geschäftsreise mit Ken auf diesen Tag und versuchte es. Die erste Person, der ich im Studio begegnete, war ein stark übergewichtiger Typ mit Hippielook, Bart und langer Mähne, der mir erzählte, er sei gerade erst aus einem Butlin's-Ferienpark zurück. Ich fragte ihn, wie der Urlaub denn gewesen sei, dachte aber insgeheim: Da würden mich keine zehn Pferde hinkriegen. »Oh, es war kein Urlaub«, erklärte der Hippie. »Ich spiele in diesen Feriencamps, um mir etwas dazuzuverdienen, wenn wir nicht touren.«

Schlagartig wurde mir klar, dass die Earth Band nicht viel mehr als eine Ansammlung von Söldnern war, die sich unter dem Namen *Manfred Mann* zusammentaten. Manfred selbst war ein südafrikanischer Keyboarder, der die Combo gegründet und in den Sechzigerjahren eine ganze Serie von Riesenhits gelandet hatte.

Irgendwann betrat der Meister selbst den Raum. John-Lennon-Brille, kleiner Kinnbart, wild abstehende Haare. Er las einen Brief von seiner Mutter vor, in dem sie ihm persönliche Dinge mitteilte, die ich nie von meiner eigenen Mutter hätte hören wollen. Spätestens in diesem Moment wollte ich mich nur noch so schnell wie möglich aus dem Staub machen.

»Passt auf, Leute«, sagte ich. »Ich bin euch sehr dankbar für die Einladung und dachte, es sei das Mindeste, dass ich mal vorbeischaue. Ich glaube allerdings, dass ihr jemanden braucht, der Bock darauf hat, Coversongs zu singen. Habt ihr denn überhaupt kein eigenes Material?«

Manfred – oder Mr. Mann oder wie auch immer ich ihn anreden sollte – starrte mich an, als sei ich übergeschnappt. Logisch, wenn man bedenkt, dass der Bursche sehr lange sehr erfolgreich damit war, die Songs anderer Künstler neu aufzunehmen. Höchstwahrscheinlich dachte er in diesem Moment, ich wolle ihn verarschen. Ich weiß gar nicht mehr genau, ob ich an diesem Vormittag überhaupt noch irgendetwas vorsingen musste. Es war einfach offensichtlich, dass es nicht funktionieren würde.

Ein paar Tage später bekam ich einen Anruf in der Werkstatt.

»Hallo, hier spricht Uriah Heep. Wir wollten dich einladen …«

Ich unterbrach den Anrufer mit zwei äußerst befreienden Worten.

»Nein danke.«

Meine erste Karriere als professioneller Sänger war 1978 durch das Klingeln des Gerichtsvollziehers beendet worden. Meine zweite begann Anfang 1980 bei einem Konzert im Lobley Hill Social Club. Zumindest erzählen mir die Leute immer wieder, dass sich die fragliche Begebenheit dort zugetragen hat. Da alle Gigs von Geordie II in meinem Kopf zu einem massiven Klumpen zusammengeschmolzen sind, bleibt mir nichts anderes übrig, als ihnen zu glauben.

An jenem Abend fuhr ich direkt von der Werkstatt zum Konzert. Zu diesem Zeitpunkt hatte ich bereits Verträge mit mehreren örtlichen Autohändlern abgeschlossen, und das Geschäft brummte. Ich hatte Vinylschnipsel und Klebertropfen im Haar, meine Hände waren verdreckt, meine weißen Turnschuhe jenseits von Gut und Böse.

In Läden wie dem Lobley Hill Social Club gab es natürlich keine Duschen oder Umkleidekabinen. Ich musste als der Arbeiter auf die Bühne gehen, der ich war. Das passierte relativ oft, wenn ich keine Zeit mehr hatte, mich vor einem Konzert zu Hause umzuziehen.

Glücklicherweise hatte der Helfer unseres Roadies – Derek, der ruhige Blondschopf – ein Ersatz-T-Shirt eingepackt, das er mir überließ. Ich streifte es über. Es sah aus wie ein American-Football-Trikot. Dunkelblau, die Nummer 22 in Weiß auf der

Brust, gelbe und weiße Streifen an den Ärmeln. Aber immerhin war es sauber – nun ja, so sauber, wie das Ersatz-T-Shirt eines Roadies eben sein kann – und passte mir. Also ging ich damit auf die Bühne.

Es war eine elektrisierende Show.

Mittlerweile reisten Leute aus dem ganzen Nordosten an, um Geordie II zu sehen. Die Warteschlange vor dem Laden ging um den halben Block, der Club war rappelvoll. Der Konzertobmann rannte nervös durch die Gegend. Schweiß lief ihm über die Stirn. Sehr wahrscheinlich konnte er kaum glauben, wie viel Umsatz sein Laden an diesem Abend machen würde. Mein Bruder Maurice war auch unter den Zuschauern, ebenso ein Vertreter von Red Bus, was uns alle sehr überraschte. Wie es aussah, hatte man in der Wardour Street Wind davon bekommen, dass Geordie II einer der heißesten Liveacts im Nordosten war.

Da Lobley Hill ein Working Men's Club war, wurde unser Set für das obligatorische Bingo unterbrochen. Als der Konzertobmann zu uns kam und uns diesen Blick der Marke »Macht die Amps aus und verdrückt euch!« zuwarf, ging ich für eine Kippe nach draußen. Kurz darauf gesellte sich Maurice zu mir.

Er blickte mich an und erstarrte.

»Was ist denn mit dir los?«, fragte er.

»Was meinst du?«, erwiderte ich. »Nichts ist los. Ich bin ein bisschen groggy, das ist alles …«

»Deine Augen, Mann«, sagte Maurice. »Die sind total rot und geschwollen.«

»Ach ja … das«, sagte ich. Die Sache war einfach zu erklären. Wie immer hatte ich während der Show stark geschwitzt, und wie immer hatte sich der Schweiß mit dem Werkstattdreck in meinen Haaren gemischt – Kleberreste, Glassplitter, Vinylschnipsel. Die toxische Brühe lief mir irgendwann in die Augen, ganz egal, wie sehr ich versuchte, sie mit dem Handrücken wegzuwischen. Es war immer das Gleiche, wenn ich direkt nach der Arbeit ein Konzert spielte. Meine Augen brannten ein paar Tage lang, aber dann war es wieder okay.

»Hier«, sagte Maurice und gab mir seine Schiebermütze. »Setz die auf, dann läuft dir die Suppe nicht in die Augen. Du kannst dir nicht ständig die Klüsen so heftig reiben, Brian, das ist nicht gut für dich. Wenn du so weitermachst, wirst du irgendwann blind!«

»Also, *den* Deckel setz ich auf der Bühne bestimmt nicht auf!«

»Du machst dir lieber die Augen kaputt, als dir eine Mütze aufzusetzen?«

»Maurice, wenn ich Zeitungsjunge wäre oder auf Wildgänsejagd wollte, okay, aber ich bin der Sänger einer Band.« Doch kurz darauf kamen mir Zweifel. Meine Augen brannten wirklich wie die Hölle, und sehr wahrscheinlich interessierte es eh niemanden, was ich auf der Bühne trug. »Okay, gib schon her das Ding …«

Mit der Schiebermütze war mein Look nun *sehr speziell*. Ich kombinierte ein American-Football-Trikot mit einer Kopfbedeckung, die Arbeiter in Newcastle bereits seit hundert Jahren trugen. Ich fühlte mich etwas albern, um ehrlich zu sein, besonders weil mein lockiges Haar an den Seiten und am Hinterkopf unter der Mütze hervorquoll. Als ich aber zurück auf die Bühne ging, flippte das Publikum aus.

»Hey, Geordie Boy!«, johlten die Leute grinsend.

Und was noch besser war – die Mütze erfüllte ihren Zweck. Der Schweiß lief mir nicht länger in die Augen.

Wir beendeten den Abend mit dem Song »Whole Lotta Rosie«, von dem ich gar nicht genug bekommen konnte, seit ich Bon und seine Jungs bei *Rock Goes to College* gesehen hatte. Nach dem Konzert wollte ich Maurice die Mütze wiedergeben, die mittlerweile allerdings wie ein tropfnasses Aufwischtuch aussah. »Nein danke. Ist ja ekelhaft. Kannst sie behalten.« Und das tat ich. Auch Derek wollte sein T-Shirt nicht zurück, selbst nachdem ich es gewaschen hatte. Er meinte, es sei ihm eh zu weit, was stimmte, denn der Junge war dünn wie ein Windhund.

Die Schiebermütze wuchs mir regelrecht ans Herz. Wenn ich sie im Alltag trug, war sie wie einer dieser magischen Umhänge, die dich unsichtbar machen, denn in unserer Gegend trug so ziemlich jeder Kerl ein solches Modell. Auf der Bühne allerdings hob sie mich aus der Masse hervor, besonders wenn ich sie mit einem einfachen T-Shirt oder einer Jeansjacke mit abgeschnittenen Ärmeln kombinierte. Ich hatte die Mütze so oft auf, dass ich mir einige Wochen später eine neue besorgen musste.

Seit jenem Abend gab es kaum einen Tag, an dem ich keine Schiebermütze getragen habe. Ohne den Deckel auf dem Kopf fühle ich mich einfach nicht wohl.

Verrückterweise spielten AC/DC die vorletzte Show ihrer *Highway to Hell Tour* in einer meiner alten Lieblingslocations, dem Mayfair Ballroom in Newcastle, ungefähr zur selben Zeit wie Geordie II das Lobley-Hill-Konzert. Ich kann nicht sicher sagen, ob es genau derselbe Abend war. Der AC/DC-Gig fand jedenfalls am 25. Januar statt – wegen eines Brandes im Mayfair Ballroom am Jahresanfang war sie verschoben worden. Die beiden Events können also höchstens ein paar Wochen versetzt gewesen sein. So oder so haben Geordie II am Abend des AC/DC-Konzerts ganz sicher *irgendwo* in Newcastle gespielt.

Wer an dem Tag in der Stadt war, hätte also erst AC/DC mit Bon am Mikro sehen können, um anschließend in einen Bus zu steigen und am anderen Ende der Stadt in einem Working Men's Club einzukehren und mich mit Schiebermütze auf dem Kopf und der Nummer 22 auf der Brust einen Song aus ihrer Setlist performen zu sehen.

Damals maß ich diesen Dingen keine Bedeutung zu. Das mit der Mütze und dem T-Shirt war einfach so passiert – und ehrlich gesagt bin ich nicht sicher, ob ich damals überhaupt von dem AC/DC-Konzert in Newcastle wusste.

Da Red Bus erneut die Fühler ausgestreckt hatte, drehte sich in meinem Kopf alles um die Zukunft von Geordie II.

»Hört mal, Jungs, ihr wart wirklich großartig heute Abend. Ihr müsst unbedingt runter nach London kommen und ein Album aufnehmen. Ich glaube nämlich, dass Geordie II die Fortsetzung sein könnte, die besser als das Original ist …« Ellis überhäufte uns nach der Show im Lobley Hill mit Lob, was die beiden Daves und Derek stark beeindruckte. Kein Wunder, sie waren auch noch nie Opfer eines Musikmanagers im Bullshit-Modus geworden.

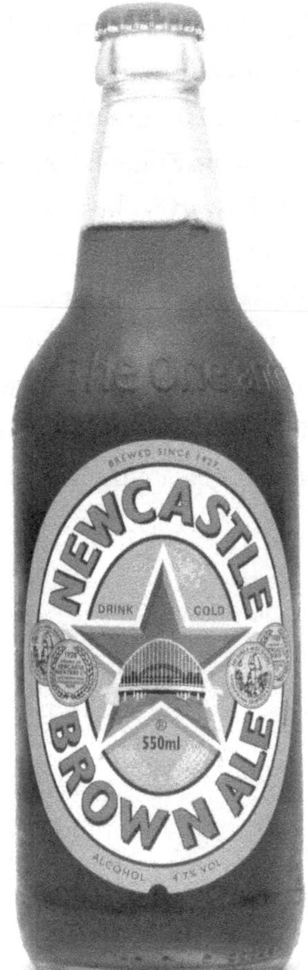
NEWCASTLE
DRINK
COLD
550ml
BROWN ALE
ALCOHOL 4.7% VOL

18

Überlegene Saugkraft

In den ersten Wochen des Jahres 1980 klingelte das Telefon in meiner Werkstatt buchstäblich pausenlos. Ein Autohändler brauchte Vinyldächer für sechs Fahrzeuge. Ein Club wollte Geordie II buchen. Eine Einladung zum Vorsingen. Meine Mutter, die mich und die Kids am Sonntag zum Mittag einlud. Noch ein Club, der uns buchen wollte. Ellis und seine Leute aus Soho. Die vielen Anrufe machten mich fertig.

Als ich dann eines Morgens Anfang März den Hörer abnahm, hörte ich eine Frauenstimme mit kräftigem ostdeutschem Akzent. Vielleicht schaute ich ja zu viele Kriegsfilme, aber ich hatte sofort das Gefühl, dass die Lady am anderen Ende der Leitung mich verhören wollte.

»Spreche ich mit Herrn Brrrian Johnson?«, fragte sie.

»Wer will das wissen?«, fragte ich zurück.[22]

»Das muss Sie nicht interessieren, mein Herrrr. Wichtig ist, dass Sie unverzüglich nach London kommen, um sich vorzustellen.«

»Vorstellen?«

22 Die erste Regel in Kriegsfilmen: Eine Frage wird immer mit einer Gegenfrage beantwortet.

»Ja, vorstellen. Sie sind doch Brrrian Johnson, der Sänger, richtig?«

»Ähm, ja, ich bin Sänger. Aber … was genau wollen Sie denn von mir?«

»Sie sollen singen, Mensch!«

»Ah, okay.«

»Mit einer Rockformation.«

»Verstehe. Also, es tut mir furchtbar leid, aber ich mache keine Auditions mehr. Ich singe bereits in einer Band, und die wird bald …«

»Ich kann Ihnen den Namen der Formation nicht nennen.«

»Macht nichts, denn wie ich bereits sagte, ich mache keine Auditions mehr.«

Es stellte sich eine lange Pause ein. »Wenn Sie wüssten, um welche Formation es sich handelt«, sagte sie, »würden Sie ganz bestimmt nicht Nein sagen.«

Spätestens an dieser Stelle begann mich das Gespräch zu nerven, außerdem musste ich wieder an die Arbeit. Andererseits war ich etwas neugierig geworden. »Also, wenn Sie mir den Namen dieser ›Rockformation‹ wirklich nicht nennen können«, sagte ich, »dann geben Sie mir doch wenigstens einen kleinen Tipp.«

Eine weitere Pause. Dann ein schwerer Seufzer. »Ich denke, ich könnte Ihnen die Initialen der Formation verraten«, sagte sie.

»Gut, dann verraten Sie mal.«

»Ah. Ceh.«

Ich grübelte nach, aber mir wollte keine Band einfallen. »Tut mir leid«, erwiderte ich, »aber das sagt mir nichts.«

»Und. Deh. Ceh.«

Jetzt legte *ich* erst mal eine Pause ein. Ich traute meinen Ohren nicht. Es war unmöglich, ganz einfach ausgeschlossen, dass diese Frau für …

»Sie meinen … *AC/DC*!?«

»Scheiße! Ich hab zu viel gesagt!«

Bevor ich jetzt weiter erzähle, sollte ich vielleicht erwähnen, dass die Phase zwischen der Show in Lobley Hill und dem Anruf der Frau mit dem ostdeutschen Akzent sehr frustrierend für mich gewesen war.

Hauptsächlich hatte das mit dem Boss unseres Drummers Davy Whittaker zu tun, der dem Jungen keinen Urlaub für unsere Plattenaufnahmen in London geben wollte. Red Bus besaß mittlerweile ein eigenes Studio, in dem wir unsere Songs einspielen sollten. Das einzige Problem war das Zeitfenster. Davy konnte nur von Freitagabend bis Montagmorgen. Mit einer Fahrstrecke von zweimal vierhundertfünfzig Kilometern war es quasi unmöglich, im Studio produktiv zu arbeiten. Immerhin konnten wir einen Song auf Tape bannen. Er hieß »Rockin' With the Boys«, geschrieben von meiner Wenigkeit, Derek Rootham und Dave Robson. Red Bus wollte den Song allerdings erst veröffentlichen, wenn ausreichend Material für ein ganzes Album im Kasten war. Ohne eine Single in den Charts jedoch, das wussten wir alle, würde Davy seinen Job nie im Leben kündigen. Gleichzeitig weigerte sich sein Boss, ihm Urlaub zu geben, um seine Karriere als Musiker zu fördern. Es war eine ausweglose Situation.

Irgendwann nahm ich die Angelegenheit selbst in die Hand. Ich rief Davys Boss an, was sehr wahrscheinlich keine gute Idee war. Davy arbeitete als Lieferfahrer für Calor Gas, einen Gasflaschenhersteller. Er kannte alle Kunden, wusste, wo sie wann welche Gasflaschen brauchten. Logisch, dass sein Chef ihn nicht ziehen lassen wollte.

Als er sich am anderen Ende der Leitung meldete, wurde mir schlagartig klar, dass ich nichts in der Hand hatte. Ich war schließlich nicht besonders berühmt oder so. Ich konnte nur an seinen Sinn für Fairness appellieren.

»Hallo, ich heiße Brian«, sagte ich. »Ich bin der Sänger von Davys Band. Wir haben die Möglichkeit, ein Album aufzunehmen. Dafür müssten wir nur an einem Sonntagabend nach London runterfahren und ein paar Tage im Studio an den Aufnahmen arbeiten. Donnerstag wäre Davy wieder in der Firma.«

»Nein«, erwiderte der Mann.

»Ähm … Darf ich fragen, warum nicht?«, sagte ich.

»Nein.«

»Haben Sie überhaupt über die Sache nachgedacht, oder sagen Sie einfach nur Nein, weil Sie es können?«

»Die Antwort war gestern Nein. Sie ist heute Nein. Und sie wird auch morgen Nein lauten.«

»Kommen Sie, jetzt geben Sie dem Jungen doch mal eine Chance!«, fuhr es aus mir heraus. »Er ist ein großartiger Schlagzeuger, und diese Aufnahmen sind eine Riesenchance für uns. Sie haben doch sicherlich jemanden, der seine Touren übernehmen kann. Es sind nur vier Tage, dann ist er wieder zurück und kann Extraschichten abreißen.«

»Wenn der Junge nach London fährt«, sagte Davys Boss, »werde ich ihn feuern.«

Mir platzte die Hutschnur. »Wissen Sie was?«, sagte ich. »Sie sind ein verdammtes Arschloch.«

»Wie bitte?«

»SIE. SIND. EIN. VERDAMMTES. ARSCHLOCH.«

Klick.

Am Ende arbeitete Davy bis zur Rente bei Calor Gas, was ich nie begreifen konnte.

Es wäre eine ziemliche Untertreibung, zu behaupten, ich hätte bei dem Anruf von AC/DC gemischte Gefühle gehabt. Als mir während des Gesprächs klar wurde, um welche Band es sich handelte, gingen mir sofort die tragischen Ereignisse durch den Kopf, die sich einige Wochen zuvor abgespielt hatten.

Es war Ken gewesen, der mir in der Werkstatt die schlechten Nachrichten überbracht hatte.

»Hey, Brian, ihr spielt doch diesen Song ›Whole Lotta Rosie‹, oder?«

»Ja. Und?«

»Der Typ, der das Original singt, ist tot.«

»Nein, ist er nicht. Ich hab ihn gerade erst bei *Top of the Pops* gesehen. Der Mann ist fit wie ein Turnschuh.«

»Na ja, hier in der Zeitung steht, dass er tot in einem Auto aufgefunden wurde. ›Tod durch Unglück‹, heißt es da.«[23]

»Was? Das kann nicht stimmen … Gib mal her.«

Ich riss ihm die Zeitung aus der Hand und las den Artikel … aber ich konnte nicht begreifen, wie es dazu gekommen war. Damals war ich noch komplett unbeleckt, was die Gefahren von exzessivem Trinken und Drogenkonsum anging. Zum Teil hatte das damit zu tun, dass eigentlich niemand in meinem Umfeld genug Geld für Drogen hatte und wir alle Tag für Tag mit dem ersten Hahnenkrähen aus den Federn mussten, um zur Arbeit zu gehen. Sich bis zur Besinnungslosigkeit zu betrinken, war keine Option für uns. Und Drogen? Nun, ich hatte zu diesem Zeitpunkt noch nicht mal einen Joint geraucht, geschweige denn härtere Drogen

---

23 Anm. d. Ü.: Death by misadventure (›Tod durch Unglück‹) ist eine in Großbritannien von Gerichtsmedizinern sowie auf Sterbeurkunden verwendete Angabe der Todesursache. Sie wird benutzt, wenn der Tod in erster Linie auf einen Unfall zurückzuführen ist, der aufgrund eines freiwillig eingegangenen Risikos eintritt.

angeboten bekommen. Ich kannte nicht mal jemanden, der diese Erfahrungen schon gemacht hatte. Drogen waren in jeder Hinsicht jenseits meines Horizonts. Aus diesem Grund war es ein Schock für mich, dass ein Kerl wie Bon – nur ein Jahr älter als ich, topfit und voll im Saft – auf diese Weise sterben konnte.

Ganz besonders nahm mich die tragische Dimension seines Todes mit – nicht nur für Bons Familie, die Bandmitglieder und Freunde, sondern auch für alle Menschen, die Rockmusik liebten. »Whole Lotta Rosie« war meiner Ansicht nach einer der großartigsten Songs aller Zeiten, einer der vielen Klassiker, die er mit AC/DC geschrieben, aufgenommen und auf Alben wie *Let There Be Rock* und *Dirty Deeds Done Dirt Cheap* verewigt hatte. Im Sommer vor dem Unglück hatten Bon und die Boys sich mit *Highway to Hell* selbst übertroffen. Dank dieser Perle von einem Album – und insbesondere dem Titelsong über die Härten des Tourlebens – waren sie nach sechs Jahren unermüdlicher Liveaction endlich auf dem Weg, ein amtlicher Headliner-Act zu werden. Die Platte kletterte auf Platz acht der britischen Charts und landete in den USA, wo die Band noch heftiger einschlug als in Europa, auf Platz siebzehn. Mit der zweiten Single-Auskopplung »Touch Too Much« hatten die Jungs es sogar bis zu *Top of the Pops* geschafft. Ich hatte die Sendung wenige Wochen zuvor gesehen. Auf meinem Fernsehbildschirm hatte Bon so gewirkt, als hätte er gerade den größten Spaß seines Lebens. Kein Wunder eigentlich, denn er ahnte bestimmt schon, dass AC/DC dank *Highway to Hell* auf dem besten Weg waren, riesengroß zu werden.

Trotz allem war mir zu diesem Zeitpunkt immer noch nicht klar, dass Bon der Bursche von Fang gewesen war, mit dem ich sieben Jahre zuvor im saukalten Torquay gebibbert hatte. Diese Erkenntnis sollte sich erst sehr viel später einstellen …

Die Frau mit dem ostdeutschen Akzent, die mich im Auftrag von AC/DC angerufen hatte, hatte mir ihren Namen nicht verraten wollen, also dachte ich mir einen aus. »Olga von der Wolga« schien mir ganz passend. Wenn ich Olga richtig verstanden hatte, arbeitete sie im Büro eines Typen namens Peter Mensch, ein ehemaliger Tour-Buchhalter, der nun Bands managte. Darüber hinaus war sie nicht besonders auskunftsfreudig. Jede weitere Frage beantwortete sie mit eiskaltem Schweigen oder einem charmanten »Das darf ich Ihnen leider nicht sagen, Herrrrr Johnson.«

Das größte Rätsel bestand für mich in der Frage, wie mein Name auf der Kandidatenliste von AC/DC gelandet war. Es ergab keinen Sinn. Die Hitsingles von Geordie waren mittlerweile sieben Jahre alt, und falls ich jemals irgendeine Art Bekanntheit als Frontmann erlangt haben sollte, dann höchstens bei meinen Bekannten.

Wie ich später herausfinden sollte – und zwar sehr viel später –, hatten mich gleich mehrere Leute empfohlen. Zum einen war da ein AC/DC-Fan aus Cleveland, Ohio, der Geordie mal live gesehen hatte und sich später an Peter Mensch wandte, um mich als Ersatz für Bon vorzuschlagen. Auch der junge Produzent von *Highway to Hell*, ein Südafrikaner namens Robert »Mutt« Lange, kannte Geordie und empfahl mich Angus und Malcolm gegenüber. Wie ich irgendwann erfuhr, hatte auch Bon den Jungs nach unserem Torquay-Abenteuer von mir berichtet.

Die zweite große Frage in meinem Kopf lautete, ob Angus, Malcolm und die anderen Jungs überhaupt ohne Bon weitermachen *wollten*. Wieder sollte es eine Weile dauern, bis ich die Geschichte in all ihren Details kannte. Zumindest zu diesem Zeitpunkt hätte die Antwort allerdings ganz klar Nein lauten können – wären da nicht Bons Eltern gewesen, Isa und Chick (kurz für Charles). Bei Bons Beerdigung, die am 1. März in Fremantle,

Australien stattfand, hatten sie Angus und Malcolm beiseitegenommen und den beiden erklärt, was ihr Sohn gewollt hätte. Nämlich dass AC/DC weitermachten und die Platte vollendeten, mit der sie gerade angefangen hatten. Sie glaubten, dass die Aufnahmen die Bandmitglieder ein wenig ablenken und ihnen etwas Trost spenden würden.

Und was mich anging … Nun, nach dem Gespräch mit Olga überschlugen sich die Gedanken in meinem Kopf.

Natürlich fühlte ich mich geehrt und freute mich wahnsinnig über diesen Anruf. In gewisser Weise fühlte es sich surreal an, für eine Band dieses Kalibers vorsingen zu dürfen. Mir war andererseits klar, dass es Dutzende Kandidaten für den Job gab. Und ich war mir nicht sicher, ob ich stark genug wäre, das Auf und Ab von Hoffnung und Enttäuschung verkraften zu können, ganz besonders weil meine eigene kleine Band gerade so gut lief.

Ich versuchte mich zusammenzunehmen, um die Lage zu analysieren. Ich war einunddreißig Jahre alt und wohnte bei meinen Eltern. Ich hatte eine florierende kleine Firma und eine erfolgreiche kleine Band. Ich war glücklich liiert und hatte zwei Töchter, denen ich endlich mal etwas bieten konnte. Es lief eigentlich ganz gut für mich. Warum, verdammt noch mal, also diese Audition? Scheiße, weil ich einfach hingehen *musste*!

Zunächst stellte sich jedoch die Frage, wie ich es überhaupt so kurzfristig nach London schaffen sollte.

Ich würde alle meine Aufträge für den Tag absagen müssen. Ken brauchte unseren Austin Maxi in der Werkstatt. In der Woche der Audition war die Hölle bei uns los, und mein eigenes Auto, ein sehr temperamentvoller Jaguar XJ, verhielt sich oft eigenwillig und regelrecht bockig.

»Ich fürchte, ich muss das Vorsingen absagen«, sagte ich zu Ken, nachdem ich ihm von dem Anruf erzählt hatte.

»Blödsinn, du *musst* es versuchen, Brian!«, sagte er.

»Ich krieg den Job doch eh nicht«, begann ich mir die Sache selbst auszureden. »Die werden jemanden anheuern, den sie schon kennen, wahrscheinlich einen anderen Aussie.«

»Schlaf doch erst mal eine Nacht drüber«, schlug Ken vor.

Noch bevor ich Olga von der Wolga zurückrufen konnte, um ihr meine Antwort mitzuteilen, klingelte das Telefon erneut.

Dieses Mal war es mein alter Freund André Jacquemin, der sich mittlerweile einen eigenen Aufnahmekomplex in London aufgebaut hatte, die Redwood Studios. Wir waren über all die Zeit in Verbindung geblieben.

»Hast du Bock, dir dreihundertfünfzig Pfund zu verdienen?«, fragte er.

»Okay, André, was auch immer du von mir für diese Summe verlangst«, sagte ich, »meine Antwort lautet Ja.«

»Großartig«, erwiderte er lachend. »Du musst nur einen Tag nach London runterkommen und einen Jingle für den Spot eines Staubsaugerherstellers einsingen. Die Firma heißt Hoover. Ich kann dir zwar nicht versprechen, dass man dann deine Aufnahme verwenden wird – du trittst nämlich gegen eine korpulente Gospelröhre an –, aber du wirst so oder so bezahlt.«

Die Zahnräder in meinem Kopf hatten sich schon zu drehen begonnen, bevor er den Satz beendete.

»Ähm, und *wann* soll ich diesen Jingle aufnehmen?«, fragte ich.

Er nannte mir das Datum. Es war derselbe Tag, den mir Olga von der Wolga für die Audition bei AC/DC vorgeschlagen hatte.

»Ich muss das eben mit meinem Geschäftspartner abstimmen«, sagte ich und grinste. Nicht nur die Anfrage von AC/DC bereitete mir gute Laune. Auch die Aussicht, zum ersten Mal überhaupt einen Werbe-Jingle einzusingen und dabei in einem brandneuen und hochmodernen Laden wie den Redwood Studios arbeiten zu können, gefiel mir sehr.

Als Ken reinkam, bemerkte er sofort den Ausdruck auf meinem Gesicht.

»Warum grinst du wie ein Honigkuchenpferd?«, fragte er.

Ich erzählte ihm von dem Anruf.

»Brian, ich glaube, der Strippenzieher da oben will dir etwas mitteilen«, sagte er grinsend.

Wir überlegten kurz, wie ich am besten nach London käme. Letztlich schob ich alle Bedenken beiseite und entschied mich für den Jag. Als der Tag gekommen war, klemmte ich mich hinters Steuer und jagte über die A1 zu meinem Termin mit André in den Redwood Studios.

Nachdem ich die überlegene Saugkraft der Hoover-Geräte besungen hatte, fühlte ich mich fantastisch. Mein Vertrag stellte mir sogar die Zahlung von *Wiederholungstantiemen* in Aussicht, was für jemanden wie mich, der im Rockbusiness der Siebziger gearbeitet hatte, komplett neues Terrain war.

Als ich gegen halb vier in den Redwood Studios fertig war, fuhr ich die fünf Kilometer nach Südwesten in den Stadtteil Pimlico, eine Strecke, für die ich damals nur fünfzehn Minuten brauchte. Man hatte mir erklärt, dass ich dort im hinteren Teil einer Autowerkstatt die Vanilla Studios finden würde, eine Mischung aus Proberaum und Aufnahmestudio. Dort würde ich die Band zur Audition treffen.

Als ich in Pimlico ankam, suchte ich mir erst mal einen Parkplatz und anschließend was zu essen. Ich hatte großen Hunger, denn ich war seit Sonnenaufgang auf den Beinen und hatte vierhundertfünfzig Kilometer Autobahn hinter mir. Da ich ohnehin noch etwas Zeit bis zu meinem Fünf-Uhr-Termin totschlagen musste, setzte ich mich in eine alte Kneipe, wie sie typisch für das London vor dem Krieg gewesen war. Ich bestellte eine Tasse Tee und ein Stück Fleischpastete. Die Frau hinter dem Tresen, deren Bartschatten mich etwas verwirrte, hatte eine Kippe im Mundwinkel. Beim Reden nieselte ständig Asche von ihrem Glimmstängel, was hygienetechnisch keinen guten Eindruck machte. Dass sich ihre Fleischpastete weder mit Zähnen noch Messer oder Fingern zerkleinern ließ, sprach ebenfalls nicht für die Qualität des Hauses. Aus Gründen der Gesundheit und Sicherheit ließ ich das Essen stehen, zog mir die Schiebermütze über den Kopf und rüstete mich für das große Unbekannte auf der anderen Straßenseite.

Es grenzt an ein Wunder, dass ich überhaupt den Eingang zum Studio fand, so gut war er versteckt.

Aber ich schaffte es – und als ich drin war, begrüßte mich die Roadcrew von AC/DC, die gerade Billard spielte. Keine fünf Minuten später hatte auch ich einen Queue in der Hand, und wir quatschten und scherzten, als wären wir in einem Pub.

Ich ging davon aus, dass die Band noch beschäftigt war und mich schon holen würde, aber nichts da. Die Jungs hockten im Proberaum, starrten auf ihre Uhren und fragten sich, wo zum Henker der Kerl aus Newcastle blieb. Irgendwann schickten sie ihren Tourmanager Ian Jeffrey los, um nach mir zu suchen.

»Hat irgendwer diesen Geordie-Burschen gesehen?«, fragte er am Billardtisch.

»Ähm, also, ich bin ein Geordie-Bursche«, sagte ich.

Die Crewmitglieder starrten mich an. »Du bist Brian?« Ich nickte.

»Ach du heilige Scheiße! Wir warten seit einer Stunde auf dich!«

Keiner der Roadies war auch nur auf die Idee gekommen, zu fragen, wer ich überhaupt war. Sie hatten mich für einen stinknormalen Arbeiter gehalten.

Falls Malcolm und die Jungs verärgert waren, ließen sie es sich nicht anmerken. Tatsache war, dass sie mich mit offenen Armen willkommen hießen. »Ich glaube, das hier wird bei euch oben gebraut, oder?«, sagte Malcolm und hielt mir eine Flasche Newcastle Brown Ale hin. Es war eine für Malcolm absolut typische Geste. So nett, so großzügig.

»Oh, von denen könnte ich jetzt echt eins vertragen«, sagte ich grinsend. »Danke, Mate.«

»Was willst du singen, Jonna?«, fragte Malcolm ganz beiläufig.

Große Güte. Was für eine Frage. Ich wollte nicht direkt mit einem AC/DC-Song loslegen. Den könnten die Jungs nämlich mit verbundenen Augen spielen, während ich bestimmt etwas schlingern würde. Es musste ein Stück sein, bei dem wir uns auf Augenhöhe begegnen konnten. Also warf ich den Tina-Turner-Klassiker »Nutbush City Limits« in den Ring. Angus, der noch immer kein Wort sagte, sah etwas überrascht aus, schien aber einverstanden zu sein.

»Damit hast du den ersten Test bestanden«, sagte Malcolm trocken.

»Und wie das?«, fragte ich.

»Du hast nicht ›Smoke on the Water‹ gesagt.« Dann fügte er hinzu: »›Nutbush‹. Alle bereit?«

»Welche Tonart?«, meldete sich der bislang schweigende Angus erstmals zu Wort.

»Ich glaube, A«, antwortete ich.

Malcolm sah mich an und sagte: »A? Sicher?«

»Yeah.«

Nun, A ist eben die hohe Rocktonart – Robert-Plant-Territorium. Die Rocktonart der Rocktonarten.

Dann sagte Malcolm: »Wartet mal kurz. Ich glaub, ich hab's.«

Kurz darauf stiegen Phil und Cliff ein, dann auch Angus. Köpfe begannen zu nicken, es ging los. Zeit für meinen Einsatz. Die Jungs wollten meine Stimme hören, wollten wissen, ob sich das Warten gelohnt hatte. Und was soll ich sagen? Es war der elektrisierendste Augenblick meines Lebens.

Oben in Newcastle spielte ich in einer guten kleinen Band, aber auf den Sound dieser Jungs war ich nicht vorbereitet gewesen. Es war das Beste, was ich je gespürt und gehört hatte, und ich sang, als ginge es um mein Leben.

»Wow, das hat Spaß gemacht«, sagte ich anschließend und musste fast heulen, weil es so großartig gewesen war.

Dann folgte der eigentliche Test.

»Könntest du jetzt mal einen von unseren Songs probieren?«, fragte Malcolm. »Sag einfach einen an, irgendeinen …«

Ich musste nicht lange nachdenken.

»Whole Lotta Rosie«, sagte ich.

Ganz gleich, wie gut »Nutbush« sich angefühlt haben mochte, »Whole Lotta Rosie« war eine nahezu transzendente Erfahrung. Kaum waren wir richtig in den Song eingestiegen, rollte ein merkwürdiges Kribbeln und Schaudern über mich hinweg. Ich hatte das Gefühl, Bon stünde direkt neben uns, lächelnd und mit einem Cola-Rum in der Hand. Man muss bedenken, dass er noch nicht mal einen Monat vorher gestorben war. Und nun stand ich mit den Jungs in diesem winzigen Raum, neben mir Angus, diese Naturgewalt auf zwei Beinen, und sang Bons berühmtesten Song. Als Angus das Solo spielte, klang es so gewaltig, stolz und selbstbewusst, dass die Haare an meinen Armen zu Berge standen. Alle in der Band spielten, als ginge es um ihr Leben. So wie es AC/DC immer tun. Es fühlte sich so richtig und gut an. Das war Rock'n'Roll pur. Es war so, wie es sein musste.

Dann war es plötzlich vorbei, und ich machte mich auf den Weg zur Tür.

»Danke, Jungs«, sagte ich, denn ich glaubte, dass es das gewesen sei. »Meine Kumpels werden mir das nie im Leben glauben. Die werden regelrecht ausflippen. Ich kann gar nicht abwarten, es ihnen zu erzählen ...«

Auf meinem Weg nach draußen lief mir ein junger Kerl hinterher, der sich als Peter Mensch vorstellte. Buschige Augenbrauen, wildes Haar, New Yorker Akzent. Er konnte nicht viel älter als siebenundzwanzig sein. Für einen Musikmanager wirkte er ziemlich cool und entspannt.

»Hey, Brian ... Wo willst du denn hin?«, fragte er.

»Ähm, na ja, nach Hause«, antwortete ich. »Da warten drei Ford Cortinas und ein Datsun Cherry auf mich, die eigentlich gestern schon Vinyldächer kriegen sollten.«

»Nein, nein, nein«, sagte Peter. »Die Jungs fänden es toll, wenn du noch bleiben könntest ...«

»Also, ich wünschte, das ginge«, sagte ich. »Aber ich bin der Einzige in der Werkstatt, der die Dächer anbringen kann. Ich muss wirklich los.«

Es war schon halb neun. Ich konnte kaum glauben, wie schnell die Zeit vergangen war.

»Okay, aber dann komm doch wenigstens noch auf ein Newcastle Brown mit rein, bevor du losfährst.«

»Geht nicht, Mate. Die A1 hoch brauche ich fünf Stunden, also bin ich erst um halb zwei zu Hause. Morgen muss ich um neun die Werkstatt öffnen. Und abends spiele ich ein Konzert mit meiner Band ...«

Peter sah mich enttäuscht an.

»Kann ich dich wenigstens anrufen, wenn du wieder zu Hause bist?«, fragte er.

»Jederzeit«, erwiderte ich.

Von dem Kerl werde ich nie wieder hören, dachte ich.

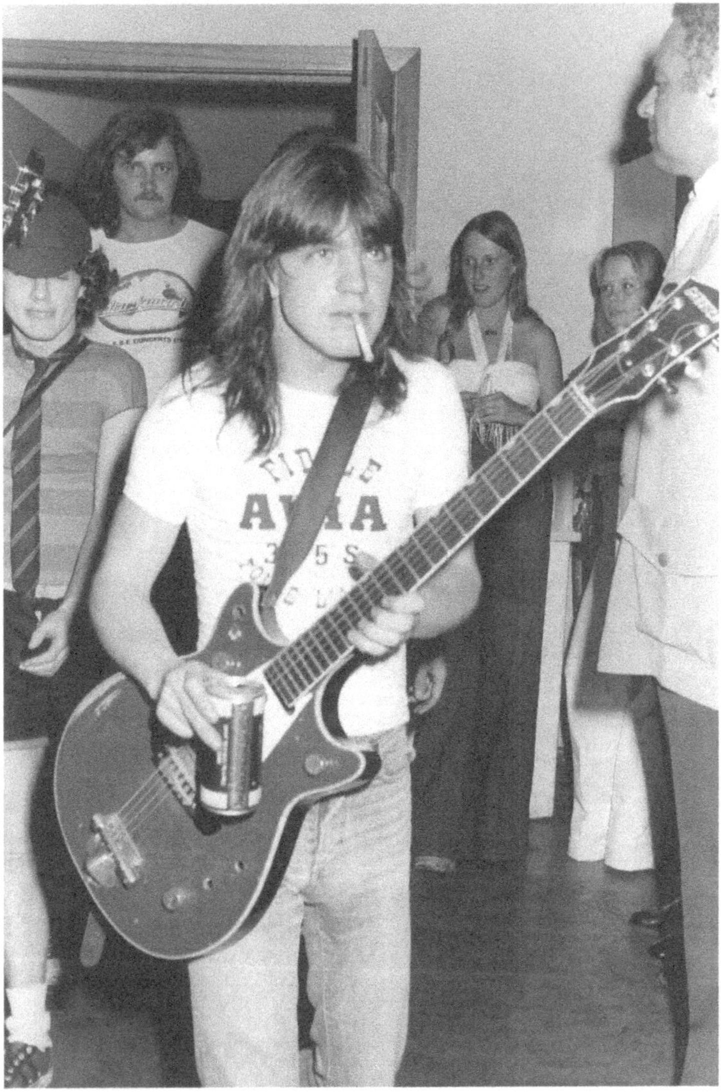

19

Der Tag des Grand National

Ich fuhr nicht nach Newcastle zurück, ich schwebte zurück. Es lag nicht daran, dass ich glaubte, den Job bekommen zu haben. Ganz im Gegenteil. Ich war überzeugter denn je, dass es ohnehin nur eine unrealistische Träumerei gewesen war. Ich war zu alt, zu klein und definitiv nicht australisch genug. Das spielte aber alles keine Rolle, denn ich war immer noch high von der einmaligen Erfahrung, mit einer solch unfassbar guten Band wie AC/DC gespielt zu haben. Obendrauf kamen der Dreihundertfünfzig-Pfund-Scheck in meiner Tasche sowie die Aussicht auf Wiederholungstantiemen und weitere Jobs von André.

Das Leben war gut.

Genau genommen war es nie besser gewesen.

Ich konnte es kaum erwarten, den Jungs in der Band von meinem verrückten Erlebnis in London zu berichten. Da die Audition Vergangenheit war – und für mich ganz sicher nirgendwohin führen würde –, mussten sie sich keine Sorgen machen. Die Sache würde weder für unsere Band noch für das Album, an dem wir gerade arbeiteten, irgendwelche Konsequenzen haben.

Als ich am nächsten Morgen die Werkstatt aufschloss, klingelte schon das Telefon.

»Hallo?«

»Der Herr Peter Mensch möchte Sie sprechen.«

Olga. Mit ihr hatte ich am allerwenigsten gerechnet. Schon gar nicht um diese Uhrzeit.

»Ähm … okay«, sagte ich. »Wann würde es ihm denn passen?«

»Bleiben Sie dran.«

Und dann: »Hey … Guten Morgen, Brian. Peter hier.«

»Ach, hallo, Peter«, sagte ich. »Hör mal, ich wollte noch mal Danke für die Session gestern sagen. Es war einer der großartigsten Momente meines Lebens. Richte es doch bitte den Jungs aus, okay? Sie waren supernett zu mir.«

Peter kicherte. »An Angus wirst du dich schon noch gewöhnen. Er ist ein Mann weniger Worte«, sagte er.

»Das mit dem Brown Ale war eine nette Geste«, sagte ich.

»Pass auf, Brian, wir wollen, dass du noch mal runterkommst«, sagte er.

Ach du heilige Scheiße …

Mit einer klaren Absage, wie ich sie von Anfang an erwartet hatte, hätte ich sicher einfacher umgehen können als mit der Einladung zu einem zweiten Vorsingen. Das bedeutete nämlich noch mehr Nervosität, noch mehr Hoffnungen und noch mehr Unsicherheit. Ganz zu schweigen von der praktischen Seite, die ein absoluter Albtraum werden würde. Mittlerweile hatten sich die unerledigten Aufträge angestaut. Außerdem hatte ich Joanne und Kala versprochen, am Wochenende mit ihnen essen zu gehen. Und zu allem Überfluss hatte ich an diesem Abend auch noch ein Konzert – es muss ein Dienstag oder ein Mittwoch gewesen sein – gefolgt von weiteren Gigs am Freitag, Samstag und Sonntag. Sogar für den Montag hatte man uns im Heaton Buffs gebucht, eine große Show mit drei- bis vierhundert Zuschauern.

»Okay«, sagte ich einigermaßen verzweifelt angesichts der Frage, wie ich ein weiteres Mal mitten in der Woche nach London runterfahren sollte. Dieses Mal ohne einen bequemen Vorwand, wie die Hoover-Werbung ihn mir geliefert hatte. »Wie wäre es denn mit, ähm … nächsten Mittwoch?«

»Wir dachten eigentlich an morgen«, sagte Peter. »Wir können dir auch Flugtickets besorgen, falls das einfacher ist.«

Mir brach der Schweiß aus. Das ging alles viel zu schnell für mich. Ich hatte das ungute Gefühl, die Kontrolle zu verlieren.

»O nein, nein, nein«, sagte ich zu Peter. »Ich fahre. Ich liebe Autofahren.« Das bedeutete in Wahrheit natürlich nur: Wenn ich selbst fahre, habe ich die Kontrolle. Ich kann mich jederzeit in meinen Wagen setzen und abhauen.

»Wie du willst«, sagte Peter. »Aber wir bestehen darauf, das Benzin zu bezahlen und alle anderen Kosten zu übernehmen.«

»Das ist sehr nett von euch.«

»Eine Sache noch«, fügte er hinzu.

Mist, jetzt kommt der Haken, dachte ich.

»Kannst du dir für die Session ›Highway to Hell‹ draufschaffen?«

Ich grinste.

Das war kein wirklicher Haken. Ich liebte diesen Song.

Wer am folgenden Morgen die A1 nach London runterfuhr, wurde möglicherweise von einem zu schnell fahrenden Toyota Crown überholt, in dem ein zweiunddreißigjähriger Geordie mit Schiebermütze saß und sich zu einem Tape mit »Highway to Hell« die Lungen aus dem Leib trällerte. Ein Freund hatte darauf bestanden, mir den Toyota für meinen zweiten Trip nach London zu leihen, denn er war überzeugt, dass der Jag es nicht schaffen würde. Der Junge hieß Simon Robinson und führte ganz in der

Nähe von meiner Klitsche eine Autowerkstatt.[24] Die Kassette gehörte einem anderen Freund, der mich regelrecht verhört hatte, als ich mir das Tape bei ihm ausleihen wollte. »Was willst du denn damit?«, fragte er. »Das ist mein absolutes Lieblingsalbum! Dieses Tape darfst du nicht verlieren, hörst du?!« Am Ende musste ich lügen und erzählte ihm, wir würden mit Geordie II gerade unsere Setlist um ein paar AC/DC-Nummern erweitern.

Wieder hatte man mich in die Vanilla Studios bestellt, wo Malcolm, Angus, Cliff und Phil auf mich warten würden. Dieses Mal jedoch gab es kein Billard, kein Gequatsche, kein Newcastle Brown Ale. Dieses Mal ging es direkt ans Eingemachte. Zuerst spielten wir ein paar Mal »Highway to Hell« durch, was sich genauso toll anfühlte, wie ich gehofft hatte. Dann meinte Malcolm irgendwann, dass die Band gerade am Titeltrack für das neue Album arbeite.

»Es ist ein Tribut an Bon«, sagte er. »Es geht um den Tod, aber es soll nicht morbide sein oder so. Eher eine Art Feier, mit ein wenig Rock'n'Roll-Attitude. Das Stück heißt … ›Back in Black‹.«

»Gibt es denn schon einen Text?«, fragte ich und konnte gar nicht fassen, dass ich tatsächlich Teil dieses Prozesses war.

»Text gibt es noch nicht, Mate. Melodie ebenso wenig. Nur dieses Riff in Dauerschleife. Angus, spiel's doch mal für Jonna.«

Was dann aus den Boxen rollte, war so laut, dass ich den Kopf einzog.

»Hey Jonna«, rief Malcolm, während Angus das Riff wiederholte, immer noch in ohrenbetäubender Lautstärke, versteht sich.

---

24 Witzigerweise platzte gleich zu Anfang der Fahrt einer der Reifen des geliehenen Toyota. Eine halbe Stunde lang hockte ich kurz hinter der Stadtgrenze von Newcastle bei Nieselregen im Dreck, um den Reifen zu wechseln. Kein idealer Start für eine fünfstündige Fahrt zu einem wirklich wichtigen Vorstellungstermin.

»Wir spielen das jetzt einfach immer weiter. Schau doch mal, ob dir was dazu einfällt. Lass dir Zeit, Kumpel.«

Ich nickte.

Während Angus das Riff schrubbte, wurde mein Kopf leicht wie ein Luftballon. Verdammte Scheiße, das war das beste Riff, das ich je gehört hatte. Und ich sollte jetzt einfach … drüber singen? Aber *was* überhaupt? Den Titel des Songs? Und mit welcher Melodie? Ich schob alle Gedanken beiseite, öffnete meinen Mund und ließ es einfach raus.

»BACK IN BLACK!« Die Luft wurde förmlich aus meinen Lungen herauskatapultiert. »I HIT THE SACK!«

Fuck! Das klang gut!

Ich versuchte die Zeile noch einmal. »Back in black / I hit the sack.« Klang immer noch großartig. Über den Rest des Riffs musste ich dann allerdings »doo-doo-doo« singen, da mir keine Worte mehr einfallen wollten. Immerhin war eine erste Melodie entstanden, und für einen kurzen Moment schien sich die Atmosphäre im Raum zu verändern. Leute, die ich vorher gar nicht bemerkt hatte, krochen hinter Mischpulten und Verstärkern hervor. Köpfe drehten sich, Blicke wurden ausgetauscht. Es lag ein Knistern in der Luft. Im Allgemeinen sieht man den Leuten an, wenn sie etwas hören, das ihnen einen Schauer über den Rücken jagt. Das kann niemand kontrollieren. Die Ohren senden die Botschaft direkt an die Gesichtsmuskeln. Ich verspürte eine Art Zugehörigkeitsgefühl, aber kaum hatte ich es bemerkt, war es auch schon wieder verschwunden. Und dann schaute ich zu den Jungs, um zu sehen, wie sie reagierten.

Nichts.

Sie waren in der Musik versunken.

Ihre Gesichter waren nicht zu deuten.

»Sorry, Leute«, sagte ich, als wir die erste »Back in Black«-Session beendet hatten. »Ich hätte euch gern mehr als diese zwei Zeilen geliefert.«

»Kein Problem«, sagte Malcolm.

»Ich weiß, es klingt etwas direkt und offensichtlich«, fügte ich hinzu, um den direkten Ansatz der Melodie zu erklären. »Das ist mir spontan eingefallen, und deshalb hab ich's einfach mal probiert. Ich war selbst überrascht davon, wie es im Endeffekt klang ...«

Rückblickend muss ich sagen, dass die Jungs bei der Session einen ganz guten Vorgeschmack auf die Zukunft bekamen, als ich diese ersten zwei Zeilen improvisierte. Wenn es auch nur ein paar Sekunden waren. Man muss bedenken, was auf dem Spiel stand. Es galt, einen Nachfolger für *Highway to Hell* abzuliefern und gleichzeitig das Erbe von Bon zu achten und fortzuführen. Sie konnten jedoch keine Bon-Kopie anheuern, sondern brauchten jemanden, der anders war ... aber nicht so anders, dass sie ihr bisheriges Werk über den Haufen werfen mussten. Ich glaube, die Jungs standen damals noch mehr unter Druck als ich.

Dieses Mal fuhr ich nach der Audition nicht gleich nach Hause, sondern blieb über Nacht in einem Hotel in der Nähe des Lord's Cricket Ground. Ich erinnere mich nicht mehr an den Namen des Ladens, doch ich weiß noch, dass ich mich fragte, was zum Henker ich dort verloren hatte. Aber das Zimmer ging auf AC/DC, und ehrlich gesagt wäre es etwas unhöflich gewesen, erneut direkt nach Hause zu fahren.

Im Hotel leistete mir ein Bursche namens Keith Evans Gesellschaft, einer der AC/DC-Roadies. Im Lauf der folgenden Jahre sollten wir uns sehr gut kennenlernen und echte Freunde werden.

»Ich glaube, du hast den Job, Mate«, sagte er wieder und wieder mit seinem Black-Country-Akzent. Das war zwar nett von ihm, aber insgeheim wünschte ich mir, er würde endlich die Klappe halten. Seine Kommentare machten mich so nervös, ich wusste nicht, wohin mit mir. In meinen zwei Auditions hatte ich genug mit AC/DC gesungen, um sicher zu wissen, dass es der beste Job der Welt sein würde. Jahre zuvor hatte ich auch schon mal alles auf eine Karte gesetzt, hatte bei Parsons gekündigt, um mit Geordie durchzustarten – und war auf der Nase gelandet. Doch das war jetzt plötzlich völlig egal.

»Ach, weißt du«, sagte ich zu Keith. »Ich glaube, die Jungs werden noch eine Weile drüber nachdenken. Das ist eine große Entscheidung für sie.«

»Nee«, meinte Keith. »Die wollen so schnell wie möglich wieder auf Tour gehen und werden keine Zeit mehr mit weiteren Auditions verschwenden. Ich kenne die Kerle. Ich weiß, wie sie ticken. Die glauben, dass sie mit dir das fehlende Puzzlestück gefunden haben.«

Später am Abend blätterte ich im Hotel in einer aktuellen Ausgabe des *Melody Maker* und entdeckte einen zweiseitigen Artikel über AC/DC. Darin stand, dass die Band bereits im Studio sei und neben den noch laufenden Auditions schon am neuen Album arbeite. An Schlaf war nicht zu denken. Schon gar nicht, als mir klar wurde, dass ich meine »Back in Black«-Melodie schon wieder vergessen hatte.

Großartig, dachte ich. Das war die *eine* Sache, die ihnen gefallen hatte … und ich konnte mich nicht mehr daran erinnern.

Ich fuhr am Vorabend des Grand National wieder zurück nach Newcastle. Der Tag des größten Pferderennens im Land war seit meiner Kindheit immer schon etwas Besonderes für mich gewesen. 1960 hatte ich mein Taschengeld auf Merryman II gesetzt und genug Geld gewonnen, um mir einen ganzen Berg Spielzeugautos und ein Modellbauflugzeug zu kaufen. In diesem Jahr fühlte sich das Grand National aber noch bedeutender an, da es am 29.

März stattfand und mit dem Geburtstag meines alten Herrn zusammenfiel. Der Plan für diesen Tag sah vor, erst im Kreise der Familie das Rennen im Fernsehen anzuschauen (Start war kurz nach drei), dann die Geschenke zu überreichen (eine Flasche seines Lieblingswhiskys Famous Grouse von mir) und uns später ein festliches Abendessen zu gönnen.

Am Tag des Grand National stand ich erst spät auf und überlegte kurz, ob ich auf eins der Pferde wetten sollte. Ken wartete schon auf mich, als ich runterkam. Anscheinend war meine Glückssträhne zu Ende. In den Zeitungen stand nämlich, dass AC/DC einen neuen Sänger gefunden hatten … und das war ganz offensichtlich nicht ich. Den Artikeln zufolge hatten sie sich für einen ihrer Landsmänner entschieden, einen Australier, wie ich von Anfang an gesagt hatte. Genau wie die Young-Brüder und Bon war er zudem auch noch gebürtiger Schotte. Es handelte sich um Allan Fryer, den Sänger der Band Fat Lip aus Adelaide.

Einen passenderen Frontmann hätten sie nicht finden können.

»Hab ich doch gleich gesagt«, lautete meine Reaktion.

Um ehrlich zu sein, war meine Erleichterung größer als meine Enttäuschung. Ich hatte ohnehin das Gefühl gehabt, dass die Nummer ein ganzes Stück zu groß für mich gewesen wäre.

Allan Fryer war ein großartiger Sänger und ein aus Schottland stammender Aussie. Gegen ihn hatte ich keine Chance.

Malcolm, Angus und die Jungs hatten getan, was sie tun mussten.

Nachdem Ken mir die Neuigkeiten zum Thema Allan Fryer überbracht hatte, schlug er mir vor, mit ihm auf ein Bier in einen Pub namens The Crowley zu gehen. (Ich glaube, der Laden heißt heute The Poacher's Cottage.) Meine Mutter war unterwegs, mein Vater in seinem Club, und so nahm ich Kens Vorschlag an.

Wir spielten ein paar Runden Pool, steckten ein paar Münzen in die Jukebox und quatschten darüber, wie surreal die zurückliegenden Wochen gewesen waren.

Gegen zwei Uhr nachmittags kehrte ich nach Hause zurück, meine Eltern waren immer noch unterwegs.

Bis zum Rennen war noch eine Stunde Zeit. Also machte ich mir einen Tee, plünderte die Keksdose und legte die Füße hoch. *Ahhhhh.* Es fühlte sich an, als läge meine letzte Ruhepause Jahre zurück …

Das Telefon klingelte.

Mein Gott, musste das jetzt sein?

Ich nahm den Hörer ab … und erlebte die Überraschung meines Lebens. Es war Malcolm, was überhaupt keinen Sinn ergab. Zum einen fragte ich mich, wie er an meine Nummer gekommen war. Zum anderen konnte ich kaum glauben, dass er mich ernsthaft persönlich anrief, um mir die schlechten Nachrichten zu überbringen: »Danke, dass du da warst, Mate, aber wir haben uns für einen anderen entschieden.«

»Hallo, Malcolm, mein Freund«, sagte ich. Da ich sicher wusste, dass ich aus dem Rennen war, fühlte ich mich jetzt sehr viel entspannter als bei den Auditions. »Alles gut bei dir?«

»Yeah, alles gut«, sagte er.

»Freut mich zu hören. Erzähl, warum rufst du an?«

»Pass auf, Brian, wir haben überlegt … ob du vielleicht wieder runterkommen könntest, um an weiteren Tracks für das neue Album zu arbeiten. Uns hat sehr gefallen, in welche Richtung ›Back in Black‹ mit dir ging.«

Lange Pause. Ich hielt den Hörer vor mein Gesicht und starrte ihn ungläubig an. Entweder halluzinierte ich gerade, vielleicht wegen der Biere im Pub, oder der Bursche nahm mich auf den Arm.

»Ähm … was meinst du?«, fragte ich.

»Na ja, wir müssen dieses Album auf den Weg bringen, weißt du?«

»Mate, ich verstehe nicht ganz«, sagte ich. »Ich habe heute Morgen in der Zeitung gelesen, dass Allan Fryer euer neuer Sänger ist.«

»Oh, nein, nein, nein … das haben die Journalisten falsch verstanden. Vollkommen falsch. Der Bursche war noch nicht mal beim Vorsingen.«

Mit einem Mal schnürte sich meine Brust zusammen.

»Willst du mir damit etwa sagen … dass ich in der Band bin?« Ich bekam die Worte kaum über die Lippen.

»Na ja, also weißt du …« Malcolm kicherte leise, ohne die Frage zu beantworten.

Der Gute hatte genauso viel Angst vor einer Abfuhr wie ich.

»Pass auf, Malcolm«, sagte ich, fest entschlossen, so ehrlich wie nur irgend möglich zu sein. »Du bist ein feiner Kerl, und ich hatte unheimlich viel Spaß mit euch Jungs, aber im Moment weiß ich nicht so recht, ob ich gerade veralbert werde oder nicht. Ich sag dir, was ich jetzt machen werde: Ich werde auflegen. Und wenn es dir wirklich ernst mit der Sache ist, klingelst du in zehn Minuten durch und sagst mir noch mal, was du eben gesagt hast. Ich hoffe, du verstehst das. Ich bin etwas verwirrt von all dem und hab das Gefühl zu träumen.«

»Okay, Brian«, sagte Malcolm. »Versteh ich vollkommen. Ich ruf dich in zehn Minuten zurück.«

Es klickte, und die Leitung war tot.

Ich war wie erstarrt, saß nur da, glotzte vor mich hin und zählte die längsten zehn Minuten meines Lebens runter. Sollte das alles wahr sein, hatten sich all die schweren Zeiten in den letzten zehn Jahren gelohnt? Ich war für eine PA-Anlage aus einem Flugzeug gesprungen. Hatte eine solide Stelle bei Parsons gegen eine

Band mit nur einem einzigen Top-10-Hit eingetauscht. War monate-, nein, jahrelang unter erbärmlichen Bedingungen durch die Lande getourt. Auf ausnahmslos jeden Beschiss der Musikindustrie reingefallen. War am Ende so bankrott gewesen, dass ich vor Gericht ziehen musste, um die Pfändung meines Hauses abzuwenden. Musste die Pulverisierung meiner Ehe miterleben. Wieder bei meinen Eltern einziehen. Mich mit den blasierten Konzertobmännern der Working Men's Clubs rumschlagen …

»Brian, hier ist Malcolm noch mal. Pass auf, in einer oder zwei Wochen müssen wir ins Studio und mit den Aufnahmen für das neue Album beginnen. Deshalb müsstest du morgen runterkommen, um mit uns zu proben. Das heißt, wenn du dazu bereit bist …«

»Soll das bedeuten, ich hab den Job?«, fragte ich. »Ich bin nicht nur ein Ersatzmann für irgendjemand anders?«

Lange Pause. Malcolm holte tief Luft. »Also«, sagte er mit einem leicht verschmitzten Tonfall, als würde er es genießen, mich derart auf die Folter zu spannen. »Wenn du den Job willst, hast du ihn.«

Mit diesem Satz graduierte ich vom Vinyldachspezialisten zum neuen Leadsänger einer der aufregendsten Bands des Planeten. Es war … ein ziemlich bewegender Moment. Ich war wie gelähmt.

»Brian?«, sagte Malcolm. »Bist du noch dran?«

»Aye«, presste ich hervor.

»Und, bist du dabei?«

»VERDAMMTE SCHEISSE, UND OB ICH DABEI BIN!!«

»Du wirst wahrscheinlich erst mal ein bisschen was einstecken müssen, weißt du? Unsere Band … na ja, die hassen uns. Die Kritiker. Das Establishment. Außerdem werden die Fans eine Weile brauchen, um sich an dich zu gewöhnen. Bist du sicher, dass du mit all dem klarkommst, Jonna?«

»Keine Ahnung«, sagte ich grinsend. »Aber wen kümmert das schon? Ich bin dabei.«

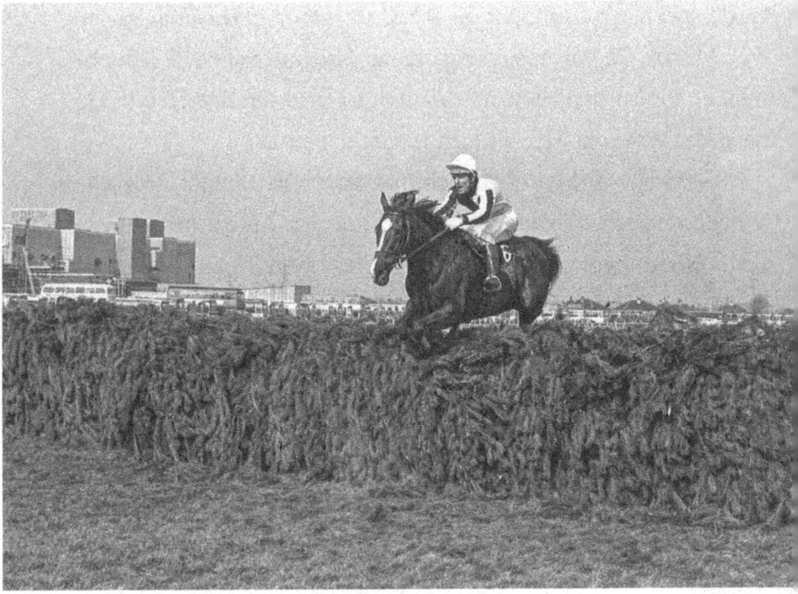

20

Abschiede

Sollte es jemals in meinem Leben einen Moment gegeben haben, in dem ich darauf brannte, gute Neuigkeiten mit anderen Menschen zu teilen, dann war es dieser. Aber es war niemand da, dem ich es hätte erzählen können. Ken war schon lange abgedampft, meine Eltern waren immer noch unterwegs. Ich hielt es kaum aus und hatte das Gefühl, jeden Moment zu explodieren. Im ganzen Haus gab es nicht einen Tropfen Alkohol – bis auf die Flasche Famous Grouse, die ich meinem Vater als Geschenk mitgebracht hatte. Und die konnte ich wohl kaum selbst trinken. Andererseits handelte es sich um einen Notfall. Mein alter Herr würde sicherlich Verständnis haben. Drauf geschissen, dachte ich, öffnete die Flasche und nahm einen Schluck. Anschließend stand ich eine Weile lang einfach nur da, sah mich im Zimmer um und grübelte. Ich war zweiunddreißig Jahre alt, wohnte in der Sozialwohnung meiner Eltern, in der ich auch aufgewachsen war, starrte beim Blick aus dem Fenster auf die Bahnstrecke, das Kraftwerk und die Vickers-Panzerfabrik – und hatte eben gerade einen Anruf bekommen, der alles ändern würde … vielleicht sogar für immer.

Einen Anruf, wie ihn die meisten Menschen niemals bekommen.

Ich nahm noch einen Schluck aus der Flasche. Und dann noch einen.

Irgendwann kam mein Dad von seinem Club heim. Kurz darauf trudelte auch meine Ma ein.

»Herzlichen Glückwunsch, Dad!«, sagte ich und hielt den Whisky in die Höhe. »Den hab ich dir gekauft.«

Mein Dad sah mich komisch an. »Hast du vielleicht auch meine Geburtstagstorte gegessen?«

»Ach ja, sorry deswegen«, sagte ich, als ich bemerkte, dass die Flasche halb leer war. »Ich kauf dir eine neue.«

»Das will ich doch stark hoffen.«

»Es ist nur ... Na ja, man hat mir einen Job angeboten, Dad. Ein richtig großes Ding. Das wollte ich kurz begießen.«

»Einen Job?«, sagte er. »Bei wem denn?«

»AC/DC.«

Mein Dad ließ sich stöhnend in seinen Sessel plumpsen. »AC/DC sagst du? Sind die nicht gerade erst verstaatlicht worden?«

Ich hielt mir den Kopf mit beiden Händen. »AC/DC ist eine Rockband, Dad.«

»Ach so. Noch nie von gehört.« Mein Dad war der Meinung, dass eine Band, von der er noch nie gehört hatte, keinerlei nennenswerte Erfolge gefeiert haben konnte. Andererseits stellten selbst die Beatles eine kleine Herausforderung für ihn dar.

Dann kam meine Mutter ins Zimmer.

»Ich hab einen neuen Job, Ma«, sagte ich voller Stolz. »Ich bin der neue Sänger von AC/DC!«

»Oh, das ist wundervoll, mein Junge«, sagte sie. »Soll ich dir ein Sandwich machen?«

Es war einfach unmöglich. Die ganze Sache hatte keinerlei Bedeutung für die beiden. Hinzu kam, dass sie meine Entscheidung für eine Karriere als professioneller Musiker mit Geordie als Ursache all meiner Probleme ansahen. Die Vorstellung, dass ich diesen Weg noch einmal einschlagen und meine Werkstatt aufgeben könnte, bestätigte sie nur darin, dass ich ein hoffnungsloser Fall war.

Wenigstens Maurice verstand mich. »AC / DC?«, fragte er, als ich ihn anrief. »Obergeile Band.«

Als das Grand National vorbei war – der Gewinner, auf den mein Vater gesetzt hatte, hieß Ben Nevis –, musste ich mich auf den Weg zum Westerhope Comrades Club machen, wo ich an diesem Abend eine Show mit Geordie II spielen sollte.

Wie immer war der Laden ausverkauft, eine lange Schlange stand sich auf der Straße die Beine in den Bauch. (Irgendwo habe ich sogar noch den Flyer für diese Show rumliegen – der Eintritt kostete fünfundfünfzig Pence.) An diesem Abend traten wir zusammen mit Dave Blacks Band Goldie auf. Da Geoff Robson, der Bruder unseres Bassisten Dave, ebenfalls bei Goldie spielte, fühlte sich der Gig wie eine Familienfeier an.

Ich erinnere mich noch daran, dass ich gerade im Publikum saß und Goldie ihre Hitsingle »Making up Again« spielten, als ein Mädchen zu mir kam und sagte: »Ich habe gehört, AC / DC haben einen neuen Sänger. Du wärst perfekt dafür gewesen.« Ich antwortete nicht, sondern lächelte sie nur an und nickte. Ich fühlte mich wie in einer dieser Filmszenen, in der alles um dich herum mit einem Mal ganz leise wird. Du weißt, dass jeden Moment etwas ganz Großes passiert, aber du darfst kein Wort darüber verlieren.

Ich grübelte, was ich mit dem Leben anstellen sollte, das ich mir aufgebaut hatte. Mit meiner Entscheidung würde ich die Träume meiner Bandkollegen einäschern, meiner Freundin das Herz brechen und den gutherzigen Ken arbeitslos machen. Und es bestand immer noch die Möglichkeit, dass alles furchtbar schiefging.

Damals konnte ich noch nicht wissen, dass nur wenige Jahre später die goldene Zeit der Working Men's Clubs zu Ende gehen und ein Laden nach dem anderen seine Pforten schließen sollte. Auch die Mode mit den Vinyldächern verschwand ebenso schnell, wie sie aufgekommen war. Mit anderen Worten wäre eine Entscheidung für mein altes Leben in Newcastle möglicherweise ein viel größeres Risiko gewesen, als mich AC/DC anzuschließen.

An diesem Abend im Westerhope Comrades Club jedoch hatte ich das Gefühl, eine Bombe scharf gemacht zu haben, die früher oder später hochgehen und alle Menschen in meinem Umfeld verletzen würde. Und so saß ich einfach nur da und überlegte mir, wie ich den anderen erklären konnte, dass ich traurig und glücklich zugleich war und dass es mich innerlich zerriss.

Der Tag vor meiner Abreise nach London, wo ich meinen neuen Job antreten würde, war genauso hart, wie man ihn sich vorstellen würde.

Noch stand es nicht in den Zeitungen, aber ich hatte mit allen mir nahestehenden Menschen gesprochen.

Es meiner Freundin zu erzählen, war am schwierigsten gewesen. Sie wusste sofort, dass sie mich damit verloren hatte, sie wusste es einfach. Das Problem war nicht, dass ich nicht mehr mit ihr zusammen sein wollte. Das Problem war, dass sie sich nach Haus, Hof und Familie sehnte, und das war unmöglich, wenn ich in einer Band spielte. Sie war am Boden zerstört. »Bitte«, sagte sie. »Ich will dich nicht verlieren.« Es war ein unheimlich trauriger Moment. Wie hätte es auch anders sein sollen? Sie war einfach umwerfend und hatte Klasse. Wir hätten ein wunderschönes Leben miteinander haben können. Aber von einem normalen Leben hatte ich mich schon verabschiedet, als ich Parsons verließ.

Dann musste ich mit Ken reden. Ich sagte: »Pass auf, Mate, es wird ein paar Monate dauern, um das Album aufzunehmen und zu sehen, wie es bei den Leuten ankommt. Falls ich danach nicht zurückkomme, gehört der Laden dir.« Ken schien diese Vereinbarung zu gefallen, aber ich hatte die Befürchtung, dass alles den Bach runtergehen würde, sobald ich nicht mehr da war. Unterm Strich lag der Hauptgrund für unseren Erfolg in der Qualität unserer Arbeit – und ich war derjenige, der die Vinyldächer anbrachte.

Nach dem Gespräch bestellte ich die Band zu einem Treffen im Pub.

Die zwei Daves und Derek waren verständlicherweise geschockt. »Die Sache ist die«, begann ich. »Man hat mir da einen Job als Sänger angeboten. Es ist zwar noch nicht offiziell verkündet worden, und ich weiß auch nicht, wie es im Endeffekt laufen wird, aber es geht jetzt definitiv los. Ich fahre morgen nach London runter, um mit der Band an ihrem neuen Album zu arbeiten. Ich brauche einfach ein bisschen Zeit.«

Es war wie eine Beerdigung, die Stimmung war im Keller.

»Verdammt, und ich habe echt gedacht, wir könnten es zu etwas bringen«, sagte Davy, während er sichtlich gefrustet in sein Pint starrte.

»Dann fällt die Show in Heaton Buffs aus?«, fragte Derek.

»Alles fällt aus … zumindest erst mal«, sagte ich. Die bodenlose Enttäuschung darüber, dass sie keine Konzerte mehr spielen würden, stand ihnen förmlich ins Gesicht geschrieben. Zu wissen, dass ich verantwortlich dafür war, bereitete mir ein ziemlich schlechtes Gewissen. »Jungs, wenn es nicht klappt«, sagte ich,

»können wir wieder zusammen spielen. Aber ich muss es einfach versuchen.«

Nachdem sie den ersten Schock verdaut hatten, waren die Jungs unheimlich nett und verständnisvoll. Sie wussten genau, dass man eine solche Chance nicht ablehnen konnte. Die drei waren einfach ein paar ganz tolle Typen. Es ist keine Übertreibung, wenn ich sage, dass einige der schönsten Momente meines Lebens mit Geordie II zu tun hatten.

An dem Tag, als Geordie II im Heaton Buffs Social Club hätten spielen sollen, saß ich mit Peter und der Band in den E-Zee Hire Proberäumen in Kings Cross zusammen, um ein paar Dinge zu besprechen. Es war Montag, der 31. März. Peter erklärte mir, dass ich genauso viel Gehalt bekäme wie die anderen Bandmitglieder. An den Tagen, an denen wir unterwegs waren, gäbe es zusätzlich ein »Per Diem«. Ich hatte keine Ahnung, was das sein sollte. Schließlich hatte ich so etwas noch nie bekommen. Peter erklärte mir, dass es sich um ein Tagegeld in bar handelte, um die Kosten on the road zu bestreiten.

Ich suchte die ganze Zeit nach dem Haken an der Sache. Wundersamerweise gab es dieses Mal keinen. Ich spielte jetzt in einer anderen Liga.

Anschließend fragte Peter, ob es noch »laufende Geschäftsvereinbarungen« gäbe, um die wir uns kümmern müssten.

Ich erzählte ihm von Red Bus, worauf er meinte, er würde sich so schnell es geht die Vertragsbedingungen anschauen.[25]

»Sonst noch was, außer Red Bus?«, fragte er mich. »Läuft da vielleicht ein Kredit auf deinen Namen?«

---

25 Später musste ich mir einen Vorschuss von dreißigtausend Pfund auszahlen lassen, um mich aus dem Vertrag freikaufen zu können.

»Ja, und zwar ein Hypothekendarlehen auf ein Haus, in dem ich noch nicht mal selbst wohne«, erklärte ich ihm.

»Wie ist da der aktuelle Stand?«

»Keine Ahnung. Das Haus hat elftausend Pfund gekostet. Nach einem gerichtlichen Vergleich wurde festgelegt, dass ich siebzig Pfund pro Monat bezahlen muss.«

»Bei welcher Bank ist die Hypothek?«

»Es ist eine Bausparkasse, Leeds Permanent.«

»Okay, ich ruf die an und bezahle das.«

»Wie bitte? Ist das dein Ernst?«

»Klar ist das mein Ernst. Gibt es sonst noch irgendwas, von dem wir wissen sollten?«

Ich war etwas geschockt, musste aber sofort an den vergangenen Abend und mein Treffen mit den Jungs von Geordie II denken. Ich erzählte Peter, dass sie mir sehr leidtäten. Schließlich hatte ich alle Konzerte eines Monats abgesagt, und meine ehemaligen Bandkollegen waren alle auf das Geld angewiesen. Ich sagte Peter, dass ich einen Teil meines neuen Gehalts dafür verwenden wollte, die drei wenigstens teilweise für die entfallenen Konzerteinnahmen zu entschädigen. Das würde ihnen etwas helfen, bis sie einen neuen Sänger gefunden hätten.

»Wären zweitausend Pfund ausreichend?«, fragte Peter, als wäre absolut nichts dabei.

Ich fiel fast vom Stuhl, aber auch dieses Mal war es kein Witz. Wenig später gab mir Peter das Geld in einem braunen Umschlag, und ich führte meine ehemaligen Bandkollegen zum Inder aus, um ihnen die zwei Riesen zu überreichen. Ich war überglücklich, dass ich sie nach meinem plötzlichen Abgang auf diese Weise unterstützen konnte.

»Eine Sache noch«, sagte Peter. »Die Jungs wollen, dass du ein vollwertiges Bandmitglied wirst. Ich weiß, dass du bei Geordie nur angestellt warst. Bei AC/DC wollen wir von dir hundertprozentigen Einsatz.«

»Okay … Und was bedeutet das genau?«

»Das bedeutet, dass du nicht nur ein Gehalt bekommst. Du erhältst auch ein Fünftel der Gewinne.«

»Es gibt *Gewinne*?« Das klang wie eine fremde Sprache für mich.

»Na ja, im Moment noch nicht«, antwortete Peter.

»Ah, okay«, sagte ich. »Kein Problem. Vielleicht, wenn sich das neue Album gut verkauft …«

»Klar, das sehen wir dann.«

Am nächsten Morgen wurde offiziell bekannt gegeben, dass ich der neue Sänger von AC/DC war. Manch einer mag es für einen Aprilscherz gehalten haben, aber wir arbeiteten bereits am neuen Album, das in den Polar Studios in Schweden aufgenommen werden sollte. Nach dem Geschäftstermin mit Peter drückte mir Malcolm einen dieser Notizblöcke mit gelbem Papier in die Hand und fragte, ob ich nicht ein paar Lyrics für eins der Riffs schreiben wolle.

Ich weiß nicht mehr, wann das genau war, denn alles entwickelte sich in einem Affenzahn – aber auf einem Großteil der Bandfotos, die bei E-Zee Hire geschossen wurden, halte ich diesen Notizblock in der Hand. Es ist also sehr wahrscheinlich, dass ich dort zum ersten Mal den Stift aufs Papier setzte, auch wenn der Großteil der Texte erst später entstand.

Für den Anfang wollte Malcolm einfach nur ein paar Zeilen von mir. Da ich bis dato jedoch lediglich eine Handvoll Songs für Geordie geschrieben hatte, war ich zögerlich. Hinzu kam, dass es sich bei dem Riff um ein wahres Monster handelte und ich textlich ein ähnliches Kaliber auffahren musste.

Die größte Herausforderung war es natürlich, Bons Erbe in Sachen Songwriting gerecht zu werden. Er hatte es meisterhaft verstanden, Working-Class-Attitude mit wahrer Wortakrobatik zu kombinieren. Man denke nur an die zahlreichen Doppeldeutigkeiten in »Big Balls« oder den urkomischen Bericht über den One-Night-Stand mit einer zweieinhalb Zentner schweren Tasmanierin in »Whole Lotta Rosie«. Zu Lebzeiten hatten die Kritiker seine Texte nie so richtig verstanden. Nach seinem Tod jedoch entwickelten sie plötzlich großen Respekt für die Lyrics von AC/DC. Bon hatte immer einen Scheiß darauf gegeben, was diese Leute sagten. Der Spott des Establishments war für ihn wahrscheinlich sogar ein Ehrenabzeichen.

Ich hatte keine Ahnung, ob ich etwas zu Papier bringen konnte, das Bons Lyrics auch nur ansatzweise das Wasser reichte. Als ich jedoch den Notizblock bekam, wusste ich sofort, dass ich mir ein stilles Plätzchen suchen musste, um mit der Arbeit zu beginnen. In einem Proberaumkomplex am King's Cross gibt es allerdings nur sehr wenige Orte, wo man die nötige Ruhe findet.

Schreib über das, was du kennst, Brian, sagte ich zu mir selbst. Das Einzige, mit dem ich mich jedoch auskannte, waren Autos. Na ja, Autos und Frauen. Und da kam mir eine Idee … »She was a fast machine«, schrieb ich. »She kept her motor clean.« Dann fügte ich hinzu: »She was the best damn woman that I ever seen.«

Ich war ziemlich stolz auf diesen Anfang. Nun brauchte ich nur noch zwei Strophen und einen Refrain …

Während der einwöchigen Sessions im E-Zee Hire wurde ich im Holiday Inn im Stadtteil Swiss Cottage untergebracht, was sich zu dieser Zeit unglaublich vornehm für mich anfühlte. Vom Rest der Jungs schlief nur Phil ebenfalls dort, die anderen hatten alle Wohnungen in London.

Am Ende jedes langen Tages, den wir mit Songwriting und Proben verbracht hatten, gingen Phil und ich meist direkt zurück zum Hotel, wo wir uns etwas zu essen besorgten und ein paar Bier genehmigten. Ich merkte rasch, dass Phil – ganz im Gegensatz zu mir – nicht besonders gesellig war, also verzog sich ein jeder von uns nach dem Dinner direkt auf sein Zimmer. Die Situation ging mir an die Nieren. Nach einer Weile fragte ich mich, ob er etwas wusste, das ich nicht wusste … zum Beispiel, dass die Band vielleicht mit ihrer Entscheidung haderte.

Eines Abends muss Phil der besorgte Ausdruck in meinem Gesicht aufgefallen sein.

»Hey, Jonna«, sagte er, als wir in den Aufzug stiegen. »Mach dir keine Gedanken. Wir lieben dich, Mate.« Dann grinste er. »Du wirst das Kind schon schaukeln.«

Ein Gefühl der Erleichterung spülte über mich hinweg, denn bis dahin hatte ich nicht gewusst, woran ich eigentlich war. Tausend Dank also an Phil für diese Worte. Sie bedeuteten die Welt für mich.

Einer der verrücktesten Aspekte meines neuen Lebens als AC/DC-Mitglied war die Tatsache, dass es plötzlich vollkommen normal war, mit anderen Musikern abzuhängen – und zwar nicht mit irgendwelchen Musikern, sondern mit *Helden* von mir.

An unserem zweiten Tag bei E-Zee Hire spazierte Ozzy Osbourne durch die Tür, dessen Musik ich wie besessen in meinen Mittagspausen bei Parsons gehört hatte. Ich konnte es kaum fassen. Und das Verrückte daran war, dass er direkt auf mich zukam, mir die Hand schüttelte und mir alles Gute für meinen neuen Job wünschte. Dass Ozzy ein Freund von Bon gewesen war, machte seine Worte noch bedeutsamer. Es war ein ganz besonderer, unvergesslicher Moment für mich. Danke, Ozzy.

Am nächsten Abend lud mich Malcolm in einen Pub in Maida Vale ein. Unser Ziel war ein Laden namens The Warrington, der direkt an einem großen Kreisverkehr lag und in dem sehr viele Musiker abhingen. Und während ich dort mit Malcolm und Cliff ein Pint genoss, kam Les Gray von Mud rüber und setzte sich einfach zu uns. »Hallo Brian«, sagte er. »Glückwunsch noch zu deinem neuen Job.«

Es war ziemlich viel auf einmal. Mir wurde fast schwindlig.

An einem anderen Abend war ich bei Malcolm eingeladen. Irgendwann kam ein Amerikaner mit einem wirklich beeindruckenden Bart rein. Mal meinte zu ihm: »Darf ich vorstellen, das hier ist Brian, unser neuer Sänger.« Zwischen mir und dem Amerikaner entspann sich ein intensives Gespräch. Als er mir erzählte, dass er gerade erst einen Flugzeugabsturz in Mississippi überlebt hatte, wurde mir klar, dass er bei Lynyrd Skynyrd spielte. Die Hälfte seiner Band war bei dem Unglück ums Leben gekommen, eine schreckliche Tragödie. Es war Gary Rossington. Er hatte immer noch Probleme mit seinem Arm und hinkte beim Gehen.

Von diesen Momenten gab es jede Menge. Ich wollte jedes Detail davon aufschreiben, um sie niemals zu vergessen – aber am Ende vergaß ich sie natürlich doch.

Gegen Ende unserer Sessions im E-Zee Hire kam der Lieblingsfotograf der Band vorbei, ein Typ namens Robert Ellis. Atlantic hatte ihn gebeten, ein paar Promofotos für das neue Album zu machen.

Es fühlte sich an, als wären Monate vergangen, aber tatsächlich war es erst der 4. April. Kaum eine Woche nach meiner Ankunft in London, gerade mal drei Tage nach der Presseerklärung zu meiner Verpflichtung als neuer Sänger.

Da Phil nicht aufzutreiben war, machten wir ohne ihn ein paar Bilder. Malcolm setzte sich auf Phils Drumhocker, sodass wir ein klassisches Bandfoto schießen konnten. Auf einem anderen Bild hocke ich in dem T-Shirt mit der 22 und dem Notizblock in der Hand auf dem Schlagzeugpodest. Als Phil dann endlich aufkreuzte, gingen wir raus und machten ein paar Fotos vor einer Mauer.

Das Shooting war kaum vorbei, als Peter mit enttäuschenden Neuigkeiten zu uns kam: Die Polar Studios in Stockholm waren nicht mehr verfügbar. ABBA hatten sich dort eingebucht.

»Okay, und wohin gehen wir dann?«, fragte Malcolm.

»Compass Point«, antwortete Peter schulterzuckend. Die anderen quittierten den Vorschlag mit einem Nicken und gingen wieder an die Arbeit.

Ich wartete einen Moment, weil ich mir vor den Jungs nicht die Blöße geben wollte, und nahm Peter dann beiseite.

»Sag mal, wo sind diese Compass Point Studios eigentlich?«, fragte ich ihn. Meine Expertise in Bezug auf die Working Men's Clubs im Nordosten war zwar nicht zu toppen, aber was die teuersten und entlegensten Aufnahmestudios anging, war ich komplett ahnungslos.

Peter sah mich mit ernstem Blick an. »Tut mir leid, dass ich schon wieder schlechte Nachrichten überbringen muss, Brian«, sagte er. Dann grinste er und sprach: »Aber wie es aussieht, werden wir deinen Hintern auf die Bahamas verfrachten.«

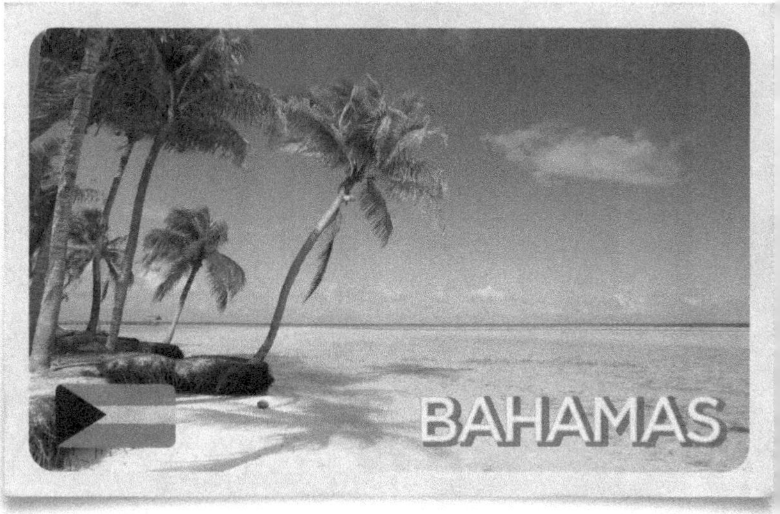
BAHAMAS

21

Willkommen im Paradies

Ich hatte noch nicht mal eine Woche in meinem neuen Job auf dem Tacho und wurde schon auf eine tropische Insel in der Karibik geflogen. Daran könnte ich mich gewöhnen, dachte ich.

Wahrscheinlich sollte ich erklären, dass die Compass Point Studios 1980 nicht mal ansatzweise so berühmt waren, wie sie es später werden sollten. Das Studio war erst drei Jahre zuvor von Chris Blackwell gebaut worden. Er wollte einen Ort schaffen, an dem Musiker seines Labels Island Records wie Bob Marley ohne die Ablenkungen einer Großstadt in Ruhe arbeiten konnten.

Wie wir kurz vor der Ankunft erfuhren, mussten wir uns einen Teil des Studios mit einer Band aus New York namens Talking Heads teilen.

Zwei Wochen zuvor hatte ich noch in den Working-Class-Clubs von Newcastle gesungen – jetzt flog ich zu einem Aufnahmestudio, in dem kurz zuvor erst die Rolling Stones gearbeitet hatten. Es fühlte sich surreal an. In gewisser Weise war es das auch, denn ich musste erst noch beweisen, dass Angus, Malcolm und die Jungs mit meiner Rekrutierung keinen Fehler gemacht hatten.

Eine Sache hatte sich allerdings nicht geändert: Wir saßen immer noch ganz hinten im Flugzeug, genau wie Geordie bei ihrem Australien-Trip Jahre zuvor.

Es war eigenartig, zum ersten Mal quasi rund um die Uhr mit der Band zusammen zu sein. Peter brach aber gleich am Anfang das Eis, indem er einen Stapel Sony-Walkmans – und zwar die Deluxe-Variante mit extra Ledertasche – an uns verteilte. Es fühlte sich an wie Weihnachten. Walkmans waren erst seit einem Jahr auf dem Markt und nicht zuletzt für mich noch ein Stück weit Science-Fiction. Als ich den Kopfhörer aufsetzte und die Wiedergabetaste drückte, war es fast schon eine Offenbarung – eine Tonqualität, die ich so noch nie gehört hatte. Die Jungs hatten ein Tape mit einem weiteren Riff für das neue Album dabei, sodass ich einen Teil der folgenden sechs Stunden damit verbrachte, mir zu überlegen, was ich wohl dazu singen könnte. Nebenbei kippte ich so viele Biere runter, wie die Stewardessen mir brachten.

Ich war fest davon ausgegangen, während des sechseinhalbtausend Kilometer langen Flugs nicht eine Minute die Augen schließen zu können. Doch dann tat der Alkohol seine Wirkung, und ich dämmerte einfach weg.

Als wir landeten, war es immer noch Tag. Ich schaute aus dem Fenster und sah Palmen und strahlend blaues Wasser. Es war das Paradies.

Bereits fünf Minuten nach unserer Landung hatten wir jedoch amtlichen Ärger am Hals.

Den Leuten vom Zoll genügte ein Blick auf unsere langen Haare und dreckigen Jeans, um zu wissen, dass sie uns nicht auf ihrer Insel haben wollten. Sie nahmen Malcolm und Angus beiseite und befragten die beiden, was sie denn wohl in ihren Gitarrenkoffern ins Land brachten. Es war das klassische Machtspielchen, das Uniformierte überall auf der Welt spielten. Was die Jungs vom Zoll jedoch nicht wussten: Malcolm und Angus waren auch sehr gut in diesem Spiel. Wenn sie es drauf anlegten, konnten sie so einschüchternd sein wie niemand sonst. Es entwickelte sich eine Art Pattsituation, in der keiner nachgeben wollte, und das dauerte. Irgendwann hatte der verantwortliche Zöllner genug und erklärte unser gesamtes Equipment für beschlagnahmt.

Und das war's dann. Der Zoll behielt unser Zeug, Malcolm und Angus wurden zur weiteren Befragung weggeschleppt. Es dauerte Stunden. Irgendwann kamen die beiden wieder auf freien Fuß, aber die Instrumente, darunter auch die Gretsch von Malcolm und die Gibson von Angus, wurden einbehalten. Dabei brauchten wir die Gitarren, um mit der Arbeit an unserem Album zu beginnen.

»Mach dir keinen Kopf, Brian«, sagte Peter. »So läuft das nun mal.«

Er erklärte mir, dass Malcolm und Angus niemandem vertrauten, der eine Uniform trug. Beim ersten Anzeichen von Ärger fuhren sie sofort ihre Schutzschilde hoch und leisteten erbitterten Widerstand. Wenn sie das Gefühl hatten, schikaniert zu werden, sahen sie Rot und gaben keinen Millimeter nach.

Was meinen eigenen Koffer anging, war die Sache einfach. Die Zöllner beschlagnahmten ihn nicht, denn ich hatte gar keinen. Ich schleppte nur eine Tragetasche mit mir rum, in der sich zwei Paar Socken, drei Unterhosen, ein Paar Jeans, eine Denimjacke, drei T-Shirts (darunter das mit der Nummer 22) und eine Schiebermütze befanden.[26] Das war alles, was ich besaß.

---

26 Dieses Shirt mit der 22 hätte eigentlich posthum einen Orden für heldenhaften Einsatz im Gefecht verdient. Ich trug es auf den Bahamas wirklich jeden Tag und hatte es außerdem in allen sechs Promovideos für das Album an. (Die Videos wurden nach unserer Rückkehr an nur einem Nachmittag in Belgien aufgenommen und liefen anschließend zwanzig Jahre lang auf MTV.) Traurigerweise musste ich das Shirt Ende 1980 als vermisst melden. Die nächsten Angehörigen des armen Dings wurden informiert.

Wir kamen in einem Gästehaus unter, das sich direkt an der Grenze zwischen Dschungel und Strand befand – und wenn ich »Strand« sage, dann meine ich keinen Strand wie den von Whitley Bay in Newcastle oder vielleicht den Bondi Beach in Sydney. Nein, dieser Strand auf den Bahamas war ein Strand, wie er sein muss, ein Robinson-Crusoe-Strand, mit pulverfeinem weißem Sand, im Wind schaukelnden Palmen und makellos aquamarinblauem Wasser. Das Gästehaus hingegen war so schlicht, wie man es sich nur vorstellen kann.

Obwohl das Studio keine hundertfünfzig Meter von unserer Unterkunft entfernt lag, empfahl uns die Vermieterin, eine sehr korpulente und sehr strenge Dame, für den Hin- und Rückweg unseren Mietwagen zu benutzen oder auf die 50-ccm-Mopeds des Studios zu hüpfen.

Falls wir unbedingt zu Fuß gehen wollten, dann bitte nur in der Gruppe und niemals nach Einbruch der Dunkelheit. Wir hatten den Verdacht, dass die Frau etwas zu fürsorglich war. Sehr wahrscheinlich sogar auf Order unseres Labels Atlantic Records, wo man natürlich nicht wollte, dass wir durch die Gegend spazierten und uns ablenken ließen. Wir fanden jedoch bald heraus, dass die Frau allen Grund für ihre Mahnungen zur Vorsicht hatte.

Die Bahamas waren damals ein verdammt heißes Pflaster. An der Küste wurden jede Menge Schiffe gestohlen, um Drogen transportieren zu können. Bewaffnete Raubüberfälle und Einbrüche waren an der Tagesordnung. Zu den Opfern zählte auch Robert Palmer, der damals gegenüber vom Studio wohnte.[27] Während er eines Abends an Aufnahmen arbeitete, drangen mehrere Männer in sein Haus ein, erschossen seinen Hund und bedrohten

27 Das war sechs Jahre vor »Addicted to Love«.

seine Eltern mit vorgehaltener Waffe – ein Ereignis, das die gesamte Belegschaft von Compass Point tief schockierte.

Unsere Vermieterin wollte kein Risiko eingehen. Noch bevor sie uns die Zimmer zeigte, drückte sie jedem eine Harpune in die Hand. Die Geräte waren jedoch nicht zum Fischen gedacht, wie sie uns erklärte, sondern um Einbrecher in die Flucht zu schlagen. Etwas später kam ein Bursche zu uns, der Macheten aushändigte – nur für den Fall, dass das Schießgerät sein Ziel verfehlen sollte. Ich deponierte die Harpune neben der Tür und die Machete unter meinem Bett und fürchtete während meines gesamten Aufenthalts, dass ich sie irgendwann tatsächlich einsetzen müsste.

Was mein Zimmer anging … Nun ja, eigentlich war es gar kein Zimmer. Eher eine kleine Hütte von höchstens vier mal vier Metern, mit einem Einzelbett, einem Handwaschbecken, einem kleinen Schreibtisch und einer Toilette.

Keine Klimaanlage, kein Fernseher. Natürlich nicht.

Es war so heiß und so feucht, dass ich nicht wusste, wie ich die Zeit auf der Insel überstehen sollte. Kurze Hosen hatte ich nicht mitgenommen, eine Badehose schon gar nicht. Die einzigen Shorts, die ich besaß, gehörten zu meinem Fußballoutfit, und das lag daheim in Newcastle.

Und so trug ich einfach Jeans, wie alle anderen in der Band auch.

In den ersten fünf Tagen konnten wir nur sehr wenig tun, weil unser Equipment beim Zoll lag. Wir bauten Phils Schlagzeug auf, aber das war's. Planlos lief ich auf der Suche nach Abwechslung in dem Studiokomplex umher und fand am Ende einen Billard- und einen Kickertisch im Gemeinschaftsbereich. Gerade als ich ein paar Jungs zum Spielen überredet hatte, tauchten die Talking Heads auf, die sich eine Pause gönnten.

Sehr gut, dachte ich, neue Leute zum Quatschen. David Byrne war einigermaßen verwirrt von meiner Angewohnheit, eine Münze auf die Bande des Pooltischs zu legen, um anzuzeigen, dass ich als Nächstes spielen wollte. Ich glaube, ich erklärte ihm diese Grundregel der Pub-Etikette fünf- oder sechsmal, aber er starrte mich nur an, als spräche ich eine andere Sprache. In seinen Ohren mag es durchaus auch so geklungen haben.

Mit Tina Weymouth und ihrem Mann Chris Frantz – Bassistin und Drummer der Talking Heads – kamen wir am Ende ziemlich gut aus. Die beiden sprangen später sogar bei einer unserer Sessions kurzzeitig für Phil und Cliff ein, als sie mal auf einer Dschungelexpedition verschwanden.

Während wir weiter auf unser Equipment warteten, musste Malcolm eines Morgens feststellen, dass man ihm sein Geld gestohlen hatte. Die Polizei wurde alarmiert, und es fanden Ermittlungen statt, an deren Ende unsere Vermieterin und unser Tourmanager Ian Jeffery mit Harpunen bewaffnet zum Strand gingen. Der Schuldige wurde nie gefunden, was wahrscheinlich auch gut so war, denn bei einer Auseinandersetzung mit den lokalen Ganoven hätten die beiden sicher keine Chance gehabt.

Als wir schon glaubten, unser Equipment würde niemals wieder auftauchen, bekamen wir Besuch von Musikerkollege Keith Emerson, der uns zu einem Angelausflug einlud. Keith war super. Er hatte dieses unglaublich coole Speedboot mit eingebautem Kassettenplayer, ein meiner Meinung nach wirklich geniales Gimmick.

Am Ende fing Cliff sogar einen stattlichen Thunfisch. Das sorgte für große Begeisterung, bis irgendwann klar wurde, dass niemand von uns auch nur ansatzweise wusste, wie man das verdammte Ding zubereitet. Den einzigen Thunfisch, den wir je in unserem Leben gesehen hatten, war der aus der Dose.

Cliff zerlegte den Brocken dann in handliche Steaks, jedes gut acht Zentimeter dick, und verstaute sie im Kühlschrank des Gästehauses. Nachts gab es allerdings einen Stromausfall mit desaströsen Folgen. Als wir am nächsten Morgen in die Küche kamen, sah der Bereich um den Kühlschrank aus wie der Schauplatz eines Gewaltverbrechens. Wegen der Hitze und der hohen Luftfeuchtigkeit hatte sich der stromlose Kühlschrank in einen Backofen verwandelt und die Thunfischsteaks zerfließen lassen. Dabei war das Blut aus dem Kühlschrank auf den Linoleumboden gelaufen. Die Küche und die angrenzenden Zimmer stanken so bestialisch wie ein Furz mit überschrittenem Verfallsdatum. Am Ende musste die Vermieterin die Sauerei beseitigen und die Räume ausgasen. Wir verzogen uns in wohlriechendere Gefilde, wo wir zu unserer großen Erleichterung erfuhren, dass der Zoll unser Equipment freigegeben hatte.

Endlich konnten wir mit der Arbeit beginnen.

Ich brannte darauf, loszulegen.

An dieser Stelle sollte ich ein paar Worte über den Mann verlieren, den die Band als Produzenten für das Album angeheuert hatte: Mutt Lange, der bei den Aufnahmen mit dem Toningenieur Tony Platt zusammenarbeitete. Ich hatte beide während der Sessions im E-Zee Hire getroffen, aber für mich waren sie nur zwei von vielen, vielen neuen Gesichtern gewesen.

Damals war Mutt noch nicht der renommierte Produzent, der er irgendwann einmal werden sollte. Geboren in Nordrhodesien, dem heutigen Sambia, und aufgewachsen in Südafrika hatte er später in verschiedenen Bands in und um Johannesburg gespielt. Er kannte sich also bestens aus. Die Plattenfirma merkte irgendwann, dass er auch ein unfassbar guter Produzent war, und arrangierte die Zusammenarbeit mit AC/DC für das Album

Highway to Hell. Die Jungs liebten das Ergebnis, der Rest ist Geschichte.

Auf den Bahamas fiel mir als Erstes Mutts sagenhafte Arbeitsmoral auf. Außerdem schien er ähnlich wie Malcolm mit einem übermenschlichen Gehör gesegnet zu sein.

Als wir uns einmal während einer Session eine gerade eingespielte Aufnahme anhörten, sagte Malcolm: »Was ist das für ein Geräusch?« Keiner von uns wusste, was er meinte. Selbst als wir das Stück weitere drei oder vier Male angehört hatten, fiel uns nichts auf. Aber dann kam Mutt dazu und hörte sofort das störende Geräusch heraus. Wir drehten nacheinander die einzelnen Aufnahmespuren runter – Bass, Gesang, Gitarre, Drums – und konnten auf diese Weise den Fehler ausfindig machen. Auf einer der Schlagzeugspuren konnte man ein Klappern hören, das wie ein paar Kastagnetten klang. Blieb die Frage, wodurch es verursacht wurde. Wir durchsuchten das gesamte Studio, stellten alles auf den Kopf und fanden schließlich heraus, dass der Störenfried eine Krabbe war. Sie war vom Strand ins Studio gewandert und hockte nun in einer Ecke, wo sie mit den Scheren klapperte. Eins der Schlagzeugmikros hatte das aufgenommen. Wie Malcolm und Mutt dieses Geräusch hinter der Gitarrenwand von Angus hatten hören können, ist mir noch heute unbegreiflich.

Ich konnte allerdings nur wenige erste Eindrücke von Mutt sammeln. Denn schon am Morgen, nachdem wir unser Equipment endlich wieder zurückhatten, kam Malcolm in mein Zimmer. Er stellte mir eine Frage, die es mir unmöglich machte, mich auf irgendetwas anderes zu konzentrieren.

»Hey, Brian«, sagte er. »Wie läuft es mit dem Text, den du gerade schreibst?«

»Oh, ziemlich gut eigentlich … Glaube ich zumindest«, sagte ich und dachte an die Zeilen »She was a fast machine, she kept her motor clean«, aus denen mittlerweile fast schon ein ganzer Song entstanden war.

»Toll«, sagte Malcolm. »Dann kannst du vielleicht gleich weitermachen und Texte für den Rest des Albums schreiben.«

Einen Moment lang dachte ich, er würde scherzen.

Aber nein – es war sein voller Ernst.

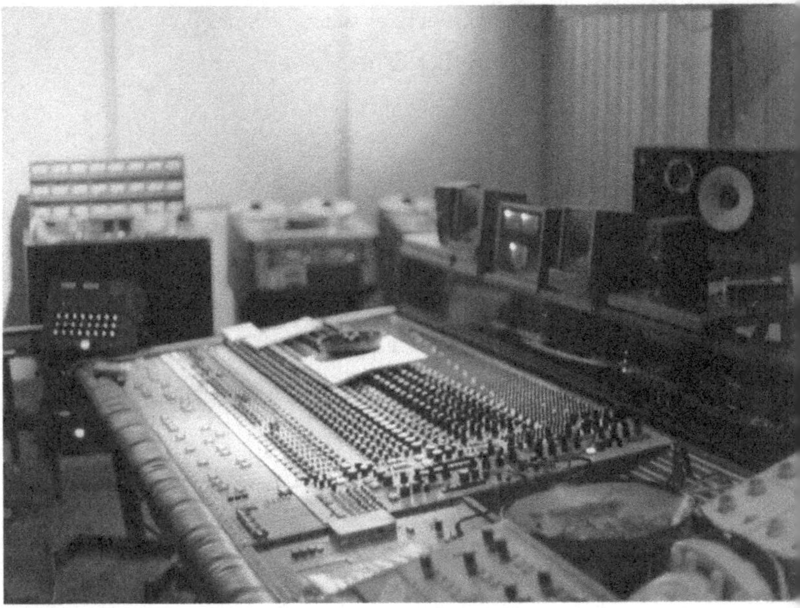

22

Rollender Donner

Es dauerte nicht lange, bis wir eine Art Fertigungsstraße für das Album etabliert hatten.

Für gewöhnlich wählten Malcolm und Angus abends ein Riff aus, an dem sie am nächsten Tag arbeiten wollten, und gaben mir eine Kassette mit einer Aufnahme der Gitarren. Der Songtitel war immer schon mit Bleistift auf die Tapes geschrieben. Ich hatte noch den Walkman aus dem Flieger und hörte die Kassette dann in Endlosschleife, um Textideen zu notieren, die der Musik gerecht werden könnten. An manchen Tagen war auf dem Tape nur ein Drumbeat zu hören, über den sich hier und da Gitarrenfragmente von Malcolm legten. »Pass auf, Jonna, dieser Track ist noch nicht so richtig fertig«, sagte Malcolm dann. »Aber schau doch schon mal, ob dir dazu ein Text einfällt.« Oft saßen wir dann noch kurz zusammen und zählten die Takte aus, damit er mir sagen konnte, an welcher Stelle seiner Meinung nach der Gesang einsetzen sollte. Von da an war ich auf mich allein gestellt. Ich schloss mich in meinem Schuhkarton ein, hockte mich aufs Bett, schrieb und grübelte.

Wahrscheinlich ist das jetzt eine gute Gelegenheit, um mit den Gerüchten um die Entstehung der Lyrics von *Back in Black* aufzuräumen. Es gibt jede Menge wilde Theorien zu diesem Thema –

meist in die Welt gesetzt von Leuten, die gar nicht dabei waren, aber trotzdem zu wissen glauben, wie es abgelaufen ist. Unter ihnen auch ein Journalist aus Australien, der behauptete, Bon habe den Großteil der Texte des Albums bereits vor seinem Tod in sein Notizbuch geschrieben. Stimmt nicht. *Ich* war derjenige, der den Stift führte. Jeden Abend und jeden Morgen, mit dem Songtitel als einziger Orientierung. So und nicht anders ist es gelaufen. Das ist die Wahrheit, und ich hoffe, das Thema ist damit ein für alle Mal erledigt.

Ähnlich wie bei meiner ersten Audition gab es auf den Bahamas trotzdem einige Momente, in denen ich das Gefühl hatte, Bon würde über mich wachen. Als ich die Lyrics zu »You Shook Me All Night Long« fertig hatte, das weiß ich noch genau, schaute ich instinktiv nach oben und sagte: »Danke, Mate.« Ich kann es nicht richtig erklären. In diesem Sinne hatte Bon einen unheimlich großen Einfluss auf das Album. Wir alle spürten seine Präsenz.

Meist ging ich dann gegen elf Uhr am Vormittag mit dem Ergebnis meiner Arbeit ins Studio und sagte: »Okay, Mutt, ich glaube, ich hab's.« Der Druck war groß, sicher. Aber es war auch eine aufregende und sehr intensive Erfahrung. Anfangs hatte ich immer einen wahren Wortsalat im Kopf und mochte noch gar nicht daran denken, dass ich später am Tag den Gesang aufnehmen musste. In der Regel machte Mutt Kopien von meinem Text und gab eine davon Tony. Anschließend hörten wir uns das Riff an, und ich sang die Zeilen zur Musik. Hin und wieder stellte er mir dabei Fragen. »Was meinst du damit?« Oder: »Was bedeutet das hier?«

Nach meinen Erklärungen notierte er sich für gewöhnlich ein paar Worte am Rand des Textes, und das war's dann auch schon. Der Song stand.

Im Rückblick muss ich immer wieder darüber schmunzeln, wie unmittelbar das alles war. Jedes Wort und jede Zeile auf diesem Album wurde mit einer sehr knappen Deadline geschrieben: Am nächsten Morgen musste der Text stehen. Es gab keine Zeit für große Grübeleien und Korrekturen. Es musste einfach durchgezogen werden. Mit Songs wie »Have a Drink on Me« war das auch kein Problem. Das fühlte sich einfach gut an und floss wie von selbst, die Riffs, die Melodien, die Worte. »Whisky, gin and brandy, with a glass I'm pretty handy, oh I'm tryin' to walk a straight line, on sour mash and cheap wine …«

Gut möglich, dass der Druck mit einem anderen Produzenten zu groß gewesen wäre. Aber Mutt war ein Gentleman. Ich hatte bei ihm sofort das Gefühl, dass es okay war, auch Fehler zu machen. Dass ich Risiken eingehen konnte und er mir helfen würde, es hinzubekommen. Er ist eins dieser seltenen Gewächse im Musikbusiness, eine Person, der man sofort vertrauen kann. Ohne ihn wäre das Album nicht das, was es ist.

Während ich meine Lyrics mit Mutt besprach, kamen für gewöhnlich die Jungs mit ihren Gitarren rein. Sie gingen ein paar Riffs durch und tranken eine Tasse Tee, bis Mutt mir dann irgendwann sagte, ich solle verschwinden. »Zieh ab, Brian«, sagte er. »Ich will, dass du nachher frisch bist. Nach dem Mittag bist du dran, so gegen halb drei. Geht das in Ordnung? Ich brauche dich bis halb fünf, maximal bis fünf.«

Das waren natürlich sehr luxuriöse Arbeitszeiten für mich. Schließlich war ich es gewohnt, von Sonnenaufgang bis spät abends zu schuften und danach noch einen oder manchmal sogar zwei Gigs zu spielen. Außerdem war es heiß, die Sonne schien die ganze Zeit, der Strand und das Meer lockten – es fühlte sich fast wie Urlaub an. Irgendwann kaufte ich mir sogar eine Badehose.

»Aber ich kann noch!«, protestierte ich oft am Ende der Sessions.

»Nein, Brian«, antwortete Mutt dann streng mit seinem unverwechselbaren rhodesischen Akzent. »Für heute sind wir durch.«

Wenn wir den Gesang aufnahmen, war der Regieraum stets leer. Eigentlich war dann das gesamte Studio leer. Mutt schickte alle weg, damit es während meiner Sessions keinerlei Ablenkungen gab. Natürlich war Tony Platt anwesend, außerdem Benji Armbrister, der zweite Toningenieur. Benji hatte einen großen Anteil an der Entstehung dieses Albums, da er die gesamte Zeit über vor Ort war. Alle mochten ihn, und wenn es ein Problem gab, egal welches, konnte er meist helfen. Er war dafür verantwortlich, dass die Maschine lief. Benji wirkte die meiste Zeit über sehr ernst, aber er hatte ein umwerfendes Lächeln, und wenn er es mal auspackte, steckte er alle damit an. Außerdem war er der unangefochtene Champion am Kickertisch der Compass Point Studios.

Auch Tony war ein unbesungener Held. Ein eher zurückhaltender Mann, der in sich ruhte – ein hervorragender Resonanzboden für Mutt. Ich meine, Mutt fällte zwar stets seine eigenen Entscheidungen, hörte aber immer auf das, was Tony zu sagen hatte. Und wenn wir gerade mal nicht im Studio arbeiteten, war Tony ein toller Gesprächspartner und Saufkumpan.

Normalerweise gibt es beim Aufnehmen eines brandneuen Songs eine Pilotspur mit einer Basisversion der Vocals, damit der Sänger schon mal die Struktur hat und sich orientieren kann. Für die Songs auf *Back in Black* gab es das jedoch nicht – dafür hatten wir einfach nicht die Zeit. Ich musste mit den blanken Instrumentaltracks arbeiten, welche die Jungs in der Session zwischen elf und halb drei aufgenommen hatten. Was die Melodien anging, so musste ich mir einfach etwas einfallen lassen, das auf Anhieb funktionierte. Kurioserweise fiel mir das sehr leicht. Ich hatte den Text ja bereits geschrieben und wusste ungefähr, wie ich singen wollte, sodass sich alles ganz natürlich entwickelte. Ich machte mir nicht allzu viele Gedanken vor den Sessions, sondern ging einfach ins Studio, schrie ein bisschen herum, um mich locker zu machen – und nahm dann den Song auf.

Malcolm und Angus hatten meist schon eine ungefähre Vorstellung davon, wie der Refrain gesungen werden sollte. Wir probierten es einfach direkt im Aufnahmeraum – und es passte jedes Mal perfekt.

Wenn ich sang, trug ich Kopfhörer und stand hinter einem Aufnahmeschirm. Damals war die Technik noch nicht gut genug, um so aufzunehmen, wie ich heute aufnehme: ohne Kopfhörer, direkt im Regieraum. Außerdem wurden beim Einsingen weder Hall noch andere Effekte benutzt, sodass alles sehr trocken klang. Mutt mochte es, auf diese Weise aufzunehmen. Für mich war es allerdings etwas nervenaufreibend, weil blanke Vocals ziemlich leblos klingen können. Umso schöner war die Überraschung, als ich später den Gesang mit Effekten im Mix hörte.

Während der ersten Sessions ermutigte Mutt mich immer wieder, höher zu singen. Ich hatte ehrlich gesagt keine Ahnung gehabt, dass ich überhaupt zu derartigen Tönen fähig war. Ich dachte, das sei unmöglich. Doch Mutt hatte ein Händchen dafür, das Unmögliche möglich zu machen. Als er mich dann so weit hatte, fühlte es sich an, als hätte man mich aus einer Zwangsjacke befreit. Ich dachte nur: Heilige Scheiße, das macht *Spaß*! Von diesem Moment an wollte ich nicht mehr anders singen.

»Shake a Leg« war der schwierigste Track für mich.

Teilweise hatte es mit Mutts unermüdlichem Bestreben zu tun, diese hohen Töne aus mir rauszukriegen. Aber auch das Timing war verdammt knifflig. Ich setzte immer wieder zu früh ein. Am Ende probierten wir es ohne Musik. Mutt klopfte zur Orientierung den Beat einfach mit den Händen. Die Vocals, die auf der Platte zu hören sind, wurden aus zwei verschiedenen Takes zusammengeschnitten.

»Shoot to Thrill« war ebenfalls eine harte Nuss. Zwischen den Strophen gibt es einfach keinerlei Verschnaufpause, eigentlich bräuchte man eine zweite Lunge dafür. Später meinte Joe Elliott von Def Leppard – die mit Mutt *Pyromania* aufnahmen –, dass es Songs gebe, die man zwar im Studio zusammenschrauben könne, die man aber für die Tour zum Album noch einmal komplett neu lernen müsse. »Shake a Leg« und »Shoot to Thrill« fielen definitiv in diese Kategorie.

Bei den Aufnahmen war Mutt derart fokussiert auf seine Tätigkeit, dass sein Feedback minimal ausfiel.

Manchmal sagte er nach einem Take nicht viel mehr als: »Das war gut, Brian.«

»Soll ich's noch mal versuchen?«, fragte ich dann meist, denn ich hatte keine Ahnung, wo genau »gut« auf einer Skala von scheiße bis hervorragend anzusiedeln war.

»Nein«, erwiderte Mutt, was nicht viel mehr Licht ins Dunkel brachte. »Ich hab, was ich brauche … Danke.«

Wenn ich dann gegen fünf Uhr nachmittags das Studio verließ, kamen die Jungs wieder rein und arbeiteten noch mal bis um sieben. Anschließend gab es Dinner für alle im Gästehaus, zubereitet von unserer Vermieterin. Ich genoss jede Minute auf den Bahamas, aber an diese gemeinsamen Abendessen erinnere ich mich besonders gern. Wir bekamen jeden Tag exotische Speisen kredenzt, frittierte Kochbananen, Ziegencurry mit Kokos, jeden erdenklichen Fisch und alle tropischen Früchte, die man sich nur vorstellen kann. Einfach das frischste und leckerste Essen überhaupt.

Nach dem Dinner bat Mutt eigentlich immer einen oder mehrere von uns noch mal ins Studio, um eine weitere Stunde an den Songs zu arbeiten. Meistens war es Angus, der noch ein Solo einspielen sollte.

Wir konnten das Studio vom Gästehaus aus sehen – nachts war es hell erleuchtet, eine strahlende Oase der Sicherheit –, trotzdem fuhren alle bereitwillig mit dem Auto hinüber. Wir hatten nicht nur vor den Drogengangs Respekt, auch die Flora und Fauna machte uns ein wenig nervös. Eines Abends, ich saß gerade auf den Boden des einzigen Zimmers mit Fernseher und glotzte TV, bemerkte ich aus dem Augenwinkel ein kleines krabbelndes Etwas an meinem Bein. Ich erstarrte. In meiner Panik hielt ich das Krabbelviech für eine Vogelspinne. Als es mir über das Knie kroch, schnipste ich es mit den Fingern weg und erkannte bei genauerem Hinsehen, dass es nur eine kleine Krabbe war. Sicher, sie hätte mich kneifen können, aber gestorben wäre ich davon nicht. Ich hatte trotzdem die Hosen voll. Eines Abends wurde Mutt von einem Tausendfüßler gebissen, was offensichtlich mehr wehtut, als man denkt.

Niemand von uns beklagte sich über die langen Arbeitszeiten. Wir alle wussten, was wir zu tun hatten und was auf dem Spiel stand. Obwohl Mutt einem strikten Zeitplan folgte – wir bekamen nicht ein Wochenende auf der Insel frei –, hatte ich nie das Gefühl, dass es hektisch wurde. Mutt und Tony arbeiteten stets länger als alle anderen und waren immer die Letzten, die das Studio verließen.

Oft schlich ich mich abends noch mal zu ihnen, hockte mich still und leise in eine Ecke des Regieraums und hörte und schaute einfach zu. Auf diese Weise fühlte ich mich als Teil des Ganzen. An einem dieser Abende kamen Malcolm und Mutt auf die Idee, die Gitarrenbox von Angus umzudrehen, sodass sie zur Wand im Flur zeigte. Dieser einfache Trick war für den epischen Sound des Albums mitverantwortlich. So simpel … aber *so* effektiv.

Im Lauf der Jahre habe ich viele Geschichten von Bands gehört, die im Studio ständig Besuch bekamen. Oft gab es dann hitzige Argumente, wenn die Besucher ihre Meinung zu allem Möglichen äußerten. Bei Mutt passierte nichts dergleichen. Er hörte natürlich immer auf Malcolm und Angus, denn die zwei wussten genau, was sie wollten, und am Ende galt es, ihre Vision umzusetzen. Im Studio hatte er aber das Sagen. Alle respektierten ihn.

Besonders seltsam war es für mich bei diesen abendlichen Sessions immer, wenn meine eigene Stimme aus den Lautsprechern kam. Oft sah ich dann zu Mutt, Malcolm und Angus rüber, die komplett in das versunken waren, was sie da hörten.

Die Aufmerksamkeit fürs Detail, das Maß an Konzentration, mit dem die drei über Stunden arbeiteten, war nicht von dieser Welt. Sie waren aus demselben Holz geschnitzt. Kein Wunder, dass sie so gut miteinander auskamen.

Nach zwei Wochen auf den Bahamas ging mir die kreative Puste aus.

Es hörte einfach nicht auf. Kaum hatte ich einen Text fertig, kam schon wieder das nächste Riff, der nächste Songtitel. Und wieder hieß es: »Leg los, Brian.«

Eines Morgens merkte ich, dass nur noch heiße Luft in meinem Kopf war. Gleichzeitig hatte sich das Wetter verschlechtert.

Plötzlich fegte ein starker Wind vom Ozean landeinwärts, und schwarze Wolken verdunkelten den Himmel.

An jenem Morgen muss ich spät dran gewesen sein, denn ich erinnere mich noch, dass Mutt zu meinem Zimmer im Gästehaus kam, obwohl ich sonst immer direkt zu ihm ins Studio ging. Als ich die Tür öffnete und er mein Gesicht sah, wusste er sofort, dass irgendetwas nicht stimmte.

»Was ist los, Brian?«, fragte er mich noch auf der Schwelle.

»Ich schwimme gerade ein bisschen, Mutt«, sagte ich.

»Geben wir dir zu viel Material?«

»Ich glaube, ich hab einfach eine kleine Schreibblockade. Wird schon wieder vorbeigehen.«

Mutt dachte einen Moment lang nach. »Steckst du bei einer konkreten Sache fest?«, fragte er.

»Na ja, das Riff, das Malcolm mir gerade gegeben hat …«, sagte ich. »Es heißt ›Hells Bells‹ …« Ich erzählte Mutt nicht, dass es bei uns zu Hause in Dunston den Ausdruck *Hell's bells and buckets of shit* gab, der im Grunde einfach nur *Verdammte Kacke!* bedeutete. Gut möglich, dass mich das durcheinandergebracht hatte.

In diesem Moment hörten wir ein explosionsartiges Geräusch aus der Ferne, das wie der Auftakt einer Seeschlacht klang – laut genug, um das gesamte Gästehaus beben zu lassen.

»Rollender Donner«, sagte Mutt, der sich durch seine Kindheit in Südafrika mit Tropenstürmen auskannte. Ich hatte den Ausdruck noch nie zuvor gehört, aber Mutt sah sofort das Glänzen in meinen Augen. »Na bitte«, sagte er. »Da hast du deine erste Zeile …«

Wie auf Kommando öffneten sich in diesem Moment die Himmelsschleusen, und es begann zu schütten, wie ich es noch nie erlebt hatte.

»Strömender Regen«, sagte ich.

»Und hör dir mal diesen Wind an …«, meinte Mutt.

»Wie ein Hurrikan!«, erwiderte ich.

Möglich, dass unser Gespräch nicht *genau* so verlaufen ist, aber ungefähr so war es. Plötzlich grinsten wir uns an, denn wir wussten, dass wir dank unseres kleinen Wetterberichts die ersten zwei Zeilen von »Hells Bells« im Sack hatten. Als dann ein Blitz über den Himmel zuckte – was ich in der dritten Zeile verarbeitete –, musste ich sofort an Bon denken, die Inspiration für das gesamte Album. Plötzlich glitt mein Stift über das Papier. »You're only young, but you're going to die«, schrieb ich.

Wenige Stunden später war der Text zu »Hells Bells« fertig. Da der Sturm aber zu diesem Zeitpunkt direkt über uns tobte und deshalb der Strom ausfiel, konnten wir den Song nicht gleich aufnehmen.

Trotzdem war er eine Art Wendepunkt für uns – der Moment, in dem alle Zahnräder ineinandergriffen. Nachdem der Strom wieder eingeschaltet und der Gesang aufgenommen war, kamen Malcolm, Angus und Mutt auf eine geniale Idee. »Hells Bells« sollte mit einem Glockenläuten beginnen und das Album eröffnen. Aus diesem Einfall entwickelte sich das weitaus abstrusere Vorhaben, eine britische Gießerei mit der Herstellung einer echten Bronzeglocke zu beauftragen. Das Ding sollte eine Tonne schwer sein und mit dem Namen der Band versehen werden. Dieses Ungetüm würden wir dann mit auf Tour nehmen, und meine Wenigkeit sollte es jeden Abend mit einem mythischen Vorschlaghammer läuten.

»Ja, Jungs, wirklich tolle Idee. Super«, sagte ich, als sie mir ihren Plan präsentierten. Ich dachte nicht eine Sekunde daran, dass sie es ernst meinen könnten.

Ein paar Tage nachdem »Hells Bells« im Kasten war, trafen freudige Nachrichten aus England ein. Malcolms Frau O'Linda hatte ein Baby zur Welt gebracht, ein Mädchen namens Cara. Um das Ereignis zu feiern, veranstalteten wir im Studio eine große Party. Zu diesem Zeitpunkt vermissten wir alle unsere Familien bereits unheimlich. Auch ich konnte nicht anders, als dauernd an Joanne und Kala zu denken. Ich wollte nichts sehnlicher, als die beiden in die Arme zu schließen. Nie zuvor in meinem Leben, noch nicht mal während meiner Zeit mit Geordie, war ich länger von den Girls getrennt gewesen als bei diesen Aufnahmen. Man muss bedenken, dass man damals nicht einfach zum Telefonhörer greifen konnte. Ferngespräche mussten vorab angemeldet werden und kosteten jedes Mal ein kleines Vermögen. Damit blieben nur Briefe und Postkarten, aber das war auch keine gute Alternative, denn die brauchten eine halbe Ewigkeit von den Bahamas nach Newcastle.

Cliff verbrachte an diesem Tag mehrere Stunden mit der Konstruktion eines dreizackigen Joints. Es war eine Riesentüte, ein derart gelungenes Kunstwerk, dass ihm alle davon abrieten, es anzuzünden. Aber er tat es trotzdem. Dann kamen die Toasts, und selbst Angus, der eigentlich keinen Alkohol trinkt, stieß mit uns an. Es dauerte nicht lang, und wir waren mehr als nur ein bisschen angesäuselt.

An diesem Abend zog ich zum ersten Mal in meinem Leben an einem Joint. Eigentlich kaum zu glauben, dass ich mit zweiunddreißig Jahren immer noch Ganja-Jungfer war und noch nie stoned Musik gehört hatte. Ich weiß noch, dass wir irgendwann in den Regieraum gingen, wo Mutt uns einen Roughmix von »You Shook Me« vorspielte. Ich saß nur da und hatte ein riesiges Grinsen im Gesicht. Selbst wenn ich gewollt hätte, ich konnte in diesem Moment nichts anderes tun, als zu feixen. Es tat fast schon weh. Irgendwann bemerkte Malcolm meinen Gesichtskrampf und fragte: »Alles in Ordnung bei dir, Jonna?«

»Das ist einer der besten Rocksongs, die ich je gehört habe«, sagte ich, high wie ein Spaceshuttle.

»Ach ja? Findest du?«, sagte Malcolm und lachte.

»Aye, finde ich. Echt jetzt, Mal … Dieser Song kann sogar ›Get Back‹ von den Beatles das Wasser reichen.«

Und mit diesem Satz endete unser Gespräch – zumindest erzählten mir die Jungs das am nächsten Morgen –, da ich vom Mischpult auf den Boden rutschte und an Ort und Stelle einschlief.

Die Vocals für »Back in Black« waren eine der größten Herausforderungen des gesamten Albums. Nicht nur versuchte ich mich krampfhaft daran zu erinnern, wie ich die ersten beiden Zeilen bei der Audition gesungen hatte, ich musste auch nachlegen und für den Rest des Songs etwas ähnlich Gutes liefern. Glücklicherweise hatte ich zu diesem Zeitpunkt einen derartigen Lauf, dass die Worte nur so aus mir heraussprudelten. Bis zum heutigen Tage bin ich mächtig stolz auf Zeilen wie »I've got nine lives, cat's eyes, abusing every one of them and running wild«. Es hatte schon etwas Magisches, wie sich in diesem Song alles zusammenfügte.

Mutt war anfänglich ein wenig verwirrt, als er sich meinen Text ansah. Verständlich, schließlich liest sich die erste Zeile »Back in black, I hit the sack« wie der Anfang eines Rapsongs – und dabei war an Rock-Rap damals noch nicht mal zu denken. Selbst der klassische Rap steckte noch in den Kinderschuhen. Als ich ihm dann den Rhythmus erklärte, dachte Mutt einen Augenblick nach, zog die Augenbraue in die Höhe und sagte: »Ah, okay, jetzt kapier ich's. Clever.«

Während der Aufnahmesession, die etwas später an diesem Tag stattfand, hatte ich das Gefühl, etwas sei in mich gefahren. Ich habe keine Ahnung, woher diese Energieimpulse kamen, ich weiß es wirklich nicht. Sie brachen förmlich aus mir heraus. Es machte mir fast schon Angst. Es war, als tobe ein Dämon in mir, und ich konnte mir absolut nicht erklären, woher das alles kam. Natürlich wollte Mutt wieder, was er immer wollte. »Meinst du, du könntest das noch ein bisschen höher singen?« Entgeistert glotzte ich ihn an und dachte nur: Höher? Ist das dein verdammter Ernst? Am Ende kitzelte er es aber aus mir heraus – und zwar ohne meine Hoden mit einem Nussknacker zu bearbeiten, wie gerüchteweise behauptet wurde.

Ich glaube, Mutts Geheimnis im Studio ist, dass er dich versteht. Der Kerl kann einfach alles genauso gut spielen und singen wie du.

An den wenigen freien Abenden auf den Bahamas besuchte ich für gewöhnlich das Traveller's Rest – eine Bar am Ende der Straße, die vermutlich heute noch ausschenkt.

Dort wurden exotische Cocktails wie die Bahama Mama (Ananas, Kokosnuss und Rum) angeboten, die kaum nach Alkohol, sondern eher wie Fruchtsäfte schmeckten. Sie waren so lecker, dass wir oft ein paar zu viel davon tranken und am Ende blitzeblau waren. Eines Tages lernte ich in dieser Bar eine Amerikanerin kennen, die behauptete, eine ehemalige Miss Bahamas zu sein. Am Ende des Abends hüpfte ich mit ihr erst in den Ozean und später ins Bett.

Kurz vor Abschluss der Aufnahmen gingen wir alle zusammen zum Essen aus, um unsere Arbeit zu feiern. Nur Malcolm blieb im Studio und arbeitete an dem letzten Song. Als wir zurückkamen, spielte er uns die unsterbliche Gitarrenlinie von »Rock and

Roll Ain't Noise Pollution« vor. Auch dieser Titel war von Bon inspiriert und basierte auf einer Geschichte, die er den Jungs mal erzählt hatte. Bons Vermieter hatte mit ihm wegen der Lautstärke seiner Musik einen Streit angefangen. Der Mann drohte, ihn wegen Lärmbelästigung (noise pollution) bei der Polizei anzuzeigen, denn die ganze Nachbarschaft beschwerte sich schon. Worauf Bon ihm zurief: »Rock and Roll ain't noise pollution!«

Ich konnte anfangs gar nicht glauben, was Malcolm sich in so kurzer Zeit ausgedacht hatte. Das Stück ist einer dieser heimlichen Hits auf dem Album, die nach und nach wachsen und mit jedem Durchgang besser werden.

Fünf Wochen nach unserer Ankunft im Paradies war meine Arbeit getan, und ich musste nach Hause fliegen. So funktionierte es bei diesem Album. Sobald jemand seinen Job erledigt hatte, flog er nach Hause, damit nicht unnötig Geld ausgegeben werden musste.

Phil reiste als Erster ab, glaube ich. Danach war Cliff dran, anschließend ich.

Malcolm und Angus blieben noch eine oder zwei Wochen länger, um weitere Gitarrensoli sowie hier und da ein paar Kleinigkeiten einzuspielen und Mutt mit dem finalen Mix zu helfen. Danach blieben nur noch Sachen wie das Artwork, das Mastering und die Präsentation des Albums, die wir aber größtenteils Atlantic Records überließen.

Auch wenn fünf Wochen eine unglaublich kurze Zeit für die Erschaffung eines derartigen Monsteralbums sind, hatte ich das Gefühl, eine Ewigkeit auf den Bahamas gewesen zu sein. Lustigerweise hatte ich während der ganzen Zeit nur einen einzigen Song komplett gehört, und der war noch nicht mal richtig fertig gewesen.

Ich hatte keine Ahnung, ob die Scheibe wirklich was taugte. Ich wusste nur, dass ich verdammt glücklich mit unserer Arbeit war.

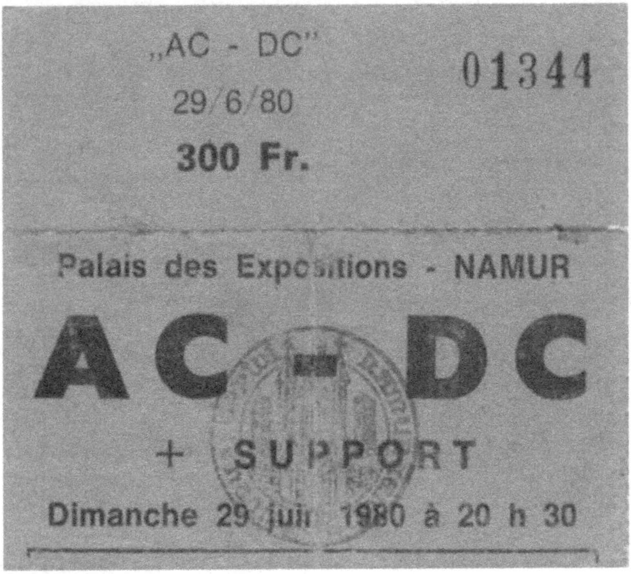

„AC - DC"

29/6/80

300 Fr.

01344

Palais des Expositions - NAMUR

AC - DC

\+ SUPPORT

Dimanche 29 juin 1980 à 20 h 30

23

Back from Black

Mein Flieger landete am 5. Mai in Heathrow. Es war der erste Montag im Mai, ein Bankfeiertag. Ich erinnere mich noch so gut daran, weil es der Tag war, an dem der Special Air Service (SAS) eine Geiselnahme in der iranischen Botschaft in London beendete. Es war surreal, plötzlich wieder zurück in der richtigen Welt zu sein, in der BBC und ITV mit Livebildern über die blutige Erstürmung des Botschaftsgebäudes berichteten.

Unser Aufenthalt auf den Bahamas war trotz der fordernden Arbeit im Studio eine entspannte Angelegenheit gewesen. Ich glaube, wir haben während der Albumaufnahmen nicht einen Fernsehbericht gesehen und nicht eine Zeitungsschlagzeile gelesen. Und nun war ich plötzlich zurück in London, wo es alle Welt furchtbar eilig hatte und ein unfassbares Tempo herrschte. Aber das machte mir nichts aus. Im Gegenteil, es war großartig, mit einem Album im Gepäck wieder zurück in Großbritannien zu sein – fast so, als würde man nach einem Tor des eigenen Teams in die Fankurve eintauchen.

Ich nahm ein Taxi und ließ mich direkt vom Flughafen zu Peter Menschs Büro im West-Londoner Stadtteil Earl's Court fahren. Peter fragte mich, wie die Aufnahmen gelaufen seien. Ich sagte ihm die Wahrheit: Ich hatte keine Ahnung. Er meinte, er habe bisher nur Gutes gehört, aber eben noch nichts Offizielles. *Willkommen im Club*, dachte ich.

Dann ging Peter zum Safe und kam mit dem größten Geldbündel wieder, das ich je in meinem Leben gesehen hatte. Es war mein Gehalt für den Rest des Monats plus die Per Diems der zurückliegenden fünf Wochen. Wahnsinn. Ich war gerade von einem fünfwöchigen Trip zu den Bahamas wiedergekommen, wo ich den Spaß meines Lebens gehabt hatte. Eigentlich hätte ich *ihm* dafür Geld geben müssen. Es waren so viele Scheine, ich wusste gar nicht, wohin damit. Ich stopfte sie in die Tragetasche zu meiner Dreckwäsche, schob sie in die Taschen meiner Jeans und meiner Denimjacke. Es sah fast so aus, als hätte ich gerade eine Bank ausgeraubt.

»Was hast du jetzt vor?«, fragte Peter.

»Na ja, ich muss erst mal nach Newcastle hoch, nach meinen Kindern und der Werkstatt sehen.«

»Verstehe«, sagte er.

»Wann braucht ihr mich wieder?«, fragte ich.

»In einem Monat ungefähr.«

Dann fragte er mich, wie ich nach Hause kommen wollte. Mit einem Taxi zum King's Cross und dann mit dem Zug nach Newcastle, antwortete ich. Ich hoffte, im Zug meinen Bruder zu treffen und ihm alles über die Bahamas erzählen zu können. Dieses Mal würde ich mir sogar selbst ein Ticket für die erste Klasse leisten können.

Peter fragte, ob er mich um einen großen Gefallen bitten dürfte. Er habe ein Auto für die Firma geleast, einen Mercedes-Benz, erklärte er. Allerdings hatte der Händler ihm einen Wagen mit manueller Gangschaltung geschickt. Da er Amerikaner war – genauer gesagt New Yorker –, hatte er bisher nur Autos mit Automatikschaltung gefahren und traute sich mit dem Mercedes nicht in den Londoner Verkehr. Der Wagen stand seit der Lieferung im Parkverbot, und jeden Tag kam ein neuer Strafzettel hinzu.

Nach dieser Erklärung führte er mich ans Fenster, und wir sahen auf einen imposanten Mercedes-Benz hinunter. Die pissgelbe Farbe war gewöhnungsbedürftig, aber egal, es war ein Wagen, wie ihn sich nur Firmenbosse und Fußballclubbesitzer leisten konnten.

»Könntest du dich vielleicht eine Weile um das Auto kümmern?«, fragte er und reichte mir die Schlüssel. »Der Wagen hat erst tausend Kilometer runter und ist rundum versichert. Ach ja, der Tank ist voll.«

»Machst du Witze?«

»Pass auf, ich weiß, dass es nervig ist, aber diese Strafzettel fürs Falschparken kosten mich ein Vermögen.«

»Tja …«

»Bitte. Du würdest mir echt einen riesigen Gefallen tun.«

»Na gut, wenn es unbedingt sein muss.«

Als ich die A1 nach Newcastle hochfuhr, hatte ich das selbstgefälligste Grinsen aller Zeiten im Gesicht. Der Wagen war brandneu. Er roch sogar noch neu. Der Schlüsselanhänger bestand aus dem weichsten Leder aller Zeiten, war riesig und schwer und hatte einen dreizackigen Stern in der Mitte. Ich kam mir vor, als hätte ich den Benz geklaut.

Ich konnte es gar nicht abwarten, meine Mädchen in diesem Wagen auszuführen und sie nach allen Regeln der Kunst zu verwöhnen. Von Joanne und Kala getrennt zu sein, war der schwierigste Part des Trips gewesen. Und jetzt kam ich in einem Mercedes zu ihnen zurück und konnte ihnen kaufen, was immer sie wollten.

Mein Dad war der Erste, der den Wagen zu sehen bekam. Er zeigte sich wenig beeindruckt.

»Das ist ein deutsches Auto«, murrte er, nachdem ich vor dem Haus am Beech Drive Nummer 1 gehalten hatte.

»Nein, Dad. Der Wagen ist, ähm … amerikanisch.«

»Er ist deutsch, verdammt noch mal.«

»Na ja, aber ich habe ihn von einem Amerikaner.«

Immerhin durfte ich ihn zu seinem Club fahren. Es gab natürlich immer noch keine Garantien, was die Zukunft betraf, aber in diesem Moment hatte ich das Gefühl, es geschafft zu haben.

Am nächsten Tag fuhr ich zu Ken in die Werkstatt.

»Oh, Brian, du bist zurück!«, sagte er.

»Alles okay, Ken?«, fragte ich.

»Eigentlich schon, ja. Allerdings war es in den letzten Wochen sehr ruhig.« Er zeigte auf den Mercedes. »Soll ich da ein neues Dach draufmachen? Schickt dich ein Händler?«

»Ken«, sagte ich. »Das ist mein Auto.«

»Wie bitte? *Ernsthaft*?«

Ich grinste stolz.

»Okay, dann kann ich dir vielleicht ein Vinyldach draufmachen?«

»Wo ist der Maxi?«, fragte ich, denn ich konnte ihn nirgends entdecken.

»Ach, der …«, sagte Ken und ließ den Kopf hängen.

»Was soll das heißen?«

»Es hat einen Unfall gegeben.«

»Was für einen Unfall?«

»Er ist verbrannt. Mit all unseren Materialien darin. Deshalb war es wahrscheinlich auch so ruhig in letzter Zeit …«

Ich vergrub meinen Kopf in den Händen und stöhnte.

Nach ein paar Wochen in Newcastle fühlten sich die Bahamas mit ihren Stränden und Tropenstürmen wie weit entfernte Erinnerungen an. Olga von der Wolga rief einmal an, aber mehr geschah nicht.

Zu Hause kam mir alles eigenartig normal vor, ganz so, als hätte sich bis auf das neue Auto vor der Tür nichts geändert.

Meine Eltern hatten immer noch keine Ahnung, wer oder was AC/DC eigentlich war, und fürchteten nach wie vor, dass alles irgendwann wie eine Seifenblase zerplatzen würde. Immerhin freute sich Maurice für mich.

Es gab einen guten Grund für das Schweigen der Jungs.

Denn neben der Arbeit am Mastering und am Artwork machten Malcolm und Angus tatsächlich Ernst mit ihrer Idee von der Höllenglocke. Und das nahm sehr viel Arbeit und Zeit in Anspruch.

Tony Platt hatte sich zunächst auf die Suche nach einer Glocke gemacht, deren Läuten das Album eröffnen könnte. Schließlich hatte er sich für die Denison Bell des Carillon Tower im War Museum von Loughborough entschieden. Mit einem mobilen Aufnahmegerät bewaffnet, machte er sich an die Arbeit, aber immer wenn die Glocke geläutet wurde, flogen sämtliche Vögel aus dem Turm und machten durch ihre Geräusche die Aufnahme unbrauchbar. Dummerweise verging zwischen den einzelnen Glockenschlägen so viel Zeit, dass die Vögel stets zurückkehren konnten. Nach einigen Versuchen musste Tony aufgeben und entschied sich, auf die Fertigstellung der AC/DC-Glocke zu warten.

Die Band hatte eine Gießerei namens John Taylor & Co Foundry beauftragt, deren Hauptquartier sich witzigerweise ebenfalls in Loughborough befand. Die Glocke wog eine Tonne und war mit dem AC/DC-Logo sowie dem Songtitel verziert. Sie wurde zwar rechtzeitig fertig, um die Deadline von Atlantic Records erfüllen zu können, aber es gab ein Problem: Die Glocke war kleiner als die Denison Bell, also passte ihr Klang nicht zu den Aufnahmen. Tony war jedoch ein technisches Genie und fand rasch eine Lösung. Er ließ das Band einfach mit halber Geschwindigkeit ablaufen, sodass der Klang perfekt passte. Rührenderweise bat Tony den Gießer, der die Höllenglocke hergestellt hatte, sie für die Aufzeichnung zu läuten. Und genau dieses Läuten ist noch heute überall auf der Welt zu hören, wenn jemand *Back in Black* auflegt.

Später erfuhr ich, dass die Hell's Bell nach ihrer Fertigstellung zunächst an die Decke der Gießerei gehängt und mit der Gabel eines Hubstaplers geläutet wurde, um die Arbeiter zur Pause zu rufen.

Für eine Weile war die AC/DC-Glocke also der teuerste Pausengong der Welt.

Irgendwann, nach langem Warten, kam das ersehnte Päckchen in Newcastle an.

Es enthielt eine der ersten Pressungen von *Back in Black*. Ich zog die Scheibe aus dem Pappcover und starrte das Vinyl eine kleine Ewigkeit lang an. Die Hülle war komplett schwarz. Darauf die grauen Umrisse des AC/DC-Logos, darunter der Albumtitel in Großbuchstaben. Es war so schlicht … und so *unglaublich* cool.

Ich wollte unbedingt hören, wie die Platte klang. Es gab jedoch keine Möglichkeit, sie abzuspielen, da meine Eltern nur ihr altes Radio besaßen. Also rief ich den einen Freund an, von dem ich wusste, dass er eine akzeptable Anlage zu Hause hatte – Derek Rootham, der Gitarrist von Geordie II.

»Oh, du bist also wieder zurück?«, sagte er am Telefon. »Was hast du denn die ganze Zeit über getrieben?«

»Wenn ich mal deinen Plattenspieler benutzen darf«, antwortete ich, »kannst du dir anhören, was ich getrieben habe.«

Ein paar Stunden später hockte ich in Dereks Wohnzimmer, und *Back in Black* lag auf dem Plattenteller. Der erste Song war natürlich »Hells Bells«. Der Track beginnt mit dem Läuten der Glocke, dann setzt Malcolms Riff ein, und Phil kommt mit Bassdrum und Becken dazu. Das Stück baut sich langsam auf, bis alle dabei sind, erst dann setzt mein Gesang ein, nach anderthalb Minuten. Das ist eine ziemlich lange Zeit, und für einen Moment dachte ich, die Jungs hätten mich vergessen. Der Sound überwältigte mich. Das klingt verdammt noch mal fantastisch, schoss es mir durch den Kopf. Ich meine, ich bekam echt Gänsehaut. Aber dann sah ich zu Derek rüber, der die Stirn runzelte und mit dem Kopf schüttelte. Als der Song bei der Zeile »Won't take no prisoners« angelangt war, stöhnte er leise und sagte: »Ach, Jonna, das ist doch viel zu hoch. Du singst *viel* zu hoch, Mann!«

»Was?«

»*Viel* zu hoch. Komm, wir gehen auf ein Pint in den Pub.«

Und mit diesem kleinen Schlag in die Magengrube gingen wir ein Bier trinken.

Ende Juni, fast zwei Monate nachdem ich von den Bahamas zurückgekehrt war, begannen wir mit den Proben für die *Back in Black Tour*. Dafür mieteten wir uns im New Victoria Theatre in London ein, das sich direkt gegenüber der Victoria Station befand und heute Apollo Victoria heißt. Wir hatten nur vier Tage Zeit, um das Programm einzustudieren. Danach waren ein paar Warm-up-Shows in Belgien und den Niederlanden geplant, die uns auf die große Nordamerika-Tour vorbereiten sollten. Pünktlich zur Veröffentlichung des Albums am 13. Juli sollte die Tournee im kanadischen Edmonton starten.

Bei diesen Proben ging es nicht nur darum, die neuen Songs bühnenreif zu machen … sondern auch mich. Die Jungs kannten die alten Stücke in- und auswendig, da sie die Titel seit Jahren spielten. Für mich waren sie allerdings alle neu – na ja, bis auf »Whole Lotta Rosie« und »Highway to Hell«. Es war eine verdammt große Herausforderung. Mit Geordie II hatten wir alle paar Wochen mal einen oder zwei neue Songs in unser Programm aufgenommen. Jetzt musste ich mir eine Setlist draufschaffen, die aus Titeln von sechs AC/DC-Alben bestand. Dazu die neuen Tracks von *Back in Black*, die ich bisher nur im Studio gesungen hatte.

Während der Proben stellte die Crew unser Bühnenset zusammen. Dann wurde endlich die letzte Requisite geliefert: die Höllenglocke. Und was für ein fabelhaftes Biest es war! Wenn dieses Ding läutete, klang es bedrohlich, magisch, brutal und sexy zugleich. Die Glocke bekam ihren Platz in der Mitte der Beleuchtungstraverse und sah einfach sensationell aus. Kaum hatten wir sie lieb gewonnen, mussten wir uns allerdings schon wieder von ihr verabschieden. Denn gleich nach den Proben wurde sie nach Kanada verschifft, wo wir sie bei unserer Nordamerika-Tour einweihen würden.

Die erste Warm-up-Show – mein allererster Auftritt als neuer Leadsänger von AC/DC – fand am 29. Juni 1980 im belgischen Namur statt, etwa eine Stunde südöstlich von Brüssel. Wir spielten in einer Halle des örtlichen Kongresszentrums Palais des Expositions. Es wurden nur zweitausend Zuschauer erwartet, da man das Konzert nicht groß beworben hatte. Und damit meine ich, dass es im Prinzip geheim gehalten worden war. Denn wir wollten uns erst mal etwas eingrooven, bevor wir in den großen Arenen spielten.

Ich versuchte ruhig zu bleiben und die Erfahrung zu genießen. Doch vor Aufregung bekam ich keinen Bissen herunter, ich konnte nicht stillsitzen, mein Herz hämmerte mir bis zum Hals, und ich musste ständig auf Toilette.

Eigentlich sollte es um halb neun losgehen, aber dann kam Peter mit dem Tourmanager Ian Jeffery rein und meinte: »Wir müssen noch warten, Jungs.« Es waren mindestens tausend Fans mehr als erwartet gekommen, und nun musste erst mal Platz in der Halle geschaffen werden. Das war in einem Kongresszentrum dieser Art kein Problem, da sich die Wände verschieben ließen.

Okay, Brian, ganz locker bleiben, Junge, dachte ich mir. Es ist noch massig Zeit.

Der Rest der Band wirkte nicht im Geringsten aufgeregt. Die Jungs saßen einfach nur rum, quatschten über dies und jenes, tranken Bier. »Alles okay, Brian?«, fragten sie hin und wieder. »Ja, alles okay«, antwortete ich, während sich in meinem Kopf ein Knoten aus neuen Songs, neuen Lyrics und der Angst vor einem Fuck-up bildete.

Am liebsten wäre ich sofort mit den Jungs rausgestürmt, raus aufs Schlachtfeld, damit es endlich losgehen konnte. Ich hatte gedacht, es sei nur eine kleine Show mit wenig Aufwand und überschaubarem Publikum – für den Fall eben, dass etwas schieflaufen sollte. Aber Fehlanzeige, jetzt wurden diese tausend zusätzlichen Zuschauer auch noch reingelassen, und wir mussten warten. Nach einer halben Stunde kamen Peter und Ian wieder zu uns, um uns mitzuteilen, dass noch ein paar Tausend Leute mehr gekommen waren. Fuck. Die Nachricht von unserem Gig musste sich rumgesprochen haben. Die Wände wurden erneut verschoben – und zwar gerade rechtzeitig, um die nächste Welle an Fans reinlassen zu können. Dieses Spiel ging dann noch eine ganze Weile so weiter und zog sich in die Länge wie eine Doppelstunde Mathe an einem sonnigen Tag. Als es dann bereits sehr, sehr spät war, sollte das Konzert endlich beginnen.

Am Ende waren so viele Leute gekommen, dass wir genauso gut eine ausverkaufte Arena-Show hätten spielen können.

Angus rannte als Erster raus. Die Menge begrüßte ihn mit überwältigendem Gebrüll. Mir lief ein Schauer nach dem anderen über den Rücken. Es war ohrenbetäubend – und schien nicht enden zu wollen. Ich glaube, in diesem Moment wurde mir zum ersten Mal die volle Wucht meines neuen Jobs bewusst. Dann dachte ich daran, wie ich bei meinem ersten Fallschirmsprung in der Tür des Flugzeugs gestanden hatte. Urplötzlich war ich wieder in diesem Moment. Dieses Mal allerdings bestand keinerlei Gefahr …

In meinem Kopf wurde es ganz still. Dann sah ich die Lichter, wie bei meinem ersten Sprung. Ich war bereit, mein Einsatz nahte. Dieses Mal sprang ich aus freien Stücken. Und der Rausch war einzigartig. Absolut unerreicht.

Und die Menge, die Musik, die Band waren mein Fallschirm.

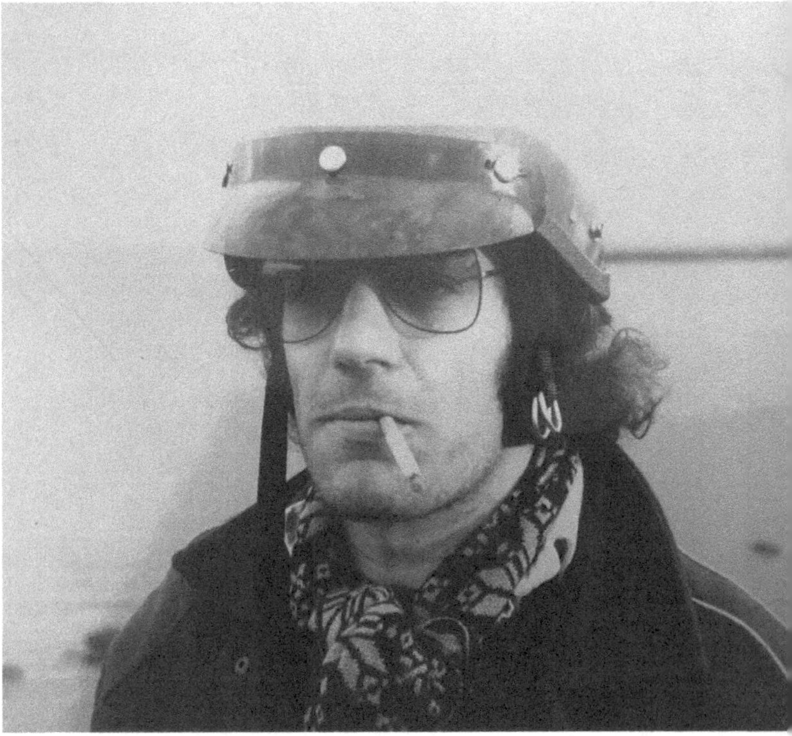

24

Zielgerade

Zum Thema *Back in Black* ist mittlerweile alles gesagt und geschrieben worden. Ich kann nur noch hinzufügen, dass ich vom Support der Fans überwältigt war, als ich an diesem Abend in Namur auf die Bühne ging. Überall waren Banner und Schilder mit Botschaften wie *RIP Bon* und *Viel Glück, Brian!* zu sehen. Insgeheim hatte ich große Angst davor gehabt, dass die Fans keinen anderen Sänger als Bon akzeptieren würden. Auf dieser Bühne hatte ich jedoch das Gefühl, dass man mich mit offenen Armen willkommen hieß. Dafür werde ich den AC/DC-Fans immer dankbar sein – dafür, dass sie mir eine Chance gegeben haben.

Danke, danke, danke …

Im Nachhinein ist es kaum zu glauben, aber auf dieser ersten Show haben wir tatsächlich sieben Songs von *Back in Black* gespielt – ein Album, das erst vier oder fünf Wochen später veröffentlich werden sollte. In der Mitte des Sets gaben wir »Highway to Hell« zum Besten, danach folgten vier der neuen Songs: »What Do You Do for Money Honey«, »Rock and Roll Ain't Noise Pollution«, »Shoot to Thrill« und »Givin' the Dog a Bone«.

Wie ich an anderer Stelle bereits gesagt habe: AC/DC war schon immer eine Alles-oder-nichts-Band.

Die Reaktion des Publikums war umso überraschender. Die Leute lauschten aufmerksam, absorbierten jede Note. Beim zweiten Refrain von »Have a Drink on Me« sangen sie bereits mit. Wir alle waren vom Potenzial des Albums überzeugt, aber das ging weit über unsere Erwartungen hinaus. Als wir dann »Whole Lotta Rosie« anstimmten, waren die »Angus«-Rufe der Fans in den Pausen des Riffs so laut, dass das gesamte Gebäude bebte. Wir beendeten das Set mit »Rocker« und kamen dann noch mal für »Shake a Leg« und »Let There Be Rock« als Zugabe zurück. Es war das erste und das letzte Mal, dass wir »Shake a Leg« live spielten.

Der Abend war großartig, aber einmal patzte ich ordentlich.

Nach der Eröffnung mit »Hells Bells« – das leider ohne die Glocke auskommen musste, die zu diesem Zeitpunkt bereits nach Kanada unterwegs war – spielten wir ein paar Klassiker, zuerst »Shot Down in Flames«, dann »Hell Ain't a Bad Place to Be«. Ich war allerdings so nervös, dass ich die Lyrics vertauschte und »Hell Ain't a Bad Place To Be« sang, obwohl die Band »Shot Down in Flames« spielte. Zum Glück waren die Jungs so laut, dass mich ohnehin niemand hörte – außer die Fans in den ersten paar Reihen, die mich mit einem Blick der Marke *Was zum Henker machst du da?* anstarrten. Alle anderen schien es nicht zu stören. Als wir dann mit »Hell Ain't a Bad Place to Be« loslegten, sang ich die Lyrics einfach noch mal – jetzt zur richtigen Musik. Danach lief es wie geschmiert.

Nach dem Konzert brachte keiner von uns einen Ton heraus und zwar im ganz wörtlichen Sinne. In der Umkleide war es mucksmäuschenstill. Wir alle japsten nach Luft, der Schweiß strömte über unsere Gesichter. In diesem Zustand konnte man noch nicht mal ein Bier trinken, da man es sofort wieder ausgekotzt hätte.

Ich weiß noch, wie Cliff dasaß, immer der coolste Typ im Raum, eine Zigarette rauchte und mich ansah. »Na, alles in Ordnung, Jonna?«

»Alles bestens, Mate«, keuchte ich.

Draußen hörten wir immer noch das Getöse der Menge, die eine weitere Zugabe verlangte.

Jedes weitere Wort war überflüssig.

Die Fans brachten es auf den Punkt.

Was für ein Abend!

Der Erfolg von *Back in Black* hatte einen großartigen Nebeneffekt. Endlich konnte ich den Menschen, die immer für mich da gewesen waren, etwas zurückgeben. Meinen Kindern, meinen Eltern, meinen Geschwistern Maurice, Julie und Victor.

Als die ersten Tantiemen eintrudelten, kaufte ich meinen Eltern ein Haus – auf der Whickham Bank, ganz in der Nähe von Dunston, mit einem wunderbaren Blick auf Newcastle. Meinem Dad behagte die Sache zunächst nicht, da er glaubte, die Jungs in seinem Club würden kein Wort mehr mit ihm wechseln, wenn er aus seiner staatlich subventionierten Wohnung auszog. Aber irgendwann arrangierte er sich damit, und am Ende freuten sich seine Kollegen für ihn.

Ein paar Jahre später konnte ich Maurice einen Job als Koch besorgen. Nach dem Ende seiner Ehe hatte er wirklich hart zu kämpfen, also fragte ich die Jungs in der Band, ob sie ihn einen Monat zur Probe anstellen würden. Er hatte kaum angefangen, da liebten ihn schon alle, wie es eigentlich immer der Fall bei ihm ist. Er wurde später sogar zum *Most Valuable Roadie* von AC/DC gekürt. Es war das Mindeste, was ich für ihn tun konnte. Bis zum heutigen Tag schulde ich ihm noch eine neue Schiebermütze, da er mir seine bei dem Konzert im Lobley Hill überlassen hatte.

Die Konzerte in Australien waren der schwierigste Teil der *Back in Black Tour* für mich, das sage ich ganz ehrlich. Bon war in Down Under nicht einfach nur berühmt gewesen, sondern eine Ikone, ein Nationalheiliger. Die Fans in Australien waren mit ihm aufgewachsen. Erst mit seiner Band The Valentines. Dann mit Fraternity.

Unsere erste Show in Australien fand im Entertainment Centre in Perth statt, in einer der größten Arenen des Landes. Bons Heimatstadt Fremantle lag nur wenige Kilometer entfernt. Ich war angespannt, ziemlich angespannt sogar. Kaum waren wir gelandet, reichte ein Crewmitglied unserem Manager Peter einen Zettel, auf dem stand: *Mrs. Scott würde gern den neuen AC/DC-Sänger Brian Johnson kennenlernen.* Mir fiel ein großer Stein vom Herzen. Denn ich wusste, dass ein AC/DC-Konzert in Perth die Mutter von Bon an ihren schrecklichen Verlust erinnern würde. Er war erst vor einem Jahr gestorben, fast auf den Tag genau.

Ich verbrachte den Nachmittag beim Tee mit Mrs. Scott und Bons Brüdern Derek und Graham.[28] Isa Scott, die sich ihren schottischen Akzent bewahrt hatte, war eine wundervolle Person. Später erfuhr ich, dass Malcolm sie angerufen hatte, um ihr vom Tod ihres Sohnes zu erzählen, da er fürchtete, die britische Klatschpresse könnte sonst zuerst mit ihr Kontakt aufnehmen. Das war typisch Malcolm, ein wirklich feiner Zug. Ich mag mir nicht vorstellen, wie viel Mut es für diesen Anruf gebraucht hatte …

Ganz besonders genoss ich Isas Geschichten über den jungen Bon. »Aye, Ronald war eine kleine Nervensäge. Er wollte

28 Ich kann mich nicht erinnern, dass Bons Vater Chick bei dem Treffen dabei war, aber vielleicht liege ich da auch falsch. Ich hätte es ihm sicher nicht übel genommen, wenn er weggeblieben wäre.

nie Schuhe anziehen, geriet ständig in Schwierigkeiten und hatte keine Angst vor gar nichts«, berichtete sie.

Ich dankte ihr für alles, hatte aber das Gefühl, dass das eigentlich nicht ausreichte.

Im Gespräch mit Derek und Graham stellte sich zu meiner Überraschung heraus, dass Bon einer der Jungs in Fang gewesen war, die ich in jener eiskalten Nacht in Torquay kennengelernt hatte. Es war schwer zu glauben, und das ist es noch immer. Aber ich bin glücklich, Bon wenigstens einmal getroffen zu haben. Glücklicher noch, dass unser Aufeinandertreffen einen so starken Eindruck bei ihm hinterlassen hatte, dass er seiner Familie in Australien davon erzählte.

Nachdem wir uns noch eine ganze Weile unterhalten und miteinander gelacht hatten, musste ich zum Konzert aufbrechen. Isa kam mit. Wir widmeten ihr an diesem Abend den Song »High Voltage«. Auf der Bühne spürten wir dabei etwas ganz Besonderes. Keine Ahnung, was es genau war, aber es fühlte sich gut an.

Ich möchte dieses Kapitel mit ein paar Zeilen beenden, die den Wahnsinn rund um die Veröffentlichung von *Back in Black* gut auf den Punkt bringen.

Am 4. September spielten wir in der Long Beach Arena vor den Toren von Los Angeles. Mit knapp fünfzehntausend Zuschauern war es eine der größten Locations, in denen ich bis dahin aufgetreten war. Vor der Arena stauten sich die Luxuslimousinen, ein Hubschrauber mit einem leuchtenden AC/DC-Logo an der Unterseite kreiste über dem Komplex, und im Hintergrund lag die RMS *Queen Mary* im Hafen und leuchtete wie ein Weihnachtsbaum. Es war eine berauschende Kulisse für ein Rockkonzert – und der erste Hinweis darauf, dass dieses Album auf dem besten

Weg war, größer und erfolgreicher zu werden, als wir es uns jemals hätten vorstellen können.[29]

Jeder von uns bekam seine eigene Limo zum Konzert – einfach um des Spektakels willen –, und als ich in meine Prachtkarosse stieg, grüßte ich den Fahrer und fragte kurz, wie es ihm gehe.

»Aye, nicht schlecht«, antwortete er mit starkem nordenglischem Akzent. »Danke der Nachfrage.«

»Du bist ziemlich weit weg von zu Hause, oder?«, sagte ich einigermaßen überrascht.

»Aye, bin ich«, erwiderte er. »Bin mit meiner Band rübergekommen, um hier was zu starten und einen Plattendeal zu kriegen.«

»Verstehe. Dann wünsch ich dir alles Gute dafür, Mate.«

Nach einer kurzen Pause sagte er: »Ich bin Sänger, genau wie du …«

»Ehrlich?«, sagte ich. »Wie heißt denn eure Band?«

»Marmalade«, antwortete er.

»*Wie bitte?!*« Ich konnte es nicht fassen. Ich kannte die Band nicht nur, ich wusste sogar ganz genau, wer dort am Mikro stand. Sein Name war Alan Whitehead. Marmalade war nicht irgendeine Nachwuchsband mit ein paar Demotapes. Ganz im Gegenteil, sie waren mal ein richtig großes Ding gewesen, hatten eine Nummer-1-Single in den UK-Charts gehabt und waren einfach *überall*. Aber gut, das war mittlerweile elf Jahre her.

»Alan??«, sagte ich.

»Genau!«

»Verdammte Axt!«

---

29 Back in Black sollte hinter Michael Jacksons Thriller als zweiterfolgreichstes Album aller Zeiten in die Musikgeschichte eingehen.

»Ich mach das hier nur, um die Miete zu zahlen«, erklärte er. »Und immerhin hab ich dabei mit Musikern zu tun.«

»Du wirst es mir nicht glauben«, sagte ich zu ihm. »Aber vor ein paar Monaten hab ich noch bei meinen Eltern gewohnt und meine Brötchen damit verdient, Vinylfolien auf Autodächer zu kleben. Stimmt also, was die Leute sagen. *Alles* ist möglich …«

Wir mussten beide lachen und quatschten die ganze Fahrt über.

Gib niemals auf.

PWR/UP
PWR/UP

Epilog

Ich wachte in einem Krankenhausbett auf, hatte Schläuche in meinen Armen, war sehr hungrig und fühlte mich ziemlich erschöpft. Anfangs hatte ich keine Ahnung, wo ich mich befand und was passiert war. Als dann ein Mann mit einem Lächeln im Gesicht auftauchte und fragte, wie es mir gehe, erinnerte ich mich, dass ich gerade die erste Operation zur Reparatur meines Gehörs hinter mich gebracht hatte. Ich war in Sydney, Australien. Es war Oktober 2015.

Wie sich herausstellte, war der lächelnde Mann ein Pfleger. Wir kamen ins Gespräch. Als ihm klar wurde, wer ich war, erzählte er mir etwas, das mir die Sprache verschlug: Im Pflegeheim auf der anderen Seite der Mauer vor meinem Fenster war Malcolm untergebracht. Er wurde dort wegen seiner Alzheimer-Krankheit behandelt, die bei ihm sehr früh eingesetzt hatte. Ich konnte es kaum fassen. Malcolm befand sich nur zwanzig Meter entfernt von meinem Krankenbett, und mein Pfleger schob auch auf seiner Station Schichten. Eine seiner Aufgaben bestand darin, Malcolm einmal täglich Bewegung an der frischen Luft zu verschaffen.

»Kann ich ihn besuchen?«, fragte ich. »Ich will mich nur ein bisschen mit ihm unterhalten und schauen, wie es ihm geht.« Das Lächeln im Gesicht des Pflegers verschwand, und er blickte zu Boden. »Sorry, Mate, da kann ich nicht weiterhelfen. Die Familie will das nicht.«

»Verstehe«, sagte ich. Nebenan lebte der Mann, mit dem ich fünfunddreißig Jahre lang auf der Bühne gestanden hatte. Der Mann, der mich als Leadsänger von AC/DC angeheuert hatte. Der Mann, der sich immer um mich gekümmert hatte und einmal sogar in meine Heimatstadt gereist war, um meine Eltern kennenzulernen. Er hatte sogar meinen Vater auf ein Pint in seinen Club begleitet. Eine echte Seele von Mensch.

Aber ich konnte ihn nicht besuchen, durfte nicht mit ihm sprechen. Es fühlte sich an, als wäre aus ihm der Mann mit der eisernen Maske geworden.

Es ist hart, vor einem Fremden zu weinen.

Später erfuhr ich, dass Malcolms Ehefrau O'Linda veranlasst hatte, dass er keinen Besuch bekam. Die Ärzte hatten sie darüber informiert, dass man noch nicht besonders viel über Demenz und Alzheimer wisse. Also konnten sie auch nicht verlässlich sagen, wie sehr das Gedächtnis der Patienten beeinträchtigt sei. O'Linda wusste genau, wie stolz Malcolm war. Das wussten wir alle. Und sie hatte Angst, dass er sich Besuchern gegenüber, die nicht zur unmittelbaren Familie gehörten, für seinen Zustand schämen könnte. Dieses Risiko wollte sie nicht eingehen, ganz besonders nicht angesichts all der anderen Dinge, die er gerade durchmachte.

Sie kümmerte sich um ihren Ehemann, so wie sie es schon immer getan hatte.

Angus besuchte ihn, seine Enkelkinder ebenfalls, und wie ich erfuhr, machten ihn diese Besuche sehr glücklich.

Trotzdem brach es mir das Herz.

Am nächsten Tag kam Dr. Chang zu mir, der Arzt, der mich operiert hatte, und redete nicht lang um den heißen Brei herum.

»Ich habe eine schlechte und eine gute Nachricht für Sie«, sagte er. »Welche wollen Sie zuerst?«

»Das klingt wie der Anfang von einem Witz«, erwiderte ich.

»Ich fürchte bloß, es gibt keine Pointe«, sagte er.

Ich bat ihn, mir zuerst die schlechten News zu eröffnen, um es hinter mich zu bringen.

»Okay«, begann Dr. Chang. »Wir haben Ihr linkes Ohr operiert und waren sehr vorsichtig, um keinen weiteren Schaden anzurichten. Trotzdem haben Sie nahezu einhundert Prozent ihres Hörvermögens auf dieser Seite verloren. Es tut mir leid. Wir haben alles getan, was möglich war.«

Ich schloss die Augen, atmete tief ein und spürte, wie ich innerlich erstarrte.

Auf einem Ohr taub.

Fuck, fuck, fuck …

»Die gute Nachricht ist, dass wir Ihr rechtes Ohr früh genug operiert haben«, sprach Dr. Chang weiter. »Auf dieser Seite konnten wir ein Hörvermögen von etwa fünfzig Prozent erhalten. Das sollte genug sein, um weiterhin touren zu können. Sie werden lediglich den Mix in Ihrem In-Ear-Monitor anpassen müssen.«

Das war leichter gesagt als getan. Seitdem ich einen In-Ear-Monitor benutzte, hatte ich ihn immer nur in mein rechtes Ohr gesteckt, um meinen Gesang zu hören. Mit dem linken Ohr hatte ich der Band gelauscht. Nun war ich links aber taub. Also würde ich von nun an den In-Ear-Monitor brauchen, um sowohl meine Stimme als auch die Band zu hören – mit lediglich fünfzig Prozent Hörvermögen. Es würde ein Albtraum werden. Aber ich musste es versuchen …

Als mir diese Gedanken durch den Kopf gingen, wurde mir klar, dass Dr. Chang lediglich versucht hatte, mir das wahre Ausmaß des Desasters schonend beizubringen.

Tatsache war: Es gab keine gute Nachricht.

Dr. Chang meinte, ich könnte die bevorstehende Show im ANZ Stadium in Sydney spielen, müsse ihm allerdings versprechen, nie wieder am Tag eines Konzerts in den Flieger zu steigen.

Also stellte ich mich der Herausforderung … und spielte diese Show, danach acht weitere in Australien und dann noch zwei in Neuseeland. Es war allerdings sehr schwierig mit nur einem »gesunden« Ohr.

Nach dem letzten Konzert in Neuseeland hatten wir eine Pause von vier Monaten, bevor die *Rock or Bust World Tour* in Europa weitergehen sollte – genug Zeit, um mich ordentlich zu erholen und wieder in Form zu kommen.

Jedenfalls dachte ich das, doch dann klingelte das Telefon. Es war Tim, unser Tourmanager.

»Hallo, Brian«, sagte er. »Hör mal, die Tour läuft so großartig, dass wir noch weitere zwanzig Shows in Amerika hinzufügen, bevor wir in Europa weitermachen. Das ist doch okay für dich, oder?«

ϟϟϟ

Meinen Bandkollegen mitzuteilen, dass ich auf einem Ohr taub und auf dem anderen halb taub war und eigentlich Zeit brauchte, damit sich mein Gehör erholen und ich weitere Termine mit Dr. Chang wahrnehmen konnte, war genauso schwierig und unangenehm, wie ich befürchtet hatte.

Alle zeigten natürlich Mitgefühl, aber die zwanzig zusätzlichen Shows in Amerika waren gebucht.

»Was meinst du, Jonna?«, fragte Angus. »Packst du das?«

»Ich werde niemanden hängen lassen«, antwortete ich. »Aber wenn mein Gehör noch schlechter wird, muss ich die Reißleine ziehen.«

Es war eine schwere, deprimierende Zeit für mich. Immerhin hatten wir über Weihnachten und Neujahr eine längere Pause, die ich für mehrere Besuche in einer Fachklinik in der Nähe von meinem Zuhause in Sarasota, Florida nutzte. Die Ärzte dort versuchten mein verbleibendes Hörvermögen zu stärken, indem sie Steroide direkt in mein Trommelfell spritzten. Keine angenehme Erfahrung.

Zu dieser Zeit kämpfte mein guter Freund Brendan Healy, der bekannte Musiker und Comedian, in Newcastle gegen den Krebs. Sein Zustand verschlechterte sich zusehends. Ich kannte Brendan bereits, seit ich in der Jasper Hart Band gespielt hatte. Später wurden wir beide Mitglieder einer Trinkgesellschaft namens The Legion of the Damned. Erst wenige Monate zuvor hatten wir bereits einen anderen Weggefährten verloren, den Gitarristen Dave Black, der mit nur zweiundsechzig Jahren von einem Zug überfahren wurde.

Durch die Sache mit meinen Ohren konnte ich erst Ende Februar zurück nach Newcastle fliegen, um Brendan zu besuchen. »Brendan«, sagte ich am Telefon zu ihm, »kämpf weiter, Mate. Ich komme, so schnell ich kann. Versprich mir, dass du nicht aufgibst, okay?«

»Nun«, sagte Brendan, der seinen Sinn für Humor nie verlor, »wenn es unbedingt sein muss …«

Die folgenden US-Shows – Tacoma, Las Vegas, Denver, Fargo und St. Paul – waren die wahrscheinlich schwersten meines gesamten Lebens. Zum einen handelte es sich um Hallenshows, die um einiges lauter sind als Stadionkonzerte. Zum anderen konnte ich die Band mit meinem In-Ear-Monitor kaum hören und musste Cliff auf die Finger schauen, um zu wissen, an welcher Stelle eines Songs wir gerade waren. Zusätzlich linste ich ständig zu meinem

Soundmann John hinüber, um mich zu vergewissern, dass ich alles richtig machte.

Bei einigen der Songs musste ich fast kapitulieren.

Eines Abends konnte ich bei »Highway to Hell« den Grundton einfach nicht finden. Ich sah ins Publikum und sagte: »Hey, Leute, ihr müsst mir mal eben mit dem Song helfen.« Ich hatte keine Ahnung, in welcher Tonart ich sang. Zum Glück hatten die Fans kein Problem damit. Als ich von der Bühne kam, war ich wie versteinert. Ich wusste, dass es so nicht weitergehen konnte. Es zerfraß mich. Irgendetwas musste geschehen.

Als wir dann für die nächste Show in Chicago ankamen, drei Tage vor meinem Flug nach Newcastle, erhielt ich einen Anruf. Auf dem Display stand die Festnetznummer von Brendan in Haydon Bridge. Sein Sohn Jack überbrachte mir die Nachricht, die ich so gefürchtet hatte. Brendan hatte nicht länger durchhalten können.

Wir hatten ihn verloren.

Nach dem Tod von Brendan fühlte ich mich nutzlos und leer. Er war erst neunundfünfzig Jahre alt gewesen und hatte noch jede Menge Leben in sich gehabt. Es war ein schwerer Schlag für alle, die ihn kannten. Krebs ist wirklich der allergrößte Scheiß. Viel zu viele meiner Angehörigen und Freunde hat er bereits dahingerafft.

Vor Brendans Beisetzung standen noch vier AC/DC-Shows an. Sie rasten komplett an mir vorbei.

Das letzte dieser Konzerte fand im Sprint Center in Kansas City statt. Kaum war die Show gegen elf vorbei, eilte ich zum Flughafen, nahm einen Jet nach New York, flog dann über den Ozean nach London und anschließend nach Newcastle hoch, sodass ich rechtzeitig zur Beerdigung vor Ort war.

Jeder, der in Newcastle Rang und Namen hatte, war gekommen.

Leider mit Ausnahme von Brendan.

Als der großartige Komiker, der er zeit Lebens gewesen war, fand er aber auch am Ende einen Weg, um die Leute zum Lachen zu bringen. Als die Zeremonie beendet war, wurde sein Sarg zum Krematorium geschoben und verschwand dort hinter dem Vorhang, der die Trauergäste vom Ofen trennte. Kaum war der Sarg nicht mehr zu sehen, brach ein ohrenbetäubender Applaus los – die Trauernden zollten dem Mann, den sie alle so sehr geliebt und verehrt hatten, ein letztes Mal Respekt.

»Für diesen Fall«, meldete sich der Priester mit einem leichten Lächeln zu Wort, »hat Brendan klare Anweisungen hinterlegt.«

Auf sein Kopfnicken hin öffneten sich die Vorhänge, und Brendans Sarg wurde noch einmal in den Saal geschoben.

Seine letzte Zugabe.

Wir lachten und heulten uns gleichzeitig die Seele aus dem Leib – keine leichte Übung.

Als ich nach Amerika zurückkehrte, war alles anders.

Ich hatte keine Hörprobleme mehr.

Nein, ich konnte ganz einfach *gar nichts* mehr hören.

Eine bleierne Stille hüllte mich ein. Ich fühlte mich allein und isoliert.

Es war schwer zu sagen, ob es an meinem Flug nach Newcastle lag, oder ob es einfach eine natürliche Verschlechterung meines Leidens darstellte. So oder so war die Situation besorgniserregend. Ich rief Dr. Chang in Australien an. Er empfahl mir, sofort zu einer Fachklinik in der Nähe von Sarasota zu fahren, um ein paar Tests zu machen. Die Ergebnisse zeichneten ein düsteres Bild.

»Mr. Johnson«, begann der Arzt. »Ihr Gehör ist in einem sehr schlechten Zustand. Die Situation ist sehr ernst. Mir wurde gesagt, dass Sie sich gerade auf einer Tournee befinden. Sie werden aber keine Konzerte mehr spielen, oder?«

»Na ja«, erwiderte ich zögerlich. »Eigentlich muss ich in zwei Tagen in Atlanta auftreten.«

»Nein«, sagte der Arzt. »Völlig ausgeschlossen. Das ist unmöglich.«

»Es geht nicht anders. Ich habe einen Vertrag.«

»Mr. Johnson, Sie haben gerade erst einen vorübergehenden, aber kompletten Hörverlust erlitten. Sollte das noch einmal geschehen, könnte es dauerhaft sein. Sie wären dann vollkommen taub. Ihre einzige Chance wären dann Implantate. Dafür müssten wir Schnitte von Ihren Ohren bis zu Ihrem Nacken ausführen. Trotzdem würden die eingesetzten Implantate anschließend noch hervorstehen, damit man von außen die Akkus wechseln kann. Nervenschädigungen, Gleichgewichtsstörungen, Tinnitus – es gibt sehr viele Risiken bei diesem Vorgehen. Außerdem müsste Ihr Gehirn das Hören noch einmal neu erlernen, was Monate dauern kann. Alles, was Sie akustisch wahrnehmen, hätte von diesem Zeitpunkt an einen synthetischen Ursprung. Ich sage es Ihnen ein letztes Mal: Hören Sie jetzt auf. Oder Sie gehen das Risiko ein, nie wieder hören oder singen zu können.«

Dieses Mal war die Botschaft zu mir durchgedrungen.

Noch im Behandlungszimmer nahm ich mein Handy und rief unseren Tourmanager Tim an, um ihm zu sagen, dass ich nicht weitermachen könne. Es war eines der schwierigsten Gespräche meines Lebens. Was mich in den folgenden Wochen jedoch noch mehr schmerzte, war der Umstand, dass die Tour einfach ohne mich weiterging.

Als ich AC/DC im Februar 2016 verlassen musste, tat sich ein Abgrund vor mir auf. Und ich stürzte im freien Fall hinein.

Für viele Menschen ist der Verlust des Hörvermögens ein langsamer Prozess, eine normale Alterserscheinung. In meinem Fall war es nicht so. Eben noch tourte ich mit einer Rockband um den Globus und sang in ausverkauften Stadien. Kurz darauf war meine Welt plötzlich still. Ich hatte das Gefühl, hinter einer schalldichten Glasscheibe zu stehen und mein Leben von außen zu betrachten.

Ich hatte oft gehört, dass man nichts gegen den Verlust des Gehörs tun kann. Es ist wie ein Treffer auf dem Schlachtfeld – irgendwann bist du einfach dran. Aber niemand hatte mich vor diesem Gefühl der Hilflosigkeit gewarnt, das sich einstellt, wenn man andere nicht mehr verstehen kann. Geschweige denn vor der Sinnlosigkeit, gegen eine sehr reale körperliche Einschränkung ankämpfen zu wollen. Auch nicht vor der zermalmenden Einsamkeit, die einen überfällt, wenn man begreift: Fuck, so wird es jetzt für immer sein.

Es ist so, wie der Beatles-Produzent George Martin es einmal formulierte. Irgendwann verwandelt man sich in einen Wackeldackel, der in geselligen Runden nur noch nickt.

Was sehr schmerzte, war die Tatsache, dass ich mir selbst die Schuld gab.

Ich hatte den Großteil meiner Karriere in der lautesten Band der Welt gespielt. Ich war permanent geflogen, sogar wenn ich wusste, dass es mir nicht gut ging …

Eine Zeit lang fragten mich die Leute, ob ich Depressionen habe. Doch Depressionen konnte man behandeln, den Verlust meines Gehörs nicht. Ich hatte keine Depressionen. Ich war verzweifelt.

Andere hätten in dieser Situation wahrscheinlich zu Medikamenten gegriffen oder eine Therapie gemacht. Aber beides war nicht mein Stil. Stattdessen schlurfte ich schnurstracks in mein Arbeitszimmer und ertränkte meine Gedanken mit einer Flasche Whisky. Und bevor sich jetzt jemand unnötig Sorgen macht – ja, es war der gute Stoff.

Für den Rest der *Rock or Bust World Tour* wurde ich von Axl Rose ersetzt. Man sagte mir, dass er einen guten Job gemacht hat. Ich konnte es mir beim besten Willen nicht ansehen, immerhin hatte ich fünfunddreißig Jahre bei dieser Band am Mikro gestanden. Es ist so, als wenn du eines Tages nach Hause kommst, und ein Fremder sitzt in deinem Lieblingssessel. Aber ich mache niemandem Vorwürfe. Es war eine schwierige Situation. Angus und die Jungs taten, was sie glaubten, tun zu müssen.

Nachdem die Band in einer Presseerklärung verkündet hatte, dass sie die Tour ohne mich zu Ende bringen würde und mir alles Gute für die Zukunft wünschte, konnte ich mich auf nichts mehr konzentrieren. Ich fand einfach keine Ruhe mehr.

Es ging mir ständig im Kopf herum.

Doch dann kamen die Anrufe.

Der gute Joe Walsh von den Eagles war der Erste. Dann meldete sich Billy Connolly und entlockte mir mit seinen Sprüchen zum ersten Mal seit Langem ein Lächeln: »Soll das etwa heißen, dass du uns nicht mehr mit deinem lieblichen Gesang erfreuen wirst?« Es folgten mein Kumpel Roger Daltrey, den ich damals bei *Top of the Pops* kennengelernt hatte, dann Ozzy und Sharon Osbourne, die mir alles Liebe und Gute wünschten.

Wahrscheinlich hätte mich das nicht überraschen sollen, aber die meisten von ihnen kämpften selbst mit Hörproblemen. »In New York gibt es nur noch fünf Restaurants, in denen ich essen kann. In allen anderen höre ich ganz einfach nichts mehr«, sagte Sting zu mir. »Bei mir waren's ausgerechnet die Becken des Schlagzeugs«, fügte er hinzu.

Wenig später folgten die Briefe. Sie kamen aus aller Welt. Säckeweise. Die Leute wünschten mir alles Gute und brachten ihre Hoffnung zum Ausdruck, mich eines Tages wieder auf der Bühne zu sehen. Diese Briefe von Fans halfen mir mehr, als sich irgendjemand vorstellen kann. Denn sie kamen von Herzen. Ich habe so viele davon beantwortet, wie ich konnte. Vielen Dank an alle, die mich mit aufbauenden Worten unterstützt haben. Sie haben mir durch diese schwere Zeit geholfen.

Um mich abzulenken, widmete ich mich meiner zweiten großen Leidenschaft: Autorennen.

Witzigerweise gewann ich mehr Rennen als üblich. Anschließend kamen die Leute oft zu mir und meinten: »Brian, du bist ja absolut furchtlos!« Aber ich war nicht furchtlos. Mir war einfach alles egal. Ich war schon immer der Meinung gewesen, dass man am besten mit dreihundert Stundenkilometern den Abgang machen sollte.

Bitte nicht falsch verstehen, ich wollte nicht sterben.

Es hätte mir in meiner damaligen Situation allerdings auch nicht viel ausgemacht.

Doch dann wurde ich eines Tages von einem wundervollen Menschen namens Stephen Ambrose kontaktiert, einem Fachmann in Sachen Audio und Gehör aus Nashville, der schon als Teenager in den Sechzigerjahren In-Ear-Monitore entwickelt hatte. Bei unserem ersten Treffen schloss er mich an ein Gerät an, das an eine Autobatterie erinnerte, und führte alle möglichen Tests mit mir durch. Das Ohrstück, das zu dem Gerät gehörte, war eine Art Trommelfellprothese, die mittels einer winzigen aufpumpbaren Blase Geräusche weiterleiten konnte, wie er mir erklärte. Damals war er noch damit beschäftigt, eine Miniversion des Geräts zu produzieren, was ihm wenig später auch gelang.

Ich weiß nicht, welche Magie seiner Erfindung innewohnte, aber sie funktionierte. Ich konnte wieder hören, sogar mit meinem tauben Ohr, und zum ersten Mal seit jenem Flug nach Vancouver im Jahr 2015 genoss ich wieder Stereosound.

Mit einem Mal kam etwas in mir auf, das ich seit einer gefühlten Ewigkeit nicht mehr gespürt hatte.

Hoffnung.

Vier Monate nach meinem Ausstieg aus der AC/DC-Tour flog ich nach Großbritannien, um meine Familie zu besuchen und ein paar Freunde wiederzusehen. Kaum waren ich und meine Frau Brenda in Newcastle angekommen, klingelte das Telefon.

»Hey, Brian, Peter Mensch hier. Ich bin jetzt der Manager von Muse.«

Es war toll, nach so vielen Jahren wieder mit Peter zu sprechen. Ich sagte ihm, dass ich Muse für eine tolle Band hielt.

»Das wird die Jungs freuen … Sie würden nämlich gern ›Back in Black‹ mit dir performen.«

»Echt? Wow. Wann denn?«

»Morgen. Beim Glastonbury Festival.«

Meinem Gehör ging es zu diesem Zeitpunkt schon wieder sehr viel besser, aber ich hatte seit der AC/DC-Show in Kansas nicht mehr auf der Bühne gestanden. Ich sah meine Frau Brenda an, die das Gespräch mithörte. Sie nickte und warf mir einen Blick zu, der zu sagen schien: »Mach's einfach.«

Einen Tag später stand ich mit den Jungs von Muse in einer der Backstage-Areas des Festivals und spielte mit ihnen hinter einem Vorhang den Song durch. Natürlich bekamen das eine ganze Menge Leute mit. Als ich hinter dem Vorhang hervortrat, stürzte eine kleine Meute auf mich zu, hauptsächlich Promoter, die alle wissen wollten, was ich in Glastonbury trieb. Ein Kerl aus Deutschland war besonders hartnäckig. Schlagartig wurde mir klar, dass ich vielleicht AC/DC darüber Bescheid geben sollte, was ich auf dem Festival machte. Ich rief meinen Anwalt George Fearon in New York an und schilderte ihm die Situation. Er bat mich um zwanzig Minuten Geduld, um mit den Anwälten der Band klären zu können, ob es vielleicht rechtliche Probleme geben könnte. Und natürlich gab es Probleme, immerhin sprechen wir hier von der Musikindustrie.

Unmengen von Problemen.

Ich durfte den Song nicht performen und musste einen Rückzieher machen.

Es fühlte sich schrecklich an, ganz besonders weil Peter und Muse mich um diesen Gefallen gebeten und sich einen Haufen Arbeit gemacht hatten.

»Okay, dann vielleicht nächstes Jahr beim Reading Festival?«, fragte Peter. »Bis dahin werden wir diesen ganzen rechtlichen Kram ja wohl geregelt bekommen.«

»Wenn du dran denkst, bin ich dabei«, antwortete ich.

Und er dachte dran.

Vor dem Auftritt war ich recht nervös, aber auf der Bühne war es dann einfach nur wundervoll. Am Ende kam Matt Bellamy zu mir und umarmte mich auf der Bühne.

Dieser Moment mit Muse brachte alles zurück. Die Spannung, den Spaß, die Musik. In einer Rockband zu spielen, ist mit nichts auf der Welt vergleichbar. Ich hatte das Gefühl, als würde ich mein Leben zurückbekommen. Der Sound rollte über das junge Festivalpublikum hinweg, und die Kids sangen den Song mit, kannten jedes Wort. Meine Töchter brachen in Tränen aus, auch meine Frau weinte. »Ich wünschte, all meine Sets wären so kurz«, sagte ich danach mit einem erleichterten Lächeln auf den Lippen zu Matt.

Es war nur ein Song gewesen, aber nach zwei Jahren Funkstille fühlte es sich wie ein Sieg an.

Ein paar Monate später ging Malcolm von uns. Seine Beisetzung fand Ende 2017 in der St. Mary's Cathedral in Sydney statt.

Er war erst vierundsechzig Jahre alt, als die Demenzerkrankung, mit der er jahrelang gekämpft hatte, ihn besiegte.

Es war ein schrecklicher Tag.

Seine Frau O'Linda und seine Kinder Ross und Cara saßen bei der Trauerfeier in der ersten Reihe. Neben dem Sarg stand Malcolms Gretsch-Gitarre. Als die Zeremonie vorbei war, folgte die Familie den Sargträgern zum Bestattungswagen. Auf der Straße wartete bereits eine schottische Pipe Band mit Dudelsäcken und Trommeln. »Waltzing Matilda« wurde angestimmt, und der Trauerzug setzte sich in Bewegung. Die Atmosphäre war unbeschreiblich. Die Menschenmenge, die Tränen, der Stolz und die Liebe für diesen Mann.

Als Malcolm 2014 AC/DC verlassen musste, hörte das Herz der Band auf zu schlagen. Bis zum heutigen Tag vermisse ich ihn mehr, als ich es in Worte fassen kann. Ihm entging nie etwas – ob es um die Performance eines Bandkollegen oder das Wohlergehen eines Crewmitglieds ging. Ich habe keine Ahnung, wie er das alles im Auge behalten konnte. Er hatte auch seine Dämonen, sicher, aber er bekämpfte und besiegte sie und zwar gründlich. Sein Gitarrenspiel war meisterhaft. Hinter diesem kraftvollen Sound versteckte sich ein Feingefühl, das viele Musikkritiker nie verstehen werden. Auf der Bühne stand ich stets rechts von ihm und bewunderte ihn von der ersten bis zur letzten Note des Abends. Größtenteils behielt ich meine Wertschätzung allerdings für mich, denn ich wusste, dass er Komplimente nicht mochte.

Zu sehen, wie sehr Angus unter seiner Trauer litt, war sehr schwer.

Er und Malcolm waren zwar keine Zwillinge gewesen, hätten es aber problemlos sein können.

So kurz nach dem Tod seines älteren Bruders George – eine weitere Ikone – auch Malcolm zu verlieren, war ein unglaublich harter Schlag. Zum Glück waren seine Frau Ella und die Band in dieser schweren Zeit für ihn da.

Beim anschließenden Empfang saß ich neben Phil Rudd, der sich irgendwann zu mir hinüberbeugte und fragte: »Welches ist denn nun dein schlechtes Ohr?« Ich zeigte auf mein linkes Auge und meinte: »Das hier.« Ein Witz, und das Eis war gebrochen. Tränen und Gelächter, da war sie wieder, diese eigenartige Kombination.

Dann meldete sich der AC/DC-Tontechniker Paul Boothroyd zu Wort, ein sehr offenherziger Kerl aus Liverpool: »So, Jungs, jetzt mal ehrlich, wann spielt die Band wieder zusammen?«

Der ganze Raum war mit einem Mal still. Wir glotzten einander nur wortlos an.

»Meine ja bloß …«

Einige Zeit später rief mich George Fearon an.

»Angus lässt fragen, ob du Interesse hast, ein neues Album zu machen«, sagte er.

»Ja«, sagte ich. »Das habe ich verdammt noch mal.«

Im folgenden Sommer machten wir uns dann tatsächlich auf den Weg ins kanadische Vancouver, um mit dem Produzenten Brendan O'Brien das Album *Power Up* aufzunehmen. Ich hatte versucht, die Sache möglichst emotionslos anzugehen, da ich befürchtete, die Anwälte könnten uns einmal mehr einen Strich durch die Rechnung machen.

Aber als der Studiotermin näher rückte, wurde mir klar: Verdammt, Mann! Das ist ein Comeback.

Die ganze Angelegenheit war sehr aufregend und, gelinde gesagt, auch ein bisschen nervenaufreibend.

Als ich die Band verließ, hatten mich viele Leute für immer abgeschrieben. Also kam es mir auf eine merkwürdige Art so vor, als würden wir noch mal von vorn beginnen ... Wie damals ging ich wieder mit den Jungs ins Studio. Dieses Mal fühlte es sich aber noch spezieller an.

Ich bin mir sicher, dass Angus, Cliff und Phil genauso dachten – auch wenn wir, Gott bewahre, solche Dinge nie besprachen. Angus hatte den Bruder an seiner Seite verloren. Cliff kam aus einem gemütlichen Ruhestand gekrochen. Phil hatte einen ganzen Haufen wirklich verrückter Scheiße in Neuseeland durchgemacht.

Es war eine Herausforderung.

Jeder von uns hatte etwas zu beweisen.

Wir waren die Originale. Wir wollten der Welt zeigen, dass wir es noch draufhatten.

Und jetzt, mit der Pandemie im Rückspiegel (das hoffe ich zumindest), ist nichts mehr so, wie es mal war.

Power Up wurde in einer wirklich dunklen Zeit veröffentlicht, mitten im Lockdown. Das Album landete in einundzwanzig Ländern auf Platz eins der Charts und schaffte etwas, womit niemand gerechnet hätte: Es gefiel den Kritikern. Nun ja, es hat ja auch nur vierzig Jahre gedauert!

Gestern Abend habe ich mir das Album noch einmal angehört. Es grenzt an ein Wunder, dass es überhaupt aufgenommen wurde. Ich bin überglücklich, dass es tatsächlich zustande kam, denn bei AC/DC am Mikrofon zu stehen, ist eine einzigartige Erfahrung. Es gibt keine Balladen. Und es bringt nichts, die Stimme für den nächsten Song zu schonen. Nicht eine Sekunde darf man schwächeln. Immer Vollgas, immer Angriff. Es ist, als würdest du mit aufgesetztem Bajonett auf die Bühne stürmen.

Wie ich bereits sagte: »Nine lives, cat's eyes, abusin' every one of them and running wild.«

Nach dem Erfolg von *Back in Black* folgten noch viele Jahrzehnte voller Alben und Tourneen mit AC/DC, aber all diese Storys hebe ich mir für ein anderes Mal auf, ein anderes Buch …

Rock'n'Roll-Stammbaum

Toasty Folk Trio (1963/64)
Brian Johnson (Gesang)

Section 5 (1964)
Brian Johnson (Gesang)
Steve Chance (Bass)
Les Chance (Gitarre)
Rob Conlin (Schlagzeug)
Trevor Macarthy (Gitarre)

The Nine Pins (1965)
Brian Johnson (Gesang)
Steve Chance (Bass)
Les Chance (Gitarre)
Rob Conlin (Schlagzeug)

Gobi Desert Canoe Club #1
(April 1967 – Oktober 1967)
Brian Johnson (Gesang)
Steve Chance (Bass)
Dave Yarwood (Gitarre)
Les Chance (Gitarre)
Rob Conlin (Schlagzeug)

Hannibal Kemp/Fresh #1
(Juni 1969 – Sept 1969)
Brian Johnson (Gesang)
Phil Hildreth (Bass)
Peter Callard (Gitarre)
Shrimp (Keyboards)
Bob (Schlagzeug)

Fresh #2 (Oktober 1969)
Brian Johnson (Gesang)
Phil Hildreth (Bass)
Peter Callard (Gitarre)
Shrimp (Keyboards)
David Gluyas (Schlagzeug)

Jasper Hart Band #1
(Oktober 1970 – November 1970)
Brian Johnson (Gesang)
Ken Brown (Gitarre)
Fred Smith (Schlagzeug)
Steve Chance (Bass)

Jasper Hart Band #2
(November 1970 – Juni 1971)
Brian Johnson (Gesang)
Ken Brown (Gitarre)
Fred Smith (Schlagzeug)
Steve Chance (Bass)
Alan Taylorson (Keyboards)

Jasper Hart Band #3 (Juni 1971)
Brian Johnson (Gesang)
Ken Brown (Gitarre)
Fred Smith (Schlagzeug)
Les Connelly (Bass)

Jasper Hart Band #4
(Juni 1971 – August 1971)
Brian Johnson (Gesang)
Ken Brown (Gitarre)
Tom Hill (Bass)
Fred Smith (Schlagzeug)

Jasper Hart Band #5
(August 1971 – Oktober 1971)
Brian Johnson (Gesang)
Ken Brown (Gitarre)
Brian Gibson (Schlagzeug)
Tom Hill (Bass)

Buffalo #1 (Oktober 1971)
Brian Johnson (Gesang)
Ken Brown (Gitarre)
Brian Gibson (Schlagzeug)
Tom Hill (Bass)

Jasper Hart Band #6
(November 1971 – Januar 1972)
Brian Johnson (Gesang)
Tom Hill (Bass)
Brian Gibson (Schlagzeug)
Ken Brown (Gitarre)

U.S.A. #1
(Januar 1972 – August 1972)
Brian Johnson (Gesang)
Vic Malcolm (Gitarre)
Brian Gibson (Schlagzeug)
Tom Hill (Bass)

Geordie #1
(August 1972 – Dezember 1974)
Brian Johnson (Gesang)
Tom Hill (Bass)
Brian Gibson (Schlagzeug)
Vic Malcolm (Gitarre)

Geordie #2
(Januar 1975 – September 1975)
Brian Johnson (Gesang)
Tom Hill (Bass)
Micky Bennison (Gitarre)
Brian Gibson (Schlagzeug)

Geordie #3 (September 1975)
Brian Johnson (Gesang)
Tom Hill (Bass)
Micky Bennison (Gitarre)
Allan Bradley (Schlagzeug)

Brian Johnson (Solo Project)
(Januar 1976)
Brian Johnson (Gesang)

AC/DC #14
(Mai 1977 – Februar 1980)
Bon Scott (Gesang)
Angus Young (Lead Gitarre)
Malcolm Young (Rhythmusgitarre)
Cliff Williams (Bass)
Phil Rudd (Schlagzeug)

Half Past Thirteen (1966 – 1967)
Ken Brown (Gesang/Gitarre)
Fred Smith (Schlagzeug)
Charley Foskett (Bass)

Lusika State Group (1965/66)
Sharkey (Gitarre)
Alan Taylorson (Keyboards)
Tom Hill (Bass)
Brian Gibson (Schlagzeug)

Vince King & The Stormers (1963)
Bob Jerry (Gesang)
Malcolm Hooper (Gitarre)
Joe D'Ambrosie (Schlagzeug)
Vic Malcolm (Rhythmusgitarre)
Micky Golden (Bass)
Dave Ditchburn (Gesang)

Crusade #3
(Januar 1969 – Oktober 1970)
Ken Brown (Gitarre)
Fred Smith (Schlagzeug)
Steve Chance (Bass)
Alan Taylorson (Keyboards)
Jim Snowdon (Gesang)

Sneeze #2 (1968 – 1969)
Ray Coulson (Gitarre)
Pierre Pederson (Keyboards)
Tom Hill (Bass)
Brian Gibson (Schlagzeug)
Rod Foggon (Gesang)
Roger Smith (Saxophon)
Jim Hall (Flugelhorn)

Gobi Desert Canoe Club #2
(Oktober 1967 – August 1968)
Brian Johnson (Gesang)
Dave Yarwood (Gitarre)
Ken Brown (Gitarre)
Fred Smith (Schlagzeug)
Steve Chance (Bass)

Yellow #2
(August 1970 – Juni 1971)
Kenny Mountain (Gesang/Gitarre)
Tom Hill (Bass)
Keith Fisher (Schlagzeug)
Bob Barton (Gitarre)
Pierre Pederson (Keyboards)

Yellow #1 (März 1970)
Kenny Mountain (Gesang/Gitarre)
Tommy Sloan (Schlagzeug)
Joe D'Ambrosie (Bass)
Vic Malcolm (Gitarre)

Blondie
(August 1969 – August 1970)
Tom Hill (Bass)
Keith Fisher (Schlagzeug)
Bob Barton (Gitarre)
Pierre Pederson (Keyboards)

Brass Alley (1972)
Franky Gibbon (Bass)
Barry Alton (Gitarre)
Howard Martin (Schlagzeug)
Dave Ditchburn (Gesang)

Smoke Stack Crumble (1971)
Dave MacTavish (Gesang)
Vic Malcolm (Gitarre)
Paul Thompson (Schlagzeug)

Sneeze #3 (1970 – 1971)
Rod Foggon (Gesang)
Brian Gibson (Schlagzeug)
Mick Balls (Gitarre)
George Otigbah (Bass)
Roger Smith (Saxophon)
Jim Hall (Flügelhorn)

Geordie #4 (Oktober1976)
Brian Johnson (Gesang)
Dave Ditchburn (Gesang)
Vic Malcolm (Gitarre)
Franky Gibbon (Bass)
Alan Clark (Keyboards)
George Defty (Schlagzeug)

Brass Alley #2 (1976)
Brian Johnson (Gesang)
Dave Ditchburn (Gesang)
Vic Malcolm (Gitarre)
Franky Gibbon (Bass)
Alan Clark (Keyboards)
George Defty (Schlagzeug)

Fogg (1975)
Chris McPherson (Gesang)
Bob Porteus (Schlagzeug)
Derek Rootham (Gitarre)
Dave Robson (Bass)

Geordie #5
(Juli 1977 – März 1980)
Brian Johnson (Gesang)
Dave Robson (Bass)
Derek Rootham (Gitarre)
Davy Whittaker (Schlagzeug)

Geordie U.S.A. (Mai 1977)
Brian Johnson (Gesang)
Dave Robson (Bass)
Derek Rootham (Gitarre)
Davy Whittaker (Schlagzeug)

U.S.A. #2 (April 1977)
Brian Johnson (Gesang)
Dave Robson (Bass)
Derek Rootham (Gitarre)
Davy Whittaker (Schlagzeug)

AC/DC #15 (März 1980)
Brian Johnson (Gesang)
Angus Young (Lead Gitarre)
Malcolm Young (Rhythmusgitarre)
Cliff Williams (Bass)
Phil Rudd (Schlagzeug)

Dank

Brenda Johnson dafür, dass ich dieses Buch schreiben konnte.

Cliff, Angus, Malcolm und Phil.

Joanne und Kala dafür, dass sie ihren Dad immer angespornt haben.

Maurice Johnson, Bullshit-Detektor.

Victor dafür, dass du am Anfang dabei warst, und alles Liebe für Julie dafür, dass du das einzige Mädchen in der Bande bist.

George Beveridge, Ken Walker, Vic Malcolm, Steve Chance und Phil Hildreth dafür, dass ihr all die vergessenen Erinnerungen zurückgebracht habt.

Ich danke Darren Goulden für seine unermüdliche Arbeit mit allen wichtigen historischen Fakten, Daten und Zeiten. Allen voran sein wirklich besonderer »Stammbaum«. Vielen Dank, Daz.

Tarquin Gotch, meinem Freund und Manager.

Rowland White, meinem Lektor, für sein Vertrauen.

Bildnachweis

Alle Bilder stammen aus dem Privatarchiv Brian Johnson, mit Ausnahme von:

Bildteil:
Alamy Stock Photo: 14 oben (Blueee), 15 unten links (ZUMA Press, Inc.); BBC: 9 unten links; Courtesy of OVC Media and Eliot M Cohen: 11 oben; Everett Collection Inc: 15 oben; Getty Images: 10 unten (Ian Dickson / Kontributor), 14 unten rechts (Chris Walter / Kontributor), 15 Mitte (Denis O'Regan / Kontributor); Unbekannter Rechteinhaber: 4 zweite Reihe, 10 Mitte; The Hoover Company: 11 unten; Wikimedia commons: 13 unten (Christine Puccio from Oakland (https://commons.wikimedia.org/wiki/File:Compas_Point_Studio_(14949011761).jpg), »Compas Point Studio (14949011761)«, https://creativecommons.org/licenses/by-sa/2.0/legalcode)

Textteil:
Alamy Stock Photo: 108 (Records), 282 (lee avison), 306 (ACORN 1); BBC: 260; Dana Zuk Photography: 10; Getty Images: 142 (Jorgen Angel/ Redferns), 204 (Gijsbert Hanekroot/Redferns), 272 (Sefton Samuels/Popperfoto), 322 (Bob King/Redferns), 334 (Bob Thomas Sports Photography); iStock Photo: 348 (Maxiphoto); Wikimedia Commons: 164 (Official photographer (https://commons.wikimedia.org/wiki/File:A_paratrooper_drops_from_a_

static_balloon_during_training,_2_October_1942._TR48.jpg), »A paratrooper drops from a static balloon during training, 2 October 1942. TR48«, als gemeinfrei gekennzeichnet, Details auf Wikimedia Commons: https://commons.wikimedia.org/wiki/Template:PD-UKGov)

Die Rechteinhaber einiger Abbildungen konnten trotz intensiver Recherche nicht ermittelt werden. Der Verlag bittet Personen oder Institutionen, welche die Rechte an diesen Abbildungen haben, sich zwecks angemessener Vergütung zu melden.

Register